Buch

»Der wunderbare Weg« des Psychotherapeuten M. Scott Peck kann man mit dem alten Sprichwort beschreiben: »Jeder ist seines Glückes Schmied«. Ungewöhnlich ist, welchen Weg der Praktiker und erfahrene Therapeut vorschlägt, damit der Mensch sein Leben wirklich selbst in die Hand nehmen kann: Mut zur Eigenverantwortung! Erst wenn man darangeht, mit konsequenter Disziplin Probleme für sich zu lösen, erhält das Leben einen Sinn. Die Flucht vor den Problemen dagegen verursacht psychische Leiden, bis hin zur Psychose.

Autor

Dr. M. Scott Peck wurde in Harvard (B.A.) und Case Western Reserve (M.D.) als Psychotherapeut ausgebildet. Zur Zeit ist er Medizinischer Direktor der New Milford Hospital Health Clinic und hat eine psychiatrische Praxis in Connecticut. Von seinem Buch, das viele Wochen auf Spitzenplätzen der amerikanischen Bestsellerlisten stand, wurden in den USA über zwei Millionen Exemplare verkauft.

Im Goldmann Verlag ist von M. Scott Peck
außerdem erschienen:

Eine neue Ethik für die Welt (12628)

M. Scott
PECK

DER WUNDER BARE WEG

Eine neue Psychologie der Liebe
und des spirituellen Wachstums

Aus dem Amerikanischen übertragen
von Elke vom Scheidt

GOLDMANN VERLAG

Titel der Originalausgabe:
»The Road Less Traveled«

Umwelthinweis:
Alle bedruckten Materialien dieses Taschenbuches
sind chlorfrei und umweltschonend.
Das Papier enthält Recycling-Anteile.

Der Goldmann Verlag
ist ein Unternehmen der Verlagsgruppe Bertelsmann

Vollständige Taschenbuchausgabe 2/89

Umschlaggestaltung: Design Team München
Druck: Elsnerdruck, Berlin
Verlagsnummer: 11842
Ba · Herstellung: Heidrun Nawrot/sc
Made in Germany
ISBN 3-442-11842-5

9 10

Inhalt

Für meine Eltern Elizabeth und David,
deren Disziplin und Liebe mir Augen gaben,
die Gnade zu sehen

Vorwort

Wir leben im Zeitalter der »Trimm Dich«-Bewegung – wir joggen, laufen, wandern, saunen – wir investieren viel Zeit, Geld und noch mehr Mühe, unseren Körper gesund, fit und leistungsfähig zu machen – all dies tun wir, obwohl es sicher ist, daß dieser von uns mit so viel Mühe und Einsatz gepflegte und trainierte Körper ins Grab sinken und dem Fraße der Würmer überlassen werden wird. Mit diesem Hinweis möchte ich niemandem den Spaß an seinem Körper verderben – er ist ein großartiges Hilfsmittel in diesem Leben –, doch ich möchte auf den Kontrast hinweisen zwischen dem, was wir in der Regel für den Körper tun, und dem, was wir für unser Bewußtsein investieren. Ist doch das Bewußtsein jene Instanz in uns, die mit ziemlicher Sicherheit das Grab überdauert. Alles, was wir in unsere Bewußtheit investieren, wird nicht von den Würmern aufgefressen...

Unser Bewußtsein macht uns zu »Menschen« – durch unseren Körper unterscheiden wir uns nicht von der Tierwelt. Mögen wir es schaffen, unseren Körper noch so gesund und leistungsfähig zu machen, und würden wir dadurch hundert oder zweihundert Jahre alt – wir wären dennoch nicht mehr als ein »gesundes Tier«. Der Weg der Menschwerdung ist ein Weg der Bewußtwerdung, ein Weg vom Natürlichen ins Übernatürliche, vom Physischen ins Metaphysische. Doch unsere Kultur hat sich wohl zu stark von den Thesen und Erfolgen einer materialistisch orientierten Naturwissenschaft beeindrucken lassen und so die spirituelle Seite des Menschseins lange Zeit hindurch aus dem Auge verloren. Jede Einseitigkeit hat jedoch den Vorteil, daß sie in ihrem Extrem ihren eigenen Gegenpol herausfordert – das Pendel kehrt seine Richtung um. Die Zeit einer solchen Umkehr erleben wir gerade – an allen Orten erwachen Menschen aus ihrem materiellen Schlaf und machen sich auf die Suche nach Spiritualität, Weisheit, Philosophie, Metaphysik, Religion, Esoterik. Wir haben die Materie (das Körperliche) bis zu ihrem kleinsten Teilchen erforscht und analysiert, wir sind bis zu ihrer äußersten Grenze vorgestoßen, um jenseits dieser Grenze »das Andere« zu finden, das Nicht-Materielle. So stehen wir heute an einem neuen Anfang und haben kaum den ersten Schritt hinter uns, hinein ins riesige Gebiet des Bewußtseins; wir beginnen, die Seele zu entdecken. Das Wort ent-decken besagt ja schon, daß es hierbei lediglich darum geht, die Decke wegzunehmen, die bisher unsere Sicht verhüllte. Und so ist das, was wir jetzt finden und in nächster Zeit noch finden werden, nicht neu – andere Zeiten und Kulturen haben sich schon seit jeher intensiv mit dem Bewußtsein beschäftigt –, doch wir konnten sie lange Zeit nicht verstehen und begreifen, waren wir doch von unseren Erkenntnissen über die Materie zu stark beeindruckt.

Neu ist deshalb die Entdeckung über die Seele und das Bewußtsein nur für unsere Kultur und Epoche, die, was Spiritualität anbelangt, noch in den Kinderschuhen steckt. Diese neue Entwicklung bringt es mit sich, daß auch immer mehr Menschen beginnen, ihre Seele zu entdecken, und bereit werden, diese zu schulen und zu entwickeln. Das Ziel solcher Mühen heißt Selbsterkenntnis oder Bewußtwerdung. Hinter diesen Begriffen verbirgt sich viel mehr, als man allgemein in ihnen vermutet. Selbsterkenntnis ist wohl die härteste Arbeit, die man von einem Menschen verlangen kann. Diese Arbeit ist so schwierig, daß man sie alleine kaum vollbringen kann. Deshalb gab es seit jeher dafür bestimmte Schulen oder Zentren (Mysterienstätten, hermetische Schulen, Orden etc.) und Lehrer oder Meister, welche den Schüler bei dieser Arbeit anleiteten und unterstützten. In unserer Zeit übernimmt diese Funktion immer mehr die Psychotherapie. Verstand man Psychotherapie ursprünglich eher als eine Behandlungsmethode für psychisch Kranke, so hat sich dieses Verständnis immer mehr gewandelt. Man weiß heute, daß jeder Mensch psychisch »nicht in Ordnung« ist, daß er Probleme hat (seien sie ihm bewußt oder unbewußt), daß er »neurotisch« ist. Psychisch völlig gesund sein wäre gleichbedeutend mit »erleuchtet sein«. Bis zum Erreichen dieses (sehr fernen) Zieles gibt es immer noch etwas, das uns unbewußt ist und daher darauf wartet, bewußt zu werden. Leben heißt bewußt werden. Deshalb sage ich häufig meinen Schülern und Patienten, daß der einzige Grund, warum ein Mensch in diese Welt inkarniert wurde, der ist, Psychotherapie zu machen. Diese bewußt pointierte Formulierung will lediglich sagen, daß die Aufgabe unseres Lebens Bewußtwerdung ist und die intensivste und wirkungsvollste Methode, bewußt zu werden und sich selbst besser kennenzulernen, heißt in unserer Zeit eben »Psychotherapie«.

Das vorliegende Buch von Scott Peck ist – so glaube ich – sehr geeignet, diese – manchem vielleicht befremdlich klingende – Behauptung näherzubringen und nachvollziehbar werden zu lassen. Ich habe dieses Buch des amerikanischen Psychoanalytikers Peck mit sehr viel Spaß und Interesse gelesen (was bei Psychologiebüchern eher selten ist) und dabei festgestellt, daß er in diesem Buch sehr konkrete Hilfen anbietet, ohne in billige »Rezepte« abzugleiten. Dieses Buch ist das erste »Lebenshilfe-Buch«, das ich akzeptieren kann; es bietet echte Hilfe, ohne den tiefen Problemen dabei auszuweichen. Im Gegensatz zu allen, die meinen, man könne durch »positives Denken«, Affirmation oder andere Suggestionen sich auf Dauer über die Problematik des Lebens und des Menschseins hinwegschwindeln, weiß Peck um die unvermeidlichen Grundprobleme des Daseins, er spricht sie an, nennt sie beim Namen, beschönigt sie nicht und zeigt aber dennoch, daß man mit Mut und Verantwortung sich diesen Problemen stellen kann und als Lohn für diese harte Arbeit die Früchte größerer Bewußtheit warten, denen man auch den Namen »echte Liebesfähigkeit« geben könnte.

Dieses Buch setzt dort an, wo jeder Mensch ansetzen muß und kann – aber es hört nicht dort auf, wo die meisten anderen Bücher aufhören.

Aus jeder Zeile dieses Buches spürt man, daß Peck ein großartiger Psychotherapeut ist, der durch persönliche Offenheit und eigenes Wachstum jede Enge dogmatischer Schulrichtungen und Ausbildungskonzepte überwunden hat; er ging den Weg von der Psychoanalyse zur Spiritualität. Und so scheute er sich auch nicht, die Frage nach Gott und Religion zum zentralen Thema der Psychotherapie zu machen. Er findet Gott im Unbewußten – ein Gedanke, der für die Psychoanalyse vielleicht revolutionär ist – für esoterisches Denken nicht neu klingt.

Der esoterisch vorgebildete Leser sollte vielleicht beachten, daß Peck in seiner Terminologie die Begriffe Ich und Selbst synonym gebraucht – diese unterlassene Unterscheidung verhindert dann auch im letzten Teil des Buches, das Problem der Sünde bzw. des Guten und des Bösen im Sinne der spirituellen Tradition zu lösen. Doch solche Feinheiten tun dem Wert des Buches keinen Abbruch, denn es wird seinem Anspruch, den wunderbaren Weg zu Liebe und spirituellem Wachstum aufzuzeigen, in vollem Umfang gerecht. Ich bin überzeugt, daß jeder aufmerksame Leser von diesem Buch sehr viel profitieren wird. Mögen möglichst viele den wunderbaren Weg finden.

München, April 1986 Thorwald Dethlefsen

TEIL I

DISZIPLIN

Probleme und Schmerz

Das Leben ist schwierig.

Das ist eine große, ja, eine der größten Wahrheiten.[1] Es ist eine große Wahrheit, weil wir sie, wenn wir sie wirklich erkennen, transzendieren. Sobald wir ernsthaft wissen, daß das Leben schwierig ist – es wirklich verstehen und akzeptieren –, ist es jedoch nicht länger schwierig. Sobald nämlich einmal die Tatsache akzeptiert ist, daß das Leben schwierig ist, ist dies gar nicht mehr so wichtig.

Die meisten Menschen sehen diese Wahrheit, daß das Leben schwierig ist, nicht klar. Statt dessen klagen sie mehr oder weniger unablässig, lauthals oder unterschwellig, über das riesige Ausmaß ihrer Probleme, ihrer Bürden und Schwierigkeiten, als sei das Leben im allgemeinen leicht, als *solle* es leicht sein. Laut oder leise geben sie ihrer Überzeugung Ausdruck, ihre Schwierigkeiten seien eine einzigartige Heimsuchung, die nicht sein dürfe und die auf irgendeine Weise speziell ihnen oder ihrer Familie, ihrem Stamm, ihrer Klasse, ihrer Nation, ihrer Rasse oder sogar ihrer Spezies zugefügt wurde, anderen dagegen nicht. Ich kenne mich mit diesen Klagen aus, weil auch ich meinen Teil dazu beigetragen habe.

Das Leben ist eine Serie von Problemen. Wollen wir darüber klagen oder sie lösen? Wollen wir unseren Kindern beibringen, sie zu lösen?

Disziplin gehört zu den Grundwerkzeugen, die wir brauchen, um die Probleme des Lebens zu lösen. Ohne Disziplin können wir nichts ausrichten. Mit nur etwas Disziplin können wir nur einige Probleme lösen. Mit totaler Disziplin können wir alle Probleme lösen.

Was das Leben schwierig macht, ist, daß der Prozeß, sich Problemen zu stellen und sie zu lösen, schmerzhaft ist. Probleme erwecken in uns, je nach ihrer Natur, Frustration oder Kummer oder Trauer oder Schuldgefühle oder Reue oder Zorn oder Angst oder Furcht oder Qual oder Verzweiflung. Diese Gefühle sind unangenehm, sehr unangenehm, und tun oft so weh wie physischer Schmerz, manchmal wie schlimmster physischer Schmerz. Eben *wegen* des Schmerzes, den Ereignisse oder Konflikte in uns auslösen, nennen wir sie Probleme. Und da das Leben eine endlose Reihe von Problemen stellt, ist das Leben immer schwierig und ebenso voller Schmerzen wie voller Freuden.

Aus diesem gesamten Prozeß jedoch, Problemen zu begegnen und sie zu lösen, gewinnt das Leben seinen Sinn. Probleme sind die Scheidewand, die zwischen Erfolg und Mißerfolg unterscheidet. Probleme rufen unseren Mut und unsere Weisheit auf den Plan; tatsächlich schaffen sie unseren Mut und unsere Weisheit. Nur durch Probleme wachsen wir. Wenn wir das Wachstum des menschlichen Geistes fördern wollen, so fordern wir die menschliche Fähigkeit zum Problemlösen heraus und fördern sie, genauso, wie wir unseren Kindern in der Schule bewußt Probleme zu lösen geben. Durch den Schmerz, Problemen zu begegnen und sie zu lösen, lernen wir. »Die Dinge, die weh tun, lehren uns etwas«, sagte Benjamin Franklin. Aus diesem Grunde lernen weise Menschen, Probleme nicht zu fürchten, sondern willkommen zu heißen, gerade den mit Problemen verbundenen Schmerz zu begrüßen.

Die meisten von uns sind nicht so weise. Da wir den damit verbundenen Schmerz fürchten, versuchen wir fast alle in größerem oder geringerem Maße, Problemen auszuweichen. Wir zaudern und hoffen, sie würden von allein vergehen. Wir ignorieren sie, vergessen sie, tun so, als existierten sie nicht. Wir nehmen sogar Drogen, damit wir sie besser ignorieren können, damit wir uns gegen den Schmerz abstumpfen und so die Probleme vergessen können, die den Schmerz verursachen. Wir versuchen, Probleme zu umgehen, statt sie rundheraus in Angriff zu nehmen. Wir versuchen, aus ihnen herauszukommen, statt sie zu durchleiden.

Diese Neigung, Problemen und den ihnen innewohnenden gefühlsmäßigen Leiden auszuweichen, ist die Hauptgrundlage aller menschlichen seelischen Krankheiten. Da die meisten von uns in größerem oder geringerem Maße diese Neigung haben, sind die meisten von uns in größerem oder geringerem Maße seelisch krank. Einige von uns machen außerordentliche Umwege, um Problemen und dem damit verbundenen Leid auszuweichen, sie entfernen sich weit von dem, was eindeutig gut und vernünftig ist, nur deshalb, um einen leichten Ausweg zu finden. Sie bauen sich die raffiniertesten Phantasien auf, um darin zu leben, manchmal unter völligem Ausschluß der Realität. Die Neurose ist immer ein Ersatz für legitimes Leiden, schrieb C. G. Jung einmal.

Doch der Ersatz selbst wird am Ende schmerzhafter als das legitime Leid, das er vermeiden sollte. Die Neurose selbst wird zum größten Problem. Viele versuchen dann, auch diesem Schmerz und diesem Problem wieder auszuweichen, bauen Schicht um Schicht die Neurose auf. Einige besitzen jedoch glücklicherweise den Mut, sich ihren Neurosen zu stellen, und fangen – gewöhnlich mit Hilfe der Psychotherapie – an zu lernen, wie man echtes Leiden erlebt. In jedem Falle weichen wir, wenn wir das echte Leiden vermeiden, das aus dem Umgang mit Problemen folgt, auch dem Wachstum aus, das Probleme von uns fordern. Aus diesem Grunde hören wir bei chronischer seelischer Krankheit auf zu wachsen, wir bleiben stecken. Aber ohne Heilung beginnt der menschliche Geist zu schrumpfen.

Darum wollen wir uns und unsere Kinder mit den Mitteln versehen, mit denen man spirituelles Wachstum erreicht. Damit meine ich, wir selbst und unsere Kinder sollten lernen, daß Leiden notwendig und wertvoll ist, daß man sich Problemen direkt stellen und den damit verbundenen Schmerz durchleben muß. Ich habe gesagt, Disziplin sei eines der Grundwerkzeuge, die wir brauchen, um die Probleme des Lebens zu lösen. Es wird sich zeigen, daß diese Werkzeuge Techniken des Leidens sind, Mittel, durch die wir den Schmerz von Problemen so erleben, daß wir sie durcharbeiten und erfolgreich lösen können und dabei lernen und wachsen. Wenn wir uns selbst und unseren Kindern Disziplin beibringen, dann zeigen wir ihnen und uns, wie man leidet, und auch, wie man wächst.

Was nun sind diese Werkzeuge, diese Techniken des Leidens, diese Mittel, den Schmerz von Problemen konstruktiv zu erleben, die ich Disziplin nenne? Es sind vier: Aufschub von Belohnungen, Akzeptieren von Verantwortung, Hingabe an die Wahrheit und Ausgewogenheit. Es liegt auf der Hand, daß dies keine entdeckten wir, daß sie an jedem beliebigen Arbeitstag die erste Stunde dem interessanteren Teil ihrer Arbeit widmete und die restlichen sechs Stunden damit zubrachte, sich um den weniger interessanten Rest zu drücken. Ich schlug ihr vor, sie solle sich zwingen, den unangenehmen Teil ihrer Arbeit in der ersten Stunde zu erledigen, damit sie dann die Freiheit habe, in den restlichen sechs Stunden die interessanten Dinge zu tun. Mir scheine, sagte ich, eine Stunde Schmerz, gefolgt von sechs angenehmen Stunden, sei besser als eine angenehme Stunde, gefolgt von sechs unangenehmen. Sie stimmte mir zu, und da sie im Grunde ein Mensch mit starkem Willen ist, trödelt sie nicht mehr herum.

Der Aufschub von Belohnungen besteht darin, Schmerz und Vergnügen im Leben so einzuteilen, daß das Vergnügen größer ist, wenn man dem Schmerz zuerst begegnet, ihn erlebt und hinter sich bringt. Das ist die einzig anständige Art zu leben.

Dieses Werkzeug oder dieser Prozeß des Aufschiebens erwerben, bzw. erlernen die meisten Kinder recht früh im Leben, manchmal schon mit fünf Jahren. So kann etwa ein fünfjähriges Kind, das mit einem Gefährten ein Spiel spielt, diesem vorschlagen, den Anfang zu machen, damit es selbst sich darauf freuen kann, später an die Reihe zu kommen. Im Alter von sechs Jahren kann ein Kind anfangen, zuerst den Kuchen zu essen und zuletzt die Glasur. Während der ganzen Grundschulzeit wird diese Fähigkeit, Belohnungen aufzuschieben, täglich geübt, vor allem durch die Erledigung von Hausaufgaben. Im Alter von zwölf Jahren sind einige Kinder bereits in der Lage, sich gelegentlich ohne elterliche Aufforderung hinzusetzen und ihre Hausaufgaben zu erledigen, ehe sie fernsehen. Im Alter von fünfzehn oder sechzehn Jahren wird dieses Verhalten vom Jugendlichen erwartet und als normal betrachtet.

In diesem Alter merken jedoch zahlreiche Erzieher, daß eine beträchtliche Anzahl von Jugendlichen die Norm nicht erfüllt. Bei vielen scheint die Fähigkeit, Belohnungen aufzuschieben, gut entwickelt zu sein, manche Fünfzehn- oder Sechzehnjährige aber haben sie nur wenig oder überhaupt nicht ausgebildet. Das sind die Problemschüler. Trotz durchschnittlicher oder guter Intelligenz sind ihre Noten schlecht, und zwar einfach, weil sie nicht arbeiten. Sie schwänzen Stunden oder die Schule, wie es ihnen gerade einfällt. Sie sind impulsiv, und diese Impulsivität wirkt sich auch auf ihr soziales Leben aus. Sie geraten häufig in Streitereien, kommen mit Drogen in Berührung und fangen an, mit der Polizei Schwierigkeiten zu haben. Ihr Motto ist: Spiele jetzt, zahle später. Also werden die Psychologen und Psychotherapeuten auf den Plan gerufen. Meist aber ist es wohl zu spät. Diese Jugendlichen lehnen jeden Versuch ab, in ihren impulsiven Lebensstil einzugreifen, und selbst wenn die Ablehnung durch die Warmherzigkeit, Freundlichkeit und nicht richtende Haltung des Therapeuten überwunden werden kann, ist die Impulsivität dieser jungen Menschen oft so stark, daß sie jede sinnvolle Teilnahme am Prozeß der Psychotherapie ausschließt. Sie kommen nicht zu den vereinbarten Stunden. Sie vermeiden alle wichtigen und schmerzhaften Themen. So schlägt der Versuch eines Eingreifens gewöhnlich fehl, und diese Kinder brechen ihre Schulausbildung ab und setzen ein Muster von Mißerfolgen fort, das häufig zu verhängnisvollen Ehen, zu Unfällen, in psychiatrische Kliniken oder ins Gefängnis führt.

Warum ist das so? Warum entwickelt die Mehrheit die Fähigkeit, Belohnungen aufzuschieben, während es einer beträchtlichen Minderheit kaum oder gar nicht gelingt, diese Fähigkeit auszubilden? Die Antwort ist nicht absolut und wissenschaftlich belegt. Die Rolle genetischer Faktoren ist unklar. Die Variablen sind für einen wissenschaftlichen Beweis nicht ausreichend kontrollierbar. Die meisten Anzeichen jedoch weisen ziemlich deutlich auf die Qualität der elterlichen Betreuung als bestimmenden Faktor hin.

Die Sünden der Väter

Es ist keineswegs so, daß es zu Hause bei diesen Kindern ohne Selbstdisziplin nicht eine gewisse Art von elterlicher Disziplin gäbe. Meist sind sie während ihrer Kindheit sogar häufig und streng bestraft worden – von ihren Eltern geohrfeigt, geschlagen, getreten und geprügelt, oft für geringfügige Vergehen. Doch diese Disziplin ist bedeutungslos, weil es sich um eine undisziplinierte Disziplin handelt.

Ein Grund für ihre Bedeutungslosigkeit liegt darin, daß auch die Eltern keine Selbstdisziplin besitzen und daher undisziplinierte Rollenmodelle für ihre Kinder abgeben. Man könnte die Erziehungsmethoden solcher Eltern mit dem Motto charakterisieren: »Du sollst tun, was ich sage, nicht, was ich tue.« Vielleicht betrinken sie sich oft in Gegenwart ihrer Kinder. Vielleicht streiten sie sich in Gegenwart ihrer Kinder ohne Hemmungen, Würde oder Vernunft. Vielleicht sind sie schlampig. Sie machen Versprechungen, die sie nicht halten. Häufig ist ihr eigenes Leben offenkundig in Unordnung, und daher ergeben ihre Versuche, das Leben ihrer Kinder zu ordnen, für diese Kinder wenig Sinn. Wenn der Vater die Mutter regelmäßig schlägt, welchen Sinn hat es dann, wenn die Mutter den Sohn schlägt, weil dieser seine Schwester verprügelt hat? Ist es überzeugend, ihm zu sagen, er müsse lernen, seine Wut zu beherrschen? Da wir, wenn wir klein sind, keine Vergleichsmöglichkeiten haben, sind unsere Eltern in unseren kindlichen Augen gottähnliche Wesen. Wenn Eltern Dinge auf eine bestimmte Weise tun, so erscheint dies den Kindern als die richtige Art, sie zu tun, ja als die Art, auf die die Dinge getan werden sollten.

Wenn ein Kind tagaus, tagein sieht, wie seine Eltern sich mit Selbstdisziplin, Zurückhaltung, Würde und der Fähigkeit verhalten, ihr eigenes Leben zu ordnen, dann wird das Kind in den tiefsten Fasern seines Seins spüren, daß dies die Art ist, wie man leben sollte. Wenn ein Kind seine Eltern aber tagein, tagaus ohne Selbstbeherrschung und Selbstdisziplin handeln sieht, dann wird es in den tiefsten Fasern seines Seins meinen, dies sei die normale Art zu leben.

Noch wichtiger aber als Rollenmodelle ist die Liebe. Selbst in einem ungeordneten, chaotischen Zuhause ist gelegentlich echte Liebe vorhanden, und aus einem solchen Heim kann ein Kind mit Selbstdisziplin hervorgehen. Und nicht selten entlassen recht gutgestellte Eltern – Ärzte, Rechtsanwälte, Frauen mit regem gesellschaftlichem Leben und Philantropen –, die ein überaus geordnetes Leben führen und sehr auf Würde halten, denen es aber an Liebe fehlt, Kinder in die Welt, die ebenso undiszipliniert, destruktiv und unorganisiert sind wie nur irgendein Kind aus einem verarmten, chaotischen Zuhause.

Im Grunde ist die Liebe alles. Das Geheimnis der Liebe wird in einem späteren Abschnitt dieser Arbeit untersucht werden. Doch vielleicht ist es hilfreich, an dieser Stelle kurz die Liebe und ihre Beziehung zur Disziplin zu erwähnen.

Wenn wir etwas lieben, ist es wertvoll für uns, und wenn etwas wertvoll für uns ist, so verbringen wir Zeit damit, um uns daran zu freuen und uns darum zu kümmern. Man beobachte einmal einen Teenager, der sein Auto liebt, und beachte, wieviel Zeit er damit zubringt, dieses Auto zu bewundern, zu polieren, zu reparieren und zu »frisieren«. Oder man sehe sich einen älteren Menschen an, der einen Rosengarten liebt, wie oft er seine Rosen beschneidet, düngt, pflegt und studiert. So ist es auch, wenn wir Kinder lieben; wir verbringen Zeit damit, sie zu bewundern und uns um sie zu kümmern. Wir geben ihnen unsere Zeit.

Gute Disziplin erfordert Zeit. Wenn wir unseren Kindern keine Zeit geben können oder wollen, beobachten wir sie nicht aufmerksam genug, um zu merken, wann sie unserer disziplinarischen Unterstützung bedürfen. Wenn ihr Disziplinbedarf so deutlich erkennbar geworden ist, daß er sich unserem Bewußtsein aufdrängt, übersehen wir ihn vielleicht dennoch, weil es einfacher ist, den Kindern ihren Willen zu lassen – »ich habe heute einfach nicht die Energie, mich mit ihnen auseinanderzusetzen«. Und wenn wir dann am Ende durch ihre Missetaten und unseren Ärger zum Handeln gezwungen sind, setzen wir oft brutal Disziplin durch, aber nicht aus Überlegung, sondern aus dem Zorn heraus und ohne das Problem zu untersuchen oder auch nur zu überlegen, welche Form von Disziplin für das gegebene Problem am besten angebracht ist.

Eltern, die sich für ihre Kinder auch dann Zeit nehmen, wenn dies nicht durch schreiendes Fehlverhalten erforderlich ist, werden an ihnen subtile Disziplinbedürfnisse wahrnehmen und darauf mit sanftem Druck oder Verweis oder Struktur oder Lob antworten, und dies jeweils mit Überlegung und Sorgfalt. Sie werden beobachten, wie ihre Kinder Kuchen essen, wie sie lernen, wann sie kleine Lügen erzählen, wann sie vor Problemen davonlaufen, statt sich ihnen zu stellen. Sie werden sich die Zeit nehmen, geringfügige Verbesserungen und Anpassungen vorzunehmen, ihren Kindern zuhören, ihnen antworten, hier die Zügel ein wenig anziehen, sie dort ein wenig lockerer lassen, ihren Kindern gewisse Belehrungen geben und kleine Geschichten erzählen, sie in den Arm nehmen und küssen, ihnen einen kleinen Verweis erteilen, ihnen auf die Schulter klopfen.

Die Disziplin, die liebevolle Eltern ihren Kindern mitgeben, ist also von höherer Qualität als die Disziplin liebloser Eltern. Doch das ist erst der Anfang. Wenn sie sich die Zeit nehmen, die Bedürfnisse ihrer Kinder zu beobachten und darüber nachzudenken, grübeln liebevolle Eltern häufig lange über die anstehenden Entscheidungen nach und leiden so im wahrsten Sinne des Wortes mit ihren Kindern mit. Dafür sind Kinder nicht blind. Sie merken es, wenn ihre Eltern bereit sind, mit ihnen zu leiden, und wenn sie auch vielleicht nicht mit unmittelbarer Dankbarkeit reagieren, so lernen sie doch, selbst etwas auszuhalten. »Wenn meine Eltern bereit sind, mit mir zu leiden«, so sagen sie sich, »dann kann das ja nicht so schlimm sein, und ich sollte bereit sein, auch selbst etwas auf mich zu nehmen.« Dies ist der Beginn der Selbstdisziplin.

Die Zeit und die Qualität der Zeit, die ihre Eltern ihnen widmen, zeigen Kindern, in welchem Grade sie von ihren Eltern geschätzt werden. Einige Eltern, die im Grunde lieblos sind, versuchen ihre mangelnde Fürsorge dadurch zu bemänteln, daß sie ihren Kindern häufig ihre Liebe erklären, ihnen wiederholt und mechanisch sagen, wie sehr sie sie schätzen, ihnen aber so gut wie keine wertvolle Zeit widmen. Die Kinder solcher Eltern lassen sich von derartigen hohlen Worten nie ganz täuschen. Bewußt mögen sie an ihnen hängen und sich wünschen, an das Geliebtwerden zu glauben, doch unbewußt wissen sie, daß die Taten ihrer Eltern nicht mit ihren Worten übereinstimmen.

Kinder dagegen, die wirklich geliebt werden, mögen zwar in Augenblicken des Grolls bewußt meinen oder verkünden, sie würden vernachlässigt, wissen aber unbewußt genau, daß sie geschätzt werden. Dieses Wissen ist wertvoller als Gold. Denn wenn Kinder wissen, daß sie geschätzt werden, wenn sie sich in ihrem tiefsten Inneren wahrhaft geschätzt fühlen, dann fühlen sie sich wertvoll.

Dieses Selbstwertgefühl – »ich bin ein wertvoller Mensch« – ist wesentlich für die seelische Gesundheit und ein Grundbaustein der Selbstdisziplin. Es ist ein direktes Produkt elterlicher Liebe. Eine solche Überzeugung muß in der Kindheit gewonnen werden; sie im erwachsenen Leben zu erwerben, ist extrem schwierig. Wenn Kinder dagegen durch die Liebe ihrer Eltern gelernt haben, sich wertvoll zu fühlen, dann ist es für die Wechselfälle des erwachsenen Lebens fast unmöglich, dieses Gefühl wieder zu zerstören.

Das Gefühl, wertvoll zu sein, ist deshalb ein Grundbaustein der Selbstdisziplin, weil man, wenn man sich selbst als wertvoll betrachtet, auch sorgfältig mit sich selbst umgeht. Selbstdisziplin ist sorgfältiger Umgang mit der eigenen Person. Nehmen wir zum Beispiel – da wir vom Prozeß des Belohnungsaufschubs sprechen, der Einteilung und Ordnung der Zeit – die Frage der Zeit. Wenn wir uns selbst wertvoll fühlen, dann halten wir auch unsere Zeit für wertvoll, und wenn unsere Zeit wertvoll ist, dann wollen wir sie gut nutzen. Die Finanzanalytikerin, die herumtrödelte, schätzte ihre Zeit nicht. Hätte sie sie nämlich geschätzt, so hätte sie sich nicht gestattet, den größten Teil ihres Tages so unglücklich und unproduktiv zuzubringen. Es blieb nicht ohne Folgen für sie, daß sie während ihrer ganzen Kindheit in jeden Schulferien zu Pflegeeltern aufs Land geschickt worden war, obwohl ihre Eltern sich ohne weiteres selbst um sie hätten kümmern können, wenn sie dies nur gewollt hätten. Sie schätzten sie nicht. Sie hatten nicht den Wunsch, für sie zu sorgen. Deshalb hatte sie auch nicht das Gefühl, sie sei es wert, sich selbst zu disziplinieren. Trotz der Tatsache, daß sie eine intelligente und tüchtige Frau war, benötigte sie in bezug auf die Selbstdisziplin die elementarsten Anweisungen, weil ihr eine realistische Einschätzung ihres eigenen Wertes und des Wertes ihrer eigenen Zeit fehlte. Erst als sie fähig geworden war, ihre Zeit als wertvoll wahrzunehmen, ergab sich daraus die natürliche Folge, daß sie ihre Zeit organisieren, schützen und bestmöglich nutzen wollte. Als Folge der Erfahrung beständiger elterlicher Liebe und Fürsorge während der Kindheit treten solche glücklichen Kinder nicht nur mit einem tiefen inneren Gefühl ihres eigenen Wertes in das erwachsene Leben ein, sondern auch mit einem tiefen inneren Sicherheitsgefühl. Alle Kinder haben schreckliche Angst vor dem Verlassenwerden, und zwar aus gutem Grund. Diese Angst vor dem Verlassenwerden beginnt ungefähr im Alter von sechs Monaten, sobald das Kind sich selbst als ein von seinen Eltern getrenntes Individuum wahrnehmen kann. Denn mit dieser Wahrnehmung, ein getrenntes Individuum zu sein, kommt die Erkenntnis, daß es als Individuum ganz hilflos ist, völlig abhängig und seinen Eltern ausgeliefert in bezug auf seine Erhaltung und sein Überleben. Für das Kind ist Verlassenwerden durch die Eltern gleichbedeutend mit Tod. Die meisten Eltern, auch wenn sie sonst relativ unwissend oder dickhäutig sind, spüren instinktiv die Angst ihrer Kinder vor dem Verlassenwerden und geben ihnen daher tagein, tagaus, Hunderte oder Tausende von Malen, immer wieder die benötigte Versicherung: »Du weißt, daß Mami und Papi dich nicht im Stich lassen«; »Natürlich kommen Mami und Papi zurück, um dich abzuholen«; »Mami und Papi werden dich nicht vergessen«. Wenn solche Worte durch Taten bestätigt werden, Monat für Monat und Jahr für Jahr, dann hat das Kind im Adoleszenzalter die Angst vor dem Verlassenwerden verloren und das tiefe innere Gefühl gewonnen, die Welt sei ein sicherer Ort zum Leben, und Schutz werde da sein, wenn er gebraucht wird. Mit diesem inneren Gefühl der beständigen Sicherheit der Welt ist ein Kind frei, Belohnungen dieser oder jener Art aufzuschieben, weil es sicher weiß, daß die Gelegenheit zur Belohnung wie das Heim und die Eltern immer da ist, verfügbar, wenn sie gebraucht wird.

Viele Kinder aber sind nicht so glücklich. Eine beträchtliche Zahl wird in der Kindheit tatsächlich von den Eltern verlassen, durch Tod, durch Fortgehen, durch schiere Vernachlässigung oder, wie im Falle der Finanzanalytikerin, durch schlichten Mangel an Fürsorge. Andere Kinder werden zwar nicht tatsächlich verlassen, bekommen aber von ihren Eltern nicht die Versicherung, sie würden nicht verlassen. Es gibt beispielsweise Eltern, die Disziplin möglichst schnell und leicht erzwingen wollen und zu diesem Zweck offen oder verdeckt damit drohen, das Kind zu verlassen. Solche Kinder erhalten die Botschaft: »Wenn du nicht genau das tust, was ich von dir will, dann werde ich dich nicht mehr liebhaben, und was das bedeuten könnte, kannst du dir selbst ausrechnen.« Es bedeutet natürlich Verlassenheit und Tod. Solche Eltern opfern ihrem Bedürfnis nach Kontrolle und Beherrschung ihrer Kinder die Liebe auf. Belohnt werden sie mit Kindern, die übertriebene Angst vor der Zukunft haben. Solche Kinder, die psychisch oder tatsächlich verlassen wurden, treten in das Erwachsenenalter ein ohne das tiefe Gefühl, die Welt sei ein sicherer und schützender Platz. Im Gegenteil, sie nehmen die Welt als gefährlich und furchterregend wahr, und sie mögen keine Belohnung oder Sicherheit in der Gegenwart gegen das Versprechen größerer Belohnung oder Sicherheit in der Zukunft eintauschen, weil die Zukunft für sie in der Tat eine sehr unsichere Sache ist.

Zusammengefaßt: Damit Kinder die Fähigkeit entwickeln können, Belohnungen aufzuschieben, brauchen sie selbstdisziplinierte Rollenmodelle, ein Selbstwertgefühl und ein gewisses Vertrauen in die Sicherheit ihrer Existenz. Diese »Besitztümer« werden im Idealfall durch die Selbstdisziplin und beständige, echte Fürsorge ihrer Eltern erworben; es sind die kostbarsten Gaben, die Mütter und Väter ihren Kindern schenken können. Wenn man diese Gaben nicht von den eigenen Eltern bekommt, kann man sie auch aus anderen Quellen erwerben, doch in diesem Falle ist der Vorgang ihres Erwerbs immer ein anstrengender Kampf, oft von lebenslanger Dauer und oft ohne Erfolg.

Problemlösen und Zeit

Wir haben einige der Formen betrachtet, bei denen die elterliche Liebe oder deren Fehlen die Entwicklung zur Selbstdisziplin im allgemeinen und der Fähigkeit zum Belohnungsaufschub im besonderen beeinflußt; nun wollen wir einige der subtileren, aber zerstörerischen Formen untersuchen, bei denen sich die Schwierigkeiten mit dem Aufschub von Belohnungen auf das Leben der Erwachsenen auswirken. Die meisten von uns entwickeln zwar glücklicherweise genug Fähigkeit zum Belohnungsaufschub, um die Schule oder die Universität zu durchlaufen und das Erwachsenenalter zu erreichen, ohne im Gefängnis zu landen, aber unsere Entwicklung ist dennoch oft unvollkommen und unvollständig, und so ist auch unsere Fähigkeit, die Probleme des Lebens zu lösen, unvollkommen und unvollständig.

Im Alter von siebenunddreißig Jahren lernte ich, Dinge zu reparieren. Vorher hatten fast alle meine Versuche, kleinere Installationsreparaturen durchzuführen, Spielsachen zu flicken oder Selbstbaumöbel nach den Anleitungen auf dem beigefügten hieroglyphischen Bauschema zusammenzusetzen, in Verwirrung, Mißerfolg und Frustration geendet. Ich hatte es zwar geschafft, ein Medizinstudium zu absolvieren und als mehr oder weniger erfolgreicher Arzt und Psychiater eine Familie zu erhalten, doch ich betrachtete mich als mechanischen Idioten. Ich war überzeugt, mir fehle irgendein Gen, oder die Natur habe mir irgendeine geheimnisvolle Fähigkeit vorenthalten, die für mechanische Geschicklichkeit erforderlich ist. Eines Tages gegen Ende meines siebenunddreißigsten Lebensjahres traf ich bei einem Sonntagsspaziergang zufällig einen Nachbarn dabei an, wie er einen Rasenmäher reparierte. Nachdem ich ihn begrüßt hatte, bemerkte ich: »Ich bewundere Sie wirklich. Zu solchen Sachen war ich nie imstande.« Mein Nachbar gab, ohne einen Augenblick zu zögern, zurück: »Weil Sie sich nicht die Zeit dazu nehmen.« Ich ging weiter, irgendwie beunruhigt durch die guru-ähnliche Einfachheit, Spontaneität und Entschiedenheit seiner Antwort. »Könnte er nicht vielleicht recht haben?« fragte ich mich. Irgendwie registrierte ich den Vorfall, und als sich das nächste Mal die Gelegenheit zu einer kleineren Reparatur ergab, konnte ich mich an den Vorsatz erinnern, mir Zeit zu nehmen. Die Handbremse am Auto einer Patientin klemmte, und sie wußte, daß man unter dem Armaturenbrett irgendetwas machen konnte, um sie wieder freizukriegen, aber sie wußte nicht, was. Ich legte mich in ihrem Wagen vor den Vordersitzen auf den Boden. Dann nahm ich mir die Zeit, mich bequem hinzulegen. Als ich bequem lag, nahm ich mir die Zeit, die Situation anzuschauen. Ich schaute einige Minuten lang. Zuerst erkannte ich nur ein verwirrendes Durcheinander von Drähten und Röhren und Stangen, deren Bedeutung ich nicht kannte. Allmählich aber, ganz langsam, konnte ich den Bremsapparat ausmachen und seinen Verlauf verfolgen. Dann wurde mir klar, daß es da einen kleinen Schnapper gab, der verhinderte, daß sich die Bremse löste. Ich besah mir den Schnapper in aller Ruhe, bis ich erkannte, daß er sich leicht bewegen und die Bremse lösen würde, wenn ich ihn mit der Fingerspitze nach oben drückte. Also tat ich das. Eine einzige Bewegung, ein ganz leichter Druck mit der Fingerspitze, und das Problem war gelöst. Ich war ein Meister der Mechanik!

Tatsächlich verfüge ich nicht über das Wissen, das man braucht, um die meisten mechanischen Dinge zu reparieren, und ich habe auch nicht die Zeit, dieses Wissen zu erwerben, da ich mich dafür entschieden habe, meine Zeit Dingen zu widmen, die nichts mit Mechanik zu tun haben. Also gehe ich gewöhnlich noch immer in die nächste Reparaturwerkstatt. Aber ich weiß jetzt, daß das eine Wahl ist, die ich treffe, und daß ich weder verflucht noch genetisch defekt noch anderweitig minderbemittelt bin. Und ich weiß, daß ich und jeder andere Mensch, der nicht geistig behindert ist, jedes Problem lösen kann, wenn wir nur bereit sind, uns die Zeit dazu zu nehmen.

Dieser Punkt ist wichtig, weil viele Menschen sich einfach nicht die notwendige Zeit nehmen, um viele der intellektuellen, sozialen oder spirituellen Probleme des Lebens zu lösen, so wie ich mir nicht die Zeit genommen habe, mechanische Probleme zu lösen. Vor meiner mechanischen »Erleuchtung« hätte ich meinen Kopf ungeschickt unter das Armaturenbrett im Wagen meiner Patientin gesteckt, sofort an ein paar Drähten gezogen, ohne auch nur die nebelhafteste Ahnung von dem zu haben, was ich da tat, und wenn nichts Konstruktives dabei herausgekommen wäre, hätte ich die Hände gehoben und erklärt: »Das ist zu kompliziert für mich.« Und genauso gehen viele von uns an andere Probleme des Alltagslebens heran. Die obenerwähnte Finanzanalytikerin war ihren beiden kleinen Kindern eine im Grunde liebevolle und hingebende, aber ziemlich hilflose Mutter. Sie war aufmerksam und teilnehmend genug, um zu merken, wann ihre Kinder irgendein gefühlsmäßiges Problem hatten oder wann etwas mit ihrer Erziehung nicht klappte. Doch dann verhielt sie sich stets auf eine von zwei Arten: Entweder nahm sie die erste beste Veränderung vor, die ihr binnen Sekunden in den Sinn kam – den Kindern ein reichhaltigeres Frühstück zu geben oder sie früher zu Bett zu schicken –, ganz gleich, ob eine solche Veränderung irgend etwas mit dem Problem zu tun hatte, oder aber sie kam damit zu ihrer nächsten Therapiesitzung zu mir (dem Reparateur) und klagte: »Das ist zu kompliziert für mich! Was soll ich tun?« Diese Frau besaß einen durchaus klaren und analytischen Verstand, und wenn sie nicht gerade herumtrödelte, war sie ohne weiteres fähig, bei ihrer Arbeit komplexe Probleme zu lösen. Wenn sie jedoch mit einem persönlichen Problem konfrontiert war, benahm sie sich, als verfüge sie über keinerlei Intelligenz. Es war eine Frage der Zeit. Sobald sie sich eines persönlichen Problems bewußt wurde, fühlte sie sich so unbehaglich, daß sie eine sofortige Lösung verlangte; sie war nicht bereit, dieses Unbehagen lange genug zu ertragen, um das Problem zu analysieren. Die Lösung des Problems stellte für sie eine Belohnung dar, doch sie war unfähig, diese Belohnung länger als eine oder zwei Minuten aufzuschieben; folglich waren ihre Lösungen gewöhnlich ungeeignet und ihre Familie in chronischem Aufruhr. Zum Glück wurde sie aufgrund ihrer eigenen Ausdauer in der Therapie allmählich fähig zu lernen, wie sie sich selbst dazu disziplinieren konnte, sich für die Analyse von Familienproblemen die notwendige Zeit zu nehmen und wohlüberlegte und wirksame Lösungen zu entwickeln.

Wir sprechen hier nicht über ganz spezielle Defekte hinsichtlich des Problemlösens, die nur bei Menschen mit eindeutigen psychischen Störungen vorkommen. Die Finanzanalytikerin steht für jeden von uns. Wer kann schon von sich behaupten, daß er stets genügend Zeit aufbringt, um die Probleme oder Spannungen seiner Kinder innerhalb der Familie zu analysieren? Wer von uns hat so viel Selbstdisziplin, daß er angesichts familiärer Probleme niemals resigniert sagt: »Das ist zu kompliziert für mich?«

Tatsächlich gibt es im Umgang mit Problemen, die zu lösen sind, einen primitiveren und destruktiveren Fehler als den ungeduldigen und unzureichenden Versuch, rasch eine Lösung zu finden, einen Fehler, der noch verbreiteter und universaler ist. Das ist die Hoffnung, die Probleme würden von allein verschwinden. Ein dreißigjähriger, lediger Verkäufer, der in einer kleinen Stadt eine Gruppentherapie mitmachte, begann, sich mit der seit kurzem von ihrem Mann getrennt lebenden Frau eines anderes Gruppenmitgliedes, eines Bankiers, zu treffen. Der Verkäufer kannte den Bankier als einen chronisch zornigen Mann, der tiefen Groll darüber verspürte, daß ihn seine Frau verlassen hatte. Er wußte, daß er weder der Therapiegruppe noch dem Bankier gegenüber aufrichtig war, indem er seine Beziehung zur Frau des Bankiers verschwieg. Er wußte auch, daß der Bankier früher oder später zwangsläufig von seiner Beziehung zu dessen Frau erfahren würde. Er wußte, daß die einzige Lösung des Problems darin bestand, die Beziehung in der Gruppe zu gestehen und den Zorn des Bankiers mit Hilfe der Gruppe zu ertragen. Doch er tat nichts. Nach drei Monaten erfuhr der Bankier von der Freundschaft, war erwartungsgemäß wütend und nahm den Zwischenfall zum Anlaß, die Therapie zu verlassen. Als der Verkäufer von der Gruppe mit seinem destruktiven Verhalten konfrontiert wurde, sagte er: »Ich wußte, daß es schrecklich schwierig sein würde, darüber zu reden, und ich habe wohl gemeint, wenn ich nichts täte, würde ich ohne diese Schwierigkeiten davonkommen. Ich habe wohl gemeint, wenn ich lange genug wartete, würde das Problem von allein verschwinden.«

Probleme verschwinden nicht. Sie müssen durchgearbeitet werden, oder sie bleiben bestehen und bilden ein ständiges Hindernis für Wachstum und Entwicklung des Geistes.

Die Gruppe machte dem Verkäufer bewußt, daß seine Tendenz, Problemlösungen in der Hoffnung auszuweichen, die Probleme würden von selbst verschwinden, gerade sein Hauptproblem war. Vier Monate später, im Frühherbst, gab der Verkäufer einer Laune nach und kündigte ziemlich plötzlich seine Vertreterstellung, um eine eigene Firma zur Reparatur von Möbeln zu gründen und nicht mehr reisen zu müssen. Die Gruppe fand es schade, daß er alles auf eine Karte setzte, und bezweifelte auch, ob es klug war, einen solchen Schritt kurz vor Beginn des Winters zu tun, doch der Vertreter versicherte, er werde in seinem neuen Geschäft schon genug verdienen, um zurechtzukommen. Man ließ das Thema fallen. Anfang Februar kündigte er an, er werde die Gruppe verlassen, weil er das Honorar nicht mehr bezahlen könne. Seine Mittel seien erschöpft, und er müsse sich nach einer anderen Stellung umsehen. In fünf Monaten hatte er insgesamt acht Möbelstücke repariert. Als er gefragt wurde, warum er sich nicht eher nach einer Stellung umgesehen habe, antwortete er: »Ich wußte schon vor sechs Wochen, daß mein Geld schnell zu Ende ging, doch irgendwie konnte ich nicht glauben, daß es so weit kommen würde. Die ganze Sache erschien mir einfach nicht so dringend – aber jetzt ist sie wirklich dringend!« Natürlich hatte er sein Problem einfach ignoriert. Allmählich dämmerte ihm, daß er auch mit aller Psychotherapie der Welt nie über den ersten Schritt hinauskommen würde, solange er nicht sein Problem löste, das eben gerade darin bestand, Probleme zu ignorieren.

Diese Neigung, Probleme zu ignorieren, ist ein weiteres einfaches Beispiel für die fehlende Bereitschaft, Belohnungen aufzuschieben. Wie schon gesagt, ist es schmerzlich, sich Problemen zu stellen. Probleme freiwillig rechtzeitig anzugehen, ehe wir durch die Umstände dazu gezwungen werden, bedeutet, etwas Angenehmes oder weniger Schmerzhaftes für etwas Schmerzhaftes aufzugeben. Es bedeutet, jetzt das Unangenehme zu wählen in der Hoffnung auf spätere Belohnung – statt die gegenwärtige Belohnung weiter zu genießen in der Hoffnung, die zukünftigen Unannehmlichkeiten würden vermeidbar sein.

Es mag so aussehen, als sei der Vertreter, der so offenkundige Probleme ignorierte, gefühlsmäßig unreif oder psychisch primitiv, doch er steht für jeden von uns, und seine Unreife und Primitivität ist in uns allen vorhanden. Ein General, Kommandeur einer Armee, sagte mir einmal: »Das größte Einzelproblem in dieser Armee, möglicherweise in jeder Organisation, besteht darin, daß die meisten Offiziere dasitzen und die Probleme in ihren Einheiten betrachten, ihnen direkt ins Gesicht sehen und nichts tun, als würden die Probleme verschwinden, wenn sie nur lange genug dasitzen.« Dabei meinte der General nicht die geistig Schwachen oder Abnormen, sondern sprach von anderen Generälen und älteren Obersten, reifen Männern, die ihre Fähigkeiten bewiesen hatten und in Disziplin geübt waren.

Auch Eltern sind Führungspersonen, und trotz der Tatsache, daß sie darauf gewöhnlich schlecht vorbereitet sind, kann ihre Aufgabe genauso vielschichtig sein wie die Leitung einer Kompanie oder einer großen Firma. Wie die Führungspersonen der Armee sehen die meisten Eltern Probleme ihrer Kinder oder Probleme in ihren Beziehungen zu ihren Kindern monate- oder jahrelang, ehe sie wirksame Maßnahmen ergreifen, falls sie überhaupt etwas tun. »Wir dachten, das würde sich auswachsen«, sagen die Eltern, wenn sie wegen eines fünf Jahre andauernden Problems mit ihrem Sprößling zum Kinderpsychiater kommen. Und angesichts der Vielschichtigkeit elterlicher Aufgaben muß man zugeben, daß elterliche Entscheidungen schwierig sind und daß Kinder tatsächlich oft aus Problemen »herauswachsen«. Doch es schadet fast nie, wenn man versucht, ihnen dabei zu helfen, oder sich das Problem genauer ansieht. Außerdem wachsen Kinder eben oft auch nicht aus Problemen »heraus«, und wie so oft werden diese Probleme immer größer, schmerzhafter und schwieriger zu lösen, je länger man sie ignoriert.

Verantwortung

Es gibt keine Lösung von Lebensproblemen, außer, man bemüht sich darum. Diese Feststellung mag sich töricht oder selbstverständlich anhören, dennoch geht sie anscheinend über das Begriffsvermögen eines großen Teils der menschlichen Rasse hinaus. Wir müssen nämlich die Verantwortung für ein Problem akzeptieren, ehe wir es lösen können. Wir können es nicht lösen, wenn wir sagen: »Das ist nicht mein Problem.« Wir können es nicht lösen, wenn wir hoffen, jemand anderer werde es für uns lösen. Ich kann ein Problem nur dann lösen, wenn ich sage: »Das ist *mein* Problem, und es ist meine Sache, es zu lösen.« Viele, sehr viele Menschen jedoch suchen dem Schmerz ihrer Probleme auszuweichen, indem sie sich sagen: »Dieses Problem wurde mir von anderen Menschen zugefügt oder von sozialen Umständen, die jenseits meiner Kontrolle liegen, und darum müssen andere Menschen oder die Gesellschaft dieses Problem für mich lösen. Es ist nicht wirklich mein persönliches Problem.«

Manchmal ist es fast lachhaft, wie weit Menschen gehen, um der Verantwortung für persönliche Probleme auszuweichen, wenn es auch immer traurig ist. Ein Berufssoldat in der Armee, der in Okinawa stationiert war und ernstliche Schwierigkeiten wegen seines übermäßigen Alkoholkonsums hatte, wurde zur psychiatrischen Untersuchung bestellt, damit ihm möglicherweise geholfen werden könne. Er leugnete, Alkoholiker zu sein oder auch nur ein persönliches Problem mit seinem Alkoholkonsum zu haben, und sagte: »Man kann abends in Okinawa nichts anderes tun als trinken.«

»Lesen Sie gern?« fragte ich.

»O ja, sicher lese ich gern.«

»Also warum lesen Sie abends nicht, statt zu trinken?«

»In den Unterkünften ist es zu laut zum Lesen.«

»Warum gehen Sie dann nicht in die Bücherei?«

»Die Bücherei ist zu weit entfernt.«

»Ist die Bücherei weiter entfernt als die Bar, in die Sie gehen?«

»Na ja, ich bin kein großer Leser. Ich interessiere mich nicht sonderlich dafür.«

»Angeln Sie gern?« fragte ich dann.

»Klar, sehr gern.«

»Warum gehen Sie nicht angeln, statt zu trinken?«

»Weil ich den ganzen Tag arbeiten muß.«

»Können Sie dann nicht abends fischen gehen?«

»Nein, abends kann man in Okinawa nicht fischen.«

»Doch, man kann«, sagte ich. »Ich kenne mehrere Vereinigungen, die hier abends fischen. Möchten Sie, daß ich Sie mit ihnen bekannt mache?«

»Na ja, eigentlich fische ich gar nicht so gern.«

»Was ich Sie sagen höre«, stellte ich klar, »ist, daß man in Okinawa außer Trinken auch andere Sachen tun kann, daß aber die Sache, die Sie in Okinawa am liebsten tun, Trinken ist.«

»Ja, vermutlich.«

»Aber Ihr Trinken bringt Sie in Schwierigkeiten, Sie haben also ein wirkliches Problem, oder?«

»Diese verdammte Insel würde jeden zum Trinken treiben.«

Ich versuchte es noch eine Weile, aber der Sergeant war nicht im mindesten daran interessiert, sein Trinken als persönliches Problem zu betrachten, das er entweder mit oder ohne Hilfe lösen könnte, und so sagte ich seinem Kommandeur bedauernd, er sei nicht zu bewegen, Hilfe anzunehmen. Er trank weiter und wurde mitten in seiner Laufbahn aus dem Dienst entfernt.

Ebenfalls in Okinawa hatte eine junge Frau sich mit einer Rasierklinge einen leichten Schnitt ins Handgelenk zugefügt und wurde in den Notdienstraum gebracht, wo ich sie sah. Ich fragte sie, warum sie das getan habe.

»Um mich umzubringen natürlich.«

»Warum wollen Sie sich umbringen?«

»Weil ich es auf dieser öden Insel nicht aushalte. Sie müssen mich zurück in die Staaten schicken. Ich bringe mich um, wenn ich noch länger hierbleiben muß.«

»Was an dem Leben in Okinawa ist so schmerzlich für Sie?« fragte ich.

Sie begann auf eine wimmernde Art zu weinen. »Ich habe überhaupt keine Freunde hier, ich bin immer allein.«

»Das ist ja schlimm. Warum konnten Sie denn hier keine Freunde finden?«

»Weil ich in einer Wohngegend von Okinawa leben muß, wo niemand in der Nachbarschaft Englisch spricht.«

»Und warum fahren Sie nicht tagsüber in den Wohnbezirk der Amerikaner oder in den Frauenclub, damit Sie jemanden kennenlernen können?«

»Weil mein Mann mit dem Auto zur Arbeit fahren muß.«

»Können Sie ihn denn nicht hinfahren, da Sie doch allein sind und sich den ganzen Tag langweilen?«

»Nein, es ist ein Wagen mit Gangschaltung, und ich kann keinen Wagen mit Gangschaltung fahren, nur mit Automatik.«

»Warum lernen Sie nicht, einen Wagen mit Gangschaltung zu fahren?«

Sie starrte mich an. »Auf diesen Straßen? Sie müssen verrückt sein.«

Neurosen und Charakterstörungen

Die meisten Menschen, die zu einem Psychiater kommen, leiden unter etwas, das man entweder Neurose oder Charakterstörung nennt. Stark vereinfacht ausgedrückt sind diese beiden Zustände Störungen der Verantwortlichkeit, und als solche sind sie zwei entgegengesetzte Arten, mit der Welt und ihren Problemen umzugehen. Der Neurotiker nimmt zu viel Verantwortung auf sich, der Mensch mit einer Charakterstörung zu wenig. Wenn Neurotiker mit der Welt in Konflikt geraten, nehmen sie automatisch an, daß sie im Unrecht sind. Wenn Menschen mit Charakterstörungen mit der Welt in Konflikt kommen, nehmen sie automatisch an, daß die Welt im Unrecht ist. Die beiden eben beschriebenen Personen hatten Charakterstörungen: Der Sergeant meinte, Okinawa und nicht er selbst trage die Schuld an seinem Trinken, und auch die Frau meinte, an ihrer eigenen Isolation in keiner Weise beteiligt zu sein. Eine neurotische Frau dagegen, die in Okinawa ebenfalls unter Einsamkeit und Isolation litt, klagte: »Ich fahre jeden Tag hinüber zum Club der Offiziersfrauen, um Freundinnen zu finden, aber ich fühle mich dort nicht wohl. Ich glaube, die anderen Frauen mögen mich nicht. Irgendetwas muß mit mir nicht stimmen. Es sollte mir leichter fallen, Freundschaften zu schließen. Ich müßte mehr aus mir herausgehen. Ich möchte herausfinden, was ich an mir habe, das mich so unbeliebt macht.« Diese Frau übernahm die volle Verantwortung für ihre Einsamkeit und hatte das Gefühl, sie allein sei daran schuld. Was sie im Laufe der Therapie herausfand, war, daß sie eine ungewöhnlich intelligente und ehrgeizige Person war, die sich sowohl mit den Frauen der anderen Sergeants als auch mit ihrem Ehemann nicht wohl fühlte, weil sie wesentlich intelligenter und ehrgeiziger war als diese. Sie lernte zu sehen, daß ihre Einsamkeit zwar ihr Problem war, aber nicht unbedingt die Folge eines Fehlers oder Defekts ihrer Person. Am Ende ließ sie sich scheiden, absolvierte ein College, während sie ihre Kinder großzog, wurde Redakteurin einer Zeitschrift und heiratete einen erfolgreichen Verleger.

Selbst die Sprachmuster von Personen mit Neurosen und solchen mit Charakterstörungen sind unterschiedlich. Typisch für die Sprache des Neurotikers sind Ausdrücke wie »ich müßte«, »ich sollte« und »ich dürfte nicht«; sie weisen darauf hin, daß diese Menschen in ihrer Selbstvorstellung immer minderwertige Männer oder Frauen sind, daß sie nie die Norm erreichen und immer die falschen Entscheidungen treffen. In der Sprache von Personen mit Charakterstörungen dagegen kommt häufig vor:

»ich kann nicht«, »ich konnte nicht«, »ich muß« und »ich mußte.« Hier zeigt sich das Selbstbild eines Menschen, der keine Wahlfreiheit hat, dessen Verhalten ganz von äußeren Kräften bestimmt wird, die völlig außerhalb seiner Kontrolle liegen. In der Psychotherapie kann man mit Neurotikern vergleichsweise leichter arbeiten als mit charaktergestörten Personen, weil sie die Verantwortung für ihre Schwierigkeiten übernehmen und daher erkennen, daß sie Probleme haben. Personen mit Charakterstörungen sind wesentlich schwieriger in der Zusammenarbeit, wenn diese nicht gänzlich unmöglich ist, weil sie nicht sehen, daß sie selbst die Quelle ihrer Probleme sind; sie sehen die Welt und nicht sich selbst als veränderungsbedürftig an und merken daher nicht, wie notwendig es ist, sich selbst zu prüfen. Es gibt allerdings auch viele Menschen, die sowohl eine Neurose als auch eine Charakterstörung haben, was man als »Charakterneurose« bezeichnet. Sie werden in einigen Bereichen ihres Lebens von Schuldgefühlen geplagt, weil sie Verantwortung übernommen haben, die gar nicht wirklich ihre eigene ist, während sie es in anderen Lebensbereichen nicht schaffen, realistische Verantwortung für sich selbst zu übernehmen. Wenn man diesen Menschen erst einmal den Glauben an und das Vertrauen in den psychotherapeutischen Prozeß vermittelt hat, indem man dem neurotischen Teil ihrer Persönlichkeit hilft, ist es glücklicherweise häufig möglich, sie zu veranlassen, ihren Unwillen, angemessene Verantwortung zu übernehmen, zu untersuchen und zu korrigieren.

Kaum einem von uns gelingt es, nicht wenigstens in einem gewissen Maße neurotisch oder charaktergestört zu sein (weshalb Psychotherapie jedem nützen kann, der ernsthaft bereit ist, an dem Prozeß teilzunehmen). Der Grund dafür liegt darin, daß die Unterscheidung zwischen dem, wofür wir in diesem Leben verantwortlich sind und wofür nicht, eines der größten Probleme der menschlichen Existenz ist. Es wird nie gänzlich gelöst. Unser ganzes Leben lang müssen wir ständig erkunden und wieder erkunden, wo im ewig wechselnden Fluß der Dinge unsere Verantwortungen liegen. Dieses ständige Überprüfen ist auch dann nicht schmerzlos, wenn es angemessen und gewissenhaft durchgeführt wird. Um es richtig zu leisten, müssen wir den Willen und die Fähigkeit besitzen, uns ständiger Selbstprüfung zu unterziehen. Diese Fähigkeit und Bereitschaft sind nicht in jedem von uns vorhanden. In einem gewissen Sinne haben alle Kinder Charakterstörungen, da sie instinktiv dazu neigen, ihre Verantwortung für viele Konflikte zu leugnen, in die sie geraten. So werden beispielsweise zwei Geschwister, die sich streiten, sich immer gegenseitig die Schuld am Ausbruch des Streites geben und niemals zugeben, sie könnten möglicherweise der schuldige Teil gewesen sein. Ähnlich könnte man auch bei allen Kindern Neurosen konstatieren, da sie instinktiv die Verantwortung für gewisse Fehlleistungen auf sich nehmen, die sie empfinden, aber noch nicht verstehen. So wird sich das Kind, das von seinen Eltern nicht geliebt wird, immer selbst als nicht liebenswert betrachten, statt die mangelhafte Liebesfähigkeit seiner Eltern zu erkennen. Heranwachsende, die bei Rendezvous oder im Sport noch keinen Erfolg haben, glauben sich mit schwerwiegenden Mängeln behaftet und sehen sich nicht als die etwas spät oder sogar durchschnittlich entwickelten, aber völlig normalen Jugendlichen, die sie gewöhnlich sind. Nur durch viel Erfahrung und einen langen und erfolgreichen Reifungsprozeß erwerben wir die Fähigkeit, die Welt und unseren Platz darin realistisch zu sehen, und damit auch die Möglichkeit, unsere Verantwortung für uns selbst und für die Welt realistisch einzuschätzen.

Eltern können eine Menge tun, um ihren Kindern bei diesem Reifungsvorgang zu helfen. Wenn die Kinder heranwachsen, bieten sich Tausende von Gelegenheiten, bei denen die Eltern entweder die Kinder auf ihre Neigung aufmerksam machen können, der Verantwortung für das eigene Tun auszuweichen oder zu entfliehen, oder bei denen sie ihre Kinder damit beruhigen können, daß gewisse Situationen nicht von ihnen zu verantworten sind. Doch um solche Gelegenheiten zu ergreifen, brauchen die Eltern, wie gesagt, ein Gespür für die Bedürfnisse ihrer Kinder und den Willen, die Zeit und die oft unangenehme Anstrengung aufzubringen, um diese Bedürfnisse zu erfüllen. Und das wiederum erfordert Liebe und die Bereitschaft, die entsprechende Verantwortung für die Förderung der Entwicklung ihrer Kinder auf sich zu nehmen.

Neben schlichter Gefühllosigkeit oder Vernachlässigung gibt

es bei vielen Eltern noch andere Dinge, die diesen Reifungsprozeß behindern. Neurotiker können wegen ihrer Bereitschaft, Verantwortung auf sich zu nehmen, ausgezeichnete Eltern sein, wenn ihre Neurosen relativ mild und sie selbst von unnötigen Verantwortungen nicht so überschwemmt sind, daß sie kaum noch Energien für die notwendigen Verantwortlichkeiten der Elternschaft übrig behalten. Menschen mit Charakterstörungen dagegen sind verheerende Eltern, die oft nicht den Schatten einer Ahnung davon haben, wie zerstörerisch sie mit ihren Kindern umgehen. Man sagt nicht umsonst: »Neurotiker machen sich selbst unglücklich; Charaktergestörte machen alle anderen unglücklich.« Am unglücklichsten machen charaktergestörte Eltern zweifellos ihre Kinder. Wie in anderen Lebensbereichen gelingt es ihnen nicht, die angemessene Verantwortung für ihre Elternschaft zu übernehmen. Sie neigen dazu, ihre Kinder auf tausend unmerkliche Arten abzuschieben, statt ihnen die Aufmerksamkeit zu geben, die sie brauchen. Wenn ihre Kinder straffällig werden oder Schwierigkeiten in der Schule haben, geben charaktergestörte Eltern automatisch dem Schulsystem oder anderen Kindern die Schuld, die einen »schlechten Einfluß« auf ihre Kinder ausüben.

Diese Einstellung geht natürlich an dem Problem vorbei. Weil sie der Verantwortung ausweichen, dienen charaktergestörte Eltern als Rollenmodelle der Verantwortungslosigkeit für ihre Kinder. In ihrem Bemühen, der Verantwortung für ihr eigenes Leben zu entkommen, bürden charaktergestörte Eltern diese Verantwortung am Ende sogar oft ihren Kindern auf: »Ihr Kinder macht mich verrückt« oder: »Der einzige Grund, warum ich mit eurem Vater (eurer Mutter) verheiratet bleibe, seid ihr Kinder« oder: »Deinetwegen ist deine Mutter ein Nervenbündel« oder: »Ich hätte studieren und Karriere machen können, wenn ich nicht für dich hätte sorgen müssen.« Auf diese Art sagen Eltern ihren Kindern in Wirklichkeit: »Du bist verantwortlich für die Qualität meiner Ehe, meine seelische Gesundheit und meinen mangelhaften Erfolg im Leben.« Da Kinder nicht erkennen können, wie unangemessen solche Vorwürfe sind, akzeptieren sie häufig diese Verantwortung, und soweit sie sie akzeptieren, werden sie neurotisch. Auf diese Weise bringen charaktergestörte Eltern fast immer charaktergestörte oder neurotische Kinder hervor. Die Eltern selbst sind es, die ihre Sünden ihren Kindern auferlegen.

Nicht nur in ihrer Rolle als Eltern sind charaktergestörte Individuen untüchtig und zerstörerisch; die gleichen Charakterzüge erstrecken sich gewöhnlich auch auf ihre Ehe, ihre Freundschaften und ihre geschäftlichen Beziehungen – auf jeden Bereich ihrer Existenz, für dessen Qualität sie nicht die Verantwortung übernehmen. Das ist unvermeidlich, denn, wie schon gesagt, kann kein Problem gelöst werden, solange nicht ein Individuum die Verantwortung für seine Lösung übernimmt. Wenn charaktergestörte Personen andere – Ehepartner, Kind, Freund, Elternteil, Arbeitgeber – oder die Umstände – schlechte Einflüsse, die Schulen, die Regierung, Rassismus, Sexismus, die Gesellschaft, das »System« – für ihre Probleme verantwortlich machen, dann bestehen diese Probleme weiter. Indem sie ihre Verantwortung beiseite schieben, fühlen sie sich möglicherweise selbst wohler, aber sie haben aufgehört, die Probleme des Lebens zu lösen und spirituell zu wachsen, und sind zu einer Last für die Gesellschaft geworden. Sie haben ihren Schmerz an die Gesellschaft weitergegeben. Der Eldridge Cleaver zugeschriebene Satz aus den sechziger Jahren ist unmißverständlich: »Wenn du nicht ein Teil der Lösung bist, dann bist du ein Teil des Problems.«

Flucht vor der Freiheit

Die Diagnose einer Charakterstörung ist deshalb verhältnismäßig einfach, weil das Muster des Ausweichens vor der Verantwortung bei dem untersuchten Menschen relativ klar zutage tritt. Dennoch versuchen wir fast alle von Zeit zu Zeit – auch auf ganz subtile Art –, dem Schmerz auszuweichen, der mit der Übernahme der Verantwortung für unsere eigenen Probleme verbunden ist. Die Heilung meiner eigenen leichten Charakterstörung im Alter von dreißig Jahren verdanke ich Mac Badgely. Damals war Mac Direktor der ambulanten psychiatrischen Klinik, in der ich meine Ausbildung zum Facharzt für Psychiatrie abschloß. Meine Kollegen und ich bekamen reihum neue Patienten zugeteilt. Vielleicht, weil ich mich mehr für meine Patienten und meine Ausbildung interessierte als die meisten meiner Kollegen, arbeitete ich wesentlich mehr Stunden als diese. Sie sahen die Patienten gewöhnlich nur einmal in der Woche. Folglich beobachtete ich, wie meine Kollegen jeden Nachmittag um halb fünf die Klinik verließen, um nach Hause zu fahren, während ich noch bis acht oder neun Uhr abends Termine hatte, und das machte mich ziemlich sauer. Mit der Zeit steigerte sich das, ich wurde immer erschöpfter, und ich meinte, nun müsse etwas dagegen getan werden. Ich ging also zu Dr. Badgely und erklärte ihm die Situation. Ich fragte ihn, ob ich wohl für einige Wochen von der abwechselnden Annahme neuer Patienten freigestellt werden könne, damit ich Zeit hätte aufzuholen. Halte er das für möglich? Oder wisse er eine andere Lösung? Mac hörte mir sehr intensiv und aufmerksam zu und unterbrach mich nicht ein einziges Mal. Als ich fertig war, schwieg er noch einen Augenblick und sagte dann sehr mitfühlend zu mir: »Nun, ich sehe, daß Sie tatsächlich ein Problem haben.«

Ich fühlte mich verstanden. »Ich danke Ihnen«, sagte ich. »Was meinen Sie, was man dagegen tun sollte?«

Darauf erwiderte er: »Ich sagte Ihnen schon, Scott, Sie haben wirklich ein Problem.«

Das war kaum die Antwort, die ich erwartet hatte. »Ja«, sagte ich mit einem leisen Anflug von Ärger, »ich weiß, daß ich ein Problem habe. Deshalb bin ich ja zu Ihnen gekommen. Was meinen Sie, was ich dagegen tun sollte?«

Mac antwortete: »Scott, Sie haben mir anscheinend nicht zugehört. Ich habe Ihnen zugehört, und ich stimme Ihnen zu. Sie haben ein Problem.«

»Verdammt«, sagte ich, »ich weiß, daß ich ein Problem habe. Das wußte ich schon, bevor ich herkam. Die Frage ist, was ich dagegen tun soll.«

»Scott«, sagte Mac, »bitte hören Sie mir zu. Hören Sie mir genau zu, ich sage es Ihnen noch einmal. Ich stimme Ihnen zu. Sie haben ein Problem. Genauer, Sie haben ein Problem mit der Zeit. Mit *Ihrer* Zeit. Nicht mit meiner Zeit. Es ist nicht mein Problem. Es ist *Ihr* Problem mit Ihrer Zeit. Sie, Scott Peck, haben ein Problem mit Ihrer Zeit. Mehr kann ich dazu nicht sagen.«

Ich machte kehrt und verließ wütend Macs Büro. Ich blieb wütend. Ich haßte Mac Badgely. Drei Monate lang haßte ich ihn. Ich war davon überzeugt, daß er eine schwerwiegende Charakterstörung hatte. Wie könnte er sonst so dickfellig sein? Da war ich zu ihm gekommen und hatte in aller Bescheidenheit um etwas Hilfe gebeten, um einen Rat, und er war nicht einmal bereit, genug Verantwortung zu übernehmen, um auch nur den Versuch zu machen, mir zu helfen, oder um seine Aufgabe als Direktor der Klinik zu erfüllen. Wenn er als Direktor der Klinik nicht dafür zuständig war, sich um die Lösung solcher Probleme zu kümmern, wofür zum Teufel war er denn sonst zuständig?

Doch nach drei Monaten dämmerte mir irgendwie, daß Mac im Recht war und daß ich und nicht er die Charakterstörung hatte. Meine Zeit fiel in *meine* Verantwortung. Ich und nur ich allein hatte zu entscheiden, wie ich meine Zeit benutzen und einteilen wollte. Wenn ich mehr Zeit als meine Kollegen in meine Arbeit investieren wollte, so war das meine Entscheidung, und die Folgen dieser Entscheidung unterlagen meiner Verantwortung. Es mochte schmerzlich sein, meine Kollegen zwei oder drei Stunden vor mir fortgehen zu sehen, es mochte schmerzlich sein, die Klagen meiner Frau zu hören, ich widme mich der Familie nicht genug, doch diese Schmerzen waren die Folge einer Entscheidung, die ich getroffen hatte. Wenn ich sie nicht erleiden wollte, stand es mir frei, mich für etwas weniger Arbeit zu entscheiden und meine Zeit anders einzuteilen. Meine harte Arbeit war keine Bürde, die mir ein hartherziges Schicksal oder ein hartherziger Klinikdirektor auferlegt hatten, sondern eine Wahl, die ich hinsichtlich meiner Lebensweise und meiner Prioritäten getroffen hatte. Übrigens entschied ich mich nicht für eine Änderung meiner Lebensweise. Mit meiner veränderten Einstellung aber schwand mein Groll auf meine Kollegen. Es ergab einfach keinen Sinn mehr, ihnen zu grollen, weil sie einen anderen Lebensstil gewählt hatten als ich, da es mir vollkommen freistand, dasselbe zu tun, wenn ich es wollte. Groll auf sie war gleichbedeutend mit Groll über meine eigene Entscheidung, anders zu sein als sie, eine Entscheidung, mit der ich zufrieden war.

Unsere Schwierigkeit dabei, die Verantwortung für unser Verhalten zu akzeptieren, liegt in dem Wunsch, dem Schmerz zu entgehen, der sich aus den Folgen dieses Verhaltens ergibt. Indem ich von Mac Badgely verlangte, er solle die Verantwortung für die Einteilung meiner Zeit übernehmen, versuchte ich, dem Schmerz über meine langen Arbeitsstunden auszuweichen, obwohl diese langen Arbeitsstunden eine unvermeidliche Folge meiner Entscheidung waren, mich intensiv meiner Patienten und meiner Ausbildung zu widmen. Mit meiner Handlungsweise versuchte ich auch, ohne mir darüber klar zu sein, Macs Autorität über mich zu vergrößern. Ich gab ihm meine Macht, meine Freiheit. In Wirklichkeit sagte ich: »Kümmern Sie sich um mich. Seien Sie der Chef!« Wann immer wir der Verantwortung für unser eigenes Verhalten ausweichen wollen, versuchen wir, diese Verantwortung einem anderen Individuum, einer Organisation oder sonst einem Wesen zuzuschieben. Auf diese Weise geben wir unsere Macht diesem Wesen, sei es das »Schicksal« oder die »Gesellschaft« oder die Regierung, die Firma oder der Chef. Deshalb gab Erich Fromm seiner Studie über Nazismus und Autoritarismus den treffenden Titel *Escape from Freedom* (Die Furcht vor der Freiheit). Um dem Schmerz der Verantwortung auszuweichen, flüchten Millionen, ja Milliarden Menschen täglich vor der Freiheit.

Ich habe einen Bekannten, der ein brillanter, aber ziemlich grämlicher Mann ist. Wenn ich ihn lasse, spricht er unablässig und beredt von den Unterdrückungskräften in unserer Gesellschaft: Rassismus, Sexismus, das militärisch-industrielle Establishment, die Landpolizei, die ihn und seine Freunde wegen ihrer langen Haare schief ansieht. Immer wieder habe ich versucht, ihm zu zeigen, daß er kein Kind mehr ist. Wenn wir Kinder sind, haben unsere Eltern aufgrund unserer wirklichen und großen Abhängigkeit wirkliche und große Macht über uns. Tatsächlich sind sie weitgehend für unser Wohlergehen verantwortlich, und wir sind tatsächlich weitgehend auf sie angewiesen. Wenn sie uns unterdrücken, was in der Tat häufig vorkommt, dann können wir Kinder recht wenig dagegen tun; unsere Wahlmöglichkeiten sind begrenzt. Als physisch gesunde Erwachsene aber haben wir nahezu unbegrenzte Wahlmöglichkeiten. Das heißt nicht, daß diese frei von Schmerzen wären. Oft können wir nur das geringere von zwei Übeln wählen, doch diese Wahl liegt immerhin noch in unserer Macht. Ja, ich gebe meinem Bekannten insofern recht, als tatsächlich auf der Welt Kräfte der Unterdrükkung am Werk sind. Wir besitzen jedoch die Freiheit, bei jedem Schritt, den wir tun, zu entscheiden, wie wir auf diese Kräfte reagieren und mit ihnen umgehen. Mein Bekannter hat sich dafür entschieden, in einer Gegend des Landes zu leben, in der die Polizei »langhaarige Typen« nicht mag, und dennoch sein Haar lang zu tragen. Er hat die Freiheit, in die Stadt zu ziehen, sein Haar abzuschneiden oder sogar für das Amt des *police commissioner* zu kandidieren. Trotz seiner brillanten Fähigkeiten nimmt er diese Freiheiten jedoch nicht zur Kenntnis. Er entscheidet sich dafür, seinen Mangel an politischer Macht zu beklagen, statt seine unleugbare persönliche Macht zu akzeptieren und auszuüben. Er spricht von seiner Freiheitsliebe und von den Unterdrückungskräften, die dieser entgegenarbeiten, doch jedesmal, wenn er sich zum Opfer dieser Kräfte erklärt, gibt er tatsächlich seine Freiheit aus der Hand. Ich hoffe, daß er bald aufhören wird, dem Leben zu grollen, einfach, weil einige der Lebensentscheidungen schmerzhaft sind.[2]

Im Vorwort zu ihrem Buch *Learning Psychotherapy*[3] stellt Dr. Hilde Bruch fest, daß im Grunde alle Patienten mit »einem gemeinsamen Problem zum Psychiater kommen: dem Gefühl der Hilflosigkeit, der Angst und der inneren Überzeugung, Dinge nicht ›bewältigen‹ und ändern zu können«. Eine der Wurzeln dieses »Unfähigkeitsgefühls« bei den meisten Patienten ist der Wunsch, dem Schmerz der Freiheit teilweise oder ganz zu entgehen; daher akzeptieren sie die Verantwortung für ihre Probleme und ihr Leben nur teilweise oder gar nicht. Sie fühlen sich machtlos, weil sie tatsächlich ihre Macht abgegeben haben. Wenn sie geheilt werden sollen, müssen sie früher oder später lernen, daß das ganze erwachsene Leben eine Abfolge von persönlichen Wahlen, von Entscheidungen ist. Wenn sie dies ganz akzeptieren können, werden sie freie Menschen. In dem Maße, in dem sie es nicht akzeptieren, werden sie sich immer als Opfer fühlen.

Bindung an die Realität

Das dritte Werkzeug der Disziplin oder die dritte Technik, mit dem Schmerz des Problemlösens umzugehen, die ständig benutzt werden muß, wenn unser Leben gesund sein und unser Geist wachsen soll, ist die Bindung an die Realität. Oberflächlich betrachtet sollte das auf der Hand liegen. Denn die Wahrheit ist die Realität. Was falsch ist, ist irreal. Je klarer wir die Realität der Welt sehen, desto besser sind wir dazu ausgerüstet, mit der Welt umzugehen. Je weniger klar wir die Realität der Welt sehen – je mehr unser Geist getrübt ist von Falschheit, Fehlwahrnehmungen und Illusionen –, desto weniger sind wir in der Lage, richtige Handlungsabläufe zu bestimmen und kluge Entscheidungen zu treffen. Unsere Sicht der Realität ist wie eine Landkarte, mit der wir das Terrain des Lebens begehen müssen. Wenn die Karte richtig und genau ist, werden wir im allgemeinen wissen, wo wir sind, und wenn wir entschieden haben, wohin wir gehen wollen, wissen wir im allgemeinen auch, wie wir dorthin kommen. Wenn die Karte falsch und ungenau ist, werden wir uns wahrscheinlich verirren.

Das leuchtet zwar ein, doch die meisten Leute ziehen es vor, dies in größerem oder geringerem Grade zu ignorieren. Sie ignorieren es, weil unser Weg zur Realität nicht leicht ist. Zunächst einmal sind wir nicht mit Landkarten auf die Welt gekommen; wir müssen sie uns selbst entwerfen, und ihre Herstellung fordert Anstrengung. Je mehr wir uns bemühen, die Realität zu erkennen und wahrzunehmen, desto größer und genauer sind unsere Landkarten. Viele von uns aber möchten diese Anstrengung nicht auf sich nehmen. Einige hören am Ende der Adoleszenz damit auf. Ihre Landkarten sind klein und ungenau, ihre Weltsicht ist eng und irreführend. Gegen Ende des mittleren Alters haben die meisten Leute ihre Bemühungen aufgegeben. Sie meinen, ihre Landkarten seien vollständig und ihre Weltanschauung richtig (ja, sogar unantastbar), an neuen Informationen sind sie nicht mehr interessiert. Sie erwecken den Eindruck, müde zu sein.

Nur verhältnismäßig wenige bemühen sich bis zum Augenblick ihres Todes, die Geheimnisse der Welt zu erforschen und ihr Verständnis der Welt und dessen, was wahr ist, immer mehr zu erweitern, zu verfeinern und neu zu definieren.

Das größte Problem hinsichtlich dieser Landkarten aber ist nicht, daß wir damit bei Null anfangen müssen, sondern daß wir unsere Karten ständig revidieren müssen, wenn sie zutreffend sein sollen. Die Welt ändert sich laufend. Gletscher kommen und Gletscher gehen. Kulturen kommen und vergehen. Es gibt zu wenig Technologie, es gibt zu viel Technologie. Auch der Punkt, von dem aus wir die Welt sehen, verändert sich unablässig und ziemlich schnell. Als Kinder sind wir abhängig und machtlos. Als Erwachsene sind wir vielleicht mächtig. Wenn wir aber krank oder alt werden, werden wir vielleicht wieder machtlos und abhängig. Wenn wir Kinder haben, für die wir sorgen müssen, sieht die Welt anders aus als ohne Kinder; wenn wir Kleinkinder aufziehen, sieht die Welt anders aus als mit Heranwachsenden. Wenn wir arm sind, sieht die Welt anders aus als wenn wir reich sind. Täglich werden wir mit neuen Informationen über die Natur der Realität bombardiert. Wenn wir diese Informationen in uns aufnehmen wollen, müssen wir unsere Landkarten ständig revidieren; manchmal, wenn sich genügend neue Informationen angesammelt haben, müssen wir auch größere Umstellungen vornehmen. Diese Umstellungen, vor allem größere, sind oft schmerzlich, manchmal überaus schmerzhaft.

Was geschieht, wenn man sich lange und intensiv bemüht hat, eine funktionierende Weltsicht zu entwickeln, eine anscheinend nützliche, brauchbare Landkarte, und dann mit neuen Informationen konfrontiert wird, die nahelegen, daß diese Sicht falsch ist und die Karte weitgehend neu gezeichnet werden muß? Das schmerzhafte Bemühen, das dann erforderlich ist, wirkt angsteinflößend. Meist ignorieren wir lieber die neue Information, und gewöhnlich tun wir das sogar ganz bewußt. Dieses Ignorieren ist häufig mehr als passiv. Unter Umständen verleugnen wir die neue Information als falsch, gefährlich, häretisch, als Werk des Teufels. Vielleicht ziehen wir sogar gegen diese Information zu Felde und versuchen, die Welt so zu manipulieren, daß sie mit unserer Sicht der Realität übereinstimmt. Ein Mensch bemüht sich vielleicht nicht, seine Landkarte zu ändern, sondern will statt dessen lieber die neue Realität zerstören. Ein solcher

Mensch braucht möglicherweise letztlich mehr Energie für die Verteidigung einer überlebten Weltsicht, als er benötigt hätte, um seine Einstellung zu revidieren und zu berichtigen.

Übertragung: die überholte Karte

Dieser Vorgang des aktiven Anklammerns an eine überholte Sicht der Realität ist die Grundlage zahlreicher seelischer Erkrankungen. Die Psychiater bezeichnen ihn als Übertragung. Vermutlich gibt es ebenso viele subtile Variationen der Definition von Übertragung wie Psychiater. Meine eigene Definition lautet: Übertragung ist jene Gruppe von Wahrnehmungs- und Reaktionsweisen, die in der Kindheit entwickelt wurde und die gewöhnlich in der Kindheitsumgebung auch völlig angemessen ist (oft sogar lebensrettend), die aber *auf unangebrachte Weise* auf die Umgebung des erwachsenen Menschen übertragen wird.

Die Übertragung ist zwar immer permanent und zerstörerisch, doch sie tritt oft nur auf subtile Weise zutage. Die klarsten Beispiele für Übertragung sind allerdings nicht subtil. Ein Beispiel lieferte ein Patient, dessen Behandlung aufgrund seiner Übertragung scheiterte. Er war ein brillanter, aber erfolgloser Computertechniker Anfang Dreißig, der zu mir kam, weil ihn seine Frau mit den beiden gemeinsamen Kindern verlassen hatte. Er war über die Trennung von seiner Frau nicht besonders unglücklich, doch was ihn wirklich traf, war der Verlust seiner beiden Kinder, an denen er sehr hing. Er begann mit der Psychotherapie in der Hoffnung, sie zurückzugewinnen, da seine Frau ihm eindeutig erklärt hatte, sie würde nie zu ihm zurückkehren, wenn er sich nicht einer psychiatrischen Behandlung unterzöge. Die Hauptanklage seiner Frau gegen ihn lautete, er sei ständig und grundlos eifersüchtig auf sie und dennoch gleichzeitig immer weit von ihr entfernt, kalt, distanziert, nicht mitteilsam und nicht liebevoll. Sie beklagte sich auch darüber, daß er häufig die Arbeitsstelle wechselte. Sein Leben seit der Adoleszenz war auffallend instabil gewesen. Als Jugendlicher hatte er häufig kleinere Zusammenstöße mit der Polizei gehabt und war dreimal im Gefängnis gewesen wegen Trunkenheit, Streitsucht, »Herumlungern« und »Widerstand gegen die Staatsgewalt«. Er verließ das College, wo er sich zum Elektroingenieur ausbilden wollte, weil die Lehrer, wie er sagte, »eine Bande von Heuchlern« seien, »kaum anders als die Polizei«. Wegen seiner Tüchtigkeit und seiner schöpferischen Fähigkeiten auf dem Gebiet der Computertechnologie waren seine Dienste bei der Industrie sehr gefragt. Er war jedoch weder befördert worden noch konnte er eine Stellung länger als eineinhalb Jahre halten; manchmal wurde er entlassen, meist aber kündigte er selbst nach Streitigkeiten mit seinen Vorgesetzten, die er als »Lügner und Betrüger, nur an ihrem eigenen Wohl interessiert« beschrieb. Sein häufigster Ausspruch war: »Man kann keiner Menschenseele trauen.« Seine Kindheit beschrieb er als »normal«, seine Eltern als »durchschnittlich«. In der kurzen Zeitspanne jedoch, die er mit mir verbrachte, berichtete er beiläufig und ungerührt von zahlreichen Vorfällen während seiner Kindheit, bei denen seine Eltern ihn im Stich gelassen hatten. Sie versprachen ihm zum Geburtstag ein Fahrrad, vergaßen es dann aber und schenkten ihm etwas anderes. Einmal vergaßen sie überhaupt seinen Geburtstag, doch er fand das nicht besonders schlimm, da sie »sehr viel zu tun hatten«. Sie pflegten ihm für die Wochenenden Dinge zu versprechen, waren dann jedoch gewöhnlich »zu beschäftigt«. Viele Male vergaßen sie, ihn von Zusammenkünften oder Festen abzuholen, weil sie »an so viel anderes zu denken hatten«.

Dieser Mann hatte also als Kind durch die mangelnde Fürsorge seiner Eltern eine schmerzliche Enttäuschung nach der anderen erfahren. Nach und nach oder auch plötzlich – wie genau, weiß ich nicht – kam er in der Mitte seiner Kindheit zu der schrecklichen Erkenntnis, daß er seinen Eltern nicht vertrauen konnte. Nachdem er das jedoch erkannt hatte, ging es ihm besser, und sein Leben wurde angenehmer. Er erwartete nichts mehr von seinen Eltern und hoffte auch nicht mehr, wenn sie ihm Versprechungen machten. Als er aufgehört hatte, seinen Eltern zu vertrauen, verringerten sich die Häufigkeit und die Schwere seiner Enttäuschungen dramatisch.

Eine derartige Anpassung aber ist die Grundlage zukünftiger Probleme. Für ein Kind sind seine Eltern alles; sie repräsentieren die Welt. Das Kind kann noch nicht erkennen, daß andere Eltern anders und oft besser sind. Es nimmt an, so, wie seine Eltern die Dinge machen, müßten sie gemacht werden. Folglich war die Erkenntnis – die »Realität« –, zu der dieses Kind gelangte, nicht: »Ich kann meinen Eltern nicht vertrauen«, sondern »man kann keinem Menschen trauen«. Keinem Menschen zu trauen wurde daher die Landkarte, mit der er in die Adoleszenz und das Erwachsenenalter eintrat. Mit dieser Landkarte und einer gehörigen Portion Groll, die sich aufgrund seiner zahlreichen Enttäuschungen in ihm angesammelt hatte, war es unvermeidlich, daß er in einen Konflikt nach dem anderen mit Autoritätsfiguren geriet – Polizei, Lehrer, Arbeitgeber. Diese Konflikte führten wiederum noch zur Verstärkung seines Gefühls, daß man Menschen nicht trauen könne. Er hatte viele Gelegenheiten, diese Landkarte zu revidieren, doch alle verstrichen ungenutzt. Die einzige Art nämlich, auf die er hätte lernen können, daß es in der Welt der Erwachsenen einige Menschen gab, denen man vertrauen konnte, wäre gewesen, dieses Vertrauen zu wagen, und dazu hätte er zunächst einmal von seiner Landkarte abweichen müssen. Außerdem hätte dieses Umlernen ihn gezwungen, sein Bild von seinen Eltern zu revidieren – zu erkennen, daß sie ihn nicht liebten, daß er keine normale Kindheit hatte und daß seine Eltern in ihrer Gefühllosigkeit gegenüber seinen Bedürfnissen keineswegs durchschnittlich waren. Eine solche Erkenntnis wäre überaus schmerzlich gewesen. Aber weil sein Mißtrauen gegen die Menschen eine Anpassung an die Wirklichkeit seiner Kindheit war, hatte es seinen Schmerz und sein Leid verringert. Da es außerordentlich schwierig ist, eine Anpassung aufzugeben, die einmal so gut funktioniert hat, verfolgte er seinen mißtrauischen Kurs weiter, schuf unbewußt Situationen, die diesen verstärkten, entfremdete sich von jedermann und machte es sich selbst unmöglich, Liebe, Wärme, Intimität oder Zärtlichkeit zu genießen. Er konnte sich nicht einmal Nähe zu seiner Frau gestatten; auch ihr war nicht zu trauen. Die einzigen Menschen, denen er wirklich nahe sein konnte, waren seine beiden Kinder. Sie waren die einzigen, die er unter Kontrolle hatte, die einzigen, die keine Autorität über ihn besaßen, die einzigen auf der ganzen Welt, denen er vertrauen konnte.

Wenn Übertragungsprobleme beteiligt sind, und das sind sie gewöhnlich, dann ist die Psychotherapie unter anderem ein Vorgang, der Landkarten revidiert. Patienten kommen in die Therapie, weil ihre Landkarten eindeutig nicht funktionieren. Doch wie sie daran hängen und jeden Schritt dieses Vorgangs bekämpfen können! Oft ist ihr Bedürfnis, sich an ihre Karten zu klammern und sich gegen deren Verlust zu wehren, so groß, daß die Therapie unmöglich wird, wie es bei dem Computertechniker der Fall war. Anfangs bat er um eine Sitzung an den Samstagen. Nach drei Sitzungen hörte er jedoch damit auf, weil er samstags und sonntags einen Job als Rasenpfleger übernommen hatte. Ich bot ihm einen Termin am Donnerstagabend an. Zweimal kam er, dann gab er den Termin auf, weil er in der Firma Überstunden machte. Ich änderte also meinen Stundenplan, um ihn Montag abends sehen zu können, weil Überstunden nach seiner Aussage montags unwahrscheinlich seien. Nach zwei weiteren Sitzungen kam er nicht mehr, weil nun scheinbar auch Montag abends Überstunden geleistet werden mußten. Ich erklärte ihm, daß es unmöglich sei, unter diesen Umständen eine Therapie durchzuführen. Er gab zu, daß er nicht verpflichtet sei, Überstunden zu akzeptieren. Er brauche aber das Geld, und die Arbeit sei ihm wichtiger als die Therapie. Er schlug vor, nur an den Montagabenden zu kommen, an denen keine Überstunden zu leisten seien; er werde mich jeweils Montag nachmittags um vier Uhr anrufen, um mir zu sagen, ob er seinen Termin an diesem Abend einhalten könne oder nicht. Ich sagte ihm, diese Bedingungen seien für mich unannehmbar. Ich sei nicht bereit, jeden Montag meine Pläne zu verschieben, weil er eventuell doch in der Lage sein könnte, zu seiner Stunde zu kommen. Er meinte, ich sei unvernünftig streng, habe kein Verständnis für seine Bedürfnisse, interessiere mich nur für meine eigene Zeit; mir liege also eindeutig nichts an ihm, und daher könne er mir nicht vertrauen. Auf dieser Basis endete unser Versuch, zusammenzuarbeiten; ich war zu einem weiteren Wegzeichen auf seiner alten Landkarte geworden.

Das Problem der Übertragung ist nicht einfach ein Problem zwischen Psychotherapeuten und deren Patienten. Es ist ein Problem zwischen Eltern und Kindern, Ehemännern und Ehefrauen,

Arbeitgebern und Arbeitnehmern, zwischen Freunden, zwischen Gruppen und sogar Nationen. Es ist zum Beispiel interessant, über die Rolle zu spekulieren, die Übertragung in internationalen Angelegenheiten spielt. Unsere nationalen Führer sind Menschen, die alle eine Kindheit und Kindheitserfahrungen hatten, die sie geformt haben. Welcher Landkarte folgte Hitler, und woher kam sie? Welcher Landkarte folgten die amerikanischen Führer, als sie den Vietnamkrieg begannen, durchführten und weiterführten? Diese Landkarte war sichtlich sehr verschieden von der der nächsten Generation. Auf welche Weise trug die Erfahrung der Depressionsjahre zu ihrer Landkarte bei, und wie wirkten sich die Erfahrungen der fünfziger und sechziger Jahre auf die Landkarte der jüngeren Generation aus? Wenn die nationale Erfahrung der dreißiger und vierziger Jahre zum Verhalten der amerikanischen Führer im Vietnamkrieg beitrug, wie angemessen war dann diese Erfahrung hinsichtlich der Realitäten der sechziger und siebziger Jahre? Wie können wir unsere Landkarten schneller revidieren? Die Realität wird gemieden, wenn sie schmerzhaft ist. Wir können unsere Landkarten nur dann revidieren, wenn wir die Disziplin aufbringen, diesen Schmerz zu überwinden. Um diese Disziplin zu besitzen, müssen wir eine starke Bindung an die Wahrheit haben. Das bedeutet, daß uns die Wahrheit, die wir nach besten Kräften bestimmen können, immer wichtiger sein muß, entscheidender für unser eigenes Wohl, als unsere Bequemlichkeit. Umgekehrt müssen wir unser eigenes Unbehagen als relativ unwichtig betrachten, ja es im Dienste des Strebens nach Wahrheit sogar willkommen heißen. Geistige und seelische Gesundheit ist ein fortdauernder Prozeß der Bindung an die Realität um jeden Preis.

Offenheit für Herausforderungen

Was bedeutet ein Leben völliger Bindung an die Wahrheit? Zuerst einmal ist es ein Leben ständiger, niemals endender, strenger Selbstprüfung. Wir kennen die Welt nur durch unsere Beziehung zu ihr. Um die Welt zu kennen, müssen wir daher nicht nur sie untersuchen, sondern gleichzeitig auch uns, die Untersuchenden. Psychiater lernen dies während ihrer Ausbildung und wissen, daß es unmöglich ist, die Konflikte und Übertragungen ihrer Patienten wirklich zu verstehen, wenn sie ihre eigenen Übertragungen und Konflikte nicht verstehen. Aus diesem Grunde werden Psychiater angeregt, sich als Teil ihrer eigenen Ausbildung und Entwicklung selbst einer Psychotherapie oder Psychoanalyse zu unterziehen. Leider leisten nicht alle Psychiater dieser Anregung Folge. Es gibt viele Menschen, und darunter auch Psychiater, die die Welt genau untersuchen, sich selbst aber sehr viel weniger. Sie mögen kompetente Leute sein, doch sie sind niemals weise. Ein an der Weisheit orientiertes Leben muß aus Kontemplation, gepaart mit Handeln bestehen. In der Vergangenheit stand Kontemplation in der amerikanischen Kultur nicht gerade hoch im Kurs. In den fünfziger Jahren betrachteten die Leute Adlai Stevenson als »Eierkopf« und meinten, er würde kein guter Präsident sein, weil er ein kontemplativer Mann war, nachdenklich und voller Selbstzweifel. Ich habe Eltern allen Ernstes zu ihren heranwachsenden Kindern sagen hören: »Du denkst zu viel.« Wie absurd ist das angesichts der Tatsache, daß unsere Fähigkeit, zu denken und uns selbst zu prüfen, gerade das ist, was uns zu Menschen macht! Zum Glück scheinen sich derartige Einstellungen zu ändern, und wir beginnen zu erkennen, daß die Quellen der Gefahr für die Welt mehr in uns als außerhalb liegen, daß der Prozeß ständiger Selbstprüfung und Kontemplation wesentlich ist für unser Überleben. Dennoch ist es eine relativ kleine Zahl von Menschen, die ihre Einstellungen ändert. Die Untersuchung der Außenwelt ist niemals so schmerzhaft wie die Untersuchung der Innenwelt, und sicherlich ist es der mit einem Leben ständiger Selbstprüfung verbundene Schmerz, der die Mehrheit davon abhält. Wenn jemand sich jedoch der Wahrheit verpflichtet fühlt, scheint dieser Schmerz verhältnismäßig unwichtig – und immer unwichtiger (und daher immer weniger schmerzhaft), je weiter man auf dem Pfad der Selbstprüfung voranschreitet.

Ein Leben völliger Hingabe an die Wahrheit bedeutet auch ein Leben der Bereitschaft, sich persönlich herausfordern zu lassen. Wir können uns nur dadurch vergewissern, daß unsere Landkarte der Realität gültig ist, daß wir uns der Kritik und der Herausforderung anderer Kartenhersteller aussetzen. Sonst leben wir in einem geschlossenen System - unter einer Glasglocke, um die Analogie von Sylvia Plath zu gebrauchen -, atmen nur unsere eigene verbrauchte Luft, werden immer anfälliger für Täuschungen. Doch weil mit der Revision unserer Karte Schmerz verbunden ist, versuchen wir meist, Herausforderungen hinsichtlich ihrer Gültigkeit auszuweichen oder diese abzublocken. Zu unseren Kindern sagen wir: »Widersprich mir nicht, ich bin dein Vater (deine Mutter).« Unserem Ehepartner geben wir zu verstehen: »Leben und leben lassen. Wenn du mich kritisierst, ist mit mir nicht gut Kirschen essen, und du wirst es bereuen.« Alte Menschen übermitteln ihren Familien und der Welt die Botschaft: »Ich bin alt und schwach. Wenn du mich herausfordest, könnte ich sterben, oder du müßtest mit der Verantwortung leben, mir meine letzten Tage auf Erden vergällt zu haben.« Unseren Angestellten geben wir zu verstehen: »Wenn du es wagst, mich überhaupt herauszufordern, dann tust du das am besten mit allergrößter Umsicht, sonst kannst du dich bald nach einem neuen Job umsehen.«

Nicht nur Individuen, sondern auch Organisationen sind dafür bekannt, daß sie sich gegen Herausforderungen schützen. Ich war einmal vom Stabschef der Army angewiesen, eine Analyse der psychologischen Ursachen der Grausamkeiten von My Lai und deren nachfolgender Bemäntelung vorzubereiten und Forschungsempfehlungen zu geben, die derartiges Verhalten in Zukunft verhindern könnten. Die Empfehlungen wurden vom Generalstab der Army mißbilligt, und zwar deshalb, weil die vorgeschlagenen Forschungsarbeiten nicht geheimgehalten werden konnten. »Die Existenz solcher Forschungen könnte uns weiteren Herausforderungen aussetzen. Der Präsident und die Army brauchen derzeit keine weiteren Herausforderungen«, wurde mir gesagt. So wurde also die Analyse eines Zwischenfalls, der verheimlicht worden war, selbst geheimgehalten. Solches Verhalten ist nicht auf die Militärs oder das Weiße Haus beschränkt. Es ist auch im Kongreß, in anderen Bundesbehörden, großen Firmen, ja sogar Universitäten und Wohlfahrtsorganisationen üblich - kurz, in allen menschlichen Organisationen. Ebenso wie Individuen Herausforderungen ihrer Landkarten der Realität und ihrer *modi operandi* akzeptieren und sogar willkommen heißen müssen, wenn sie an Weisheit und Wirksamkeit zunehmen wollen, müssen dies auch Organisationen tun, wenn sie lebensfähige und fortschrittliche Einrichtungen sein sollen.

Die Tendenz, Herausforderungen auszuweichen, ist im Menschen so allgegenwärtig, daß man sie tatsächlich als Charakteristikum der menschlichen Natur betrachten kann. Doch natürliches Verhalten ist nicht gleichbedeutend mit wesentlichem oder nützlichem Verhalten. Es ist auch natürlich, in die Hosen zu machen und sich niemals die Zähne zu putzen. Dennoch erziehen wir uns dazu, das Unnatürliche zu tun, bis dieses Unnatürliche zur zweiten Natur wird. Tatsächlich könnte man jede Disziplin so definieren: Wir erziehen uns dazu, das Unnatürliche zu tun.

Kein Akt ist unnatürlicher und also menschlicher als der, sich einer Psychotherapie zu unterziehen. Durch diesen Akt öffnen wir uns der tiefsten Herausforderung durch ein anderes menschliches Wesen und bezahlen den anderen sogar für den Dienst, den er uns mit seiner Nachforschung und Wahrnehmung leistet. Vielleicht symbolisiert das Liegen auf der Couch in der Praxis des Psychoanalytikers diese Bereitschaft, sich einer Herausforderung auszusetzen. Der Eintritt in eine Psychotherapie ist ein Akt von großem Mut. Der Hauptgrund, warum Menschen keine Psychotherapie machen, ist nicht ein Mangel an Geld, sondern an Mut. Dies gilt sogar für viele Psychiater selbst, die es für unangemessen halten, sich selbst einer Therapie zu unterziehen, obwohl sie mehr Grund als andere hätten, sich der damit verbundenen Disziplin zu unterwerfen. Andererseits sind viele psychoanalytische Patienten, eben weil sie diesen Mut besitzen, sogar zu Beginn der Therapie und entgegen der landläufigen Vorstellung, die man sich von ihnen macht, im Grunde viel stärker und gesünder als der Durchschnitt.

Sich einer Psychotherapie zu unterziehen, ist eine sehr ausgeprägte Form der Offenheit für Herausforderungen, doch unsere alltäglichen Interaktionen bieten uns laufend ähnliche Gelegenheiten, Offenheit zu wagen: am Getränkeautomaten, in der Konferenz, auf dem Golfplatz, am Eßtisch, im Bett, wenn die Lampen gelöscht sind; mit unseren Kollegen, unseren Vorgesetzten und Mitarbeitern, mit unseren Ehepartnern, unseren Freunden, unseren Liebespartnern, unseren Eltern oder unseren Kindern. Eine tadellos frisierte Frau, die seit einiger Zeit zu mir kam, begann sich jedesmal zu kämmen, wenn sie am Ende einer Sitzung von der Couch aufstand. Ich machte eine Bemerkung über dieses neue Muster in ihrem Verhalten. »Vor ein paar Wochen fiel meinem Mann auf, daß meine Frisur hinten flachgedrückt war, als ich von einer Sitzung zurückkam«, erklärte sie errötend. »Ich sagte ihm nicht, warum. Ich fürchte, er wird mich aufziehen, wenn er weiß, daß ich hier auf der Couch liege.« Wir hatten also ein neues Thema, das wir bearbeiten konnten. Der größte Wert der Psychotherapie ergibt sich aus der Ausdehnung der Disziplin während der »fünfzig-Minuten-Stunde« auf die täglichen Angelegenheiten und Beziehungen des Patienten. Die Heilung des Geistes ist erst dann vollständig, wenn Offenheit für Herausforderungen zu einem Lebensstil geworden ist. Dieser Frau würde es erst dann gutgehen, wenn sie zu ihrem Mann ebenso offen sein könnte wie zu mir.

Von allen jenen, die zu einem Psychiater oder Psychotherapeuten kommen, suchen nur sehr wenige anfangs bewußt nach einer Herausforderung oder Erziehung zur Disziplin. Die meisten suchen einfach »Erleichterung«. Wenn sie erkennen, daß sie ebenso herausgefordert wie unterstützt werden, ergreifen viele die Flucht, andere sind versucht zu fliehen. Den Menschen beizubringen, daß sich die einzig wirkliche Erleichterung durch Herausforderung und Disziplin einstellen wird, ist eine schwierige, oft langwierige und häufig erfolglose Aufgabe. Und von einigen Patienten, die schon ein Jahr oder noch länger kommen, könnte man sagen, daß sie die Therapie noch gar nicht richtig begonnen haben.

Offenheit wird in der Psychotherapie besonders ermutigt (oder auch gefordert, je nach Standpunkt) durch die Technik der »freien Assoziation«. Wenn diese Technik angewandt wird, sagt man dem Patienten: »Fassen Sie in Worte, was immer Ihnen in den Sinn kommt, ganz gleich, wie scheinbar unbedeutend oder peinlich oder schmerzlich oder sinnlos es sein mag. Wenn Sie gleichzeitig mehrere Dinge im Sinn haben, dann sollten Sie über das sprechen, was zu sagen Ihnen am meisten widerstrebt.« Das ist leichter gesagt als getan. Dennoch machen diejenigen, die sich gewissenhaft darum bemühen, gewöhnlich rasche Fortschritte. Einige Menschen aber wehren sich so sehr gegen Herausforderungen, daß sie nur so tun, als assoziierten sie frei. Sie reden bereitwillig über dies oder jenes, lassen aber die entscheidenden Details aus. Eine Frau berichtet vielleicht eine Stunde lang über unangenehme Kindheitserfahrungen, erwähnt aber nicht, daß ihr Mann sie am gleichen Morgen mit der Tatsache konfrontiert hat, daß sie das gemeinsame Bankkonto um tausend Dollar überzogen hat. Solche Patienten versuchen, die psychotherapeutische Stunde in eine Art Pressekonferenz umzuwandeln. Bestenfalls verschwenden sie Zeit bei diesem Versuch, Herausforderungen zu vermeiden, und gewöhnlich gestatten sie sich so eine subtile Form des Lügens.

Damit Individuen und Organisationen offen für Herausforderungen sind, müssen ihre Landkarten von der Realität *wirklich* für die Überprüfung durch andere offenstehen. Hier ist mehr nötig als eine Pressekonferenz. Ein Leben völliger Verpflichtung der Wahrheit gegenüber bedeutet also drittens ein Leben totaler Aufrichtigkeit. Es bedeutet einen ständigen und nie endenden Prozeß der Selbstüberprüfung, um sicherzustellen, daß unsere Mitteilungen – nicht nur die Worte, die wir sagen, sondern auch die Art, wie wir sie sagen – stets so genau wie nur menschenmöglich die Wahrheit oder Realität widerspiegeln, wie wir sie kennen.

Solche Ehrlichkeit ist nicht schmerzlos zu erreichen. Die Menschen lügen, um den Schmerz der Herausforderung und seine Folgen zu vermeiden. Präsident Nixons Lügen über Watergate waren nicht raffinierter oder im Prinzip anders als die eines vierjährigen Kindes, das seine Mutter darüber belügt, wie es kam, daß die Lampe vom Tisch fiel und zerbrach. Soweit die Natur der Herausforderung legitim ist (und sie ist es meist), ist Lügen ein Versuch, legitimes Leid zu umgehen, und erzeugt daher seelische Krankheit.

Der Begriff des Umgehens bringt uns zum Thema des »Abkürzens«. Wann immer wir ein Hindernis zu umgehen versuchen, halten wir nach einem Weg zu unserem Ziel Ausschau, der leichter und daher schneller ist: einer Abkürzung. Da ich glaube, daß das Wachstum des menschlichen Geistes das Ziel der menschlichen Existenz ist, bin ich dem Begriff des Fortschritts verpflichtet. Es ist richtig und angemessen, daß wir als menschliche Wesen so schnell wie möglich wachsen und fortschreiten sollen. Darum ist es auch richtig und angemessen, daß wir uns jeder legitimen Abkürzung zu persönlichem Wachstum bedienen sollten. Das Schlüsselwort ist dabei »legitim«. Die Tendenz der Menschen, legitime Abkürzungen zu ignorieren, ist fast ebenso groß wie die, nicht legitime Abkürzungen zu suchen. Es ist beispielsweise eine legitime Abkürzung, bei der Vorbereitung für ein Examen die Zusammenfassung eines Buches zu studieren, statt das ganze Buch selbst zu lesen. Wenn die Zusammenfassung gut ist und das Material vollständig wiedergibt, kann das wesentliche Wissen auf eine Weise erworben werden, die beträchtliche Zeit und Mühe spart. Mogeln jedoch ist keine legitime Abkürzung. Vielleicht spart es noch mehr Zeit und bringt dem Mogelnden im Erfolgsfall sogar eine bessere Prüfungsnote ein. Doch das wesentliche Wissen wurde nicht erworben. Darum ist das Examen eine Lüge, eine falsche Darstellung. Soweit das bestandene Examen zur Lebensgrundlage wird, wird das Leben des Mogelnden zur Lüge und falschen Darstellung und muß häufig dazu verwendet werden, die ursprüngliche Lüge zu schützen und zu bewahren.

Echte Psychotherapie ist eine legitime Abkürzung zu persönlichem Wachstum, die oft ignoriert wird. Eine der häufigsten Rationalisierungen für dieses Ignorieren besteht darin, ihre Berechtigung mit den Worten in Frage zu stellen: »Ich fürchte, die Psychotherapie könnte zu einer Krücke werden. Ich will nicht von einer Krücke abhängig werden.« Das aber ist gewöhnlich eine Bemäntelung bedeutsamerer Ängste. Der Gebrauch der Psychotherapie ist nicht mehr eine Krücke als der Gebrauch von Hammer und Nägeln, um ein Haus zu bauen. Es ist möglich, ein Haus ohne Hammer und Nägel zu bauen, doch im allgemeinen ist dieser Vorgang weder effizient noch wünschenswert. Kaum ein Schreiner wird darüber verzweifeln, daß er von Hammer und Nägeln abhängig ist. Ähnlich ist es möglich, persönliches Wachstum ohne den Gebrauch der Psychotherapie zu erreichen, doch oft ist diese Aufgabe unnötig zäh, langwierig und schwierig. Im allgemeinen ist es sinnvoll, verfügbare Werkzeuge als Abkürzung zu benutzen.

Andererseits kann Psychotherapie auch als nicht legitime Abkürzung gesucht werden. Das geschieht am häufigsten bei gewissen Eltern, die um Psychotherapie für ihre Kinder nachsuchen. Sie möchten, daß sich ihre Kinder auf irgendeine Art verändern: keine Drogen mehr nehmen, keine Wutanfälle mehr haben, keine schlechten Noten mehr bekommen und so weiter. Einige Eltern haben ihre eigenen Hilfsquellen bei dem Versuch erschöpft, ihren Kindern zu helfen, und kommen mit der echten Bereitschaft zum Psychotherapeuten, an dem Problem zu arbeiten. Ebenso oft kommen andere mit dem offenkundigen Wissen um die Ursachen der Probleme ihres Kindes und hoffen, der Psychiater könne durch irgendeinen Zauber das Kind ändern, ohne an die grundlegende Ursache des Problems zu rühren. Einige Eltern beispielsweise sagen offen: »Wir wissen, daß wir ein Eheproblem haben und daß das wahrscheinlich etwas mit dem Problem unseres Sohnes zu tun hat. Trotzdem wollen wir unsere Ehe nicht zur Sprache bringen; wir wollen nicht selbst in die Therapie kommen; wir möchten nur, daß Sie mit unserem Sohn arbeiten und ihm, wenn möglich, helfen, sich glücklicher zu fühlen.« Andere sind weniger offen. Sie kommen und erklären ihre Bereitschaft, alles zu tun, was nötig ist, aber wenn man ihnen erklärt, daß die Symptome ihres Kindes ein Ausdruck seines Grolls über ihren gesamten Lebensstil sind, der keinen wirklichen Raum für die Entfaltung des Kindes läßt, dann sagen sie: »Es kommt ja gar nicht in Frage, daß wir seinetwegen unser Innerstes nach außen kehren.« Danach halten sie Ausschau nach einem anderen Psychiater, der ihnen vielleicht eine schmerzlose Abkürzung anbieten kann. Später werden sie wahrscheinlich ihren Freunden und sich selbst einreden: »Wir haben alles nur Mögliche für unseren Jungen getan; wir sind mit ihm zu vier verschiedenen Psychiatern gegangen, aber nichts hat geholfen!«

Wir lügen natürlich nicht nur andere an, sondern auch uns selbst. Die Herausforderung unserer Anpassung – unserer Landkarte – durch unser eigenes Gewissen und unsere eigenen realistischen Wahrnehmungen kann ebenso legitim und schmerzlich sein wie jede Herausforderung von außen. Von den unzähligen Lügen, die Menschen sich selbst erzählen, sind die zwei häufigsten, mächtigsten und zerstörerischsten: »Wir lieben unsere Kinder wirklich« und »Unsere Eltern haben uns wirklich geliebt.« Es mag sein, daß unsere Eltern uns geliebt haben und daß wir unsere Kinder lieben, doch wenn das nicht der Fall ist, gehen wir oft die abenteuerlichsten Umwege, um dieser Erkenntnis auszuweichen. Ich bezeichne die Psychotherapie oft als »Wahrheitsspiel« oder »Ehrlichkeitsspiel«, weil ihre Aufgabe unter anderem darin besteht, die Patienten mit solchen Lügen zu konfrontieren. Eine der Wurzeln seelischer Erkrankungen ist stets ein ineinandergreifendes System von Lügen, die uns gesagt wurden und die wir selbst geäußert haben. Diese Wurzeln können nur in einer Atmosphäre äußerster Aufrichtigkeit freigelegt und entfernt werden. Um diese Atmosphäre zu schaffen, müssen Psychotherapeuten in ihre Beziehungen zu ihren Patienten die Fähigkeit zu völliger Offenheit und Wahrhaftigkeit einbringen. Wie können wir von einem Patienten erwarten, daß er den Schmerz der Konfrontation mit der Realität erträgt, wenn wir selbst den gleichen Schmerz nicht auf uns nehmen? Wir können nur so weit führen, wie wir selbst gegangen sind.

Zurückhalten der Wahrheit

Man kann Lügen in zwei Arten unterteilen: weiße Lügen und schwarze Lügen.[4] Eine schwarze Lüge ist eine wissentlich falsche Aussage. Eine weiße Lüge ist eine Aussage, die zwar an sich nicht falsch ist, die aber einen wesentlichen Teil der Wahrheit ausläßt. Die Tatsache, daß eine Lüge weiß ist, macht die Lüge als solche nicht geringer oder entschuldbarer. Weiße Lügen können ebenso destruktiv sein wie schwarze. Eine Regierung, die ihrem Volk durch Zensur wesentliche Informationen vorenthält, ist nicht demokratischer als eine Regierung, die falsche Aussagen macht. Die Patientin, die es unterließ zu erwähnen, daß sie das Bankkonto der Familie überzogen hatte, behinderte ihr Wachsen in der Therapie nicht weniger, als wenn sie direkt gelogen hätte.

Gerade weil es weniger anfechtbar *erscheint,* ist das Zurückhalten wichtiger Information die häufigste Form des Lügens, und da es schwerer zu entdecken und anzugehen ist, ist es oft verderblicher als eine schwarze Lüge.

Weiße Lügen werden in vielen unserer gesellschaftlichen Beziehungen als akzeptabel betrachtet, weil wir »die Gefühle der Leute nicht verletzen möchten«. Dennoch dürfen wir die Tatsache beklagen, daß unsere sozialen Beziehungen im allgemeinen oberflächlich sind. Wenn Eltern ihre Kinder mit einem Brei weißer Lügen füttern, wird das nicht nur als akzeptabel betrachtet, sondern gilt auch als liebevoll und nützlich. Selbst Eheleute, die tapfer genug waren, miteinander offen zu sein, finden es oft schwierig, ihren Kindern gegenüber offen zu sein. Sie sagen ihren Kindern nicht, daß sie Marihuana rauchen, daß sie am Vorabend miteinander über ihre Beziehung gestritten haben, daß sie den Großeltern ihre Manipulationsversuche übelnehmen, daß der Arzt einem oder beiden gesagt hat, sie hätten psychosomatische Störungen, daß sie eine riskante finanzielle Investition vornehmen oder auch nur, wieviel Geld sie auf der Bank haben. Gewöhnlich wird dieses Zurückhalten, dieser Mangel an Offenheit rationalisiert mit dem liebevollen Wunsch, die Kinder vor unnötigen Sorgen zu beschützen und abzuschirmen. In den meisten Fällen jedoch ist dieser »Schutz« erfolglos. Die Kinder wissen ohnehin, daß Mutter und Vater Hasch rauchen, daß sie am Vorabend Streit hatten, daß sie einen Groll auf die Großeltern haben, daß Mama nervös ist und Papa Geld verliert. Die Folge ist also nicht Schutz, sondern Versagung. Den Kindern wird das Wissen versagt, das sie über Geld, Krankheit, Drogen, Sex, die Ehe, ihre Eltern, ihre Großeltern und die Menschen im allgemeinen erwerben könnten. Ihnen wird auch der Trost versagt, den sie bekommen könnten, wenn diese Themen offener diskutiert würden. Und schließlich werden ihnen auch die Rollenmodelle von Offenheit und Ehrlichkeit vorenthalten; statt dessen erhalten sie Rollenmodelle von partieller Ehrlichkeit, unvollständiger Offenheit und eingeschränktem Mut. Bei einigen Eltern ist der Wunsch, ihre Kinder zu »beschützen«, durch echte, wenn auch fehlgeleitete Liebe motiviert. Für andere jedoch dient der »liebevolle« Wunsch, ihre Kinder zu beschützen, mehr als Bemäntelung und Rationalisierung eines Wunsches, ihre Autorität gegenüber den Kindern aufrechtzuerhalten. In Wirklichkeit sagen solche Eltern: »Schaut, Kinder, ihr bleibt Kinder mit kindlichen Sorgen – die erwachsenen Sorgen überlaßt nur uns. Betrachtet uns als starke und liebevolle Versorger. Eine solche Vorstellung ist gut für euch und für uns, also fordert sie nicht heraus. Mit ihr können wir uns stark und ihr euch sicher fühlen, und es ist viel leichter für uns alle, wenn wir nicht allzu tief in diese Dinge eindringen.«

Dennoch kann ein realer Konflikt entstehen, wenn dem Wunsch nach totaler Ehrlichkeit die Bedürfnisse mancher Menschen nach einer gewissen Art von Schutz entgegenstehen. So können beispielsweise auch Eltern, deren Ehe eigentlich ausgezeichnet ist, gelegentlich eine Scheidung als eine mögliche Alternative betrachten, doch die Kinder darüber zu informieren, wenn eine Scheidung ganz unwahrscheinlich ist, hieße, ihnen eine unnötige Last aufzubürden. Der Gedanke an Scheidung ist für das Sicherheitsgefühl eines Kindes außerordentlich bedrohlich – so bedrohlich, daß Kinder nicht die Fähigkeit haben, ihn in der richtigen Perspektive zu sehen. Die Möglichkeit einer Scheidung, und sei sie noch so fern, ist eine ernste Gefahr für sie. Wenn die Ehe ihrer Eltern definitiv gescheitert ist, werden die Kinder sich mit der bedrohlichen Möglichkeit einer Scheidung befassen, ob die Eltern darüber reden oder nicht. Wenn die Ehe jedoch im Grunde in Ordnung ist, würden Eltern ihren Kindern in der Tat einen schlechten Dienst erweisen, falls sie ihnen mit völliger Offenheit sagten: »Mama und Papa haben gestern abend über eine Scheidung gesprochen, aber im Augenblick meinen wir das gar nicht ernst.« Auch Psychotherapeuten müssen ihren Patienten oft in den ersten Stadien einer Therapie ihre Gedanken, Meinungen und Einsichten vorenthalten, weil die Patienten noch nicht bereit sind, sie anzunehmen oder zu verarbeiten. Im ersten Jahr meiner psychiatrischen Ausbildung berichtete mir ein Patient bei seinem vierten Besuch von einem Traum, der offenkundig etwas mit Homosexualität zu tun hatte. In meinem Wunsch, als brillanter Therapeut zu erscheinen und rasche Fortschritte zu erzielen, sagte ich ihm: »Ihr Traum weist darauf hin, daß Sie die Besorgnis hegen, Sie könnten homosexuell sein.« Der Patient wurde sichtlich ängstlich und hielt seine drei nächsten Termine nicht ein. Nur mit viel Arbeit und noch mehr Glück gelang es mir, ihn zur Wiederaufnahme der Therapie zu bewegen. Wir hielten weitere zwanzig Sitzungen ab, bis er aufgrund einer beruflichen Versetzung die Stadt verlassen mußte. Diese Sitzungen waren von großem Nutzen für ihn, obwohl das Thema der Homosexualität nie wieder erwähnt wurde. Die Tatsache, daß sein Unbewußtes sich damit befaßte, bedeutete nicht, daß er bereit war, sich bewußt damit zu beschäftigen; indem ich ihm meine Einsicht mitgeteilt hatte, hatte ich einen schwerwiegenden Fehler gemacht und hätte ihn beinahe nicht nur als Patient verloren, sondern ihm überhaupt jede Therapie verleidet.

Das selektive Zurückhalten der eigenen Meinung muß von Zeit zu Zeit auch in der Welt der Geschäfte und der Politik praktiziert werden, wenn man weiterhin zu Beratungen zugezogen werden möchte. Würden die Menschen bei wichtigen und unwichtigen Angelegenheiten stets ihre Meinung sagen, so würden sie vom durchschnittlichen Vorgesetzten als aufsässig und vom Management als Bedrohung der Organisation betrachtet. Sie würden als Störenfriede und nicht vertrauenswürdig genug gelten, um jemals Sprecher einer Organisation zu werden. Wenn man in einer Organisation überhaupt eine Wirkung ausüben will, führt kein Weg um die Tatsache herum, daß man teilweise zu einer »Organisationsperson« werden muß, umsichtig im Ausdruck eigener Meinungen und die persönliche Identität manchmal mit der der Organisation gleichsetzend. Wenn man jedoch seinen Einfluß in einer Organisation als einziges Ziel seines Verhaltens ansieht und nur solche Meinungen äußert, die keine Wellen schlagen, dann läßt man den Zweck die Mittel heiligen, verliert seine persönliche Integrität und Identität und wird gänzlich zur »Organisationsperson«. Der Weg, den ein erfolgreicher Manager zwischen Bewahrung und Verlust seiner Identität und Integrität gehen muß, ist überaus schmal, und nur sehr wenigen gelingt es, ihn erfolgreich zu durchlaufen. Er ist eine enorme Herausforderung.

Das Äußern von Meinungen, Gefühlen, Gedanken und sogar Kenntnissen muß also unter diesen und vielen anderen Umständen im menschlichen Leben unterbleiben. Welchen Regeln sollte man nun folgen, wenn man sich der Wahrheit verpflichtet fühlt? Erstens: Sagen Sie nie die Unwahrheit. Zweitens: Denken Sie daran, daß das Zurückhalten einer Wahrheit immer eine potentielle Lüge ist und in jedem Falle eine bedeutsame moralische Entscheidung erfordert. Drittens: Die Entscheidung, die Wahrheit zurückzuhalten, sollte nie auf persönlichen Bedürfnissen beruhen wie etwa dem Bedürfnis nach Macht, dem Bedürfnis, geliebt zu werden, oder dem Bedürfnis, die eigene Landkarte zu schützen. Viertens: Die Entscheidung, die Wahrheit zurückzuhalten, muß immer von den Bedürfnissen der Person oder der Menschen bestimmt sein, denen diese Wahrheit vorenthalten wird. Fünftens: Die Einschätzung der Bedürfnisse eines anderen ist ein so vielschichtiger Akt der Verantwortlichkeit, daß er nur dann weise gehandhabt werden kann, wenn man aus echter Liebe zum anderen handelt. Sechstens: Der Hauptfaktor für die Einschätzung der Bedürfnisse eines anderen ist die Einschätzung der Fähigkeit dieses Menschen, die Wahrheit für sein eigenes spirituelles Wachstum zu nutzen. Bei der Einschätzung der Fähigkeit eines anderen schließlich, die Wahrheit für eigenes spirituelles Wachstum zu nutzen, sollte man berücksichtigen, daß wir im allgemeinen dazu neigen, diese Fähigkeit eher zu unter- als zu überschätzen.

All das mag als ungeheure Aufgabe erscheinen, die nie vollkommen zu lösen sein wird, als chronische und nie endende Bürde. Tatsächlich ist es eine nie endende Bürde der Selbstdisziplin, und darum entscheiden sich die meisten Menschen für ein Leben sehr beschränkter Aufrichtigkeit und Offenheit und verstecken sich und ihre Landkarten vor der Welt. So ist es nämlich leichter. Dennoch sind die Belohnungen des schwierigen aufrichtigen, wahrheitsliebenden Lebens der Mühe wert. Dadurch, daß ihre Landkarten ständig in Frage gestellt werden, sind offene Menschen laufend im Wachsen begriffen. Durch ihre Offenheit können sie enge Beziehungen wesentlich wirksamer herstellen und aufrechterhalten als verschlossenere Leute. Weil sie nie die Unwahrheit sagen, können sie sicher und stolz in dem Bewußtsein leben, daß sie nichts getan haben, um zur Verwirrung auf der Welt beizutragen, sondern als Quellen der Aufklärung und Erhellung gewirkt haben. Und schließlich sind sie vollkommen frei. Sie werden nicht von der Notwendigkeit belastet, etwas zu verbergen. Sie brauchen sich nicht im Schatten umherzuschleichen. Sie brauchen nicht neue Lügen zu konstruieren, um alte zu decken. Sie brauchen keine Anstrengung mit dem Vertuschen von Spuren und der Aufrechterhaltung von Verkleidungen zu vergeuden. Vor allem stellen sie fest, daß die Energie, die für die Selbstdisziplin der Aufrichtigkeit erforderlich ist, geringer ist als die für Heimlichtuerei. Je ehrlicher man ist, desto einfacher ist es, weiterhin ehrlich zu sein; je mehr man gelogen hat, desto notwendiger ist es, weiterhin zu lügen. Durch ihre Offenheit leben Menschen, die sich der Wahrheit verpflichtet haben, im Offenen, und weil sie ihren Mut üben, im Offenen zu leben, werden sie frei von Furcht.

Ausgewogenheit

Inzwischen dürfte klargeworden sein, daß die Übung von Disziplin nicht nur eine anspruchsvolle, sondern auch eine vielschichtige Aufgabe ist, die Flexibilität und Urteilskraft erfordert. Mutige Menschen müssen sich ständig dazu antreiben, ehrlich zu sein, doch sie müssen auch die Fähigkeit besitzen, die ganze Wahrheit zurückzuhalten, wenn dies erforderlich ist. Um freie Menschen zu sein, müssen wir die totale Verantwortung für uns selbst übernehmen, aber auch Verantwortung zurückweisen können, die nicht wirklich unsere ist. Um organisiert und tüchtig zu sein und weise zu leben, müssen wir täglich Belohnungen aufschieben und in die Zukunft schauen; um aber freudig zu leben, müssen wir auch die Fähigkeit besitzen, dann, wenn es nicht destruktiv ist, in der Gegenwart zu leben und spontan zu handeln. Mit anderen Worten, die Disziplin selbst muß diszipliniert sein. Die Art von Disziplin, die dazu erforderlich ist, nenne ich Ausgewogenheit, und das ist die vierte und letzte Art von Disziplin, die ich hier erörtern möchte.

Ausgewogenheit ist die Disziplin, die uns Flexibilität gibt. Für ein erfolgreiches Leben in allen Tätigkeitsbereichen ist außerordentliche Flexibilität erforderlich. Ein Beispiel ist in diesem Zusammenhang der Zorn und sein Ausdruck. Zorn ist eine Emotion, die in uns (und weniger entwickelten Organismen) durch zahllose Generationen der Evolution hindurch angelegt ist, um unser Überleben zu fördern. Wir empfinden Zorn, wenn wir wahrnehmen, daß ein anderer Organismus versucht, in unser geographisches oder psychisches Revier einzudringen oder uns auf irgendeine Art zu unterdrücken. Zorn veranlaßt uns, uns zu wehren. Ohne unseren Zorn würde man uns in der Tat ständig übervorteilen, unterdrücken und vernichten. Nur mit Zorn können wir überleben. Aber wenn wir auch zunächst das Gefühl haben, andere wollten uns unterdrücken, stellen wir bei näherem Hinsehen häufig fest, daß sie das gar nicht wollen. Oder aber wir merken, daß jemand sich zwar wirklich gegen uns wendet, daß es aber gar nicht unserem Wohl dient, darauf mit Zorn zu reagieren. Es ist also notwendig, daß die höheren Zentren unseres Gehirns (Urteilskraft) in der Lage sind, die niedrigeren Zentren (Emotion) zu regulieren und zu mäßigen. Um in unserer komplexen Welt erfolgreich funktionieren zu können, müssen wir nicht nur in der Lage sein, unseren Zorn zu äußern, sondern das auch unterlassen können. Mehr noch, wir müssen ihn auch auf verschiedene Arten äußern können. Manchmal ist es beispielsweise notwendig, ihn nur nach gründlicher Überlegung und Selbstprüfung zu äußern. Zu anderen Zeiten nützt es uns mehr, ihn sofort und spontan zu äußern. Manchmal ist es am besten, ihn kalt und ruhig zum Ausdruck zu bringen, manchmal sollte er laut und heftig sein. Wir müssen daher nicht nur wissen, wie wir zu verschiedenen Zeiten auf verschiedene Arten mit unserem Zorn umzugehen haben, sondern müssen auch die richtige Zeit mit der richtigen Ausdrucksweise angemessen verbinden können. Um unseren Zorn angemessen und kompetent zu handhaben, brauchen wir ein ausgefeiltes, flexibles Reaktionssystem. Daher ist es kein Wunder, daß der Umgang mit unserem Zorn eine vielschichtige Aufgabe ist, die gewöhnlich erst im Erwachsenenalter ganz erlernt wird, eventuell sogar erst im mittleren Alter, von manchen Menschen aber auch nie.

In größerem oder geringerem Maß leiden alle Menschen unter Unzulänglichkeiten ihres flexiblen Reaktionssystems. Ein großer Teil der psychotherapeutischen Arbeit besteht darin, unseren Patienten zu helfen, ihre Reaktionssysteme flexibler sein zu lassen oder zu machen. Je mehr unsere Patienten durch Angst, Schuldgefühle und Unsicherheit behindert sind, desto schwieriger und rudimentärer ist diese Arbeit gewöhnlich. So habe ich beispielsweise mit einer tapferen, zweiunddreißigjährigen Schizophrenen gearbeitet, für die es eine echte Offenbarung war zu lernen, daß es einige Männer gibt, die sie nicht in ihr Haus lassen sollte, andere, die sie zwar in ihr Wohnzimmer, nicht aber in ihr Schlafzimmer lassen sollte, und wieder andere, die sie in ihr Schlafzimmer lassen konnte. Vorher hatte sie nur über ein Reaktionssystem verfügt, bei dem sie entweder jeden in ihr Schlafzimmer gelassen hatte oder, wenn diese Reaktion nicht zu funktionieren schien, überhaupt niemanden in ihre Wohnung. So hatte sie zwischen erniedrigender Promiskuität und totaler Isolation hin- und hergewechselt. Mit der gleichen Frau mußte ich mehrere Sitzungen lang das Thema von Danksagungen behandeln. Sie fühlte sich verpflichtet, für jegliches Geschenk und jede Einladung, die sie erhielt, einen langen, ausgearbeiteten, handgeschriebenen und perfekt formulierten Brief abzuschicken. Es war unvermeidlich, daß sie eine solche Last auf die Dauer nicht tragen konnte, und so bedankte sie sich entweder überhaupt nicht oder wies alle Geschenke und Einladungen zurück. Wieder war sie verblüfft zu lernen, daß einige Geschenke gar keine Danksagungen erforderten und bei anderen auch ein kurzer Brief genügte.

Reife geistig-seelische Gesundheit erfordert also eine außerordentliche Fähigkeit, immer neu ein empfindliches Gleichgewicht zwischen miteinander in Konflikt stehenden Bedürfnissen, Zielen, Pflichten, Verantwortungen, Richtungen etc. herzustellen. Das wesentliche an dieser Disziplin der Ausgewogenheit ist, etwas »aufgeben« zu können. Zum erstenmal lernte ich das an einem Sommermorgen im Alter von neun Jahren. Ich hatte kurz zuvor Fahrradfahren gelernt und erforschte nun fröhlich das Ausmaß meiner neuen Fertigkeit. Etwa eine Meile von unserem Haus entfernt führte die Straße einen steilen Hügel abwärts und machte unten eine scharfe Kurve. Es war ein tolles Gefühl, wie auf der abschüssigen Straße meine Geschwindigkeit zunahm. Diese Ekstase durch die Benutzung der Bremsen aufzugeben, erschien mir wie eine absurde Selbstbestrafung. Ich beschloß also, meine Geschwindigkeit nicht zu verringern und dennoch die Kurve unten zu nehmen. Meine Ekstase endete Sekunden später, als ich in hohem Bogen in den Wald flog. Ich hatte üble Schrammen und blutete, und das Vorderrad meines Fahrrads war durch den Zusammenstoß mit einem Baum völlig verbogen. Ich hatte das Gleichgewicht verloren.

Das Gleichgewicht zu halten, ist gerade deshalb eine Disziplin, weil der Vorgang, etwas aufzugeben, schmerzlich ist. In diesem Beispiel war ich nicht bereit gewesen, auf meinen ekstatischen Geschwindigkeitsrausch zu verzichten, um in der Kurve das Gleichgewicht zu halten. Ich lernte jedoch, daß der Verlust des Gleichgewichts letztlich schmerzhafter ist als das Aufgeben, das erforderlich ist, um es zu halten. Auf die eine oder andere Weise mußte ich diese Lektion während meines ganzen Lebens immer wieder lernen. So geht es jedem von uns, denn während wir die Kurven und Ecken unseres Lebens bewältigen, müssen wir ständig einen Teil unserer selbst aufgeben. Die einzige Alternative wäre, sich auf die Lebensreise gar nicht erst einzulassen.

Es mag seltsam erscheinen, doch die meisten Menschen wählen diese Alternative und entscheiden sich dafür, ihre Lebensreise nicht fortzusetzen – nach einer gewissen Strecke stehenzubleiben –, um dem Schmerz auszuweichen, Teile ihrer selbst aufgeben zu müssen. Wem das merkwürdig vorkommt, der ist sich nicht im klaren darüber, wie tief der damit verbundene Schmerz sein kann. Bei wichtigeren Dingen ist Aufgeben eine der schmerzlichsten Erfahrungen, die der Mensch machen kann. Bis hierher habe ich von geringfügigeren Formen des Aufgebens gesprochen – Geschwindigkeit, den Luxus spontanen Zorns, die Sicherheit zurückgehaltenen Zorns oder die Makellosigkeit eines Danksagungsbriefes. Wenden wir uns nun aber dem Aufgeben von Persönlichkeitsmerkmalen zu, etablierten Verhaltensmustern, Ideologien, ja sogar ganzen Lebensstilen. Dies sind schwerwiegendere Formen des Aufgebens, die erforderlich sind, wenn die Lebensreise weiterführen soll.

Vor einiger Zeit beschloß ich eines Abends, etwas von meiner freien Zeit dafür zu verwenden, eine glücklichere und engere Beziehung zu meiner vierzehnjährigen Tochter zu schaffen. Ein paar Wochen lang hatte sie mich gedrängt, mit ihr Schach zu spielen, also schlug ich ihr eine Partie vor. Sie nahm eifrig an, und wir setzten uns zu einem sehr anregenden und herausfordernden Spiel zusammen. Es war jedoch ein Werktag, und um neun Uhr bat meine Tochter, ob ich meine Züge nicht schneller ausführen könne, denn sie müsse zu Bett gehen; sie muß morgens um sechs Uhr aufstehen. Ich wußte, daß sie in ihren Schlafgewohnheiten von strenger Disziplin war, und meinte, sie solle in der Lage sein, etwas von dieser Strenge aufzugeben. Ich sagte ihr: »Komm, du kannst doch einmal ein bißchen später zu Bett gehen. Du solltest keine Spiele anfangen, die du nicht beenden kannst. Es macht doch Spaß.« Wir spielten weitere fünfzehn Minuten, und während dieser Zeit geriet sie sichtlich außer Fassung. Schließlich bat sie: »Bitte, Papi, zieh doch schneller.« »Nein, verflixt«, antwortete ich, »Schach ist ein ernsthaftes Spiel. Wenn du es gut spielen willst, mußt du es langsam spielen. Wenn du nicht ernsthaft spielen willst, kannst du es überhaupt bleiben lassen.« Und so spielten wir weitere zehn Minuten, während sie sich ziemlich elend fühlte. Dann brach sie ganz plötzlich in Tränen aus, schrie, sie gebe das blöde Spiel verloren, und rannte weinend die Treppe hinauf.

Sofort fühlte ich mich wieder wie mit neun Jahren, als ich blutend im Wald neben der Straße lag, mein Fahrrad neben mir. Ich hatte eindeutig einen Fehler gemacht. Ich hatte versäumt, eine Kurve in der Straße zu berücksichtigen. Ich hatte den Abend mit dem Wunsch begonnen, eine schöne Zeit mit meiner Tochter zu haben. Neunzig Minuten später war sie in Tränen aufgelöst und so zornig auf mich, daß sie kaum sprechen konnte. Was war schiefgegangen? Die Antwort lag auf der Hand. Doch ich wollte die Antwort nicht hören, und ich brauchte zwei Stunden, bis ich die Tatsache akzeptieren konnte, daß ich den Abend verdorben hatte, indem ich meinen Wunsch, ein Schachspiel zu gewinnen, wichtiger werden ließ als meinen Wunsch, eine Beziehung zu meiner Tochter zu schaffen. Nun war ich ernstlich deprimiert. Wie war ich so aus dem Gleichgewicht geraten? Allmählich dämmerte mir, daß mein Wunsch zu gewinnen zu groß war und daß ich etwas von diesem Wunsch aufgeben mußte. Doch auch dieses kleine Aufgeben schien unmöglich. Mein ganzes Leben lang hatte mir mein Wunsch zu gewinnen gute Dienste geleistet, denn ich hatte viele Dinge gewonnen. Wie ist es möglich, Schach zu spielen, ohne gewinnen zu wollen? Es hatte mir nie gelegen, Dinge ohne innere Anteilnahme zu tun. Wie konnte ich mit Anteilnahme, aber ohne Ernst Schach spielen? Doch irgend etwas mußte ich ändern, da ich wußte, daß meine Anteilnahme, mein Wetteifern und meine Ernsthaftigkeit Teile eines Verhaltensmusters waren, die dazu beigetragen hatten und beitrugen, mir mein Kind zu entfremden; wenn ich nicht in der Lage wäre, dieses Muster zu ändern, würde es weitere Male unnötige Tränen und Bitterkeit geben. Meine Depression blieb.

Heute ist sie vorüber. Ich habe einen Teil meines Wunsches aufgegeben, beim Spielen zu gewinnen. Dieser Teil von mir existiert jetzt nicht mehr. Er mußte sterben. Ich habe ihn getötet. Ich habe ihn getötet mit meinem Wunsch, als Vater zu gewinnen. Als ich ein Kind war, nützte mir mein Wunsch, beim Spielen zu gewinnen. Als Vater erkenne ich, daß er mir im Weg steht. Also mußte er verschwinden. Die Zeiten haben sich geändert. Um mit ihnen zu gehen, mußte ich ihn aufgeben. Ich vermisse ihn nicht. Ich dachte, ich würde ihn vermissen, aber das ist nicht der Fall.

Die Gesundheit der Depression

Der eben erzählte Vorgang ist ein geringfügiges Beispiel für das, was Menschen mit dem Mut, sich Patienten zu nennen, in größerem Maße und oft viele Male im Verlauf der Psychotherapie durchmachen müssen. Die Zeit einer intensiven Psychotherapie ist eine Zeit intensiven Wachstums; der Patient kann sich dadurch mehr verändern als manche Menschen in ihrem ganzen Leben. Damit es zu einem solchen Wachstum kommen kann, muß ein beträchtlicher Teil des »alten Selbst« aufgegeben werden. Das ist ein unvermeidbarer Bestandteil einer erfolgreichen Psychotherapie. Gewöhnlich beginnt dieser Vorgang des Aufgebens schon vor dem ersten Termin des Patienten beim Psychotherapeuten. Häufig bedeutet etwa die Entscheidung, sich in Therapie zu begeben, ein Aufgeben des alten Selbstbildes »Mir geht es gut«. In unserer Kultur mag dies besonders für Männer schwer sein, für die »Es geht mir nicht gut, und ich brauche Hilfe, um zu verstehen, warum ich mich so fühle und wie ich das ändern kann« leider oft gleichbedeutend ist mit »Ich bin schwach, unmännlich und unzulänglich«. Tatsächlich beginnt der Prozeß des Aufgebens oft sogar schon, ehe der Patient zu der Entscheidung gelangt ist, psychiatrische Hilfe in Anspruch zu nehmen. Ich erwähnte, daß ich während der Aufgabe meines Wunsches, immer zu gewinnen, deprimiert war. Das Gefühl, das mit dem Aufgeben von etwas Geliebtem einhergeht – oder zumindest von etwas, das ein Teil unserer selbst und vertraut ist –, ist Depression. Da geistig-seelisch gesunde menschliche Wesen wachsen müssen und das Aufgeben oder der Verlust des alten Selbst ein integraler Bestandteil des spirituellen Wachstumsprozesses ist, ist Depression ein normales und im Grunde gesundes Phänomen. Sie wird nur dann abnorm oder ungesund, wenn etwas den Prozeß des Aufgebens stört, so daß die Depression verlängert wird und nicht durch Vollendung des Vorganges aufgelöst werden kann.[5]

Einer der Hauptgründe, warum Menschen eine psychiatrische Behandlung in Erwägung ziehen, ist die Depression. Mit anderen Worten: Patienten sind häufig bereits in einen Wachstums- oder Aufgabe-Prozeß verwickelt, ehe sie eine Psychotherapie in Betracht ziehen, und die Symptome dieses Wachstumsvorgangs sind es, die sie in die Praxis des Therapeuten treiben. Die Aufgabe des Therapeuten besteht daher darin, dem Patienten bei der Vollendung eines Wachstumsprozesses zu helfen, den er bereits begonnen hat. Das soll nicht heißen, daß sich die Patienten dessen, was mit ihnen geschieht, bewußt sind. Im Gegenteil, häufig suchen sie nur Linderung der Symptome ihrer Depression, »damit alles so sein kann wie immer«. Sie wissen nicht, daß die Dinge eben nicht mehr so sein können »wie immer«. Das Unbewußte jedoch weiß das. Eben weil das Unbewußte in seiner Weisheit weiß, daß die Dinge, »so wie sie immer waren«, nicht mehr haltbar und konstruktiv sind, beginnt ja der Prozeß des Aufgebens und Wachsens auf einer unbewußten Ebene, und der betroffene Mensch erlebt eine Depression. Häufig sagt der Patient: »Ich habe keine Ahnung, warum ich deprimiert bin«, oder er schreibt die Depression ganz unerheblichen Faktoren zu. Da

Patienten noch nicht bewußt bereit oder willens sind zu erkennen, daß das »alte Selbst« oder »die Dinge, wie sie immer waren«, sich überlebt haben, merken sie nicht, daß ihre Depression ihnen ein Zeichen gibt; sie weist darauf hin, daß zu erfolgreicher und weiterentwickelter Anpassung eine größere Veränderung erforderlich ist. Die Tatsache, daß das Unbewußte dem Bewußten um einen Schritt voraus ist, mag die Laien unter den Lesern überraschen; diese Tatsache gilt aber nicht nur in unserem speziellen Fall, sondern so allgemein, daß sie ein Grundprinzip des seelischen Funktionierens ist. Sie wird im abschließenden Teil dieses Buches ausführlich behandelt.

Kürzlich haben wir von der »Midlife-Krise« gehört, der Krise in der Lebensmitte. Tatsächlich ist sie nur eine von vielen »Krisen« oder kritischen Stadien der Entwicklung im Leben, wie Erik Erikson uns vor dreißig Jahren lehrte. (Erikson benannte acht Krisen; vielleicht sind es noch mehr.) Was aus diesen Übergangsperioden im Lebenszyklus Krisen macht – also problematische und schmerzhafte Vorgänge –, ist die Tatsache, daß wir beim erfolgreichen Durchlaufen dieser Perioden liebgewordene Begriffe und alte Handlungs- und Sichtweisen aufgeben müssen. Viele Menschen sind nicht willens oder nicht fähig, den Schmerz auf sich zu nehmen, Überlebtes aufzugeben. Folglich klammern sie sich, oft für immer, an ihre alten Denk- und Verhaltensmuster und schaffen es daher nicht, mit irgendeiner Krise fertigzuwerden, wirklich erwachsen zu werden und das freudige Gefühl des Wiedergeborenseins zu verspüren, das den erfolgreichen Übergang zu größerer Reife begleitet. Obwohl man über jede einzelne davon ein ganzes Buch schreiben könnte, will ich nur kurz und etwa in der Reihenfolge ihres Auftretens einige der Bedingungen, Wünsche und Einstellungen aufzählen, die im Verlauf einer erfolgreichen Lebensentwicklung aufgegeben werden müssen:

der Säuglingszustand, in dem auf keinerlei äußere Anforderungen reagiert werden muß;
die Phantasie, allmächtig zu sein;
der Wunsch nach totalem (einschließlich sexuellem) Besitz der Eltern;
die Abhängigkeit der Kindheit;

verzerrte Bilder von den Eltern;
das Offenstehen aller Möglichkeiten in der Jugend;
die »Freiheit« der Ungebundenheit;
die Agilität der Jugend;
die sexuelle Attraktivität und/oder Potenz der Jugend;
die Phantasie der Unsterblichkeit;
verschiedene Formen zeitweiliger Macht;
die Unabhängigkeit physischer Gesundheit;
und am Ende das Selbst und das Leben.

Verzicht und Wiedergeburt

Im Hinblick auf den letzten der obengenannten Punkte mag es vielen Menschen so scheinen, als sei die letzte Forderung – nach dem Aufgeben des Selbst und des Lebens – eine Art Grausamkeit von seiten Gottes oder des Schicksals, die unsere Existenz zu etwas wie einem schlechten Scherz macht und nie völlig akzeptiert werden kann. Diese Einstellung ist vor allem in der heutigen westlichen Kultur anzutreffen, in der das Selbst geheiligt und der Tod eine unsägliche Kränkung ist. Dennoch ist das genaue Gegenteil die Realität. Im Aufgeben des Selbst können menschliche Wesen die ekstatischste und dauerhafteste, solideste und beständigste Freude des Lebens finden. Der Tod ist es, der dem Leben seinen Sinn verleiht. Dieses »Geheimnis« ist die zentrale Weisheit der Religion.

Der Vorgang des Aufgebens des Selbst (der verwandt ist mit dem Phänomen der Liebe, das im nächsten Abschnitt dieses Buches zur Sprache kommen wird) ist für die meisten von uns ein allmählicher Prozeß, in den wir durch mehrere Anläufe eintreten. Eine Form zeitweiligen Aufgebens des Selbst verdient besondere Erwähnung, weil ihre Übung für ein ernsthaftes Lernen im Erwachsenenalter und daher für ein ernsthaftes Wachstum des menschlichen Geistes absolut erforderlich ist. Ich meine eine Unterart der Disziplin der Ausgewogenheit, die ich »Ausklammern« nenne. Ausklammern ist die Herstellung eines Gleichgewichts zwischen dem Bedürfnis nach Stabilität und Bestätigung des Selbst und dem Bedürfnis nach neuem Wissen und neuem Verständnis, indem man zeitweilig das eigene Selbst aufgibt – es sozusagen beiseite stellt, um Raum zu schaffen für die Aufnahme neuen Materials in das Selbst. Diese Disziplin ist gut beschrieben worden von dem Theologen Sam Keen in *To a Dancing God:*

»Der zweite Schritt erfordert, daß ich über die idiosynkratische und egozentrische Wahrnehmung unmittelbarer Erfahrung hinausgehe. Reifes Bewußtsein ist nur möglich, wenn ich die Verzerrungen und Vorurteile verdaut und kompensiert habe, die der Bodensatz meiner persönlichen Geschichte sind. Das Bewußtsein dessen, was sich mir zeigt, umfaßt eine doppelte Bewegung der Aufmerksamkeit: das Vertraute zum Schweigen bringen und das Fremde willkommen heißen. Jedesmal, wenn ich mich einem fremden Objekt, einer fremden Person oder einem fremden Ereignis nähere, habe ich eine Tendenz, das, was ich sehe, von meinen gegenwärtigen Bedürfnissen, vergangenen Erfahrungen oder zukünftigen Erwartungen bestimmen zu lassen. Wenn ich die Einzigartigkeit jeder Gegebenheit zur Kenntnis nehmen will, muß ich mir meiner vorgefaßten Meinungen und typischen emotionalen Verzerrungen genügend bewußt sein, um sie lange genug auszuklammern, Fremdes und Neues in meiner Wahrnehmungswelt willkommen zu heißen. Diese Disziplin des Ausklammerns, Kompensierens oder Zum-Schweigen-Bringens erfordert große Selbstkenntnis und mutige Ehrlichkeit. Ohne diese Disziplin ist jedoch jeder gegenwärtige Augenblick nur die Wiederholung von etwas bereits Gesehenem oder Erlebtem. Damit wirklich Neues auftauchen kann, damit die einzigartige Gegenwart von Dingen, Personen oder Ereignissen in mir Wurzeln fassen kann, muß ich eine Dezentralisierung des Ego durchlaufen.«[6]

Die Disziplin des Ausklammerns illustriert die folgenreichste Tatsache des Aufgebens und der Disziplin im allgemeinen: nämlich, daß man für alles, was man aufgibt, mehr zurückbekommt. Selbstdisziplin ist ein Prozeß der Erweiterung des Selbst. Der Schmerz des Aufgebens ist der Schmerz des Todes, doch der Tod des Alten ist die Geburt des Neuen. Der Schmerz des Todes ist der Schmerz der Geburt, und der Schmerz der Geburt ist der Schmerz des Todes. Damit wir einen neuen und besseren Gedanken, eine Vorstellung, eine Theorie oder ein Verständnis entwikkeln können, muß eine alte Idee, eine alte Vorstellung, eine alte Theorie oder ein altes Verständnis sterben. So beschreibt T. S. Eliot am Schluß seines Gedichts »Journey of the Magi«, (Die Reise aus dem Morgenland), wie die drei weisen Männer den Schmerz des Aufgebens ihrer bisherigen Weltsicht erleben, als sie sich dem Christentum zuwenden:

All das liegt weit zurück, ich erinnere mich,
und würd es wieder tun, doch schreibt
Dies schreibt nieder
Dies: Wurden wir den weiten Weg geführt
Zu Tod oder Geburt? Sicher, da war eine Geburt,
Wir hatten die Gewähr und waren frei von Zweifel. Mir war Geburt und Tod vertraut,
Doch hatte ich sie für Verschiedenes gehalten; diese Geburt war uns
Ein harter, bittrer Heimgang, so wie ein Tod, wie unser Tod.
Wir kehrten wiederum an unsern Ort, in diese Königreiche,
Doch nimmermehr getrost hier in dem Alten Bund,
Über ein fremdes Volk, das seinen Göttern anhängt.
Ich wäre froh um einen neuen Tod.[7]

Da Geburt und Tod nur die verschiedenen Seiten ein und derselben Münze zu sein scheinen, ist es wirklich nicht so unvernünftig, sich den Begriff der Wiedergeburt einmal näher anzusehen, wie wir das im Westen gewöhnlich meinen. Ob wir nun bereit sind oder nicht, die Möglichkeit einer gleichzeitig mit unserem physischen Tod eintretenden Wiedergeburt ernsthaft in Erwägung zu ziehen, offenkundig ist in jedem Fall, daß *dieses* jetzige Leben eine Reihe gleichzeitiger Tode und Wiedergeburten ist. »Während des ganzen Lebens muß man fortfahren, leben zu lernen«, sagte Seneca vor zwei Jahrtausenden, »und, was euch noch mehr erstaunen wird, während des ganzen Lebens muß man lernen zu sterben.«[8] Offenkundig ist auch, daß man, je weiter man auf der Lebensreise voranschreitet, desto mehr Geburten erlebt und folglich desto mehr Tode – desto mehr Freude und desto mehr Schmerzen.

Das bringt uns zu der Frage, ob es in diesem Leben jemals möglich ist, von emotionalem Schmerz frei zu werden. Oder, um es milder auszudrücken: Ist es möglich, sich spirituell bis zu einer Bewußtseinsebene zu entwickeln, auf der der Schmerz des Lebens zumindest verringert ist? Die Antwort lautet ja und nein. Die Antwort lautet ja, weil das Leiden, wenn es erst einmal vollkommen akzeptiert wird, aufhört, Leiden zu sein. Sie lautet auch ja, weil die unaufhörliche Übung von Disziplin zur Meisterschaft führt und der spirituell entwickelte Mensch im selben Sinne über sich gebietet, in dem ein Erwachsener im Verhältnis zu einem Kind über sich gebietet. Dinge, die dem Kind große Probleme bereiten und großen Schmerz, können für den Erwachsenen ganz ohne Folgen sein. Und schließlich lautet die Antwort auch deshalb ja, weil das spirituell entwickelte Individuum, wie im folgenden Abschnitt erläutert wird, ein außerordentlich liebendes Individuum ist, und aus dieser außerordentlichen Liebe ergibt sich außerordentliche Freude.

Die Antwort lautet aber auch nein, weil es in der Welt ein Kompetenzvakuum gibt, das gefüllt werden muß. In einer Welt, die verzweifelt nach Kompetenz schreit, kann ein außergewöhnlich kompetenter und liebender Mensch seine Kompetenz ebensowenig für sich behalten, wie er einem hungernden Säugling Nahrung verweigern könnte. Spirituell entwickelte Menschen sind wegen ihrer Disziplin, ihrer Meisterschaft und Liebe Menschen von außerordentlicher Kompetenz; in ihrer Kompetenz sind sie berufen, der Welt zu dienen, und in ihrer Liebe antworten sie auf diesen Ruf. Sie sind daher stets Menschen von großer Macht, wenn die Welt sie auch allgemein für ganz gewöhnliche Menschen halten mag, da sie ihre Macht meist im stillen oder sogar im verborgenen ausüben. Dennoch üben sie Macht aus, und bei dieser Ausübung leiden sie sehr, ja sogar schrecklich. Denn Macht ausüben heißt Entscheidungen treffen, und der Vorgang, mit völligem Bewußtsein Entscheidungen zu treffen, ist oft unendlich viel schmerzhafter, als Entscheidungen mit beschränktem oder irrigem Bewußtsein zu treffen (was meist der Fall ist und weshalb sich solche Entscheidungen letztlich als falsch erweisen). Man stelle sich zwei Generäle vor, die entscheiden müssen, ob eine Division von zehntausend Mann in eine Schlacht geschickt wird oder nicht. Für den einen ist die Division nur eine Sache, eine Personaleinheit, ein strategisches Instrument und nichts weiter. Für den anderen ist sie das auch, aber er ist sich auch des Lebens jedes einzelnen dieser zehntausend Männer und des Lebens ihrer Familien bewußt. Für wen ist die Entscheidung einfacher? Einfacher ist sie für den General, der sein Bewußtsein abgestumpft hat, weil er den Schmerz eines umfassenderen Bewußtseins nicht ertragen kann. Vielleicht verlockt es manchen, jetzt zu sagen: »Ein spirituell entwickelter Mensch würde vor allen Dingen gar nicht erst General werden.« Um ähnliche Dinge aber geht es, wenn man Chef einer Firma ist, Arzt, Lehrer oder Vater oder Mutter. Entscheidungen, die das Leben anderer beeinflussen, müssen immer getroffen werden. Die besten Entscheidungen treffen jene, die bereit sind, bei ihren Entscheidungen am meisten zu leiden, die aber dennoch die Fähigkeit zur Entscheidung behalten. Ein Maß – und vielleicht das beste Maß – für die Größe eines Menschen ist seine Fähigkeit zu leiden. Die großen Menschen jedoch sind auch voller Freude. Das ist das Paradoxon. Die Buddhisten neigen dazu, die Leiden Buddhas zu vergessen, und die Christen dazu, die Freude Christi zu vergessen. Buddha und Christus waren voneinander nicht so verschieden. Das Leiden Christi am Kreuz und die Freude Buddhas unter dem Baum sind eins.

Wessen Ziel also darin besteht, Schmerz zu vermeiden und dem Leid auszuweichen, der sollte keine höhere Ebene des Bewußtseins oder spirituelle Entwicklung anstreben. Erstens sind sie ohne Leiden nicht zu erreichen, und zweitens wird der Betreffende wahrscheinlich zu Diensten berufen, die schmerzhafter oder zumindest anstrengender für ihn sind, als er es sich vorstellen kann. Wer sich daraufhin die Frage stellt, warum sich dann überhaupt entwickeln, weiß nicht genug über die Freude.

Ein letztes Wort zur Disziplin der Ausgewogenheit und der Essenz des Aufgebens: Man muß etwas haben, um es aufgeben zu können. Man kann nichts aufgeben, was man nicht besitzt. Wer das Gewinnen aufgibt, ohne je gewonnen zu haben, ist das, was er am Anfang war: ein Verlierer. Erst muß man sich eine Identität erarbeiten, ehe man sie aufgeben kann, erst muß ein Ich entwickelt sein, ehe man es verlieren kann. Das mag unglaublich simpel klingen, aber ich meine es doch sagen zu müssen, weil ich viele Menschen kenne, die eine Vision von ihrer Entwicklung besitzen, denen aber der Wille zu dieser Entwicklung zu fehlen scheint. Sie möchten die Disziplin überspringen und eine leichte Abkürzung zur Heiligkeit nehmen und glauben, das sei möglich. Oft versuchen sie, diese einfach durch Imitation der äußeren Gewohnheiten von Heiligen zu erlangen, indem sie sich in die Wüste zurückziehen oder anfangen, Teppiche zu weben. Einige glauben sogar, durch solches Nachahmen wirklich zu Heiligen und Propheten geworden zu sein, und können nicht erkennen, daß sie noch immer Kinder sind, und sich der schmerzlichen Tatsache nicht stellen, daß sie am Anfang beginnen und durch die Mitte gehen müssen.

Disziplin ist als ein System von Techniken definiert worden, um konstruktiv mit dem Schmerz des Problemlösens umzugehen – statt diesen Schmerz zu vermeiden –, und zwar so, daß alle Lebensprobleme gelöst werden können. Vier grundlegende Techniken wurden unterschieden und dargelegt: das Aufschieben von Belohnungen, die Annahme von Verantwortung, die Bindung an die Wahrheit oder Realität und die Ausgewogenheit. Disziplin ist ein *System* von Techniken, weil diese Techniken untereinander eng verbunden sind. In einem einzigen Akt kann man zwei, drei oder alle Techniken gleichzeitig benutzen, und zwar so, daß sie nicht voneinander zu unterscheiden sind. Die Stärke, die Energie und der Wille, diese Techniken zu benutzen, entstammen der Liebe, von der im nächsten Teil des Buches ausführlicher die Rede sein wird. Diese Analyse der Disziplin sollte nicht erschöpfend sein, und es ist möglich, daß ich eine oder mehrere zusätzliche Grundtechniken vernachlässigt habe; ich glaube es aber nicht. Man könnte auch die Frage stellen, ob Prozesse wie Biofeedback, Meditation, Yoga und Psychotherapie selbst nicht Techniken der Disziplin sind, doch halte ich sie für eher technische Hilfsmittel als für Grundtechniken. Als solche mögen sie sehr nützlich sein, doch sie sind nicht wesentlich. Andererseits sind die hier beschriebenen Grundtechniken, wenn sie wirklich und unablässig geübt werden, allein ausreichend, um den Disziplin Praktizierenden in die Lage zu versetzen, sich zu spirituell höheren Ebenen zu entwickeln.

TEIL II
LIEBE

Definition der Liebe

Disziplin, so wurde gesagt, ist das Mittel zu spiritueller Entwicklung. Dieser Teil des Buches will untersuchen, was hinter der Disziplin steht – was das Motiv, die Energie zur Disziplin liefert. Ich glaube, daß diese Kraft die Liebe ist. Ich bin mir klar über die Tatsache, daß wir bei dem Versuch, die Liebe zu untersuchen, geheimnisvolles Gelände betreten. In einem sehr realen Sinne versuchen wir, das nicht Prüfbare zu prüfen und das nicht Kennbare kennenzulernen. Die Liebe ist zu umfassend und zu tief, um jemals in Form von Worten wirklich verstanden, gemessen oder eingegrenzt zu werden. Dennoch lohnt sich der Versuch einer Annäherung auch dann, wenn er unzulänglich bleibt.

Die geheimnisvolle Natur der Liebe hat zur Folge, daß sie meines Wissens noch von niemandem wirklich befriedigend definiert worden ist. Bei Erklärungsversuchen ist die Liebe in verschiedene Kategorien eingeteilt worden: Eros, Philia, Agape; vollkommene Liebe und unvollkommene Liebe und dergleichen. Ich versuche, die Liebe mit einer einzigen Definition zu erfassen, wiederum mit dem Bewußtsein, daß diese wahrscheinlich in einer oder mehreren Hinsichten unzulänglich sein wird. Ich definiere Liebe als den Willen, das eigene Selbst auszudehnen, um das eigene spirituelle Wachstum oder das eines anderen Menschen zu nähren.

Vor einer gründlicheren Ausarbeitung möchte ich kurz auf diese Definition eingehen. Da das Verhalten in den Begriffen des Ziels oder Zwecks definiert wird, dem es zu dienen scheint – in diesem Fall dem spirituellen Wachstum –, handelt es sich um eine teleologische Definition. Wissenschaftlern sind teleologische Definitionen häufig suspekt, und vielleicht wird es dieser hier genauso ergehen. Ich bin jedoch nicht durch einen eindeutig teleologischen Denkprozeß zu ihr gelangt. Ich kam zu ihr durch Beobachtungen in meiner klinischen Ausübung der Psychiatrie (zu der auch Selbstbeobachtung gehört), bei der die Definition der Liebe eine Angelegenheit von beträchtlicher Bedeutung ist.

Das liegt daran, daß bei den Patienten in bezug auf die Natur der Liebe gewöhnlich große Verwirrung herrscht. So berichtete zum Beispiel ein schüchterner junger Mann: »Meine Mutter liebte mich so sehr, daß ich erst in meinem Senior-Jahr in der High-School den Schulbus benutzen durfte. Selbst dann noch mußte ich sie bitten, mich gehen zu lassen. Ich glaube, sie hatte Angst, mir könne etwas passieren, also fuhr sie mich täglich zur Schule und holte mich wieder ab, was für sie sehr schwer war. Sie liebte mich wirklich.« Bei der Behandlung der Schüchternheit dieses Mannes war es wie in vielen anderen Fällen erforderlich, ihm beizubringen, daß seine Mutter vielleicht von etwas anderem als Liebe motiviert war und daß das, was Liebe zu sein scheint, oft gar keine Liebe ist. Aus solchen Erfahrungen sammelte ich eine ganze Reihe von Beispielen für das, was Akte der Liebe zu sein schienen, und für das, was keine Liebe zu sein schien. Eines der Hauptunterscheidungsmerkmale zwischen beiden war offensichtlich der bewußte oder unbewußte Zweck des Handelns bei dem liebenden oder nicht liebenden Menschen.

Zweitens ist Liebe in dieser Definition ein merkwürdig im Kreis verlaufender Vorgang. Der Vorgang, das eigene Selbst auszudehnen, ist dabei ein evolutionärer Prozeß. Wenn man seine eigenen Grenzen erfolgreich ausgedehnt hat, ist man in einen umfassenden Seinszustand hineingewachsen. So ist der Akt der Liebe ein Akt der Selbstentwicklung, selbst wenn der Zweck dieses Aktes das Wachstum eines anderen Menschen ist. Wir entwickeln uns, indem wir nach Entwicklung streben.

Drittens schließt diese einheitliche Definition der Liebe Selbstliebe und Liebe zu anderen ein. Da ich Mensch bin und der andere Mensch ist, bedeutet Liebe zum Menschen auch Liebe zu mir selbst. Wenn man sich der spirituellen menschlichen Entwicklung verpflichtet fühlt, fühlt man sich jener menschlichen Art verpflichtet, von der wir selbst ein Teil sind, und ist daher seiner eigenen Entwicklung ebenso verpflichtet wie der der anderen. Wie schon gesagt, sind wir unfähig, andere zu lieben, wenn wir uns selbst nicht lieben, wie wir auch unseren Kindern keine Selbstdisziplin beibringen können, wenn wir sie selbst nicht besitzen. Es ist unmöglich, die eigene spirituelle Entwicklung zugunsten der eines anderen Menschen aufzugeben. Ebensowenig können wir auf Selbstdisziplin verzichten und gleichzeitig in unserer Fürsorge für einen anderen diszipliniert sein. Wir können keine Kraftquelle sein, wenn wir nicht unsere eigene Kraft nähren. Wenn wir die Natur der Liebe eingehender untersuchen, wird sich zeigen, daß Selbstliebe und Liebe zu anderen nicht nur Hand in Hand gehen, sondern daß sie letztlich sogar ununterscheidbar sind.

Viertens beinhaltet das Bemühen, die eigenen Grenzen auszudehnen, Anstrengung. Man dehnt die eigenen Grenzen nur aus, indem man sie überschreitet, und das Überschreiten von Grenzen erfordert Anstrengung. Wenn wir jemanden lieben, wird unsere Liebe nur sichtbar oder real durch das, was wir tun – durch die Tatsache, daß wir für einen anderen (oder für uns selbst) einen zusätzlichen Schritt tun oder einen zusätzlichen Kilometer zurücklegen. Liebe ist nicht mühelos. Im Gegenteil, Liebe ist anstrengend.

Schließlich habe ich durch den Gebrauch des Wortes »Wille« den Unterschied zwischen Wunsch und Handlung zu transzendieren versucht. Wunsch wird nicht notwendigerweise in Handlung umgesetzt. Wille ist ein Wunsch, der intensiv genug ist, um in Handlung umgesetzt zu werden. Der Unterschied zwischen den beiden ist derselbe wie der Unterschied zwischen den beiden Aussagen: »Ich würde heute abend gerne schwimmen gehen« und »Ich werde heute abend schwimmen gehen«. Jeder in unserer Kultur hat in gewissem Maße den Wunsch, liebevoll zu sein, aber viele sind nicht wirklich liebevoll. Ich ziehe daher den Schluß, daß der Wunsch zu lieben selbst nicht Liebe ist. Liebe ist das, was Liebe tut. Liebe ist ein Willensakt – nämlich sowohl eine Absicht als auch eine Handlung. Wollen beinhaltet auch eine Wahl. Wir müssen nicht lieben. Wir entscheiden uns zu lieben. Ganz gleich, wie sehr wir zu lieben glauben, wenn wir nicht wirklich lieben, so deshalb, weil wir uns dafür entschieden haben, nicht zu lieben, und deshalb trotz unserer guten Absichten nicht lieben. Wann immer wir uns andererseits um spirituelles Wachstum bemühen, geschieht es, weil wir uns dafür entschieden haben. Die Entscheidung zu lieben ist getroffen worden.

Da der Begriff der Liebe mit zahlreichen falschen Vorstellungen verbunden ist, sind Patienten, die sich einer Psychotherapie unterziehen, stets mehr oder weniger verwirrt in bezug auf die Natur der Liebe. Dieses Buch wird zwar der Liebe ihr Geheimnis nicht nehmen, doch hoffe ich ernstlich, einige Dinge durch eine präzisere Definition zu klären.

Ver»lieben«

Von allen Mißverständnissen in bezug auf die Liebe ist das verbreitetste und andauerndste die Annahme, »Verliebtsein« sei mit Liebe identisch oder wenigstens eine der Erscheinungsformen der Liebe. Dieses Mißverständnis ist deshalb so nachhaltig, weil der Vorgang, sich zu verlieben, subjektiv sehr stark als eine Erfahrung der Liebe empfunden wird. Wenn jemand sich verliebt, hat er mit Sicherheit das Gefühl: »Ich liebe ihn« oder »Ich liebe sie«. Zwei Aspekte sind jedoch sofort offenkundig. Der erste ist, daß die Erfahrung, sich zu verlieben, eine spezifisch mit Sex verbundene erotische Erfahrung ist. Wir verlieben uns nicht in unsere Kinder, auch wenn wir sie vielleicht sehr tief lieben. Wir verlieben uns nicht in unsere Freunde vom gleichen Geschlecht – es sei denn, wir sind homosexuell –, auch wenn uns vielleicht sehr viel an ihnen liegt. Wir verlieben uns nur dann, wenn wir bewußt oder unbewußt sexuell motiviert sind. Der zweite Aspekt besteht darin, daß die Erfahrung des Verliebtseins stets vorübergehend ist. Ganz gleich, in wen wir uns verlieben, früher oder später hört die Verliebtheit auf, wenn die Beziehung lang genug dauert. Das heißt nicht, daß wir in jedem Falle aufhören, die Person zu lieben, in die wir uns verliebt hatten. Aber es heißt, daß das Gefühl ekstatischer Liebe, das die Verliebtheit charakterisiert, auf jeden Fall einmal aufhört. Jeder Honigmond geht einmal zu Ende.

Um die Natur des Phänomens der Verliebtheit und die Unvermeidlichkeit seines Endes zu verstehen, müssen wir die Natur dessen untersuchen, was die Psychiater als Ichgrenzen bezeichnen. Aus dem, was wir aus indirekten Beweisen entnehmen können, geht hervor, daß der neugeborene Säugling in den ersten Monaten seines Lebens nicht zwischen sich selbst und dem Rest der Welt unterscheidet. Wenn er seine Arme und Beine bewegt, bewegt sich die Welt. Wenn er hungrig ist, ist die Welt hungrig. Wenn seine Mutter singt, weiß das Baby nicht, daß es diese Geräusche nicht selbst hervorbringt. Es kann sich selbst nicht von der Wiege, dem Zimmer und seinen Eltern unterscheiden. Belebtes und Unbelebtes sind dasselbe. Es gibt noch keine Unterscheidung zwischen Ich und Du. Der Säugling und die Welt sind eins. Es gibt keine Grenzen und keine Trennungen. Es gibt keine Identität.

Mit wachsender Erfahrung aber beginnt das Kind, sich selbst zu erleben – nämlich als ein von der übrigen Welt getrenntes Wesen. Wenn es hungrig ist, erscheint nicht immer die Mutter, um es zu füttern. Wenn es spielen möchte, will die Mutter nicht immer spielen. Das Kind macht also die Erfahrung, daß seine Wünsche für seine Mutter nicht Befehl sind. Es erlebt seinen Willen als etwas vom Verhalten der Mutter Getrenntes. Ein Gefühl für das »Ich« beginnt sich zu entwickeln. Man nimmt an, daß aus diesem Wechselspiel zwischen Kind und Mutter das Identitätsgefühl des Kindes zu wachsen beginnt. Man hat beobachtet, daß in Fällen grober Störung dieses Wechselspiels zwischen Mutter und Kind – wenn etwa keine Mutter oder kein angemessener Mutterersatz da ist oder wenn die Mutter aufgrund einer eigenen seelischen Störung völlig lieblos oder uninteressiert ist – der Säugling zu einem Kind oder Erwachsenen heranwächst, dessen Identitätsgefühl in den meisten grundlegenden Bereichen starke Defekte aufweist.

Wenn der Säugling erkennt, daß sein Wille sein eigener ist und nicht der des Universums, beginnt er andere Unterscheidungen zwischen sich und der Welt zu treffen. Wenn er Bewegung will, dann bewegen sich seine Arme vor seinen Augen, nicht aber die Wiege oder die Zimmerdecke. So lernt das Kind, daß sein Arm und sein Wille verbunden sind und daß sein Arm ihm gehört und nicht jemand oder etwas anderem. Auf diese Weise lernen wir während des ersten Lebensjahres die grundlegenden Tatsachen darüber, wer wir sind und wer wir nicht sind, was wir sind und was wir nicht sind. Gegen Ende des ersten Lebensjahres wissen wir: Das ist mein Arm, mein Fuß, mein Kopf, meine Zunge, das sind meine Augen, ja sogar: das ist mein Standpunkt, das ist meine Stimme, das sind meine Gedanken, meine Bauchschmerzen und meine Gefühle. Wir kennen unsere Größe und unsere körperlichen Grenzen. Diese Grenzen sind unsere Grenzen. Das Wissen um diese Grenzen in uns ist das, was mit Ichgrenzen gemeint ist.

Die Entwicklung von Ichgrenzen ist ein Prozeß, der durch Kindheit und Jugend und sogar bis ins Erwachsenenalter andauert, doch die später errichteten Grenzen sind mehr psychischer als physischer Art. Das Alter zwischen zwei und drei Jahren ist beispielsweise die charakteristische Zeit, in der das Kind sich mit den Grenzen seiner Macht abzufinden lernt. Schon vor dieser Zeit hat es zwar erfahren, daß sein Wunsch seiner Mutter nicht unbedingt Befehl ist, doch es klammert sich noch immer an die Möglichkeit, es könnte so sein, und an das Gefühl, es sollte auch so sein. Aufgrund dieser Hoffnung und dieses Gefühls versucht das Zweijährige gewöhnlich, wie ein Tyrann und Autokrat zu handeln, seinen Eltern, Geschwistern und den Haustieren der Familie Befehle zu geben, als seien sie Untergebene seiner eigenen privaten Armee, und reagiert mit Wutausbrüchen, wenn sie sich nichts befehlen lassen. Eltern sprechen von diesem Alter als vom »Trotzalter«. Mit drei Jahren ist das Kind gewöhnlich umgänglicher und milder geworden, weil es die Realität seiner eigenen relativen Machtlosigkeit akzeptiert hat. Dennoch ist die Möglichkeit der Allmacht ein so überaus süßer Traum, daß er erst nach mehreren Jahren sehr schmerzhafter Konfrontationen mit der eigenen Ohnmacht völlig aufgegeben werden kann. Obwohl das dreijährige Kind die Realität der Grenzen seiner Macht bereits akzeptiert hat, wird es dennoch einige Jahre lang gelegentlich noch in eine Phantasiewelt ausweichen, in der die Möglichkeit der Allmacht (vor allem seiner eigenen) noch existiert. Das ist die Welt von Superman und Captain Marvel. Dennoch werden allmählich auch die Superhelden aufgegeben, und gegen Mitte der Adoleszenz wissen die jungen Menschen, daß sie Individuen sind, beschränkt auf die Grenzen ihres Fleisches und ihrer Macht, jedes ein relativ zerbrechlicher und machtloser Organismus, der nur durch Zusammenarbeit in einer Gruppe von Mitorganismen existieren kann, die Gesellschaft heißt. Innerhalb dieser Gruppe sind sie nicht besonders unterschieden, und doch sind sie von den anderen getrennt durch ihre individuellen Identitäten und Grenzen.

Hinter diesen Grenzen ist es einsam. Einige Menschen – vor allen solche, die die Psychiater als schizoid bezeichnen – nehmen aufgrund unangenehmer und traumatischer Kindheitserfahrungen die Welt außerhalb ihrer selbst als unbezähmbar gefährlich, feindselig, verwirrend und verweigernd wahr. Solche Menschen empfinden ihre Grenzen als schützend und tröstend und gewinnen ihrer Einsamkeit ein Gefühl der Sicherheit ab. Die meisten von uns erleben jedoch Einsamkeit als schmerzlich und sehnen sich danach, aus den Mauern ihrer individuellen Identität herauszutreten in einen Zustand, in dem sie eine größere Einheit mit der Welt außerhalb ihrer selbst verspüren. Die Erfahrung, sich zu verlieben, gestattet uns dieses Heraustreten – zeitweilig. Das Wesentliche an der Verliebtheit ist ein plötzlicher Zusammenbruch eines Teils der Ichgrenzen eines Individuums, der es ermöglicht, die eigene Identität mit der eines anderen Menschen zu verschmelzen. Das plötzliche Freilassen des Selbst durch das Selbst, das explosive Ergießen des Selbst in den geliebten Menschen und das plötzliche Aufhören der Einsamkeit, das diesen Zusammenbruch der Ichgrenzen begleitet, wird von den meisten von uns als ekstatisch erlebt. Wir und der geliebte Mensch sind eins! Die Einsamkeit existiert nicht mehr!

In gewisser Hinsicht (doch natürlich nicht durchgehend) ist der Akt, sich zu verlieben, ein Akt der Regression. Die Erfahrung, mit dem geliebten Menschen zu verschmelzen, erweckt in uns ein Echo aus der Zeit, als wir in der Säuglingszeit mit unserer Mutter verschmolzen waren. Neben der Verschmelzung erleben wir auch erneut das Gefühl der Allmacht, das wir während unserer Reise aus der Kindheit aufgeben mußten. Alles erscheint möglich! Vereint mit dem geliebten Menschen meinen wir alle Hindernisse besiegen zu können. Wir glauben, die Stärke unserer Liebe werde Kräfte, die sich uns entgegensetzen, überwinden und im Nichts verschwinden lassen. Alle Probleme können überwunden werden. Die Zukunft wird leuchtend sein. Diese Gefühle während des Verliebtseins sind ebenso irreal wie die des Zweijährigen, der meint, er habe unbegrenzte Macht und sei der Herrscher über seine Familie und die ganze Welt.

Wie die Realität auf die Allmachtsphantasien des Zweijährigen stößt, so stößt sie auch auf die von der Phantasie bestimmte Einheit des Paares, das sich verliebt hat. Früher oder später behauptet sich wieder der individuelle Wille als Reaktion auf die Probleme des Alltagslebens. Er möchte Sex, sie nicht. Sie möchte ins Kino gehen, er nicht. Er möchte Geld zur Bank bringen, sie möchte eine Geschirrspülmaschine. Sie möchte über ihren Job reden, er über seinen. Sie mag seine Freunde nicht, er mag ihre Freunde nicht. So gelangen beide in ihrem Innersten zu der betroffen machenden Erkenntnis, daß sie nicht eins sind mit dem geliebten Menschen, daß der andere seine eigenen Wünsche hat und haben wird, seinen eigenen Geschmack, seine eigenen Vorurteile und Pläne. Eine nach der anderen, allmählich oder plötzlich, treten die Ichgrenzen wieder an ihren Platz; allmählich oder plötzlich »entlieben« die Partner sich. Nun sind sie wieder zwei getrennte Individuen. An diesem Punkt beginnen sie entweder, die Bande der Beziehung zu lösen, oder sie fangen mit der Arbeit an wirklicher Liebe an.

Ich gebrauche das Wort »wirklich«, um zu zeigen, daß die Annahme, wir liebten, wenn wir verliebt sind, falsch ist. Unser subjektives Gefühl der Liebe ist eine Illusion. Später in diesem Teil werden wir uns eingehend mit der wirklichen Liebe befassen. Indem ich aber feststelle, daß ein Paar dann, wenn es sich »entliebt«, wirklich zu lieben beginnen kann, sage ich auch, daß wirkliche Liebe ihre Wurzeln nicht in einem Gefühl der Liebe hat. Im Gegenteil, wirkliche Liebe tritt oft in einem Zusammenhang auf, in dem das Gefühl der Liebe fehlt, nämlich dann, wenn wir liebend handeln, obwohl wir keine Liebe empfinden. Wenn wir von der eingangs erwähnten Definition der Liebe ausgehen, dann ist die Erfahrung des »Sich-Verliebens« keine wirkliche Liebe, und zwar aus mehreren Gründen.

Sich zu verlieben ist kein Willensakt. Es ist keine bewußte Wahl. Ganz gleich, wie offen oder begierig wir danach sind, wir können uns nicht willentlich verlieben. Ganz im Gegenteil, die Verliebtheit kann uns zu Zeiten überfallen, zu der wir sie ganz und gar nicht suchen, zu der sie unpassend und unerwünscht ist. Die Wahrscheinlichkeit, daß wir uns in jemanden verlieben, der überhaupt nicht zu uns paßt, ist ebenso groß wie der umgekehrte

Fall. Es ist sogar möglich, daß wir den Gegenstand unserer Leidenschaft nicht einmal mögen oder bewundern; andererseits können wir uns auch noch so intensiv bemühen, uns in einen Menschen zu verlieben, den wir zutiefst respektieren und mit dem eine innige Verbindung äußerst wünschenswert wäre – es wird uns nicht gelingen, uns zu verlieben. Das soll nicht heißen, daß die Erfahrung, sich zu verlieben, gegen Disziplin immun ist. Psychiater beispielsweise verlieben sich häufig in Patienten bzw. Patientinnen, ebenso wie Patienten und Patientinnen sich häufig in ihre Psychiater verlieben. Aus Pflichtgefühl gegenüber ihren Patienten und gegenüber ihrer Rolle sind sie jedoch in der Regel fähig, den Zusammenbruch ihrer Ichgrenzen zu reparieren und den Patienten als romantisches Objekt aufzugeben. Das kann mit ungeheuren Kämpfen und Leiden verbunden sein. Disziplin und Wille aber können die Erfahrung nur kontrollieren, sie können sie nicht schaffen. Wir können wählen, wie wir auf die Erfahrung, uns zu verlieben, reagieren wollen, doch die Erfahrung selbst können wir nicht wählen.

Sich zu verlieben ist keine Ausdehnung der eigenen Beschränkungen oder Grenzen, sondern ein teilweiser und vorübergehender Zusammenbruch dieser Grenzen. Ihre Ausdehnung erfordert Anstrengung; sich zu verlieben nicht. Faule und undisziplinierte Individuen können sich ebenso verlieben wie energische und pflichtbewußte. Wenn der kostbare Moment der Verliebtheit vergangen ist und die Grenzen wieder an ihren Platz getreten sind, mag das Individuum desillusioniert sein und ist gewöhnlich durch diese Erfahrung nicht gewachsen. Wenn Grenzen jedoch ausgedehnt wurden, dann haben sie die Tendenz, ausgedehnt zu bleiben. Wirkliche Liebe ist eine dauernde Erfahrung der Ausweitung des Selbst, Verliebtsein dagegen nicht.

Verliebtheit hat wenig mit der bewußten Förderung spirituellen Wachstums zu tun. Wenn wir bei dem Akt, uns zu verlieben, überhaupt ein Ziel haben, dann das, unsere eigene Einsamkeit zu beenden und dieses Ergebnis vielleicht durch eine Ehe zu festigen. Mit Sicherheit denken wir nicht an spirituelle Entwicklung. Nachdem wir uns verliebt haben und ehe wir uns wieder entlieben, haben wir tatsächlich das Gefühl, angekommen zu sein, die Höhen erreicht zu haben; wir meinen, es bestehe weder ein Bedürfnis noch eine Möglichkeit, höher zu gelangen. Wir fühlen uns überhaupt nicht entwicklungsbedürftig; wir sind vollkommen zufrieden da, wo wir sind. Unser Geist und unsere Seele sind in Frieden. Auch den Geliebten sehen wir nicht als spiritueller Entwicklung bedürftig an. Im Gegenteil, wir nehmen ihn oder sie als vollkommen wahr. Wenn wir Fehler an unserem Partner bemerken, so empfinden wir sie als unbedeutend – als kleine Eigenheiten oder liebenswerte Marotten, die ihn nur farbiger und charmanter machen.

Wenn Verliebtsein nicht Liebe ist, was ist es dann außer einem zeitweiligen und teilweisen Zusammenbruch der Ichgrenzen? Ich weiß es nicht. Doch die sexuelle Gebundenheit des Phänomens veranlaßt mich zu der Annahme, daß es sich um eine genetisch bestimmte Komponente des Paarungsverhaltens handelt. Mit anderen Worten, der zeitweilige Zusammenbruch der Ichgrenzen, der die Verliebtheit ausmacht, ist eine stereotype Reaktion menschlicher Wesen auf ein Zusammenwirken von inneren Sexualtrieben und äußeren sexuellen Reizen, die dazu dient, die Wahrscheinlichkeit sexueller Verbindung und Paarung zu erhöhen und so dem Überleben der Spezies zu dienen. Oder, um es anders und etwas kraß auszudrücken: Verliebtheit ist ein Streich, den unsere Gene unserem ansonsten wachen Geist spielen, um uns in die Falle der Ehe zu locken. Häufig geht dieser Trick ins Leere, etwa wenn die sexuellen Triebe und Reize homosexuell sind oder wenn andere Kräfte – Eingreifen der Eltern, Geisteskrankheit, Verantwortlichkeiten oder reife Selbstdisziplin – die Verbindung verhindern. Andererseits hätten viele von uns, die heute glücklich oder unglücklich verheiratet sind, ohne diesen Trick, diese illusorische und zwangsläufig vorübergehende (wenn sie nicht vorübergehend wäre, wäre sie nicht praktisch) Regression in kindliche Verschmelzung und Allmacht, in ehrlichem Entsetzen vor dem Realismus der Ehegelübde das Weite gesucht.

Um uns so wirksam in die Ehe zu treiben, muß zur Erfahrung der Verliebtheit wohl als charakteristisches Merkmal die Illusion gehören, diese Erfahrung werde ewig andauern. In unserer Kultur wird diese Illusion durch den allgemein verbreiteten Mythos der romantischen Liebe gefördert, der seinen Ursprung in den Lieblingsmärchen unserer Kindheit hat, in denen Prinz und Prinzessin, einmal vereint, glücklich bis ans Ende ihrer Tage lebten. Der Mythos der romantischen Liebe erzählt uns tatsächlich, für jeden jungen Mann auf der Welt gebe es eine junge Frau, die »für ihn bestimmt« sei, und umgekehrt. Außerdem besagt er auch noch, daß für eine Frau nur ein einziger Mann bestimmt sei und für einen Mann nur eine einzige Frau, und dies sei »in den Sternen« festgelegt. Wenn wir die Person treffen, für die wir bestimmt sind, erfolgt das Erkennen durch die Tatsache, daß wir uns verlieben. Wir haben den Menschen getroffen, den der Himmel uns beschieden hat, und da der Zusammenklang vollkommen ist, werden wir einander für alle Zeit alle Wünsche erfüllen können und daher für immer und ewig in perfekter Harmonie zusammenleben. Sollte sich jedoch herausstellen, daß wir einander nicht alle Bedürfnisse erfüllen, sollten sich Reibereien ergeben und wir uns entlieben, dann ist natürlich ein schrecklicher Fehler gemacht worden, wir haben die Sterne falsch verstanden und nicht unseren einzigen und vollkommenen Partner gewählt, und das, was wir für Liebe hielten, war nicht die echte oder »wahre« Liebe; an dieser Situation ist nichts mehr zu ändern, man kann nur für den Rest seiner Tage unglücklich sein oder sich scheiden lassen.

Im allgemeinen sind große Mythen zwar gerade deshalb groß, weil sie große universelle Wahrheiten repräsentieren, doch der Mythos der romantischen Liebe ist eine entsetzliche Lüge. Vielleicht ist sie notwendig, weil sie das Überleben des Spezies sichert, indem sie zur Verliebtheit ermutigt, die uns in die Ehe treibt. Als Psychiater aber beklage ich innerlich fast täglich die schreckliche Verwirrung und das Leid, zu denen dieser Mythos führt. Millionen von Menschen verschwenden ungeheure Energie mit dem verzweifelten und flüchtigen Versuch, die Wirklichkeit ihres Lebens in Übereinstimmung mit der Unwirklichkeit des Mythos zu bringen. Frau A. unterwirft sich in absurder Weise ihrem Mann, weil sie ein Schuldgefühl hat. »Ich habe meinen Mann nicht wirklich geliebt, als wir heirateten«, sagt sie. »Ich habe nur so getan. Ich habe ihn wohl in die Falle gelockt, also habe ich kein Recht, mich über ihn zu beklagen, und bin ihm schuldig, alles zu tun, was er will.« Herr B. klagt: »Ich bedaure, daß ich nicht Fräulein C. geheiratet habe. Ich glaube, wir hätten eine gute Ehe führen können, aber ich habe mich nicht Hals über Kopf in sie verliebt, daher nahm ich an, sie könne nicht die Richtige für mich sein.« Frau D., seit zwei Jahren verheiratet, wird ohne augenscheinlichen Grund schwer depressiv und kommt mit den Worten in die Therapie: »Ich weiß nicht, was mit mir los ist. Ich habe alles, was ich brauche, einschließlich einer perfekten Ehe.« Erst Monate später kann sie die Tatsache akzeptieren, daß sie nicht mehr in ihren Mann verliebt ist, daß dies aber nicht bedeutet, sie hätte einen schrecklichen Fehler gemacht. Herr E., ebenfalls seit zwei Jahren verheiratet, bekommt abends immer heftige Kopfschmerzen und kann nicht glauben, daß diese psychosomatisch sind. »Mein häusliches Leben ist in Ordnung. Ich liebe meine Frau noch genauso wie am Tag unserer Hochzeit. Sie ist alles, was ich mir je gewünscht habe«, sagt er. Doch seine Kopfschmerzen verlassen ihn erst ein Jahr später, als er zugeben kann: »Sie preßt mich aus wie eine Zitrone mit ihrer Art, immer zu wollen und zu wollen, daß ich Dinge kaufe, ohne Rücksicht auf mein Gehalt.« Dann erst kann er sie mit ihrer Extravaganz konfrontieren. Herr und Frau F. gestehen einander, daß sie nicht mehr ineinander verliebt sind, und quälen sich dann mit zügelloser gegenseitiger Untreue auf der Suche nach der einen »wahren Liebe«; sie erkennen nicht, daß gerade dieses Eingeständnis den Beginn ihrer Arbeit an der Ehe hätte bedeuten können statt das Ende. Selbst wenn Paare eingesehen haben, daß der Honigmond vorüber ist, daß sie nicht länger romantisch ineinander verliebt sind, aber dennoch fähig, sich ihrer Beziehung verpflichtet zu fühlen, hängen sie noch immer dem Mythos an und versuchen, ihm ihr Leben anzupassen. »Selbst wenn wir nicht mehr verliebt sind, wenn wir durch reine Willensanstrengung so handeln, als ob wir es noch wären, dann kommt die romantische Liebe vielleicht in unser Leben zurück«, denken sie. Diese Paare preisen das Zusammensein. Wenn sie zu uns in die Gruppentherapie für Ehepaare kommen, dann sitzen sie zusammen, sprechen füreinander, verteidigen gegenseitig ihre Fehler und versuchen, dem Rest der Gruppe eine Einheitsfront entgegenzusetzen; sie glauben, diese Einheit sei ein Zeichen für die relative Gesundheit ihrer Ehe und eine Voraussetzung für deren Verbesserung. Früher oder später, gewöhnlich früher, müssen wir den meisten Paaren sagen, daß sie zu sehr verheiratet sind, zu eng verheiratet, daß sie etwas mehr psychische Distanz zwischen sich schaffen müssen, ehe sie auch nur beginnen können, konstruktiv an ihren Problemen zu arbeiten. Manchmal ist es tatsächlich nötig, sie physisch zu trennen, sie zu bitten, im Gruppenkreis getrennt voneinander zu sitzen. Immer ist es nötig, sie aufzufordern, nicht für den anderen zu sprechen oder einander gegen die Gruppe zu verteidigen. Immer und immer wieder müssen wir sagen: »Lassen Sie Mary für sich selbst sprechen, John« und »John kann sich selbst verteidigen, Mary, er ist stark genug«. Wenn sie in der Therapie bleiben, lernen schließlich alle Paare, daß wirkliches Akzeptieren der eigenen Individualität und Getrenntheit die einzige Grundlage ist, auf der eine reife Ehe bestehen und wirkliche Liebe wachsen kann.[1]

Mehr über Ichgrenzen

Nachdem ich behauptet habe, daß die Erfahrung des Verliebtseins eine Art Illusion ist, bei der es sich in keiner Weise um wirkliche Liebe handelt, will ich das Ganze von der anderen Seite angehen und darauf hinweisen, daß Verliebtheit bei allem Irrtum wirklicher Liebe tatsächlich sehr, sehr nahe ist. Das Mißverständnis, Verliebtheit sei eine Art von Liebe, ist gerade deshalb so gefährlich, weil es ein Körnchen Wahrheit enthält.

Die Erfahrung wirklicher Liebe hat ebenfalls mit Ichgrenzen zu tun, da sie eine Ausdehnung dieser Grenzen beinhaltet. Die Beschränkungen, denen man unterliegt, sind die Ichgrenzen. Wenn wir unsere Grenzen durch Liebe ausweiten, tun wir das sozusagen in Richtung auf den geliebten Menschen, dessen Wachstum wir fördern wollen. Damit wir das tun können, muß das Objekt unserer Liebe von uns erst einmal geliebt werden; mit anderen Worten, wir müssen hingezogen sein zu, uns einsetzen für und gebunden sein an ein Objekt außerhalb unserer selbst, jenseits der Grenzen des Selbst. Psychiater bezeichnen diesen Vorgang von Hingezogensein, Einsatz und Bindung als »Besetzung« und sagen, daß wir das geliebte Objekt »besetzen«. Wenn wir ein Objekt außerhalb unserer selbst besetzen, verleiben wir uns psychisch auch eine Repräsentation dieses Objekts ein.

Betrachten wir beispielsweise einen Mann, der Hobbygärtner ist. Dieses Hobby ist befriedigend und braucht viel Zeit. Er »liebt« Gartenarbeit. Sein Garten bedeutet ihm eine Menge. Dieser Mann hat seinen Garten besetzt. Er findet ihn anziehend, er setzt sich dafür ein, er ist an ihn gebunden – so sehr, daß er vielleicht am Sonntagmorgen ganz früh aufsteht, um wieder in seinen Garten zu kommen, daß er des Gartens wegen nicht verreisen mag, ja vielleicht sogar seine Frau vernachlässigt. Im Verlauf seiner Besetzung und um seine Blumen und Sträucher richtig zu pflegen, lernt er sehr viel. Er lernt viel über Gartenarbeit – über Böden und Düngemittel, über Wurzelbildung und Beschneidung. Und er kennt seinen Garten – seine Geschichte, die darin wachsenden Blumen und Pflanzen, seine Anlage, seine Probleme und sogar seine Zukunft. Trotz der Tatsache, daß der Garten außerhalb seiner selbst existiert, existiert er durch seine Besetzung auch in ihm. Seine Kenntnis des Gartens und die Bedeutung, die er für ihn hat, sind ein Teil von ihm, ein Teil seiner Identität, Teil seiner Geschichte, Teil seiner Weisheit. Indem er seinen Garten liebt und besetzt, hat er sich auf eine ganz reale Weise den Garten einverleibt, und dadurch ist sein Selbst erweitert, seine Ichgrenzen sind ausgedehnt worden.

Im Verlaufe vieler Jahre der Liebe und der Ausdehnung unserer Grenzen für unsere Besetzungen tritt eine allmähliche, aber fortschreitende Erweiterung des Selbst ein, eine Einverleibung der Außenwelt, ein Wachstum, eine Ausdehnung und Verdünnung unserer Ichgrenzen. Je mehr und länger wir uns auf diese Weise ausdehnen, desto mehr lieben wir, desto mehr verschwimmt die Unterscheidung zwischen dem Selbst und der

Welt. Wir identifizieren uns mit der Welt. Und während unsere Ichgrenzen auf diese Weise durchlässiger und dünner werden, beginnen wir mehr und mehr jenes ekstatische Gefühl zu erfahren, das wir haben, wenn unsere Ichgrenzen teilweise zusammenbrechen und wir uns »verlieben«. Nur sind wir hier nicht vorübergehend und auf unrealistische Weise mit einem einzelnen, geliebten Objekt verschmolzen, sondern realistischer und dauerhafter mit einem großen Teil der Welt. Vielleicht entsteht eine »mystische Vereinigung« mit der ganzen Welt. Das Gefühl von Ekstase oder Glückseligkeit, das mit dieser Vereinigung verbunden ist, ist vielleicht sanfter und weniger dramatisch als das beim Verliebtsein, dafür aber wesentlich stabiler und dauerhafter und letztlich auch befriedigender. Es ist dies der Unterschied zwischen der Gipfelerfahrung, charakterisiert durch die Verliebtheit, und dem, was Abraham Maslow als »Plateauerfahrung« bezeichnet hat.[2] Die Höhen werden nicht plötzlich erspäht und dann wieder verloren; sie sind für immer erreicht.

Sexuelle Aktivität und Liebe können zwar gleichzeitig vorkommen, treten oft aber auch getrennt auf, weil es sich um grundlegend verschiedene Phänomene handelt. Der Geschlechtsakt ist als solcher kein Akt der Liebe. Dennoch ist die Erfahrung des Geschlechtsverkehrs und vor allem des Orgasmus (sogar bei der Masturbation) ebenfalls mit einem mehr oder weniger ausgeprägten Zusammenbruch der Ichgrenzen und entsprechender Ekstase verbunden. Aufgrund dieses Zusammenbruchs der Ichgrenzen mögen wir im Augenblick des Höhepunktes »Ich liebe dich« oder »Oh, Gott« zu einer Prostituierten sagen, für die wir Augenblicke später, wenn die Ichgrenzen wieder an ihren Platz getreten sind, nicht die geringste Zuneigung mehr empfinden. Das soll nicht heißen, die Ekstase der Orgasmuserfahrung könne nicht gesteigert werden, wenn man sie mit einem geliebten Partner macht; das kann sie durchaus. Doch auch ohne geliebten Partner oder überhaupt ohne Partner kann der Zusammenbruch der Ichgrenzen, der beim Orgasmus erfolgt, total sein. Für eine Sekunde können wir vollkommen vergessen, wer wir sind, die Spur unseres Selbst in Zeit und Raum verlieren, außer uns sein, hingerissen sein. Wir können eins werden mit dem Universum. Aber nur für eine Sekunde.

Zur Beschreibung der länger andauernden »Einheit mit dem Universum«, die mit wirklicher Liebe verbunden ist, verglichen mit der momentanen Einheit des Orgasmus, habe ich die Worte »mystische Vereinigung« benutzt. Die Mystik basiert im wesentlichen auf der Überzeugung von der Einheit alles Seienden. Die Mystiker glauben, unsere allgemeine Wahrnehmung des Universums als einer Fülle von verschiedenen Objekten – Sterne, Planeten, Bäume, Vögel, Häuser, wir selbst –, die alle durch Grenzen voneinander getrennt sind, sei ein Mißverständnis, eine Illusion. Diese übereinstimmende Fehlwahrnehmung, diese Welt der Illusion, die die meisten von uns irrtümlich für real halten, bezeichnen Hindus und Buddhisten mit dem Wort »Maya«. Sie und andere Mystiker meinen, man könne die Realität nur erkennen, indem man die Einheit durch ein Aufgeben der Ichgrenzen erfährt. Es ist unmöglich, die Einheit des Universums wirklich zu sehen, solange man sich selbst weiterhin als abgetrenntes Objekt betrachtet, in jeder Hinsicht durch Beschaffenheit und Form vom Rest des Universums getrennt und unterscheidbar. Hindus und Buddhisten vertreten daher häufig die Auffassung, der Säugling vor der Entwicklung der Ichgrenzen kenne die Realität, die Erwachsenen dagegen nicht. Einige meinen sogar, der Weg zur Erleuchtung oder zum Wissen um die Einheit der Realität erfordere, daß wir regredieren oder wieder wie Säuglinge werden. Das kann eine gefährlich verlockende Lehre für gewisse Jugendliche und junge Erwachsene sein, die nicht bereit sind, Verantwortung als Erwachsene zu übernehmen, da diese ihnen zu erschreckend und anstrengend für ihre Fähigkeiten vorkommen. »Ich muß all das nicht durchmachen«, mag sich ein solcher Mensch sagen. »Ich kann den Versuch aufgeben, erwachsen zu sein, und mich vor den Anforderungen des Erwachsenseins in die Heiligkeit zurückziehen.« Wenn man aber auf diese Weise handelt, wird man eher schizophren als heilig.

Die meisten Mystiker verstehen die Wahrheit, die am Ende der Erörterung über die Disziplin herausgearbeitet wurde: daß wir nämlich etwas erreichen oder besitzen müssen, ehe wir es aufgeben, und dennoch unsere Kompetenz und Lebensfähigkeit behalten können. Der Säugling ohne Ichgrenzen mag in engerer Fühlung mit der Realität sein als seine Eltern, doch er ist unfähig, ohne die Fürsorge dieser Eltern zu überleben, und unfähig, seine Weisheit weiterzugeben. Der Weg zur Heiligkeit führt über das Erwachsensein. Es gibt keine schnellen und leichten Abkürzungen. Die Ichgrenzen müssen erst gefestigt werden, ehe sie gelokkert werden können. Eine Identität muß hergestellt sein, ehe sie transzendiert werden kann. Man muß sein Selbst erst finden, ehe man es verlieren kann. Die zeitweilige Lockerung der Ichgrenzen, die mit Verliebtheit, Geschlechtsverkehr oder gewissen psychisch wirksamen Drogen verbunden ist, mag uns einen kurzen Blick ins Nirwana schenken, nicht aber das Nirwana selbst. Eine These dieses Buches lautet, daß das Nirwana oder dauerhafte Erleuchtung oder spirituelles Wachstum nur durch das beständige Üben wirklicher Liebe erreicht werden können.

Zusammengefaßt führt uns also der zeitweilige Verlust der Ichgrenzen bei Verliebtheit oder Geschlechtsverkehr nicht nur zum Eingehen von Bindungen an andere Menschen, aus denen wirkliche Liebe entstehen kann, sondern gibt uns auch einen Vorgeschmack von (und daher einen Anreiz zu) der dauerhaften mystischen Ekstase, die wir nach einem Leben der Liebe gewinnen können. Darum ist Verliebtheit selbst nicht Liebe, wohl aber ein Teil des großen und geheimnisvollen Plans der Liebe.

Abhängigkeit

Das zweithäufigste Mißverständnis über die Liebe ist die Vorstellung, Abhängigkeit sei Liebe. Mit diesem Mißverständnis müssen Psychiater sich tagtäglich herumschlagen. Seine Auswirkungen sieht man am dramatischsten bei einem Menschen, der einen Selbstmordversuch oder eine Selbstmordgeste macht oder mit Selbstmord droht oder der nach einer Zurückweisung durch oder einer Trennung von einem Ehepartner oder Liebespartner in lähmende Depression verfällt. Ein solcher Mensch sagt: »Ich will nicht leben, ich kann nicht leben ohne meinen Mann (meine Frau, meine Freundin, meinen Freund), ich liebe ihn (oder sie) so sehr.« Und wenn ich, wie das häufig geschieht, antworte:

»Sie irren sich; Sie lieben Ihren Mann (Ihre Frau, Ihre Freundin, Ihren Freund) nicht«, folgt die ärgerliche Frage: »Was meinen Sie? Ich sagte Ihnen doch gerade, daß ich ohne ihn (ohne sie) nicht leben kann.« Ich versuche dann zu erklären: »Was Sie beschreiben, ist Parasitentum, nicht Liebe. Wenn Sie für Ihr Überleben ein anderes Individuum brauchen, dann sind Sie ein Parasit dieses Individuums. In Ihrer Beziehung gibt es keine Wahl, keine Freiheit. Sie ist eine Sache der Notwendigkeit und nicht der Liebe. Liebe ist die freie Ausübung einer Wahl. Zwei Menschen lieben einander nur, wenn sie durchaus fähig sind, ohne einander zu leben, aber dennoch das Zusammenleben *wählen.*«

Ich definiere Abhängigkeit als die Unfähigkeit, sich als ganz zu erleben oder angemessen zu funktionieren, ohne die Gewißheit, daß man von einem anderen Menschen aktiv umsorgt wird. Abhängigkeit bei körperlich gesunden Erwachsenen ist pathologisch – sie ist krankhaft und immer eine Erscheinungsform einer seelischen Krankheit oder eines Defekts. Sie ist zu unterscheiden von dem, was man gewöhnlich als Abhängigkeitsbedürfnisse oder -gefühle bezeichnet. Wir alle – jeder einzelne von uns – haben, auch wenn wir uns und anderen das Gegenteil einreden wollen, Abhängigkeitsbedürfnisse und -gefühle. Jeder von uns hat Wünsche, bemuttert zu werden, ernährt zu werden, ohne sich dafür anstrengen zu müssen, umsorgt zu werden von Menschen, die stärker sind als wir und denen unsere Interessen wirklich am Herzen liegen. Ganz gleich, wie stark wir sind, ganz gleich, wie fürsorglich, verantwortungsvoll und erwachsen, wenn wir aufrichtig in uns hineinblicken, werden wir den Wunsch finden, zur Abwechslung einmal versorgt zu werden. Jeder von uns, wie alt und reif auch immer, sucht nach einer befriedigenden Mutter- und Vaterfigur in seinem Leben und würde diese gern besitzen. Bei den meisten von uns regieren diese Wünsche und Gefühle aber nicht das ganze Leben; sie sind nicht das vorherrschende Thema unserer Existenz. Wenn sie jedoch unser Leben regieren und die Qualität unserer Existenz diktieren, dann haben wir mehr als Abhängigkeitsbedürfnisse und -gefühle; dann sind wir abhängig. Genauer gesagt: Ein Mensch, dessen Leben von Abhängigkeitsbedürfnissen regiert und diktiert wird, leidet unter einer psychischen Störung, der wir die Diagnose geben: »passiv abhängige Persönlichkeitsstörung«.

Sie ist vielleicht die häufigste aller vorkommenden psychischen Störungen.

Menschen mit dieser Störung, passiv abhängige Menschen, sind so mit dem Bemühen beschäftigt, geliebt zu werden, daß sie keine Energie übrig haben zu lieben. Sie sind wie Verhungernde, die immer nach Nahrung gieren und selbst keine Nahrung haben, um sie anderen zu geben. Es ist, als hätten sie eine innere Leere in sich, ein Loch ohne Boden, das danach schreit, gefüllt zu werden, aber nie ganz gefüllt werden kann. Diese Menschen fühlen sich nie »er-füllt«, sie kennen kein Gefühl des Ganzseins. Sie spüren immer: »Ein Teil von mir fehlt.« Sie ertragen Einsamkeit sehr schlecht. Wegen ihrer mangelnden Ganzheit haben sie kein wirkliches Identitätsgefühl, sie definieren sich allein durch ihre Beziehungen. Ein dreißigjähriger Arbeiter an einer Stanzmaschine kam mit tiefsten Depressionen zu mir; drei Tage zuvor hatte ihn seine Frau mit den beiden gemeinsamen Kindern verlassen. Sie hatte schon vorher dreimal gedroht, ihn zu verlassen, und sich darüber beklagt, daß er weder ihr noch den Kindern die geringste Aufmerksamkeit schenke. Jedesmal hatte er sie zum Bleiben überredet und versprochen, sich zu ändern, doch diese Veränderung hatte nie länger als einen Tag angehalten. Diesmal hatte sie ihre Drohung wahr gemacht. Er hatte zwei Nächte nicht geschlafen, zitterte vor Angst, Tränen liefen ihm über die Wangen, und er dachte ernsthaft an Selbstmord. »Ich kann nicht ohne meine Familie leben«, sagte er weinend. »Ich liebe sie so sehr.«

»Das verwirrt mich«, sagte ich. »Sie haben mir gesagt, die Klagen Ihrer Frau seien berechtigt gewesen, Sie hätten nie etwas für sie getan; Sie seien nur heimgekommen, wenn es Ihnen paßte, Sie hätten sich weder sexuell noch gefühlsmäßig für sie interessiert; Sie hätten sogar monatelang nicht mit den Kindern gesprochen, nie mit ihnen gespielt oder sie irgendwohin ausgeführt. Sie haben keine Beziehungen zu irgend jemandem in Ihrer Familie, also verstehe ich nicht, warum Sie so deprimiert sind über den Verlust einer Beziehung, die nie existierte.«

»Verstehen Sie das nicht?« antwortete er. »Ich bin jetzt niemand mehr. Nichts. Ich habe keine Frau. Ich habe keine Kinder. Ich weiß nicht, wer ich bin. Vielleicht kümmere ich mich nicht um sie, aber ich liebe sie bestimmt. Ich bin nichts ohne sie.«

Weil er so schwer depressiv war – die Identität verloren hatte, die seine Familie ihm gegeben hatte –, verabredete ich für den übernächsten Tag einen weiteren Termin mit ihm. Ich erwartete kaum eine Besserung. Doch als er kam, stürmte er fröhlich in meine Praxis und verkündete: »Jetzt ist alles in Ordnung.«

»Sind Sie wieder mit Ihrer Familie zusammen?« fragte ich.

»Oh nein«, antwortete er glücklich. »Ich habe seit unserem letzten Termin nichts mehr von ihnen gehört. Aber gestern abend habe ich in meiner Bar ein Mädchen kennengelernt. Sie sagte, sie habe mich wirklich gern. Sie lebt getrennt, genau wie ich. Heute abend sind wir wieder verabredet. Ich fühle mich jetzt wieder wie ein Mensch. Ich glaube, ich brauche nicht mehr zu Ihnen zu kommen.«

Dieser rasche Wechsel ist typisch für passiv abhängige Individuen. Es ist, als sei es ganz gleichgültig, von wem sie abhängig sind, solange nur jemand da ist. Ihre Identität ist ganz gleichgültig, solange nur jemand da ist, der sie ihnen gibt. Infolgedessen sind ihre Beziehungen, die scheinbar von so dramatischer Intensität sind, in Wirklichkeit äußerst flach. Weil ihr Gefühl innerer Leere und ihr Hunger, diese Leere zu füllen, so stark sind, vertragen passiv abhängige Menschen keinen Aufschub in der Befriedigung ihres Bedürfnisses nach anderen. Eine schöne, hochintelligente und in vieler Hinsicht sehr gesunde junge Frau hatte im Alter von siebzehn bis einundzwanzig Jahren eine fast endlose Reihe sexueller Beziehungen zu Männern, die ihr in bezug auf Intelligenz und Tüchtigkeit stets unterlegen waren. Sie ging von einem Verlierer zum nächsten. Wie sich herausstellte, war sie unfähig, lange genug zu warten, um einen Mann zu finden, der zu ihr paßte, oder auch nur unter den vielen Männern zu wählen, die ihr fast sofort zur Verfügung standen. Innerhalb von vierundzwanzig Stunden nach der Beendigung einer Beziehung nahm sie den ersten besten Mann, den sie in einer Bar traf, und kam in die nächste Therapiestunde, indem sie sein Lob sang: »Ich weiß, daß er arbeitslos ist und zu viel trinkt, aber im Grunde ist er sehr begabt, und er mag mich wirklich. Ich weiß, daß diese Beziehung funktionieren wird.«

Aber es funktionierte nie, nicht nur, weil sie nicht gut gewählt hatte, sondern auch, weil sie dann ein bestimmtes Muster ablaufen ließ. Sie klammerte sich an den Mann, forderte mehr und mehr Beweise für seine Zuneigung, versuchte ständig um ihn zu sein und weigerte sich, allein zu bleiben. »Weil ich dich so sehr liebe, kann ich es nicht ertragen, von dir getrennt zu sein«, pflegte sie zu sagen, doch früher oder später fühlte sich der Mann völlig erstickt und gefangen und durch ihre »Liebe« an jeder Bewegung gehindert. Dann kam es gewöhnlich zu einem heftigen Streit, die Beziehung wurde beendet, und der Kreislauf begann am nächsten Tag von neuem. Erst nach dreijähriger Therapie war die Frau imstande, diesen Kreislauf zu durchbrechen; in dieser Zeit hatte sie ihre eigene Intelligenz und Tüchtigkeit einschätzen gelernt, konnte ihre Leere und ihren Hunger identifizieren und von wirklicher Liebe unterscheiden; sie erkannte, wie ihr Hunger sie dazu trieb, Beziehungen zu beginnen und sich an sie zu klammern, obwohl sie schädlich für sie waren. Sie konnte die Notwendigkeit striktester Disziplin in bezug auf ihren Hunger akzeptieren, wenn sie einen ihren Vorzügen entsprechenden Partner auswählen wollte.

In der Diagnose wird das Wort »passiv« in Verbindung mit dem Wort »abhängig« gebraucht, weil diese Menschen sich nur damit befassen, was andere für sie tun können, und nicht damit, was sie selbst tun können. Ich arbeitete einmal mit einer Gruppe aus fünf unverheirateten Patienten, die alle passiv abhängig waren, und bat sie, von ihren Zielen zu sprechen und davon, in welcher Lebenssituation sie sich in fünf Jahren gern befinden möchten. Auf die eine oder andere Weise antworteten alle: »Ich möchte mit jemandem verheiratet sein, der sich wirklich um mich kümmert.« Nicht einer erwähnte den Wunsch nach einer interessanten Arbeit, nach der Schaffung eines Kunstwerks, danach, einen Beitrag für die Gesellschaft zu leisten oder in einer Situation zu sein, in der er Kinder lieben oder auch nur haben könnte. Der Begriff Anstrengung kam in ihren Tagträumen nicht vor; sie strebten nur einen mühelosen, passiven Zustand des Empfangens von Fürsorge an. Ihnen wie vielen anderen sagte ich: »Wenn es Ihr Ziel ist, geliebt zu werden, dann werden Sie dieses Ziel verfehlen. Man kann nur dann sicher sein, daß man geliebt wird, wenn man ein Mensch ist, der liebenswert ist, und Sie können nicht liebenswert sein, wenn es Ihr Hauptziel im Leben ist, geliebt zu werden, und zwar passiv.« Das soll nicht heißen, daß passiv abhängige Menschen niemals etwas für andere *tun,* doch sie tun es deshalb, um die Bindung der anderen an sie selbst zu zementieren, damit ihre eigene Versorgung gesichert ist. Doch wenn die Möglichkeit der Fürsorge durch andere nicht direkt beteiligt ist, fällt ihnen dies sehr schwer. Alle Mitglieder der obengenannten Gruppe empfanden es als schrecklich schwierig, ein Haus zu kaufen, sich von ihren Eltern zu trennen, einen Job zu finden, einen völlig unbefriedigenden Job aufzugeben oder sich auch nur für ein Hobby einzusetzen.

In der Ehe gibt es normalerweise eine Verteilung der Rollen der beiden Ehegatten, eine normalerweise wirksame Arbeitsteilung zwischen ihnen. Die Frau besorgt gewöhnlich das Kochen, den Haushalt und den Einkauf und kümmert sich um die Kinder; der Mann geht arbeiten, verwaltet die Finanzen, mäht den Rasen und macht Reparaturen im Haus. Gesunde Paare tauschen instinktiv von Zeit zu Zeit die Rollen. Der Mann kocht vielleicht hin und wieder eine Mahlzeit, verbringt einen Tag in der Woche mit den Kindern oder putzt das Haus, um seine Frau zu überraschen. Die Frau sucht sich vielleicht eine Halbtagsarbeit, mäht am Geburtstag ihres Mannes den Rasen oder übernimmt für ein Jahr die Verwaltung des Bankkontos und das Bezahlen der Rechnungen. Häufig ist dieser Rollentausch für das Ehepaar eine Art Spiel, das der Ehe Würze gibt und Abwechslung bringt. Das alles ist es auch, aber wichtiger noch (selbst wenn es unbewußt geschieht): Es ist ein Prozeß, der die gegenseitige Abhängigkeit verringert. In einem gewissen Sinne übt jeder der beiden Gatten das Überleben für den Fall des Verlusts des anderen. Für passiv abhängige Menschen aber ist der Verlust des anderen eine so furchterregende Aussicht, daß sie sich ihr weder stellen noch einen Vorgang ertragen können, der die Abhängigkeit verringern oder die Freiheit des anderen vergrößern könnte. Folglich ist eines der typischen Verhaltensmerkmale passiv abhängiger Menschen in der Ehe, daß ihre Rollenverteilung sehr strikt ist und sie danach streben, die gegenseitige Abhängigkeit eher zu verstärken als zu verringern und so die Ehe mehr oder weniger zur Falle zu machen. Unter dem Vorzeichen dessen, was sie Liebe nennen, was aber in Wirklichkeit Abhängigkeit ist, verkleinern sie die eigene Freiheit und Persönlichkeit und auch die des Partners. Zu diesem Vorgang gehört auch, daß passiv abhängige Menschen manchmal in der Ehe Fertigkeiten wieder aufgeben, die sie vorher besessen hatten. Ein Beispiel dafür ist das nicht seltene Syndrom der Ehefrau, die kein Auto fahren »kann«. In der Hälfte der Fälle hat sie es nie gelernt, aber in der anderen Hälfte entwickelt sie aufgrund eines geringfügigen Unfalls eine »Phobie« gegen das Autofahren und hört damit auf. In ländlichen und vorstädtischen Gegenden, wo die meisten Menschen leben, hat eine solche »Phobie« die Wirkung, sie fast völlig von ihrem Ehemann abhängig zu machen und den Mann durch ihre Hilflosigkeit an sich zu fesseln. Jetzt muß er alle Einkäufe für die Familie selbst erledigen oder seine Frau jedesmal zum Einkaufen fahren. Weil dieses Verhalten gewöhnlich die Abhängigkeitsbedürfnisse beider Partner befriedigt, wird es von den meisten Paaren nie als krankhaft oder auch nur als Problem angesehen, das gelöst werden muß. Als ich einem ansonsten hochintelligenten Bankier sagte, seine Frau, die im Alter von sechsundvierzig Jahren aufgrund einer »Phobie« das Autofahren aufgegeben hatte, habe möglicherweise ein Problem, das psychiatrischer Aufmerksamkeit bedürfe, antwortete er: »O nein, ihr Arzt hat ihr gesagt, es liege an den Wechseljahren, und dagegen könne man nichts machen.« Die Frau fühlte sich sicher in dem Wissen, daß er kein Verhältnis anfangen und sie verlassen werde, weil er alle Hände voll damit zu tun hatte, sie nach der Arbeit zum Einkaufen zu fahren und die Kinder zu allen möglichen Anlässen zu chauffieren. Der Mann fühlte sich sicher in dem Wissen, daß seine Frau kein Verhältnis anfangen und ihn verlassen werde, weil sie nicht beweglich genug war, um in seiner Abwesenheit Leute zu treffen. Durch solches Verhalten können passiv abhängige Ehen dauerhaft und sicher sein, doch man kann sie weder als gesund noch als wirklich liebevoll ansehen, weil die Sicherheit um den Preis der Freiheit erkauft wird und die Beziehung dazu dient, das Wachstum der beiden Partner zu verzögern oder zu verhindern. Immer wieder sagen wir unseren Paaren: »Eine wirklich gute Ehe kann nur zwischen zwei starken und unabhängigen Menschen bestehen.«

Passive Abhängigkeit hat ihre Wurzeln in einem Mangel an

Liebe. Das innere Gefühl der Leere, unter dem passiv abhängige Menschen leiden, ist das direkte Ergebnis mangelnder Zuneigung, Aufmerksamkeit und Fürsorge ihrer Eltern während ihrer Kindheit. Im ersten Teil wurde erwähnt, daß Kinder, die während ihrer ganzen Kindheit mit relativer Beständigkeit geliebt und umsorgt werden, mit dem tiefverwurzelten Gefühl in das Erwachsenenalter eintreten, liebenswert und wertvoll zu sein und so lange geliebt und umsorgt zu werden, wie sie sich selbst treu bleiben. Kinder, die in einer Atmosphäre ohne Liebe und Fürsorge aufwachsen oder Liebe und Fürsorge nur ganz willkürlich und unbeständig erhalten, haben, wenn sie erwachsen werden, nicht dieses Gefühl innerer Sicherheit. Im Gegenteil, sie sind unsicher, meinen stets: »Ich habe nicht genug«, erleben die Welt als unberechenbar und verweigern und bezweifeln zutiefst, daß sie liebenswert und wertvoll sind. Es ist daher kein Wunder, daß sie das Bedürfnis verspüren, nach Liebe, Fürsorge und Aufmerksamkeit zu gieren, wo immer sie sie bekommen können; und wenn sie sie einmal gefunden haben, klammern sie sich mit einer Verzweiflung daran fest, die sie zu manipulativem, lieblosem Verhalten verführt und so gerade die Beziehungen zerstört, die sie zu bewahren suchen. Wie schon erwähnt wurde, gehen Liebe und Disziplin Hand in Hand; lieblose, unachtsame Eltern sind also Menschen, denen es an Disziplin fehlt, und wenn sie ihren Kindern nicht das Gefühl geben, geliebt zu werden, geben sie ihnen auch nicht die Fähigkeit zur Selbstdisziplin. Die übermäßige Abhängigkeit der passiv abhängigen Menschen ist also nur die Haupterscheinungsform ihrer Persönlichkeitsstörung. Passiv abhängigen Menschen fehlt es an Selbstdisziplin. Sie sind nicht bereit oder fähig, die Befriedigung ihres Hungers nach Aufmerksamkeit aufzuschieben. In ihrem verzweifelten Bemühen, Bindungen zu schaffen und zu bewahren, scheren sie sich nicht um Aufrichtigkeit. Sie klammern sich an überlebte Beziehungen, wenn sie diese aufgeben sollen. Was ihnen am meisten fehlt, ist das Gefühl der Verantwortung für sich selbst. Passiv betrachten sie andere, oft sogar ihre eigenen Kinder, als Quelle ihres Glücks und ihrer Erfüllung, und wenn sie nicht glücklich oder erfüllt sind, meinen sie im Grunde, die anderen seien dafür verantwortlich. Folglich sind sie dauernd zornig, weil sie sich ständig von den anderen im Stich gelassen fühlen, die ihre Bedürfnisse nie wirklich erfüllen und sie glücklich »machen« können. Ich habe einen Kollegen, der den Leuten häufig sagt: »Schauen Sie, daß Sie sich selbst gestatten, von einem anderen Menschen abhängig zu sein, ist das Schlimmste, was Sie sich antun können. Sie wären besser daran, wenn Sie von Heroin abhängig wären. Solange Sie welches haben, läßt Heroin Sie nie im Stich und macht Sie immer glücklich. Wenn Sie aber von einem anderen Menschen erwarten, daß er Sie glücklich macht, so werden Sie unablässig enttäuscht.« Tatsächlich ist es kein Zufall, daß die häufigste Krankheit, die passiv abhängige Menschen neben ihrer Beziehung zu anderen aufweisen, Abhängigkeit von Drogen und Alkohol ist. Sie sind suchtgefährdete Persönlichkeiten. Sie sind süchtig nach Menschen, saugen sie aus und nehmen sie in sich auf, und wenn keine Menschen dazu zur Verfügung stehen, so wenden sie sich oft der Flasche, der Nadel oder der Pille als Menschenersatz zu.

Zusammenfassend können wir sagen, daß Abhängigkeit wie Liebe aussehen kann, weil sie Menschen dazu bringt, sich stark an andere zu binden. In Wirklichkeit aber ist sie keine Liebe, sondern eine Form von Anti-Liebe. Sie hat ihre Quelle in einem Mangel an elterlicher Liebe und perpetuiert diesen Mangel. Sie will eher nehmen als geben. Sie fördert Infantilismus statt Wachstum. Sie will nicht befreien, sondern fangen und einengen. Letztlich werden Beziehungen und auch Menschen von ihr nicht gefördert, sondern zerstört.

Besetzung ohne Liebe

Einer der Aspekte der Abhängigkeit ist, daß sie sich nicht um spirituelles Wachstum kümmert. Abhängige Menschen interessieren sich nur dafür, selbst etwas zu bekommen; sie wollen, daß ihre Leere gefüllt wird, sie wollen glücklich sein; sie wollen nicht wachsen, und sie sind auch nicht willens, das Unglück, die Einsamkeit und das Leid zu ertragen, die mit Wachstum verbunden sind. Abhängige Menschen kümmern sich auch nicht um das spirituelle Wachstum des anderen, des Objekts ihrer Abhängigkeit; ihnen geht es nur darum, daß der andere da ist, um ihre Bedürfnisse zu befriedigen. Die Abhängigkeit ist nur eine der Verhaltensformen, die wir fälschlich als »Liebe« bezeichnen, wenn das Streben nach spirituellem Wachstum fehlt. Auch bei anderen Formen läßt sich zeigen, daß Liebe niemals ohne spirituelles Wachstum auskommt.

Häufig sprechen wir davon, daß Menschen unbelebte Objekte oder Aktivitäten lieben. Wir sagen etwa: »Er liebt das Geld« oder »Er liebt das Golfspiel.« Gewiß kann ein Individuum sich weit über die üblichen persönlichen Grenzen hinaus ausdehnen, sechzig, siebzig oder achtzig Stunden in der Woche arbeiten, um Reichtum oder Macht anzuhäufen. Doch wie groß Vermögen und Einfluß auch sein mögen, es ist durchaus möglich, daß dieses Arbeiten und Anhäufen in keiner Weise selbsterweiternd sind. Ein Mann, der es aus eigener Kraft zu größtem Reichtum gebracht hat, wird nicht selten mit dem Satz charakterisiert: »Als Mensch ist er klein und ziemlich mies.« Wir reden vielleicht darüber, wie sehr er Geld oder Macht liebt, doch wir betrachten ihn meist nicht als liebevollen Menschen. Warum ist das so? Weil Reichtum oder Macht, die solche Menschen »lieben«, für sie zum Selbstzweck geworden sind statt zu Mitteln für spirituelles Wachstum. Das einzige wahre Ziel der Liebe ist spirituelles Wachstum oder menschliche Entwicklung.

Hobbys sind Aktivitäten, die das Selbst nähren. Wenn wir uns selbst lieben – uns also zum Zwecke spirituellen Wachstums nähren –, dann müssen wir uns mit allen möglichen Dingen versorgen, die nicht direkt spirituell sind. Um den Geist zu nähren, muß auch der Körper ernährt werden. Wir brauchen Nahrung und Obdach. Ganz gleich, wie sehr wir uns um spirituelles Wachstum bemühen, wir benötigen auch Ruhe und Entspannung, Bewegung und Zerstreuung. Heilige müssen schlafen, und sogar Propheten müssen spielen. Also können Hobbys Mittel sein, durch die wir uns selbst lieben. Wenn jedoch ein Hobby zum Selbstzweck wird, dann wird es zum Ersatz für statt zum Mittel zur Selbstentfaltung. Manchmal sind Hobbys gerade deshalb so beliebt, weil sie Ersatz für Selbstentfaltung sind. Auf Golfplätzen beispielsweise kann man einige alternde Männer und Frauen finden, deren wichtigstes noch verbliebenes Lebensziel darin besteht, ihr Spiel zu verbessern. Dieses hingebungsvolle Bemühen, ihre Fähigkeiten zu steigern, gibt ihnen das Gefühl, im Leben voranzukommen, und hilft ihnen so, die Tatsache zu ignorieren, daß sie in Wirklichkeit aufgehört haben, sich zu entwickeln, daß sie das Bemühen, bessere Menschen zu werden, aufgegeben haben. Wenn sie sich selbst mehr liebten, würden sie sich nicht gestatten, so leidenschaftlich für ein oberflächliches Ziel und eine enge Zukunft zu arbeiten.

Andererseits können Macht und Geld Mittel zu einem liebevollen Ziel sein. Ein Mensch kann beispielsweise eine politische Laufbahn hauptsächlich zu dem Zweck durchstehen, politische Macht zur Verbesserung der menschlichen Gesellschaft zu benutzen. Andere mögen nach Reichtum streben, aber nicht wegen des Geldes, sondern um ihre Kinder auf ein College schicken zu können oder selbst Freiheit und Zeit zu gewinnen, sich mit dem für spirituelle Entwicklung notwendigen Studieren und Nachdenken zu befassen. Solche Menschen lieben nicht die Macht oder das Geld, sondern die Menschen.

Hier und im ganzen Teil dieses Buches versuche ich klarzumachen, daß unser Gebrauch des Wortes »Liebe« so allgemein und unspezifisch ist, daß er unser Verständnis der Liebe ernstlich beeinträchtigt. Ich habe keine großen Hoffnungen, daß sich die Sprache in dieser Hinsicht verändern wird. Solange wir aber weiterhin das Wort »Liebe« gebrauchen, um unsere Beziehung zu allem zu beschreiben, was uns wichtig ist, was wir besetzen, ohne Rücksicht auf die Qualität dieser Beziehung, so lange werden wir Schwierigkeiten haben, zwischen Weisheit und Narrheit, zwischen Gut und Böse zu unterscheiden.

Wenn wir unsere spezifische Definition verwenden, so ist offenkundig, daß wir nur menschliche Wesen lieben können. Nach der gängigen Auffassung besitzen nämlich nur menschliche Wesen einen zu bedeutsamem Wachstum fähigen Geist.[3] Sehen wir uns einmal die Haustiere an. Wir »lieben« unseren Hund. Wir füttern ihn und baden ihn, beschäftigen uns mit ihm und streicheln ihn, erziehen ihn und spielen mit ihm. Wenn er krank ist, lassen wir alles stehen und liegen und eilen zum Tierarzt. Wenn er fortläuft oder stirbt, sind wir untröstlich. Für einsame Menschen ohne Kinder kann das Haustier sogar zum einzigen Lebensinhalt werden. Wenn das nicht Liebe ist, was ist es dann? Doch untersuchen wir einmal die Unterschiede zwischen unserer Beziehung zu einem Haustier und der zu einem anderen Menschen. Zunächst einmal ist das Ausmaß der Kommunikation mit einem Haustier wesentlich geringer als das Ausmaß der Kommunikation mit einem anderen Menschen, wenn wir uns um diesen bemühen. Wir wissen nicht, was unsere Haustiere denken. Dieses mangelnde Wissen gestattet uns, unsere eigenen Gedanken und Gefühle auf das Tier zu projizieren und so eine emotionale Nähe zu ihm zu spüren, die möglicherweise keineswegs der Realität entspricht. Zweitens finden wir unsere Haustiere nur insoweit befriedigend, als ihr Wille mit dem unseren übereinstimmt. Das ist die Grundlage, auf der wir im allgemeinen unsere Haustiere auswählen, und wenn ihr Wille stärker von unserem abzuweichen beginnt, so schaffen wir sie ab. Wir behalten Haustiere nicht sehr lange, wenn sie gegen uns protestieren oder uns angreifen. Die einzige Erziehung, die wir unseren Haustieren zur Entwicklung ihres Geistes angedeihen lassen, ist die Erziehung zum Gehorsam. Bei Menschen dagegen können wir den Wunsch haben, daß sie »einen eigenen Willen« entwickeln; tatsächlich ist gerade der Wunsch nach dem Anderssein des anderen eines der charakteristischen Merkmale echter Liebe. Und schließlich suchen wir in unserer Beziehung zu Haustieren deren Abhängigkeit zu fördern. Wir wollen nicht, daß sie erwachsen werden und das Haus verlassen. Wir wollen, daß sie abhängig bleiben und brav neben dem Ofen liegen. Was wir an unseren Haustieren schätzen, ist ihre Bindung an uns und nicht ihre Unabhängigkeit.

Das Thema der »Liebe« zu Haustieren ist von großer Bedeutung, weil sehr viele Menschen *nur* Haustiere lieben können, zu echter Liebe für andere menschliche Wesen aber gar nicht fähig sind. Zahlreiche amerikanische Soldaten führten idyllische Ehen mit deutschen, italienischen oder japanischen »Kriegsbräuten«, mit denen sie sich verbal nicht verständigen konnten. Als ihre Bräute Englisch lernten, begannen die Ehen zu bröckeln. Die Soldaten konnten nicht länger ihre eigenen Gedanken, Gefühle, Wünsche und Ziele auf die Frauen projizieren und dieselbe Nähe verspüren, die man zu einem Haustier empfindet. Statt dessen begannen sie, als ihre Frauen Englisch lernten, zu erkennen, daß diese Frauen eigene, von den ihren verschiedene Gedanken, Meinungen und Ziele hatten. Als das geschah, begann bei einigen die Liebe zu wachsen; bei den meisten jedoch hörte sie auf. Die emanzipierte Frau ist mit Recht auf der Hut vor Männern, die sie zärtlich mit dem Namen eines Haustiers belegen. Möglicherweise sind das Menschen, deren Zuneigung davon abhängig ist, daß die Frau sich wie ein Haustier verhält, die nicht in der Lage sind, ihre Kraft, Unabhängigkeit und Individualität einer Frau zu respektieren. Das traurigste Beispiel für dieses Phänomen sind vielleicht die vielen Frauen, die ihre Kinder nur als Babys »lieben« können. Solche Frauen findet man überall. Sie sind vielleicht ideale Mütter, bis ihre Kinder zwei Jahre alt werden – unendlich liebevoll, stillfreudig, zärtlich und verspielt mit ihren Babys, ständig fürsorglich und aufmerksam und in ihrer Mutterschaft vollkommen glücklich. Dann, fast über Nacht, verändert sich das Bild. Sobald das Kind seinen eigenen Willen zu behaupten beginnt – es gehorcht nicht, ist weinerlich, will nicht spielen, mag gelegentlich nicht umarmt werden, entwickelt Bindungen an andere Menschen und unternimmt auf eigene Faust die ersten Schritte in die Welt hinaus –, hört die Liebe der Mutter auf. Sie verliert das Interesse an dem Kind, zieht ihre Besetzung von ihm ab, nimmt es nur noch als lästig wahr. Gleichzeitig verspürt sie oft ein überwältigendes Bedürfnis, erneut schwanger zu werden, ein neues Baby, ein neues Haustier zu haben. Gewöhnlich gelingt ihr das auch, und der Kreislauf wiederholt sich. Falls nicht, ist sie vielleicht begierig darauf, bei Babys in der Nachbarschaft den Babysitter zu spielen, und übersieht dabei völlig das Bedürfnis ihres eigenen älteren Kindes oder ihrer Kinder nach Aufmerksamkeit. Für ihre Kinder ist das »Trotzalter« nicht nur das Ende der Säuglingszeit, sondern auch das Ende der Erfahrung, von der Mutter geliebt zu werden. Schmerz und Frustration der Kinder darüber sind für jeden außer der Mutter offensichtlich; diese aber ist mit ihrem neuen Baby beschäftigt. Die Folgen dieser Erfahrung werden gewöhnlich sichtbar, wenn die Kinder mit einem depressiven und/oder passiv abhängigen Persönlichkeitsmuster heranwachsen.

Dies läßt darauf schließen, daß die »Liebe« zu Säuglingen und Haustieren und sogar zu abhängig gehorsamen Ehepartnern ein im Instinkt angelegtes Verhaltensmuster ist, auf das man mit Recht den Begriff »Mutterinstinkt« oder, allgemeiner, »Elterninstinkt« anwenden kann. Wir können dies mit dem Instinktverhalten der Verliebtheit vergleichen: Es ist keine echte Liebe, da es verhältnismäßig mühelos geschieht und kein Akt des Willens oder Wählens ist; es fördert das Überleben der Spezies, ist aber nicht auf ihre Verbesserung oder ihr spirituelles Wachstum gerichtet; es ist der Liebe nahe, indem es sich auf andere bezieht und dazu dient, zwischenmenschliche Bindungen anzulegen, aus denen wirkliche Liebe entstehen könnte; um ein gesundes, spirituell wachsendes Kind heranzuziehen oder zur Entwicklung der Menschheit beizutragen, ist viel mehr nötig.

Das Nähren und Fördern eines Kindes kann und sollte wesentlich mehr umfassen als seine bloße materielle Versorgung, und das Fördern spirituellen Wachstums ist ein viel zu komplizierter Vorgang, als daß er von irgendeinem Instinkt gesteuert sein könnte. Die zu Beginn dieses Kapitels erwähnte Mutter, die ihren Sohn nicht mit dem Bus zur Schule fahren lassen wollte, ist ein treffendes Beispiel. Indem sie ihn zur Schule fuhr und wieder abholte, gab sie ihm in einem gewissen Sinne etwas, aber etwas, das er nicht brauchte und das seine spirituelle Entwicklung eindeutig eher verzögerte als förderte. Beispiele für solches Verhalten gibt es im Übermaß: Mütter, die ihre bereits übergewichtigen Kinder zum Essen drängen; Väter, die ihren Söhnen ganze Zimmer voller Spielzeug und ihren Töchtern ganze Schränke voller Kleider kaufen; Eltern, die keine Grenzen setzen und keine Wünsche verweigern. Liebe ist nicht nur Geben; sie ist vernünftiges Geben und auch vernünftiges Verweigern. Sie ist vernünftiges Argumentieren, Kämpfen, Konfrontieren, Drängen, Antreiben, Ziehen und Trösten. Liebe ist Führung. Das Wort »vernünftig« bedeutet, daß Vernunft im Spiel ist, und Vernunft erfordert mehr als Instinkt; sie erfordert überlegte und manchmal schmerzliche Entscheidungen.

Die Motive hinter unvernünftigem Geben und destruktivem »Nähren« sind zahlreich, doch solche Verhaltensweisen haben immer ein gemeinsames Grundmerkmal: Unter dem Deckmantel der Liebe geht der oder die »Gebende« seinen bzw. ihren eigenen Bedürfnissen nach, und zwar ohne Rücksicht auf die spirituellen Bedürfnisse des Empfängers. Einmal kam widerstrebend ein Geistlicher zu mir, weil seine Frau unter einer chronischen Depression litt und seine beiden Söhne das College verlassen hatten, zu Hause lebten und in psychiatrischer Behandlung waren. Ungeachtet der Tatsache, daß seine ganze Familie »krank« war, war er anfangs völlig unfähig zu begreifen, daß er bei diesen Krankheiten eine Rolle spielen könne. »Ich tue alles, was in meinen Kräften steht, um mich um sie und ihre Probleme zu kümmern«, berichtete er. »Es gibt keinen wachen Augenblick, in dem ich mich nicht mit ihnen befasse.« Eine Analyse der Situation ergab, daß dieser Mann sich tatsächlich bis zur Erschöpfung verausgabte, um die Forderungen seiner Frau und seiner Söhne zu erfüllen. Er hatte beiden Söhnen neue Autos gekauft und die Versicherung dafür bezahlt, obwohl er das Gefühl hatte, die Jungen sollten sich mehr darum bemühen, selbst für ihren Unterhalt aufzukommen. Jede Woche führte er seine Frau in die Oper oder das Theater in der Stadt, obwohl er sehr ungern in die Stadt ging und ihn die Oper zu Tode langweilte. Obwohl er in seinem Beruf viel zu tun hatte, verbrachte er den größten Teil seiner Freizeit damit, zu Hause hinter seiner Frau und seinen Söhnen aufzuräumen, denen die Sauberkeit des Hauses völlig gleichgültig war. »Sind Sie es nicht leid, sich dauernd für ihre Familie zu verausgaben?« fragte ich ihn. »Natürlich«, antwortete er, »aber was soll ich machen? Ich liebe sie und habe zuviel Mitleid mit ihnen, um mich nicht um sie zu kümmern. Mir liegt so viel an ihnen, daß ich mir nie gestatten würde, untätig zu bleiben, solange sie unerfüllte Bedürfnisse haben. Ich bin vielleicht kein besonders tüchtiger Mensch, aber zumindest bin ich liebevoll und fürsorglich.«

Interessanterweise stellte sich heraus, daß sein eigener Vater ein brillanter Gelehrter von beträchtlichem Ruf gewesen war, aber auch ein Alkoholiker und Schürzenjäger, der sich in keiner Weise um seine Familie kümmerte und sie grob vernachlässigte. Nach und nach konnte mein Patient erkennen, daß er sich als Kind geschworen hatte, das Gegenteil seines Vaters zu werden und so mitfühlend und fürsorglich zu sein, wie sein Vater herzlos und uninteressiert gewesen war. Nach einer Weile konnte er sogar einsehen, daß es ihm ungeheuer wichtig war, sein Selbstbild des liebevollen und mitfühlenden Menschen aufrechtzuerhalten, und daß ein großer Teil seines Verhaltens, einschließlich seiner geistlichen Laufbahn, der Förderung dieses Selbstbildes gewidmet war. Was er nicht so leicht einsah, war das Ausmaß, in dem er seine Familie infantilisierte. Von seiner Frau sprach er ständig als von »meinem Kätzchen« und von seinen beiden voll ausgewachsenen, kräftigen Söhnen als von »meinen Kleinen«. »Wie sonst soll ich mich denn verhalten?« fragte er. »Vielleicht bin ich nur als Reaktion auf meinen Vater liebevoll, aber das heißt doch nicht, daß ich jetzt lieblos oder ein Schuft werden muß.« Es war tatsächlich nötig, ihm beizubringen, daß Lieben keine einfache, sondern eine komplizierte Aufgabe ist und die Mitwirkung seiner ganzen Person erfordert – des Kopfes wie des Herzens. Aufgrund seines Bedürfnisses, sich so stark wie möglich von seinem Vater zu unterscheiden, war er nie in der Lage gewesen, ein flexibles Reaktionssystem für die Äußerungen seiner Liebe zu entwickeln. Er mußte lernen, daß Nichtgeben im richtigen Moment mitfühlender ist als Geben im falschen Moment, daß das Fördern von Unabhängigkeit liebevoller ist als die Versorgung von Menschen, die sich eigentlich ganz gut um sich selbst kümmern könnten. Er mußte sogar lernen, daß die Äußerung seiner eigenen Bedürfnisse, seines Zorns, seines Grolls und seiner Erwartungen genauso nötig war für die seelische Gesundheit seiner Familie wie seine Selbstaufopferung und daß Liebe sich ebenso in der Konfrontation manifestiert wie im unkritischen Akzeptieren.

Da er nach und nach erkannte, wie er seine Familie infantilisierte, begann er Veränderungen vorzunehmen. Er hörte auf, hinter allen aufzuräumen, und wurde offen zornig, wenn seine Söhne sich nicht angemessen an der Pflege des Hauses beteiligten. Er weigerte sich, weiter die Versicherung für die Autos seiner Söhne zu bezahlen, und sagte ihnen, wenn sie fahren wollten, so sollten sie selbst dafür aufkommen. Er schlug vor, seine Frau solle allein nach New York in die Oper gehen. Mit diesen Veränderungen ging er das Risiko ein, als »schlechter Mensch« zu erscheinen, und mußte die Allmacht seiner früheren Rolle aufgeben, in der er allein alle Bedürfnisse seiner Familie erfüllt hatte. Obwohl sein früheres Verhalten hauptsächlich von dem Wunsch motiviert gewesen war, sein Bild als liebevoller Mensch aufrechtzuerhalten, besaß er innerlich eine Fähigkeit zu echter Liebe, und aufgrund dieser Liebe war er fähig, sich selbst zu verändern. Sowohl seine Frau als auch seine Söhne reagierten auf diese Veränderung anfänglich mit Wut. Doch bald ging ein Sohn zurück aufs College, der andere fand eine bessere Stellung und nahm sich ein eigenes Appartment. Seine Frau fing an, sich an ihrer neuen Unabhängigkeit zu freuen und sich selbst weiterzuentwickeln. Der Mann selbst wurde in seinem geistlichen Beruf wirkungsvoller, und gleichzeitig fand er sein Leben erfreulicher.

Die fehlgeleitete Liebe dieses Geistlichen grenzte an die schwerwiegendere Perversion der Liebe, an Masochismus. Laien neigen dazu, Sadismus und Masochismus mit rein sexueller Aktivität in Verbindung zu bringen und sie als sexuelle Lust zu sehen, die durch das Zufügen oder Erdulden von physischem Schmerz ausgelöst wird. Echter sexueller Sadomasochismus ist aber in Wirklichkeit eine relativ seltene Form von Psychopathologie. Viel verbreiteter und letztlich schlimmer ist das Phänomen des sozialen Sadomasochismus, bei dem Menschen unbewußt den Wunsch haben, zu verletzen und verletzt zu werden, und zwar durch ihre nicht sexuellen zwischenmenschlichen Beziehungen. Ein typisches Beispiel dafür ist die Frau, die mit Depressionen zum Psychiater kommt, weil ihr Mann sie verlassen hat. Endlos weiß sie zu berichten, wie ihr Mann sie immer wieder schlecht behandelt hat: Er schenkte ihr keinerlei Aufmerksamkeit, er hatte eine Geliebte nach der anderen, er verspielte das Geld für das Essen, er kam tagelang nicht nach Hause, wenn es ihm gerade einfiel, oder er kam betrunken heim und schlug sie, und zum guten Schluß hat er sie und die Kinder auch noch am Weihnachtsabend verlassen – ausgerechnet am Weihnachtsabend! Der noch unerfahrene Therapeut neigt dazu, auf diese

»arme Frau« und ihre Erzählung mit sofortiger Sympathie zu reagieren, doch es dauert nicht lange, bis sich diese Sympathie im Licht näherer Kenntnis in Luft auflöst. Zuerst entdeckt der Therapeut, daß das Muster dieser schlechten Behandlung bereits seit zwanzig Jahren existiert und daß die arme Frau sich zwar zweimal von ihrem Scheusal von Ehemann scheiden ließ, ihn aber auch zweimal wieder geheiratet hat, daß auf zahllose Trennungen ebenso viele Versöhnungen gefolgt waren. Wenn der Therapeut dann ein oder zwei Monate mit der Frau gearbeitet hat, damit sie unabhängig werden kann, und sie sich an dem ruhigen Leben ohne ihren Mann zu freuen scheint, beginnt auf einmal der ganze Kreislauf wieder von vorne. Die Frau kommt fröhlich in die Praxis und verkündet: »Harry ist zurückgekommen. Neulich rief er abends an und sagte, er wolle mich sehen, also traf ich mich mit ihm. Er flehte mich an, ihn wieder aufzunehmen, und er scheint sich wirklich geändert zu haben, also habe ich ihn aufgenommen.« Wenn der Therapeut darauf hinweist, daß dies nur die Wiederholung eines Musters zu sein scheine, das sie doch als destruktiv erkannt habe, sagt die Frau: »Aber ich liebe ihn. Sie können doch die Liebe nicht verleugnen.« Und wenn der Therapeut den Versuch macht, diese »Liebe« wirklich zu untersuchen, verläßt die Patientin die Therapie.

Was geht da vor? Bei dem Versuch, das Geschehene zu verstehen, erinnert sich der Therapeut an den offenkundigen Genuß, mit dem die Frau die lange Geschichte der Mißhandlungen und Brutalitäten ihres Mannes erzählt hat. Plötzlich beginnt ihm eine merkwürdige Idee zu dämmern: Vielleicht erträgt diese Frau die Missetaten ihres Mannes und sucht sie sogar gerade wegen des Genusses, darüber zu reden. Was aber wäre die Natur eines solchen Genusses? Der Therapeut erinnert sich an die Selbstgerechtigkeit der Frau. Könnte es sein, daß es im Leben dieser Frau das Wichtigste ist, ein Gefühl moralischer Überlegenheit zu haben, und daß sie die Mißhandlungen braucht, um dieses Gefühl zu behalten? Nun wird die Natur des Musters klar. Indem sie sich schlecht behandeln läßt, kann sie sich überlegen fühlen. Schließlich kann sie sogar das sadistische Vergnügen genießen, ihren Mann bitten und flehen zu sehen, sie möge ihn wieder aufnehmen, und sich ihm in seiner Demütigung überlegen fühlen, während sie überlegt, ob sie ihm großmütig die Rückkehr gestattet. In diesem Augenblick hat sie ihre Rache. Wenn man solche Frauen untersucht, stellt man im allgemeinen fest, daß sie als Kinder besonders gedemütigt wurden. Daher suchen sie Rache durch das Gefühl, moralisch überlegen zu sein, und das wiederum erfordert wiederholte Demütigung und Mißhandlung. Wenn die Welt uns gut behandelt, haben wir kein Bedürfnis, uns an ihr zu rächen. Wenn Rache unser Ziel im Leben ist, dann müssen wir dafür sorgen, daß die Welt uns schlecht behandelt, um unser Ziel zu rechtfertigen. Masochisten betrachten ihre Unterwerfung unter Mißhandlungen als Liebe, während sie diese Mißhandlungen in Wirklichkeit aufgrund ihrer endlosen Rachewünsche brauchen und das Grundmotiv dabei Haß ist.

Das Thema des Masochismus beleuchtet noch ein anderes, schwerwiegendes Mißverständnis in bezug auf die Liebe – daß Liebe nämlich Selbstaufopferung sei. Aufgrund dieser Auffassung konnte die typische Masochistin ihr Ertragen von Mißhandlungen als Selbstaufopferung und folglich als Liebe ansehen und brauchte daher ihren Haß nicht zur Kenntnis zu nehmen. Auch der Geistliche verstand sein selbstaufopferndes Verhalten als Liebe, obwohl es eigentlich nicht durch die Bedürfnisse seiner Familie motiviert war, sondern durch sein eigenes Bedürfnis, ein bestimmtes Selbstbild aufrechtzuerhalten. Zu Beginn seiner Behandlung pflegte er ständig darüber zu sprechen, wieviel er für seine Frau und seine Kinder »tat«, und so den Eindruck zu erwecken, er selbst habe nichts von solchen Handlungen. Das war aber keineswegs der Fall. Wann immer wir meinen, etwas *für* einen anderen Menschen zu tun, leugnen wir in gewisser Weise unsere eigene Verantwortung. Was wir auch tun, wir tun es, weil wir uns dafür entschieden haben, es zu tun, und wir treffen diese Wahl, weil sie die ist, die uns am meisten befriedigt. Was immer wir für jemand anderen tun, wir tun es, weil es ein Bedürfnis erfüllt, das wir haben. Eltern, die zu ihren Kindern sagen: »Du solltest dankbar sein für alles, was wir für dich getan haben«, sind stets Eltern, denen es in bedeutsamem Maße an Liebe fehlt. Jeder, der wirklich liebt, kennt die Freude zu lieben. Wenn wir wirklich lieben, so deshalb, weil wir lieben *wollen.* Wir haben Kinder, weil wir Kinder haben wollen, und wenn wir liebende Eltern sind, so deshalb, weil wir liebende Eltern sein wollen. Die Liebe beinhaltet zwar eine Veränderung des Selbst, doch diese Veränderung ist eine Ausdehnung und nicht ein Opfern des Selbst. Echte Liebe ist, darauf werden wir später noch zurückkommen, eine Aktivität, die das Selbst erfüllt. Sie ist sogar noch mehr; sie vergrößert das Selbst, statt es kleiner zu machen; sie füllt das Selbst, statt es zu leeren. In einem realen Sinne ist Liebe ebenso selbstsüchtig wie Nicht-Liebe. Hier stoßen wir wieder auf ein Paradox: Liebe ist gleichzeitig selbstsüchtig und selbstlos. Nicht Selbstsucht oder Selbstlosigkeit unterscheidet Liebe von Nicht-Liebe, sondern das Ziel der Handlung. Im Falle echter Liebe ist das Ziel immer spirituelles Wachstum. Im Falle der Nicht-Liebe ist das Ziel immer etwas anderes.

Liebe ist kein Gefühl

Liebe ist, wie ich schon sagte, eine Handlung, eine Aktivität. Dies führt uns zum letzten großen Mißverständnis über die Liebe, mit dem wir uns beschäftigen müssen. Liebe ist kein Gefühl. Zahllose Menschen, die ein Gefühl von Liebe haben und als Reaktion auf dieses Gefühl handeln, handeln auf alle möglichen lieblosen und destruktiven Arten. Andererseits wird ein wirklich liebender Mensch oft liebend und konstruktiv gegenüber einer Person handeln, die er oder sie bewußt nicht mag, die er zu diesem Zeitpunkt nicht liebt und vielleicht sogar auf irgendeine Weise abstoßend findet.

Das Gefühl der Liebe ist die Emotion, die die Erfahrung der Besetzung begleitet. Besetzung, so wird man sich erinnern, ist der Vorgang, durch den ein Objekt für uns wichtig wird. Einmal besetzt, konzentriert sich auf dieses Objekt, das gewöhnlich als »Liebesobjekt« bezeichnet wird, unsere Energie, als sei es ein Teil unseres Selbst, und diese Beziehung zwischen uns und dem Objekt, für das wir uns engagieren, nennt man Besetzung. Da wir gleichzeitig zahlreiche derartige Beziehungen haben können, sprechen wir von unseren Besetzungen. Der Vorgang, bei dem wir unsere Energie von einem Liebesobjekt zurückziehen, so daß es seine Wichtigkeit für uns verliert, bezeichnet man als Abziehen der Besetzung. Das Mißverständnis, Liebe sei ein Gefühl, rührt daher, daß wir Besetzung mit Liebe verwechseln. Diese Verwechslung ist verständlich, da es sich um ähnliche Prozesse handelt, doch es gibt auch große Unterschiede. Zunächst einmal können wir, wie bereits gesagt wurde, jedes Objekt besetzen, sei es belebt oder unbelebt, beseelt oder unbeseelt. So kann ein Mensch auch die Börse oder einen Edelstein besetzen und Liebe zu diesen Dingen empfinden. Zweitens bedeutet die Tatsache, daß wir ein anderes menschliches Wesen besetzt haben, keineswegs, daß wir uns auch nur einen Deut um das spirituelle Wachstum dieser Person scheren. Der abhängige Mensch fürchtet die spirituelle Entwicklung eines besetzten Ehegatten geradezu. Die Mutter, die ihren heranwachsenden Sohn unbedingt zur Schule fahren und abholen wollte, hatte den Jungen eindeutig besetzt; er war wichtig für sie – sein spirituelles Wachstum aber nicht. Drittens hat die Intensität unserer Besetzungen häufig nichts mit Weisheit oder Verpflichtung zu tun. Zwei Fremde mögen einander in einer Bar treffen und so besetzen, daß nichts – keine vorher getroffenen Verabredungen, keine Versprechungen, nicht die Stabilität der Familie – in diesem Augenblick wichtiger ist als ihre sexuelle Vereinigung. Außerdem können solche Besetzungen fließend und vorübergehend sein. Die beiden erwähnten Fremden können einander unmittelbar nach dem Geschlechtsakt unattraktiv und uninteressant finden. Der Abzug der Besetzung kann genauso schnell erfolgen wie die Besetzung selbst.

Wirkliche Liebe dagegen beinhaltet Verpflichtung und das Üben von Weisheit. Wenn uns das spirituelle Wachstum eines Menschen am Herzen liegt, dann wissen wir, daß ein Mangel an Bindung und Verpflichtung gegenüber diesem Menschen wahrscheinlich schädlich ist und daß unsere Bindung an diesen Menschen vermutlich notwendig ist, damit wir uns wirksam um ihn kümmern können. Aus diesem Grunde ist eine gewisse Verpflichtung einer der Grundsteine einer psychotherapeutischen Beziehung. Es ist fast unmöglich, daß ein Patient ohne ein »therapeutisches Bündnis« mit dem Therapeuten zu einem signifikaten Persönlichkeitswachstum gelangt. Mit anderen Worten, ehe der Patient größere Veränderungen riskieren kann, muß er die Stärke und Sicherheit spüren, die von der Überzeugung herrühren, daß der Therapeut sein beständiger und stabiler Verbündeter ist. Damit dieses Bündnis zustande kommt, muß der Therapeut dem Patienten zeigen, und zwar gemeinhin während eines längeren Zeitraums, daß ihm konsequent und beständig an ihm gelegen ist, und dies ist nur mit einer Fähigkeit zur Verpflichtung möglich. Das bedeutet keineswegs, daß der Therapeut sich immer danach fühlt, dem Patienten zuzuhören. Verpflichtung bedeutet, daß er ihm zuhört, ob es ihm gefällt oder nicht. In einer Ehe ist das nicht anders. In einer konstruktiven Ehe wie in einer konstruktiven Therapie müssen die Partner regelmäßig, routinemäßig und zuverlässig aufeinander und auf ihre Beziehung eingehen, ganz gleich, was sie gerade empfinden. Wie schon erwähnt, »entlieben« sich Paare früher oder später immer, und in diesem Augenblick, wenn der Paarungsinstinkt sich erschöpft hat, beginnt die Gelegenheit zu echter Liebe. Wenn den Paaren nicht mehr danach ist, unbedingt immer zusammenzusein, wenn sie manchmal lieber anderswo wären, dann wird die Liebe auf die Probe gestellt und erweist sich als vorhanden oder als nicht vorhanden.

Das soll nicht heißen, daß die Partner in einer stabilen, konstruktiven Beziehung wie einer intensiven Psychotherapie oder einer Ehe einander oder die Beziehung nicht auf verschiedene Art besetzen; das tun sie durchaus. Echte Liebe geht aber über die Besetzungen hinaus. Wenn Liebe existiert, so tut sie dies mit oder ohne Besetzung und mit oder ohne ein Gefühl von Liebe. Natürlich ist es leichter – und angenehmer –, mit Besetzung und einem Gefühl von Liebe zu lieben. Man kann jedoch auch ohne Besetzung und ohne ein solches Gefühl lieben, und gerade darin unterscheidet sich echte und transzendierende Liebe von bloßer Besetzung. Das Schlüsselwort bei dieser Unterscheidung lautet: Wille. Ich habe Liebe als den *Willen* definiert, sich selbst zu erweitern, um das eigene spirituelle Wachstum oder das eines anderen zu nähren. Wirkliche Liebe ist vom Willen bestimmt, nicht vom Gefühl. Der Mensch, der liebt, tut dies, weil er sich entschieden hat zu lieben. Er ist die Verpflichtung eingegangen, sich liebevoll zu verhalten, ob ein Gefühl von Liebe besteht oder nicht. Wenn es besteht, um so besser; aber auch wenn es nicht besteht, werden die Verpflichtung zu lieben und der Wille zu lieben aufrechterhalten und geübt. Andererseits ist es nicht nur möglich, sondern sogar notwendig, daß ein liebender Mensch es vermeidet, sich in seinem Verhalten an Gefühlen der Liebe zu orientieren. Ich lerne vielleicht eine Frau kennen, die mich stark anzieht, die ich gern lieben würde, aber weil sich ein Verhältnis zu dieser Zeit destruktiv auf meine Ehe auswirken würde, denke ich innerlich oder sage vielleicht sogar: »Ich würde Sie gern lieben, aber ich werde es nicht tun.« Ähnlich kann es vorkommen, daß ich eine neue Patientin, die überaus anziehend ist und bei der eine Therapie wahrscheinlich erfolgreich wäre, nicht annehme, weil meine Zeit bereits an andere Patienten vergeben ist, von denen einige möglicherweise wesentlich weniger attraktiv und überaus schwierig sind. Meine Liebesgefühle mögen unbegrenzt sein, doch meine Fähigkeit, liebend zu handeln, hat ihre Grenzen. Ich muß daher den Menschen auswählen, auf den ich meine Fähigkeit zu lieben konzentriere, auf den ich meinen Willen zu lieben richte. Wahre Liebe ist nicht ein Gefühl, das uns überwältigt, sondern eine wohlbedachte Entscheidung, die uns verpflichtet.

Die allgemeine Tendenz, Liebe mit einem Liebesgefühl zu verwechseln, gestattet den Menschen alle möglichen Selbsttäuschungen. Ein Alkoholiker, dessen Frau und Kinder gerade in diesem Augenblick seine Aufmerksamkeit sehr nötig haben, sitzt vielleicht mit Tränen in den Augen in einer Bar und erklärt dem Barkeeper: »Ich liebe meine Familie wirklich.« Leute, die ihre Kinder auf gröbste Weise vernachlässigen, halten sich selbst häufig für überaus liebevolle Eltern. Natürlich hat die Tendenz, Liebe mit dem Gefühl von Liebe zu verwechseln, einen Nutzen für das Selbst. Es ist leicht und angenehm, in den eigenen Gefühlen Beweise von Liebe zu finden. Es kann schwierig und schmerzhaft sein, in den eigenen Handlungen nach Beweisen von Liebe zu suchen. Weil aber wirkliche Liebe ein Willensakt ist, der häufig kurzlebige Liebesgefühle oder Besetzungen transzendiert, stimmt die Aussage: »Liebe ist, was Liebe tut.« Liebe und Nicht-Liebe sind, ebenso wie Gut und Böse, objektive und nicht rein subjektive Phänomene.

Die Arbeit der Aufmerksamkeit

In der Einleitung zu diesem Teil wurde erwähnt, daß die Definition der Liebe Bemühen beinhaltete. Wenn wir uns selbst erweitern, wenn wir einen zusätzlichen Schritt tun oder einen zusätzlichen Kilometer zurücklegen, so tun wir das gegen unsere Trägheit oder gegen den Widerstand der Angst. Diese Selbsterweiterung, dieses Heraustreten aus der Trägheit nennen wir Arbeit. Das Überwinden von Angst nennen wir Mut. Liebe ist also eine Form von Arbeit oder eine Form von Mut. Genauer ausgedrückt: Diese Arbeit oder dieser Mut sind auf die Förderung unseres eigenen spirituellen Wachstums oder das eines anderen Menschen gerichtet. Wir können auch in andere Richtungen arbeiten oder Mut üben, die nichts mit spirituellem Wachstum zu tun haben, und aus diesem Grunde sind nicht alle Arbeit und aller Mut Liebe. Da sie jedoch eine Ausdehnung unserer selbst fordert, ist Liebe immer entweder Arbeit oder Mut. Wenn eine Handlung nicht mit Arbeit oder Mut verbunden ist, ist sie kein Akt der Liebe.

Davon gibt es keine Ausnahme.

Die Hauptform, die die Arbeit der Liebe annimmt, ist Aufmerksamkeit. Wenn wir einen anderen Menschen lieben, so schenken wir ihm unsere Aufmerksamkeit; wir kümmern uns um das Wachstum dieses Menschen. Wenn wir uns selbst lieben, kümmern wir uns um unser eigenes Wachstum. Wenn wir uns um einen anderen Menschen kümmern, so sind wir ihm gegenüber fürsorglich. Der Akt der Fürsorge erfordert, daß wir die Anstrengung auf uns nehmen, das, was uns gerade beschäftigt, beiseite zu stellen (wie es im Hinblick auf die Disziplin des Ausklammerns beschrieben wurde) und unsere Aufmerksamkeit aktiv zu verschieben. Aufmerksamkeit ist ein Willensakt, ein Akt der Arbeit gegen die Trägheit unseres eigenen Geistes. »Wenn wir den Willen mit allen Hilfsmitteln, die die moderne Psychoanalyse uns bringt, analysieren, so werden wir zurückgeführt auf die Ebene der Aufmerksamkeit oder Absicht als Sitz des Willens. Die Anstrengung, die in die Ausübung des Wollens fließt, ist tatsächlich die Anstrengung der Aufmerksamkeit; die Anstrengung des Wollens ist das Bemühen, das Bewußtsein klar zu erhalten, d. h. das Bemühen, die Aufmerksamkeit zu konzentrieren.«[4]

Die bei weitem häufigste und wichtigste Art, Aufmerksamkeit zu üben, ist Zuhören. Wir verbringen sehr viel Zeit mit Zuhören, die zu einem großen Teil verschwendet ist, weil die meisten von uns sehr schlecht zuhören können. Ein Industriepsychologe sagte mir einmal, daß die Zeit, die wir darauf verwenden, unseren Kindern in der Schule gewisse Dinge beizubringen, umgekehrt proportional ist zu der Häufigkeit, mit der die Kinder diese Dinge verwenden, wenn sie heranwachsen. So verbringt ein leitender Angestellter beispielsweise etwa eine Stunde am Tag mit Lesen, zwei Stunden mit Sprechen und acht Stunden mit Zuhören. In der Schule aber bringen wir viel Zeit damit zu, den Kindern das Lesen beizubringen, sehr wenig damit, ihnen das Sprechen beizubringen, und wie man zuhört, bringen wir ihnen überhaupt nicht bei. Nun glaube ich nicht, daß es gut wäre, den Schulunterricht genau proportional danach auszurichten, was wir nach der Schulzeit tun, doch ich glaube allerdings, daß wir gut beraten wären, den Kindern einige Unterweisungen hinsichtlich des Zuhörens zu geben – nicht, damit das Zuhören leicht wird, sondern damit die Kinder verstehen, wie schwierig es ist, gut zuzuhören. Gut zuzuhören ist eine Übung der Aufmerksamkeit und damit notwendigerweise harte Arbeit. Weil sie das nicht erkennen oder weil sie diese Arbeit nicht auf sich nehmen wollen, sind die meisten Leute keine guten Zuhörer.

Vor nicht allzu langer Zeit besuchte ich den Vortrag eines berühmten Mannes über einen Aspekt der Beziehung zwischen Psychologie und Religion, der mich schon lange interessiert hatte. Wegen meines eigenen Interesses war ich mit dem Thema in gewisser Weise vertraut und erkannte den Vortragenden sofort als Mann von großer Weisheit. Ich spürte auch Liebe in der ungeheuren Anstrengung, die er unternahm, um seinen Zuhörern sehr abstrakte Begriffe anhand von zahlreichen Beispielen so zu vermitteln, daß sie sie begreifen konnten. Ich hörte ihm daher mit der gespanntesten Aufmerksamkeit zu, zu der ich fähig war. Während der eineinhalb Stunden, die er sprach, lief mir in dem klimatisierten Saal buchstäblich der Schweiß von der Stirn. Als er fertig war, hatte ich starke Kopfschmerzen, und meine

Nackenmuskeln waren verkrampft von der Anstrengung des konzentrierten Zuhörens; ich fühlte mich völlig ausgelaugt und erschöpft. Obwohl ich meiner Schätzung nach nicht mehr als die Hälfte von dem verstanden hatte, was dieser bedeutende Mann uns gesagt hatte, war ich erstaunt über die große Zahl brillanter Einsichten, die er mir vermittelt hatte. Nach dem Vortrag, der von interessierten Leuten gut besucht war, schlenderte ich während einer Kaffeepause durch den Saal und hörte ihre Kommentare. Sie waren im allgemeinen enttäuscht. Sie kannten das Image des Mannes und hatten mehr erwartet. Sie fanden, man könne ihm schwer folgen, und sein Vortrag sei verwirrend gewesen. Er sei kein so kompetenter Redner, wie sie erhofft hatten. Eine Frau erklärte unter beifälligem Kopfnicken der Umstehenden: »Er hat uns wirklich überhaupt nichts gesagt.«

Im Gegensatz zu den anderen war ich fähig, viel von dem zu verstehen, was dieser Mann sagte, eben weil ich bereit war, die Arbeit des Zuhörens zu leisten. Ich war zu dieser Arbeit aus zwei Gründen bereit: Erstens erkannte ich seine Bedeutung und die Tatsache, daß das, was er sagen würde, wahrscheinlich von hohem Wert sein würde, und zweitens verspürte ich wegen meines Interesses an dem Thema den tiefen Wunsch, seine Worte in mich aufzunehmen, um mein eigenes Verständnis und mein spirituelles Wachstum zu fördern. Mein Zuhören war ein Akt der Liebe. Ich liebte ihn, weil ich ihn als Menschen von großem Wert erkannte, der Aufmerksamkeit verdiente, und ich liebte mich selbst, weil ich bereit war, für mein Wachstum zu arbeiten. Da er der Lehrer war und ich der Schüler, er der Gebende und ich der Nehmende, war meine Liebe in erster Linie auf das Selbst gerichtet, motiviert durch das, was ich aus unserer Beziehung gewinnen konnte, und nicht durch das, was ich ihm geben konnte. Dennoch ist es durchaus möglich, daß er innerhalb seines Publikums die Intensität meiner Konzentration, meine Aufmerksamkeit und meine Liebe spüren konnte und vielleicht dadurch belohnt wurde. Liebe ist, wie wir immer wieder sehen werden, eine in zwei Richtungen führende Straße, ein gegenseitiges Phänomen, bei dem der Empfangende auch gibt und der Geber auch empfängt.

Nach diesem Beispiel des Zuhörens in der Rolle des Empfängers wollen wir uns der häufigsten Gelegenheit zuwenden, in der Rolle des Gebenden zuzuhören: dem Anhören von Kindern. Der Prozeß, Kindern zuzuhören, ist je nach dem Alter der Kinder unterschiedlich. Sehen wir uns zunächst einen sechsjährigen Erstkläßler an. Wenn er die Gelegenheit dazu hat, wird er nahezu unablässig reden. Wie können Eltern mit diesem endlosen Reden fertig werden? Die vielleicht einfachste Art ist, es zu verbieten. Es gibt tatsächlich Familien, in denen die Kinder buchstäblich nicht sprechen dürfen, in denen der Satz: »Kinder sollte man sehen, nicht hören« vierundzwanzig Stunden am Tag gilt. Solche Kinder kann man nie interagieren sehen, sie starren die Erwachsenen aus einer Ecke heraus schweigend an, stumme Zuschauer aus dem Schatten. Eine zweite Möglichkeit besteht darin, das Gerede zuzulassen, aber einfach nicht zuzuhören, so daß das Kind nicht mit den Erwachsenen interagiert, sondern buchstäblich in den Wind oder mit sich selbst spricht und eine Art mehr oder weniger störendes Hintergrundgeräusch erzeugt. Eine dritte Möglichkeit ist, so zu tun, als höre man zu, dabei so gut wie möglich mit der eigenen Tätigkeit oder den eigenen Gedanken fortzufahren, dem Kind scheinbar Aufmerksamkeit zu schenken und an passenden Stellen gelegentlich den Monolog mit »hm, hm« und »wie schön« zu unterbrechen. Eine vierte Möglichkeit ist selektives Zuhören, eine besonders raffinierte Form gespielten Zuhörens, bei der die Eltern gelegentlich die Ohren spitzen, wenn das Kind etwas Bedeutsames zu sagen scheint, und hoffen, mit einem Minimum an Anstrengung die Spreu vom Weizen zu trennen. Dabei besteht allerdings das Problem, daß die Fähigkeit des menschlichen Geistes, selektiv zu filtern, nicht besonders ausgeprägt und wirksam ist; folglich wird viel Spreu festgehalten und viel Weizen verloren. Die fünfte und letzte Möglichkeit schließlich besteht darin, dem Kind wirklich zuzuhören, ihm volle Aufmerksamkeit zu schenken, jedes Wort abzuwägen und jeden Satz zu verstehen.

Diese fünf Möglichkeiten, auf das Sprechen von Kindern zu reagieren, wurden in der Reihenfolge der damit verbundenen Anstrengungen vorgestellt; die fünfte Möglichkeit, also wirkliches Zuhören, erfordert von den Eltern im Vergleich zu den weniger anstrengenden Möglichkeiten ein großes Maß an Energie.

Nun plädiere ich keineswegs dafür, stets die fünfte Möglichkeit zu wählen und den Kindern immer wirklich zuzuhören. Zunächst einmal ist der Rededrang eines Sechsjährigen so groß, daß der Elternteil, der wirklich immer zuhört, praktisch keine Zeit mehr hat, irgend etwas anderes zu tun. Zweitens ist die Anstrengung wirklichen Zuhörens so groß, daß der Elternteil viel zu erschöpft wäre, um noch etwas anderes zu tun. Und schließlich wäre das Ganze unglaublich langweilig, weil es nun einmal eine Tatsache ist, daß das Geplapper eines Sechsjährigen im allgemeinen langweilig ist. Nötig ist darum ein ausgewogenes Gleichgewicht zwischen allen fünf Möglichkeiten. Manchmal ist es notwendig, den Kindern schlicht zu sagen, sie sollten still sein – wenn ihr Reden beispielsweise in Situationen ablenkt, in denen man seine Aufmerksamkeit unbedingt auf andere Dinge richten muß, oder wenn es eine grobe Unterbrechung anderer Menschen darstellt oder wenn die Kinder versuchen, eine feindselige bzw. unrealistische Dominanz herzustellen. Häufig plappern Sechsjährige aus reiner Freude am Reden, und es wäre gar nichts damit gewonnen, wenn man ihnen Aufmerksamkeit schenkte, da sie sie im Grunde nicht fordern und offensichtlich ganz zufrieden damit sind, zu sich selbst zu reden. Zu anderen Zeiten begnügen Kinder sich nicht mit solchen Selbstgesprächen, sondern wünschen sich Interaktion mit den Eltern; dennoch kann man ihr Bedürfnis angemessen befriedigen, indem man Zuhören spielt. Zu solchen Zeiten verlangen die Kinder von dieser Interaktion, diesem Wechselspiel, nicht Kommunikation, sondern einfach Nähe, und vorgebliches Zuhören genügt, um ihnen das gewünschte Gefühl des »Dabeiseins« zu geben. Außerdem neigen auch die Kinder selbst gern dazu, eine Kommunikation aufzunehmen und wieder abzubrechen, und haben Verständnis für das selektive Zuhören ihrer Eltern, da sie selbst auch nur selektiv kommunizieren. Sie verstehen, daß es sich dabei um eine Spielregel handelt. Es ist also nur ein relativ kleiner Teil ihrer Gesamtredezeit, in dem die Kinder eine Reaktion wirklichen und vollkommenen Zuhörens brauchen oder auch nur wünschen. Eine der zahlreichen überaus vielschichtigen Aufgaben der Elternschaft besteht also in der Fähigkeit, ein fast ideales Gleichgewicht zwischen den verschiedenen Arten des Zuhörens oder Nicht-Zuhörens herzustellen und jeweils in der richtigen Weise auf die wechselnden Bedürfnisse des Kindes einzugehen.

Häufig wird ein solches Gleichgewicht nicht erreicht, da viele Eltern auch dann nicht bereit oder fähig sind, die zum Zuhören nötige Energie aufzubringen, wenn dazu nicht viel Zeit erforderlich ist. Vielleicht verhalten sich sogar die meisten Eltern so. Vielleicht glauben sie, wirklich zuzuhören, wenn sie eigentlich nur scheinbar oder bestenfalls selektiv zuhören, doch das ist eine Selbsttäuschung, mit der sie ihre Trägheit vor sich selbst verbergen. Denn wirkliches Zuhören, wie kurzfristig auch immer, erfordert große Anstrengung. Zunächst einmal verlangt es totale Konzentration. Man kann nicht gleichzeitig jemandem wirklich zuhören und dabei etwas anderes tun. Wenn ein Elternteil seinem Kind wirklich zuhören will, muß er alles andere beiseite stellen. Die Zeit des echten Zuhörens muß tatsächlich ganz allein dem Kind gewidmet werden; sie muß dem Kind gehören. Wer nicht bereit ist, alles andere beiseite zu stellen, auch seine eigenen Sorgen und Voreingenommenheiten, der ist nicht bereit, wirklich zuzuhören. Zweitens ist die Anstrengung, die für die völlige Konzentration auf die Worte eines sechsjährigen Kindes nötig ist, erheblich größer als die, einem großen Redner zuzuhören. Die Sprechmuster des Kindes sind ungleichmäßig – manchmal sprudelt es die Worte nur so heraus, dann wieder kommen Pausen und Wiederholungen –, und das macht die Konzentration schwierig. Dann spricht das Kind gewöhnlich von Angelegenheiten, die für den Erwachsenen als solche nicht interessant sind, während das Publikum, das einem Vortragsredner lauscht, sich für das Thema seines Vortrags in der Regel interessiert. Mit anderen Worten, es ist langweilig, einem Sechsjährigen zuzuhören, und das macht es doppelt schwierig, konzentriert zu bleiben. Folglich ist es wirklich ein Akt der Liebe, einem Kind dieses Alters zuzuhören. Ohne die Liebe, die den Elternteil motiviert, wäre dieser Akt nicht möglich.

Doch wozu das? Wozu diese Mühe, sich völlig auf das langweilige Geplapper eines Sechsjährigen zu konzentrieren? Zunächst einmal ist die Bereitschaft hierzu einer der bestmöglichen konkreten Beweise der Wertschätzung, die man seinem Kind geben kann. Wenn man seinem Kind dieselbe Wertschätzung entgegenbringt wie einem großen Vortragsredner, dann weiß das Kind, daß es gewürdigt wird, und fühlt sich daher wertvoll. Es gibt keine bessere und letztlich auch keine andere Möglichkeit, einem Kind beizubringen, daß es ein wertvoller Mensch ist, als eben diese Wertschätzung. Zweitens erzählen Kinder um so wertvollere Dinge, je wertvoller sie sich fühlen. Sie erheben sich auf die Höhe der an sie gestellten Erwartungen. Drittens wird man, wenn man seinem Kind mehr zuhört, feststellen, daß es zwischen den Pausen, dem Stottern, dem scheinbar unschuldigen Geplapper tatsächlich wertvolle Dinge zu sagen hat. Der Spruch, daß »Kindermund« manchmal große Weisheiten äußert, wird von jedem als wahr erkannt, der Kindern wirklich zuhört. Wer seinem Kind genügend zuhört, wird bald erkennen, daß es ein ganz außerordentliches Individuum ist. Und je deutlicher man das erkennt, desto größer wird die Bereitschaft zum Zuhören sein, und desto mehr kann man lernen. Viertens kann man dem Kind desto mehr beibringen, je mehr man von ihm weiß. Wenn man wenig über seine Kinder weiß, bringt man ihnen gewöhnlich Dinge bei, die sie entweder noch nicht zu lernen bereit sind oder die sie bereits wissen und vielleicht besser verstehen als man selbst. Und schließlich sind Kinder, je mehr sie wissen, daß man sie schätzt und sie als außergewöhnliche Individuen betrachtet, desto bereitwilliger, selbst zuzuhören und Erwachsenen die gleiche Wertschätzung zuteil werden zu lassen. Wenn man seine Kinder gut kennt und auf dieser Grundlage angemessen unterweist, ist die Bereitschaft der Kinder größer, von den Erwachsenen zu lernen. Und je mehr sie lernen, desto außergewöhnlicher werden sie. Der Leser, der den zyklischen Charakter dieses Prozesses spürt, empfindet richtig und erkennt die Wahrheit von der Gegenseitigkeit der Liebe. Dieser Zyklus ist nicht destruktiv und nach unten gerichtet, sondern ist ein kreativer und aufwärts führender Entwicklungs- und Wachstumsvorgang. Wert schafft Wert. Liebe schafft Liebe. Eltern und Kinder schreiten im *pas de deux* der Liebe immer schneller voran.

Wir sprachen hier über die Sechsjährigen. Bei jüngeren oder älteren Kindern ist das richtige Gleichgewicht zwischen Zuhören und Nicht-Zuhören etwas anders, doch der Vorgang ist im Grunde derselbe. Bei jüngeren Kindern ist die Kommunikation eher nichtverbal, erfordert aber ebenfalls Perioden totaler Konzentration. Man kann nicht gut »Sandkuchen backen« spielen, wenn man mit seinen Gedanken irgendwo anders ist. Und wer nur halbherzig Sandkuchen bäckt, läuft Gefahr, ein halbherziges Kind zu haben. Heranwachsende Kinder brauchen insgesamt weniger Zuhörzeit von ihren Eltern als Sechsjährige, dafür aber noch mehr Zeit wirklichen Zuhörens. Sie plappern kaum mehr ziellos vor sich hin, und wenn sie sprechen, dann brauchen sie noch mehr als jüngere Kinder die volle und ungeteilte Aufmerksamkeit ihrer Eltern.

Das Bedürfnis, von den Eltern angehört zu werden, besteht in jedem Alter. Ein dreißigjähriger, begabter Akademiker, der wegen mit zu geringem Selbstwertgefühl verbundenen Ängsten in Behandlung war, konnte sich an zahlreiche Fälle erinnern, in denen seine Eltern, ebenfalls Akademiker, nicht bereit gewesen waren, dem zuzuhören, was er zu sagen hatte, oder das, was er sagte, als wenig wertvoll und folgenreich betrachtet hatten. Die lebhafteste und schmerzlichste all dieser Erinnerungen jedoch ging zurück auf sein zweiundzwanzigstes Jahr. Er hatte eine lange, provokante Dissertation geschrieben, die ihm einen Collegeabschluß mit höchstem Lob einbrachte. Seine Eltern, die in bezug auf ihn sehr ehrgeizig waren, waren vollkommen entzückt über die Ehren, die man ihm erwies. Doch trotz der Tatsache, daß er ein ganzes Jahr lang ein Exemplar seiner Arbeit im Wohnzimmer der Familie liegenließ und häufig Anspielungen machte, die besagten, seine Eltern würden vielleicht gern mal einen Blick darauf werfen, nahm sich keiner von ihnen jemals die Zeit, die Arbeit zu lesen. »Wahrscheinlich hätten sie sie gelesen«, sagte er gegen Ende seiner Therapie, »wahrscheinlich hätten sie mich sogar dafür gelobt, wenn ich einfach hingegangen wäre und gesagt hätte: ›Würdet ihr bitte, bitte meine Arbeit lesen? Ich möchte, daß ihr das, was ich denke, kennen- und schätzenlernt.‹ Doch das hätte bedeutet, daß ich sie bitte, mir zuzuhören, und ich hatte keine Lust, noch mit zweiundzwanzig Jahren um ihre Aufmerksamkeit zu bitten. Und darum bitten zu müssen, hätte mir sicher kein größeres Selbstwertgefühl verschafft.«

Wirkliches Zuhören, völlige Konzentration auf den anderen ist immer eine Manifestation von Liebe. Ein wesentlicher Bestandteil wirklichen Zuhörens ist die Disziplin des Ausklammerns, das zeitweilige Aufgeben oder Beiseitestellen der eigenen Vorurteile, Bezugsrahmen und Wünsche, damit man die Welt des Sprechers so weit wie möglich von innen her erleben kann, sozusagen in seine Haut schlüpft. Diese Vereinigung von Sprecher und Zuhörer ist tatsächlich eine Ausdehnung und Erweiterung unserer selbst und bringt immer neue Erkenntnisse. Da wahres Zuhören ein Ausklammern, ein Beiseitestellen des Selbst beinhaltet, bringt es vorübergehend auch ein totales Akzeptieren des anderen mit sich. Der Sprechende, der fühlt, daß er angenommen wird, spürt eine immer geringere Verwundbarkeit und eine immer größere Bereitschaft, sich dem Zuhörer wirklich zu öffnen. So können Sprecher und Zuhörer einander immer mehr schätzenlernen, und das Tanzduett der Liebe beginnt von vorn. Die Disziplin des Ausklammerns und die Konzentration totaler Aufmerksamkeit erfordern so viel Energie, daß sie nur von der Liebe geleistet werden können, von dem Willen, sich selbst zum Zweck beiderseitigen Wachstums zu erweitern. Meist fehlt uns diese Energie. Selbst wenn wir bei unseren Geschäftsverhandlungen oder sozialen Beziehungen das Gefühl haben, sehr konzentriert zuzuhören, hören wir meist doch nur selektiv zu, haben einen vorher festgelegten Plan im Kopf und überlegen beim Zuhören, wie wir zu gewissen erwünschten Ergebnissen gelangen und das Gespräch so schnell wie möglich hinter uns bringen oder aber in eine Richtung lenken können, die für uns befriedigender ist.

Da wirkliches Zuhören tatkräftige Liebe ist, ist es nirgends besser am Platz als in der Ehe. Dennoch hören die meisten Paare einander nie wirklich zu. Wenn sie dann zur Beratung oder Therapie zu uns kommen, besteht eine unserer Hauptaufgaben darin, ihnen das Zuhören beizubringen, wenn die Behandlung erfolgreich sein soll. Häufig gelingt uns das nicht, weil sie nicht bereit sind, die damit verbundene Energie und Disziplin aufzubringen. Die Paare sind oft überrascht und sogar entsetzt, wenn wir ihnen vorschlagen, unter anderem auf Verabredung miteinander zu reden. Das erscheint ihnen starr, unromantisch und wenig spontan. Doch wirkliches Zuhören kann nur dann stattfinden, wenn man sich dafür Zeit nimmt und entsprechende Bedingungen schafft. Es kann nicht stattfinden, wenn man Auto fährt oder kocht oder müde ist und Angst hat einzuschlafen, wenn man jederzeit gestört werden kann oder in Eile ist. Romantische »Liebe« ist mühelos, und oft widerstrebt es Paaren, die Anstrengung und Disziplin wirklicher Liebe und wirklichen Zuhörens auf sich zu nehmen. Wenn und falls sie es aber schließlich doch tun, sind die Ergebnisse überaus beglückend. Immer wieder haben wir die Erfahrung gemacht, daß nach dem Beginn wirklichen Zuhörens einer der Ehepartner mit echter Freude zum anderen sagt: »Wir sind seit neunundzwanzig Jahren verheiratet, doch das habe ich nie von dir gewußt.« Wenn das geschieht, wissen wir, daß das wirkliche Wachstum in der Ehe begonnen hat.

Es stimmt zwar, daß die Fähigkeit zu echtem Zuhören mit der Zeit und Übung allmählich besser wird, doch Zuhören ist niemals ein müheloser Vorgang. Die vielleicht wichtigste Voraussetzung, die ein guter Psychiater mitbringen muß, ist seine Fähigkeit, wirklich zuzuhören, und dennoch ertappe ich mich während einer fünfzigminütigen Sitzung ein halbes dutzendmal dabei, daß ich dem, was mein Patient sagt, nicht wirklich zuhöre. Manchmal verliere ich den Faden seiner Assoziationen vielleicht ganz, und dann muß ich sagen: »Es tut mir leid, aber ich habe meinen Gedanken einen Augenblick lang erlaubt abzuschweifen, und ich habe Ihnen nicht wirklich zugehört. Könnten Sie die letzten Sätze noch einmal sagen?« Interessanterweise nehmen die Patienten das, wenn es geschieht, meist nicht übel. Im Gegenteil, sie scheinen intuitiv zu verstehen, daß ein wesentliches Element der Fähigkeit zu echtem Zuhören gerade darin besteht, auf das Nachlassen der Aufmerksamkeit zu achten. Wenn ich zugebe, daß meine Gedanken abgeschweift sind, gibt ihnen das die Sicherheit, daß ich meistens wirklich zuhöre. Das Wissen, daß uns wirklich zugehört wird, hat häufig allein als solches eine bemerkenswerte therapeutische Wirkung. In etwa einem Viertel unserer Fälle, ob die Patienten Erwachsene sind oder Kinder, zeigen sich beträchtliche und sogar dramatische Besserungen in den ersten paar Monaten der Therapie, bevor noch irgendwelche Wurzeln von Problemen aufgedeckt oder entscheidende Deutungen gegeben worden sind. Für dieses Phänomen gibt es mehrere Gründe, doch meines Erachtens ist einer der wichtigsten das

Gefühl des Patienten, daß jemand ihm wirklich zuhört, oft zum erstenmal seit Jahren und manchmal vielleicht überhaupt zum erstenmal.

Zuhören ist zwar die bei weitem wichtigste Form der Aufmerksamkeit, doch auch andere Formen sind in einer liebenden Beziehung erforderlich, vor allem bei Kindern. Die Vielfalt solcher möglicher Formen ist groß. Eine Form ist Spielen. Mit Kleinkindern bäckt man Sandkuchen, mit Sechsjährigen spielt man Zauberer, Angeln oder Verstecken, mit Zwölfjährigen Federball oder Kartenspiele und so weiter. Aufmerksamkeit besteht darin, kleinen Kindern vorzulesen oder größeren bei den Hausaufgaben zu helfen. Familienaktivitäten sind wichtig: Kino, Picknicks, Ausflüge, Jahrmärkte, Karneval. Solche Formen der Aufmerksamkeit sind reiner Dienst am Kind: mit einem Vierjährigen am Strand sitzen oder einen Heranwachsenden zu allen möglichen Anlässen zu chauffieren. Was allen diesen Formen der Aufmerksamkeit gemeinsam ist – und das gilt auch für das Zuhören –, ist, daß man dabei Zeit mit dem Kind verbringt. Aufmerksam zu sein ist gleichbedeutend mit sich Zeit nehmen, und die Qualität der Aufmerksamkeit ist proportional zur Intensität der Konzentration während dieser Zeit. Die Zeit, die man mit Kindern bei solchen Aktivitäten verbringt, bietet den Eltern zahllose Gelegenheiten, ihre Kinder zu beobachten und besser kennenzulernen. Ob Kinder gute oder schlechte Verlierer sind, wie sie ihre Hausaufgaben machen und wie sie lernen, was ihnen gefällt und was nicht, wann sie bei solchen Aktivitäten mutig sind und wann ängstlich – all das sind wesentliche Informationen für liebende Eltern. Die bei Aktivitäten mit dem Kind verbrachte Zeit gibt den Eltern auch unzählige Gelegenheiten, den Kindern Fertigkeiten und die Grundregeln der Disziplin beizubringen. Der Nutzen der Aktivität zur Beobachtung und Unterweisung des Kindes ist natürlich das Grundprinzip der Spieltherapie, und erfahrene Therapeuten sind außerordentlich geschickt darin, die mit ihren kindlichen Patienten beim Spiel verbrachte Zeit für wichtige Beobachtungen und therapeutische Eingriffe zu nutzen.

Ein vierjähriges Kind am Strand zu beaufsichtigen, sich auf die endlose, unzusammenhängende Geschichte zu konzentrieren, die ein Sechsjähriges erzählt, einem Halbwüchsigen das Autofahren beizubringen, wirklich dem Bericht über den Tageslauf von Ehemann oder Ehefrau im Büro oder im Waschsalon zuzuhören und seine oder ihre Probleme von innen her zu verstehen, den Versuch zu machen, konsequent geduldig zu sein und alles andere auszuklammern – alle diese Aufgaben sind häufig langweilig, oft unbequem und immer energiezehrend; sie bedeuten Arbeit. Wenn wir fauler wären, würden wir sie überhaupt nicht in Angriff nehmen. Wenn wir weniger faul wären, würden wir sie häufiger oder besser erfüllen. Da Liebe Arbeit ist, ist die Essenz von Nicht-Liebe Faulheit. Das Thema der Faulheit ist von allergrößter Wichtigkeit. Es steht versteckt hinter allen Ausführungen über die Disziplin und hinter diesen Betrachtungen über die Liebe. Wir werden uns im letzten Teil noch besonders damit befassen, wenn unsere Perspektive klarer geworden ist.

Das Verlustrisiko

Der Akt der Liebe – die Ausdehnung des Selbst – erfordert, wie ich bereits sagte, eine Bewegung gegen den Widerstand der Trägheit (Arbeit) oder der Angst (Mut). Wir wollen uns nun von der Arbeit der Liebe ab- und dem Mut der Liebe zuwenden. Wenn wir uns ausdehnen, betritt unser Selbst sozusagen neues und unbekanntes Terrain. Unser Selbst wird ein neues und anderes Selbst. Wir tun Dinge, an die wir nicht gewöhnt sind. Wir verändern uns. Die Erfahrung von Veränderung, von ungewohntem Tun, von Neuland und ungewohntem Handeln ist angsteinflößend. Das war immer so und wird immer so sein. Menschen gehen mit der Angst vor Veränderung verschieden um, doch die Angst ist unvermeidbar, wenn man sich wirklich verändern will. Mut ist nicht Abwesenheit von Angst, sondern Handeln trotz Angst, Bewegung in das Unbekannte und in die Zukunft gegen den Widerstand der Angst. Auf einer gewissen Ebene fordert Liebe und damit spirituelles Wachstum immer Mut und ist mit Risiken verbunden. Mit dem Risiko der Liebe wollen wir uns jetzt beschäftigen.

Wer regelmäßig zur Kirche geht, dem könnte eine Frau Ende Vierzig begegnen, die jeden Sonntag genau fünf Minuten vor Beginn des Gottesdienstes kommt, und die immer den gleichen Platz ganz hinten im Seitenschiff der Kirche einnimmt. In dem Augenblick, in dem der Gottesdienst beendet ist, geht sie leise, aber schnell zur Tür und ist fort, ehe irgendein anderes Gemeindemitglied die Kirche verläßt und ehe der Geistliche die Stufen herunterkommen kann, um mit seiner Gemeinde zu sprechen. Sollte es jemandem gelingen, die Frau anzusprechen – was unwahrscheinlich ist – und zu der Kaffeestunde der Gemeinde nach dem Gottesdienst einzuladen, würde sie sich höflich bedanken, nervös dem Blick ausweichen, eine dringende Verabredung vorschützen und rasch fortgehen. Würde ihr jemand zu dieser dringenden Verabredung folgen, so würde er sehen, daß sie direkt nach Hause geht, in eine kleine Wohnung, in der die Fensterläden immer geschlossen sind. Er würde sehen, daß die Frau ihre Tür aufschließt, hineingeht, sofort hinter sich wieder abschließt und den ganzen Sonntag nicht mehr zum Vorschein kommt. Wer die Frau weiter beobachtete, würde vielleicht erfahren, daß sie eine Stellung als kleine Stenotypistin in einem großen Büro hat, daß sie das, was sie zu schreiben hat, wortlos in Empfang nimmt, fehlerlos tippt und ohne Kommentar abliefert. Sie ißt an ihrem Schreibtisch zu Mittag und hat keine Freunde. Sie geht nach Hause und kauft immer im gleichen, unpersönlichen Supermarkt ein paar Lebensmittel ein, ehe sie hinter ihrer Tür verschwindet, um erst am nächsten Morgen wieder zur Arbeit zu erscheinen. Samstagsnachmittags geht sie allein in ein Kino, dessen Programm wöchentlich wechselt. Sie hat ein Fernsehgerät, aber kein Telefon. Sie bekommt fast nie Post. Wem es gelänge, mit ihr ins Gespräch zu kommen, würde ihr vielleicht sagen, daß ihm ihr Leben ziemlich einsam erscheine. Dann würde sie antworten, daß ihr diese Einsamkeit gefällt. Nach einem Haustier befragt, würde sie antworten, daß sie einmal einen Hund hatte, an dem sie sehr hing, daß dieser aber vor acht Jahren gestorben ist und kein anderer Hund seinen Platz einnehmen könne.

Wer ist diese Frau? Wir kennen ihre Geheimnisse nicht. Was wir aber wissen, ist, daß ihr ganzes Leben darauf ausgerichtet ist,

Risiken zu vermeiden, und daß sie dabei ihr Selbst nicht etwa erweitert, sondern so eingeengt und verringert hat, daß es schon fast nicht mehr existiert. Sie besetzt kein anderes lebendes Wesen. Nun stellten wir aber fest, daß einfache Besetzung keine Liebe ist, daß Liebe die Besetzung transzendiert. Das stimmt nach wie vor. Doch Liebe braucht, um einzusetzen, die Besetzung. Wir können nur das lieben, was auf die eine oder andere Weise für uns wichtig ist. Bei der Besetzung aber besteht immer die Gefahr von Verlust oder Zurückweisung. Wer auf ein anderes menschliches Wesen zugeht, gerät immer in Gefahr, daß dieser Mensch sich zurückzieht und daß das Alleinsein dann schmerzlicher ist als zuvor. Alles Lebendige, das man liebt – ein Mensch, ein Haustier, eine Pflanze – muß sterben. Wenn man jemandem vertraut, kann man verletzt werden; wenn man von jemandem abhängig ist, kann dieser Mensch uns im Stich lassen. Der Preis der Besetzung ist Schmerz. Wenn jemand entschlossen ist, den Schmerz nicht zu riskieren, dann muß er auf vieles verzichten: Kinder zu haben, sich zu verheiraten, die Ekstase der Sexualität zu genießen oder die Hoffnungen des Ehrgeizes, Freundschaft – all das macht das Leben lebendig, sinnvoll und bedeutsam. Wenn man sich in irgendeine Dimension ausdehnt oder wächst, wird man immer durch Schmerz wie durch Freude belohnt. Ein volles Leben ist auch voller Schmerz. Doch die einzige Alternative ist, nicht voll zu leben oder überhaupt nicht zu leben.

Die Essenz des Lebens ist Veränderung, eine Mischung aus Wachstum und Verfall. Wer das Leben und Wachstum wählt, wählt auch Veränderung und die Aussicht auf den Tod.

Für das isolierte, eingeengte Leben der oben beschriebenen Frau waren vielleicht eine oder mehrere Erfahrungen mit dem Tod bestimmend, die sie so schmerzhaft empfand, daß sie entschlossen war, so etwas, selbst um den Preis des Lebens, nie wieder zu erleben. Um die Erfahrung des Todes zu vermeiden, mußte sie auch Wachstum und Veränderung vermeiden. Sie wählte ein Leben des Immer-Gleichen, frei von Neuem und Unerwartetem, einen lebendigen Tod ohne Risiko und Herausforderung.

Der Versuch, legitimes Leiden zu vermeiden, gehört, wie

schon erwähnt, zu den Wurzeln aller emotionalen Erkrankungen. Es ist nicht überraschend, daß die meisten psychotherapeutischen Patienten (und vermutlich die meisten Nicht-Patienten, denn die Neurose ist eher die Norm als die Ausnahme) ein Problem damit haben, der Realität des Todes klar und gerade ins Auge zu sehen, ob sie nun jung oder alt sind. Überraschend dagegen ist, daß die psychiatrische Literatur gerade erst damit beginnt, die Bedeutung dieses Phänomens zu untersuchen. Wenn wir mit dem Wissen leben können, daß der Tod unser ständiger Gefährte ist, der sozusagen auf unserer Schulter sitzt, dann kann der Tod, um mit Don Juan zu sprechen, unser »Verbündeter« werden, noch immer furchterregend, doch ständig eine Quelle weiser Ratschläge.[5]

Mit dem Ratschlag des Todes, dem ständigen Bewußtsein der Begrenzung unserer Zeit zu leben und zu lieben, können wir uns stets bemühen, von unserer Zeit den bestmöglichen Gebrauch zu machen und das Leben voll zu leben. Wenn wir jedoch nicht willens sind, der furchterregenden Gegenwart des Todes ins Auge zu sehen, dann berauben wir uns selbst seines Rates und können nicht mit Klarheit leben oder lieben. Wenn wir vor dem Tod zurückschrecken, vor der sich ewig wandelnden Natur der Dinge, dann scheuen wir zwangsläufig auch vor dem Leben zurück.

Das Risiko der Unabhängigkeit

Alles Leben stellt an sich ein Risiko dar, und je liebender wir unser Leben leben, desto mehr Risiken gehen wir ein. Von den Tausenden, ja vielleicht Millionen Risiken, die wir in einer Lebensspanne eingehen können, ist das größte das Risiko des Erwachsenwerdens. Erwachsenwerden ist der Akt, mit dem wir aus der Kindheit in das Erwachsenenalter treten. Es handelt sich dabei mehr um einen angstvollen Sprung als um einen Schritt, und diesen Sprung tun viele Menschen in ihrem ganzen Leben nie wirklich. Äußerlich erscheinen sie vielleicht wie Erwachsene, selbst wie erfolgreiche Erwachsene, doch die meisten dieser »Erwachsenen« bleiben bis zu ihrem Tode psychisch Kinder, die sich nie wirklich von ihren Eltern getrennt haben und von der Macht, die ihre Eltern über sie haben. Weil es für mich ein so eindrucksvolles persönliches Erlebnis war, kann ich die Essenz des Erwachsenwerdens und die Größe des damit verbundenen Risikos vielleicht am besten anschaulich machen, indem ich den ungeheuren Schritt beschreibe, den ich selbst im Alter von fünfzehn Jahren in das Erwachsenenalter tat – glücklicherweise sehr früh im Leben. Obwohl dieser Schritt eine bewußte Entscheidung war, war mir damals überhaupt nicht klar, daß das, was ich tat, bedeutete, erwachsen zu werden. Ich wußte nur, daß ich einen Sprung ins Unbekannte tat.

Im Alter von dreizehn Jahren ging ich von zu Hause fort zur Phillips Exeter Academy, einer Schule für Jungen, die den allerbesten Ruf genoß und die vor mir schon mein Bruder besucht hatte. Ich wußte, daß ich in einer glücklichen Lage war, dorthin gehen zu können, denn der Besuch von Exeter war Teil einer genau festgelegten Laufbahn, die mich an eines der besten Ivy League-Colleges und von da aus in die höchsten Ränge des Establishments führen würde, dessen Türen mir aufgrund meines Ausbildungshintergrundes weit offenstehen würden. Ich fühlte mich außerordentlich vom Glück begünstigt, als Kind wohlhabender Eltern geboren zu sein, die sich »die beste Ausbildung, die man mit Geld kaufen kann«, leisten konnten, und ich hatte ein starkes Empfinden von Sicherheit, weil ich Teil eines so offenkundig richtigen Schemas war. Das einzige Problem war, daß ich mich fast sofort nach meinem Eintritt in Exeter entsetzlich unglücklich fühlte. Die Gründe für dieses Elend waren mir damals vollkommen unklar und sind mir auch heute noch ziemlich rätselhaft. Ich schien dort einfach nicht hineinzupassen. Ich paßte nicht zur Fakultät, nicht zu den Schülern, den Kursen, der Architektur, dem sozialen Leben, der gesamten Umgebung. Es schien mir nichts weiter übrigzubleiben, als das Beste daraus zu machen und meine Unvollkommenheiten möglichst abzuschleifen, um besser in dieses Schema zu passen, das für mich vorgesehen war und das so offenkundig das richtige war. Und ich bemühte mich, zweieinhalb Jahre lang. Allerdings erschien mir mein Leben von Tag zu Tag sinnloser, und ich fühlte mich immer elender. Im letzten Jahr tat ich kaum etwas außer schlafen, denn nur im Schlaf konnte ich etwas Trost finden. Rückblickend glaube ich, daß ich mich im Schlaf ausruhte und unbewußt auf den Sprung vorbereitete, den zu unternehmen ich im Begriff war. Ich tat diesen Sprung, als ich im Frühjahr meines dritten Jahres in den Ferien nach Hause kam und erklärte, ich würde nicht in die Schule zurückkehren. Mein Vater sagte: »Aber du kannst nicht austreten – das ist die beste Ausbildung, die man mit Geld kaufen kann. Ist dir klar, was du damit wegwerfen würdest?«

»Ich weiß, daß es eine gute Schule ist«, antwortete ich, »aber ich gehe nicht zurück.«

»Warum kannst du dich nicht anpassen und es noch einmal versuchen?« fragten meine Eltern.

»Ich weiß nicht«, sagte ich und fühlte mich absolut unzulänglich. »Ich weiß nicht einmal, warum ich die Schule so hasse. Aber ich hasse sie, und ich gehe nicht zurück.«

»So, und was willst du statt dessen machen? Da du so leichtfertig deine Zukunft aufs Spiel setzt, hast du anscheinend andere Pläne. Was willst du tun?«

Wieder antwortete ich kläglich: »Ich weiß nicht. Ich weiß nur, daß ich nicht dorthin zurückgehe.«

Meine Eltern waren verständlicherweise alarmiert und brachten mich sofort zu einem Psychiater. Dieser stellte eine Depression fest und empfahl einen Klinikaufenthalt von einem Monat. Er gab mir einen Tag Bedenkzeit, ob ich das wollte oder nicht. An diesem Abend dachte ich zum einzigen Mal in meinem Leben an Selbstmord. Es schien mir ganz passend für mich, in eine psychiatrische Klinik zu kommen. Ich hatte, wie der Psychiater sagte, eine Depression. Mein Bruder hatte sich an Exeter angepaßt; warum konnte ich das nicht? Ich wußte, daß meine Anpassungsschwierigkeiten ganz allein mein Fehler waren, und ich fühlte mich vollkommen unzulänglich, untüchtig und wertlos. Schlimmer noch, ich glaubte, ich sei wahrscheinlich verrückt. Hatte mein Vater nicht gesagt: »Du mußt verrückt sein, eine so gute Ausbildung einfach wegzuwerfen!« Wenn ich nach Exeter zurückkehrte, würde ich zu allem zurückkehren, das ungefährlich, sicher, richtig, angemessen, konstruktiv, bewiesen und bekannt war. Doch in meinem tiefsten Inneren wußte ich, daß das nicht mein Weg war. Aber was war mein Weg? Wenn ich nicht zurückging, war alles, was vor mir lag, unbekannt, unbestimmt, unsicher, nicht abgesegnet und unvorhersehbar. Jeder, der einen solchen Weg einschlug, mußte verrückt sein. Ich war voller Angst. Doch dann im Augenblick meiner größten Verzweiflung, kamen aus meinem Unbewußten einige Worte wie ein fremdartiges, körperloses Orakel von einer Stimme, die nicht meine war: »Die einzige wirkliche Sicherheit im Leben liegt im Geschmack an der Unsicherheit des Lebens.« Selbst wenn es bedeutete, verrückt zu sein und den Anschluß an alles zu verlieren, was heilig zu sein schien, ich hatte beschlossen, ich selbst zu sein. Ich ruhte mich aus. Am nächsten Morgen ging ich wieder zu dem Psychiater und sagte ihm, ich würde nie mehr nach Exeter zurückkehren, sei aber bereit, in seine Klinik aufgenommen zu werden. Ich hatte den Sprung ins Unbekannte getan. Ich hatte mein Schicksal in meine eigenen Hände genommen.

Der Prozeß des Erwachsenwerdens verläuft gewöhnlich in vielen kleinen Schritten, mit vielen kleinen Sprüngen ins Unbekannte, etwa, wenn ein achtjähriger Junge zum erstenmal wagt, ganz allein mit dem Fahrrad zu einem etwas entfernt liegenden Laden zu fahren, oder wenn ein fünfzehnjähriges Mädchen zu seinem ersten Rendezvous geht. Wer daran zweifelt, daß diese Unternehmungen reale Risiken darstellen, kann sich nicht mehr an die Angst erinnern, die damit verbunden war. Wer Kinder beobachtet, und seien es die gesündesten, sieht nicht nur den eifrigen Wunsch, neue und erwachsene Aktivitäten zu wagen, sondern daneben auch gleichzeitig ein Widerstreben, ein Zurückschrecken, ein Anklammern an das Sichere und Vertraute, ein Festhalten an Abhängigkeit und Kindheit. Außerdem lassen sich auf mehr oder weniger subtilen Ebenen dieselbe Ambivalenz bei Erwachsenen feststellen, auch bei sich selbst; vor allem die Älteren haben die Neigung, am Alten, Bekannten und Vertrauten festzuhalten. Im Alter von vierzig Jahren habe ich fast täglich Gelegenheit, das Risiko auf mich zu nehmen, Dinge einmal anders zu machen, zu wachsen. Noch immer werde ich erwachsen, und das nicht so schnell, wie ich möchte. Unter all den kleinen Sprüngen, die wir machen können, gibt es auch einige riesengroße; als ich beispielsweise die Schule verließ, verließ ich gleichzeitig ein ganzes Lebensmuster und Werte, nach denen ich erzogen worden war. Viele Menschen tun nie einen dieser möglichen riesengroßen Sprünge, und darum werden viele nie wirklich erwachsen. Trotz ihrer äußeren Erscheinung bleiben sie psychisch immer noch sehr stark die Kinder ihrer Eltern, die nach übernommenen Werten leben und hauptsächlich von Zustimmung oder Mißbilligung ihrer Eltern motiviert sind (mögen diese Eltern auch schon längst tot und begraben sein); sie haben nie gewagt, ihr Schicksal wirklich in die eigenen Hände zu nehmen.

Zwar werden solche großen Sprünge gewöhnlich in der Jugend gemacht, doch möglich sind sie in jedem Alter. Eine fünfunddreißigjährige Frau, Mutter von drei Kindern, verheiratet mit einem kleinlichen, unflexiblen, chauvinistischen Mann, der sie herabsetzte, gelangte langsam und unter Schmerzen zu der Erkenntnis, daß ihre Abhängigkeit von ihm und ihre Ehe ein lebendiger Tod waren. Er blockte alle ihre Versuche ab, die Natur ihrer Beziehung zu ändern. Mit unglaublichem Mut ließ sie sich von ihm scheiden, nahm die Last seiner Vorwürfe und die Kritik der Nachbarn auf sich und riskierte eine unbekannte Zukunft allein mit ihren Kindern, doch zum erstenmal in ihrem Leben frei, sie selbst zu sein. Ein zweiundfünfzigjähriger Geschäftsmann, nach einem Herzinfarkt depressiv, blickte zurück auf ein Leben, das bestimmt war von dem hektischen Ehrgeiz, immer mehr Geld zu verdienen, immer höher aufzusteigen in der Hierarchie des Konzerns, und stellte fest, daß all dies sinnlos war. Nach langem Nachdenken erkannte er, daß er von dem Bedürfnis angetrieben worden war, die Zustimmung einer dominierenden, ständig kritischen Mutter zu erlangen; er hatte sich fast zu Tode gearbeitet, um in ihren Augen endlich einmal erfolgreich zu sein. Zum erstenmal in seinem Leben riskierte und transzendierte er ihre Mißbilligung und hielt auch seiner anspruchsvollen Frau und seinen Kindern stand, die ihren kostspieligen Lebensstil ungern aufgaben; er zog aufs Land und eröffnete eine kleine Werkstatt, in der er antike Möbel reparierte. Solche großen Veränderungen, solche Sprünge in Unabhängigkeit und Selbstbestimmung sind in jedem Alter ungemein schmerzhaft und erfordern großen Mut; dennoch sind sie nicht selten die Folge einer Psychotherapie. Eben weil so ungeheure Risiken damit verbunden sind, können sie oft nur mit Hilfe einer Psychotherapie geschafft werden, nicht, weil diese das Risiko verringerte, sondern weil sie stützt und Mut lehrt.

Doch was hat das Geschäft des Erwachsenwerdens mit Liebe zu tun, abgesehen von der Tatsache, daß die mit Liebe verbundene Ausdehnung des Selbst eine Erweiterung des Selbst in neue Dimensionen ist? Zuerst einmal sind die Beispiele für Veränderungen, die oben beschrieben wurden, und alle anderen großen Veränderungen dieser Art Akte der Selbstliebe. Eben weil ich mich selbst wertschätzte, war ich nicht bereit, mich weiterhin in einer Schule und einer ganzen sozialen Umgebung elend zu fühlen, die nicht meinen Bedürfnissen entsprachen. Weil die Hausfrau Selbstachtung hatte, weigerte sie sich, länger diese Ehe zu ertragen, die ihre Freiheit völlig einengte und ihre Persönlichkeit unterdrückte. Weil der Geschäftsmann sich selbst wichtig war, war er nicht länger bereit, sich beinahe umzubringen, um die Erwartungen seiner Mutter zu erfüllen. Zweitens liefert Selbstliebe nicht nur das Motiv für solche schwerwiegenden Veränderungen, sondern ist auch die Basis für den Mut, diese zu riskieren. Nur weil meine Eltern mich als kleines Kind offenkundig geliebt und geschätzt hatten, fühlte ich mich innerlich sicher genug, ihren Erwartungen nicht zu entsprechen und radikal von dem Schema abzuweichen, das sie für mich vorgesehen hatten. Obwohl ich mich bei meinem Handeln unzulänglich und wertlos und möglicherweise verrückt fühlte, konnte ich diese Gefühle ertragen, und zwar nur deshalb, weil ich mich selbst gleichzeitig auf einer tieferen Ebene als anständigen Menschen empfand, ganz gleich, wie sehr ich mich von anderen unterscheiden mochte. Indem ich es wagte, anders zu sein, selbst wenn es bedeutete, verrückt zu sein, reagierte ich auf frühere, liebevolle Botschaften meiner Eltern, auf Hunderte solcher Botschaften, die lauteten: »Du bist ein schönes Individuum, und du wirst geliebt. Es ist gut, daß du du selbst bist. Wir werden dich lieben, ganz gleich, was du tust, solange du du selbst bleibst.« Ohne diese Sicherheit der elterlichen Liebe, widergespiegelt in meiner eigenen Selbstliebe, hätte ich das Bekannte statt des Unbekannten gewählt und wäre weiterhin dem von meinen Eltern bevorzugten Schema gefolgt – um den äußerst hohen Preis meiner eigenen, grundlegenden Einzigartigkeit. Drittens ist man nur dann, wenn man den Sprung in das Unbekannte totalen Selbstseins, psychischer Unabhängigkeit und einzigartiger Individualität getan hat, frei, noch höhere Wege spirituellen Wachstums einzuschlagen und Liebe in ihren größten Dimensionen zu manifestieren. Solange man heiratet, einen Beruf wählt oder Kinder bekommt, um seine Eltern zufriedenzustellen oder die Erwartungen irgendwelcher anderer Menschen oder der Gesellschaft als ganzer zu erfüllen, wird die Verpflichtung ihrer Natur nach oberflächlich bleiben. Solange man seine Kinder hauptsächlich deshalb liebt, weil erwartet wird, daß man sich ihnen gegenüber in liebevoller Weise verhält, ist man als Elternteil unempfindlich für die subtileren Bedürfnisse der Kinder und unfähig, Liebe auf subtilere, doch oft äußerst wichtige Art zum Ausdruck zu bringen. Die höchsten Formen der Liebe sind immer völlig freie Wahlentscheidungen und nicht Akte der Konformität.

Das Risiko der Verpflichtung

Ob oberflächlich oder nicht, Verpflichtung ist die Grundlage, der gewachsene Fels jeder echten liebevollen Beziehung. Tiefe Verpflichtung garantiert nicht den Erfolg der Beziehung, trägt jedoch mehr als jeder andere Faktor zu ihrer Sicherung bei. Ursprünglich oberflächliche Verpflichtungen können sich mit der Zeit vertiefen; wenn nicht, zerfällt die Beziehung oder bleibt unweigerlich krank oder chronisch zerbrechlich. Häufig sind wir uns gar nicht bewußt, wie groß das mit einer tiefen Verpflichtung verbundene Risiko ist. Ich erwähnte bereits, daß eine der Funktionen der vom Instinkt gesteuerten Verliebtheit darin besteht, den Beteiligten ein magisches Allmachtsgefühl zu verleihen, das sie blind macht für die vielen Risiken des Unternehmens Ehe. Ich selbst beispielsweise war einigermaßen ruhig bis zu dem Augenblick, in dem meine Frau vor dem Altar zu mir trat und ich am ganzen Körper zu zittern begann. Das erschreckte mich so, daß ich mich an die Zeremonie und den anschließenden Empfang kaum noch erinnern kann. In jedem Fall ist es unser Gefühl des Verpflichtetseins nach der Heirat, das den Übergang von Verliebtheit zu echter Liebe ermöglicht. Dasselbe Gefühl ist es, das uns nach der Empfängnis aus biologischen zu psychischen Eltern macht.[6] Verpflichtung ist in jeder wirklich liebevollen Beziehung enthalten. Jeder, dem das spirituelle Wachstum eines anderen Menschen ernsthaft am Herzen liegt, weiß bewußt oder instinktiv, daß er dieses Wachstum nur durch eine beständige Beziehung fördern kann. Kinder können nicht in einer Atmosphäre der Unzuverlässigkeit zu psychischer Reife heranwachsen, wenn sie ständig mit der Angst vor dem Verlassenwerden im Nacken leben. Paare können nicht auf gesunde Weise die universalen Probleme der Ehe lösen – Abhängigkeit und Unabhängigkeit, Beherrschung und Unterwerfung, Freiheit und Treue beispielsweise –, wenn sie nicht das sichere Wissen haben, daß die Beziehung durch die bloße Bearbeitung dieser Probleme nicht zerstört werden kann.

Die mit dem Eingehen von Verpflichtungen verbundenen Probleme sind ein wesentlicher Bestandteil der meisten psychischen Störungen, und diesbezügliche Themen sind entscheidend im Verlauf einer Psychotherapie. Charaktergestörte Individuen neigen dazu, nur oberflächliche Verpflichtungen einzugehen, und im Falle schwerer Störung scheint diesen Menschen die Fähigkeit zu fehlen, überhaupt Verpflichtungen einzugehen. Das liegt nicht so sehr daran, daß sie Angst vor dem Risiko der Verpflichtung haben, sondern vielmehr daran, daß sie gar nicht verstehen, was eine Verpflichtung eigentlich ist. Weil ihre Eltern ihnen gegenüber, als sie klein waren, keinerlei sinnvolle Verpflichtung eingingen, wuchsen sie ohne die Erfahrung der Verpflichtung auf. Für sie ist das ein abstrakter Begriff, ein Phänomen, das sie nicht ganz begreifen können. Neurotiker dagegen sind sich im allgemeinen der Natur der Verpflichtung bewußt, häufig jedoch von der Angst davor gelähmt. Gewöhnlich machten sie in ihrer Kindheit die Erfahrung, daß ihre Eltern ihnen gegenüber ausreichend verpflichtet waren, um in den Kindern eine Verpflichtung gegenüber den Eltern entstehen zu lassen. Dann jedoch hat ein Aufhören der elterlichen Liebe durch Tod, Verlassenwerden oder chronische Zurückweisung die unerwiderte Verpflichtung des Kindes zu einer unerträglich schmerzhaften Erfahrung gemacht. Folglich kommt es natürlich zu einer starken Angst vor neuen Verpflichtungen. Solche Verletzungen können nur dann geheilt werden, wenn der betreffende Mensch später eine tiefe und befriedigendere Erfahrung mit einer derartigen Bindung und Verpflichtung durchleben kann. Unter anderem aus diesem Grund ist Verpflichtung einer der Grundpfeiler der psychotherapeutischen Beziehung. Manchmal schaudert mir vor der Größe der Aufgabe, wenn ich einen neuen Patienten zu einer langfristigen Therapie annehme. Damit eine grundlegende Heilung stattfinden kann, muß der Psychotherapeut in eine Beziehung zu einem neuen Patienten dasselbe starke Gefühl der Verpflichtung einbringen, das wirklich liebende Eltern ihren Kindern gegenüber haben. Dieses Gefühl des Therapeuten und die Beständigkeit seiner Zuwendung werden gewöhnlich auf die Probe gestellt und vom Patienten im Verlauf der Monate oder Jahre einer Therapie unweigerlich auf zahllose Arten erkannt.

Rachel, eine kühle und distanzierte, korrekte junge Frau von siebenundzwanzig Jahren, kam nach dem Ende einer kurzen Ehe zu mir. Ihr Mann, Mark, hatte sie wegen ihrer Frigidität verlassen. »Ich weiß, daß ich frigide bin«, gab Rachel zu. »Ich dachte, ich würde Mark gegenüber mit der Zeit auftauen, doch das geschah nie. Ich glaube nicht, daß es nur an Mark liegt. Ich habe noch mit keinem Mann Freude an Sex gehabt. Um die Wahrheit zu sagen, weiß ich auch gar nicht, ob ich das will. Ein Teil von mir will, weil ich eines Tages eine glückliche Ehe haben möchte und gern normal wäre – normale Leute scheinen ja im Sex etwas Wundervolles zu finden. Doch ein anderer Teil von mir ist ganz zufrieden damit, so zu bleiben, wie ich bin. Mark sagte immer: ›Entspann dich doch und laß dich gehen.‹ Nun, vielleicht mag ich mich gar nicht entspannen und gehenlassen, selbst wenn ich könnte.«

Im dritten Monat unserer gemeinsamen Arbeit wies ich Rachel darauf hin, daß sie jedesmal schon mindestens zweimal »danke« zu mir gesagt hatte, ehe sie sich zum Beginn der Sitzung hinsetzte – das erste Mal, wenn ich zu ihr ins Wartezimmer kam, und das zweite Mal, wenn sie durch die Tür in mein Behandlungszimmer trat. »Was ist falsch daran, höflich zu sein?« fragte sie.

»An sich nichts«, antwortete ich, »aber in diesem besonderen Fall scheint es so unnötig. Sie verhalten sich, als seien Sie hier ein Gast und nicht einmal sicher, ob Sie willkommen sind.«

»Aber ich bin doch Gast hier. Das ist Ihr Haus.«

»Richtig«, sagte ich. »Aber es ist auch richtig, daß Sie mir vierzig Dollar pro Stunde für die Zeit bezahlen, die Sie hier zubringen. Sie haben diese Zeit und dieses Behandlungszimmer gekauft, und weil sie sie gekauft haben, haben Sie ein Recht darauf. Sie sind kein Gast. Dieses Behandlungszimmer, dieses Wartezimmer und unsere Stunde zusammen sind Ihr Recht. Sie gehören Ihnen. Sie haben für dieses Recht bezahlt; warum sollten Sie mir also für etwas danken, das Ihnen gehört?«

»Ich kann nicht glauben, daß Sie das wirklich so empfinden«, erwiderte Rachel.

»Dann müssen Sie glauben, daß ich Sie hier jederzeit hinauswerfen kann, wenn es mir paßt«, sagte ich. »Sie müssen das Gefühl haben, es sei möglich, daß Sie eines Morgens hier hereinkommen und ich Ihnen mitteile: ›Rachel, die Arbeit mit Ihnen ist mir langweilig geworden. Ich habe beschlossen, Sie nicht mehr zu sehen. Adieu und viel Glück.‹«

»Genau dieses Gefühl habe ich«, stimmte Rachel zu. »Ich habe nie zuvor gedacht, daß ich auf irgend etwas ein Recht habe, zumindest nicht in bezug auf Menschen. Sie meinen, Sie könnten mich nicht hinauswerfen?«

»Oh, vermutlich könnte ich das. Aber ich würde es nicht tun. Ich würde es nicht wollen. Unter anderem wäre es unethisch. Schauen Sie, Rachel«, sagte ich, »wenn ich einen Fall wie Ihren in langfristige Therapie nehme, gehe ich eine Verpflichtung ein gegenüber diesem Fall, diesem Menschen. Und ich bin Ihnen gegenüber eine Verpflichtung eingegangen. Ich werde mit Ihnen arbeiten, solange es nötig ist, ob das nun ein Jahr, fünf Jahre, zehn Jahre oder wie lange immer dauert. Ich weiß nicht, ob Sie unsere gemeinsame Arbeit abbrechen werden, wenn Sie dazu bereit sind, oder schon früher. Doch wie auch immer, Sie werden diejenige sein, die unsere Beziehung beendet. Falls ich nicht vorher sterbe, stehen Ihnen meine Dienste zur Verfügung, solange Sie sie haben möchten.«

Es war nicht schwer für mich, Rachels Problem zu verstehen.

Ganz zu Anfang ihrer Therapie hatte ihr Ex-Mann Mark zu mir gesagt: »Ich glaube, Rachels Mutter hat viel damit zu tun. Sie ist eine ziemlich bemerkenswerte Frau. Sie würde einen fabelhaften Präsidenten für General Motors abgeben, aber ich bin nicht sicher, ob sie eine sehr gute Mutter ist.« Genau so war es. Rachel war aufgezogen oder vielmehr regiert worden mit dem Gefühl, sie könne jeden Augenblick gefeuert werden, wenn sie sich nicht tadellos verhielt. Statt Rachel das Gefühl zu geben, ihr Platz als Kind im Haus sei sicher – ein Gefühl, das nur verpflichtete Eltern vermitteln können –, hatte ihre Mutter ihr ständig das Gegenteil eingeflößt: wie bei einem Angestellten war Rachels Stellung nur insoweit sicher, als sie das Geforderte produzierte und sich den Erwartungen gemäß verhielt. Da ihr Platz als Kind im Haus nicht sicher war, wie konnte sie das Gefühl haben, ihr Platz bei mir sei sicher?

Solche Verletzungen durch einen elterlichen Mangel an Verpflichtung werden nicht durch ein paar Worte, ein paar oberflächliche Versicherungen geheilt. Auf immer tieferen Ebenen müssen sie wieder und wieder durchgearbeitet werden. Ein derartiges Durcharbeiten beispielsweise erfolgte mehr als ein Jahr später. Wir hatten uns mit der Tatsache beschäftigt, daß Rachel niemals in meiner Anwesenheit weinte – auch in dieser Hinsicht konnte sie sich nicht »gehenlassen«. Eines Tages, als sie darüber sprach, wie schrecklich einsam sie sich in diesem ständigen Auf-der-Hut-sein-Müssen gefühlt hatte, spürte ich, daß sie den Tränen nahe war, dazu aber einen leisen Anstoß von mir brauchte, und so tat ich etwas, das aus dem Rahmen fiel: Ich streckte meine Hand nach der Couch aus, auf der sie lag, strich leise über ihr Haar und murmelte: »Arme Rachel, arme Rachel.« Die Geste schlug fehl. Rachel versteifte sich sofort und setzte sich auf, die Augen trocken. »Ich kann es nicht«, sagte sie. »Ich kann mich nicht gehenlassen.« Das war gegen Ende der Sitzung. Zur nächsten Sitzung kam Rachel herein und setzte sich auf die Couch, statt sich hinzulegen. »So, nun sind Sie mit Reden an der Reihe«, sagte sie.

»Was meinen Sie?« fragte ich.

»Sie werden mir alles sagen, was mit mir nicht stimmt.«

Ich war verblüfft.

»Ich verstehe immer noch nicht, was Sie meinen, Rachel.«

»Dies ist unsere letzte Sitzung. Sie werden alles aufzählen, was mit mir nicht in Ordnung ist, und alle Gründe nennen, warum Sie mich nicht mehr behandeln können.«

»Ich habe nicht die leiseste Ahnung, was eigentlich los ist«, sagte ich.

Nun war Rachel verblüfft. »Also«, sagte sie, »in der letzten Sitzung wollten Sie doch, daß ich weine. Sie wollten, daß ich lange weine. In der letzten Sitzung taten Sie alles, was Sie konnten, um mir zum Weinen zu verhelfen, und ich konnte es doch nicht. Also geben Sie mich auf. Ich kann nicht das tun, was ich tun sollte. Deshalb ist heute unsere letzte Sitzung.«

»Sie glauben also tatsächlich, ich würde Sie hinauswerfen, Rachel?«

»Ja. Jeder würde das tun.«

»Nein, Rachel, nicht jeder. Ihre Mutter hätte es vielleicht getan. Aber ich bin nicht Ihre Mutter. Nicht jeder auf dieser Welt ist wie Ihre Mutter. Sie sind nicht meine Angestellte. Sie sind nicht hier, um zu tun, was ich von Ihnen möchte. Sie sind hier, um zu tun, was Sie tun möchten, und zwar dann, wann Sie es möchten. Vielleicht dränge ich Sie dazu, aber ich habe keine Macht über Sie. Ich werde Sie niemals hinauswerfen. Sie bleiben hier, solange Sie wollen.«

Eines der Probleme in den erwachsenen Beziehungen von Menschen, die nie eine feste Verpflichtung von seiten ihrer Eltern gespürt haben, ist das »Ich werde dich verlassen, bevor du mich verläßt«-Syndrom. Dieses Syndrom kann in vielen Formen oder Verkleidungen zum Vorschein kommen. Eine dieser Formen war Rachels Frigidität. Obwohl niemals auf einer bewußten Ebene, drückte Rachels Frigidität gegenüber ihrem Mann und ihren früheren Freunden aus: »Ich werde mich dir nicht überlassen, weil ich verdammt genau weiß, daß du mich sehr bald im Stich lassen wirst.« Für Rachel war das »Gehenlassen«, sexuell oder auf andere Art, eine Verpflichtung, die sie einging, und sie war nicht bereit, eine Verpflichtung einzugehen, weil ihre früheren Erfahrungen ihr das sichere Gefühl gaben, der andere werde diese Verpflichtung seinerseits nicht erwidern.

Das »Ich werde dich verlassen, bevor du mich verläßt«-Syndrom wird desto machtvoller, je näher ein Mensch wie Rachel einem anderen kommt. Nach einem Jahr Therapie mit zwei Sitzungen in der Woche eröffnete Rachel mir, sie könne sich die wöchentlichen achtzig Dollar nicht mehr leisten. Seit ihrer Scheidung müsse sie sich einschränken und werde die Sitzungen bei mir entweder aufgeben oder auf einmal pro Woche einschränken. Auf einer realistischen Ebene war das lächerlich. Ich wußte, daß Rachel neben ihrem bescheidenen Gehalt über eine Erbschaft von fünfzigtausend Dollar verfügte, und in der Gemeinde war sie als Mitglied einer alten und reichen Familie bekannt. Normalerweise hätte ich sie deutlich mit der Tatsache konfrontiert, daß sie sich meine Dienste wesentlich besser leisten konnte als viele andere Patienten und die Sache mit dem Geld nur benutzte, um aus ihrer wachsenden Nähe zu mir zu flüchten. Andererseits wußte ich auch, daß die Erbschaft für Rachel mehr bedeutete als nur Geld; sie war etwas, das ihr gehörte, das sie nicht im Stich lassen würde, ein sicherer Schutz in einer Welt der Ungeborgenheit. Obwohl es ganz vernünftig gewesen wäre, wenn ich ihr vorgeschlagen hätte, mein übliches Honorar aus ihrer Erbschaft zu bezahlen, nahm ich an, sie sei noch nicht bereit, ein solches Risiko einzugehen, und würde, wenn ich darauf bestünde, tatsächlich die Flucht ergreifen. Sie hatte gesagt, von ihrem Gehalt könne sie sich wöchentlich fünfzig Dollar für Therapie leisten, und sie bot mir diesen Betrag für nur eine Sitzung an. Ich antwortete, ich würde mein Honorar auf fünfundzwanzig Dollar pro Sitzung herabsetzen und sie weiterhin zweimal wöchentlich sehen. Sie sah mich mit einer Mischung aus Angst, Unglauben und Freude an: »Würden Sie das wirklich tun?« fragte sie. Ich nickte. Ein langes Schweigen folgte. Schließlich sagte Rachel, den Tränen näher als jemals zuvor: »Weil ich aus einer reichen Familie kam, haben mir die Kaufleute in der Stadt immer die höchsten Preise abgenommen, die sie bekommen konnten. Sie bieten mir einen Nachlaß an. Niemand hat mir jemals einen Nachlaß angeboten.«

Tatsächlich verließ Rachel die Therapie im Laufe des folgenden Jahres mehrmals, weil sie mit sich kämpfte, ob sie das Anwachsen unserer gegenseitigen Verpflichtung zulassen konnte. Jedesmal gelang es mir durch eine Kombination von Briefen und

Telefongesprächen binnen ein oder zwei Wochen, sie zur Rückkehr zu bewegen. Gegen Ende des zweiten Therapiejahres schließlich konnten wir die damit verbundenen Themen direkter angehen. Ich hatte erfahren, daß Rachel Gedichte schrieb, und bat sie, sie mir zu zeigen. Zuerst weigerte sie sich. Dann willigte sie ein, »vergaß« aber Woche um Woche, sie mitzubringen. Ich wies darauf hin, daß sie mir ihre Gedichte genauso vorenthielt, wie sie Mark und anderen Männern ihre Sexualität vorenthalten hatte. Warum hatte sie das Gefühl, die Preisgabe ihrer Gedichte an mich stelle eine totale Verpflichtung ihrer selbst dar? Warum hatte sie das Gefühl, das Teilen ihrer Sexualität sei eine ähnlich totale Verpflichtung? Selbst wenn ich mit ihren Gedichten nichts anfangen konnte, würde das eine totale Ablehnung ihrer Person bedeuten? Würde ich unsere Beziehung beenden, weil sie keine große Dichterin war? Vielleicht würde das Teilen ihrer Gedichte unsere Beziehung vertiefen. Warum hatte sie Angst vor einer solchen Vertiefung?

Schließlich akzeptierte sie die Tatsache, daß ich ihr gegenüber eine Verpflichtung eingegangen war, und im dritten Jahr ihrer Therapie begann sie, sich »gehenzulassen«. Endlich nahm sie das Risiko auf sich, mir ihre Gedichte zu zeigen. Dann konnte sie weinen, wenn sie traurig war. Sie wurde auch fähig, zu kichern, zu lachen und albern zu sein. Unsere Beziehung, die vorher steif und formell gewesen war, wurde warm, spontan und oft heiter und fröhlich.

»Ich wußte nie zuvor, wie es ist, bei einem anderen Menschen entspannt zu sein«, sagte sie. »Dies ist der erste Ort in meinem Leben, an dem ich mich jemals sicher gefühlt habe.« Aus der Sicherheit meines Behandlungszimmers und unserer gemeinsamen Zeit heraus wurde sie rasch fähig, sich in andere Beziehungen zu wagen. Sie erkannte, daß Sex nicht eine Sache von Verpflichtung ist, sondern Selbstausdruck, Spiel, Erforschen und Lernen und freudiges Loslassen. Da sie wußte, daß ich ihr immer zur Verfügung stand, wenn sie verletzt werden sollte, wie die gute Mutter, die sie nie gehabt hatte, konnte sie sich nun gestatten, ihrer Sexualität freien Lauf zu lassen. Ihre Frigidität schmolz dahin. Als sie im vierten Jahr die Therapie beendete, war sie zu einer lebhaften und offen leidenschaftlichen Frau geworden, vollauf damit beschäftigt, sich an allem zu erfreuen, was menschliche Beziehungen bieten können.

Zum Glück konnte ich mich Rachel genügend verpflichten, um die Auswirkungen dessen zu überwinden, was ihr in ihrer Kindheit gefehlt hatte. Häufig jedoch gelang mir das nicht. Der Computertechniker, den ich im ersten Abschnitt beschrieb, und zwar als Beispiel für eine Übertragung, war ein solcher Fall. Sein Bedürfnis nach Verpflichtung meinerseits war so total, daß ich nicht fähig oder willens war, diese Verpflichtung zu erfüllen. Wenn die Verpflichtung des Therapeuten nicht ausreicht, um die Wechselfälle der Beziehung zu überleben, kann eine Grundheilung nicht erfolgen. Wenn sie jedoch ausreicht, dann antwortet der Patient gewöhnlich - aber auch nicht immer - früher oder später damit, daß er selbst eine Verpflichtung gegenüber dem Therapeuten und der Therapie entwickelt. Der Punkt, an dem der Patient seine Verpflichtung zu zeigen beginnt, ist der Wendepunkt der Therapie. Für Rachel kam dieser Punkt, glaube ich, als sie mir endlich ihre Gedichte zeigte. Merkwürdigerweise können Patienten jahrelang zwei- oder dreimal in der Woche gläubig in die Therapie kommen und diesen Punkt dennoch nie erreichen. Andere erreichen ihn innerhalb der ersten paar Monate. Erreichen aber müssen sie ihn, wenn sie geheilt werden sollen. Für den Therapeuten ist das ein wunderbarer Augenblick der Freude und Erleichterung, denn dann zeigt der Patient, daß er das Risiko der Verpflichtung auf sich genommen hat, gesund zu werden, und daß die Therapie daher erfolgreich sein wird.

Das Risiko der Verpflichtung zur Therapie ist nicht nur das Risiko der Verpflichtung selbst, sondern auch das Risiko, mit sich selbst konfrontiert zu werden und sich ändern zu müssen. Im vorigen Teil, als wir die Disziplin der Bindung an die Wahrheit diskutierten, sprach ich über die Schwierigkeiten, die wir haben, unsere Landkarte der Realität zu verändern, unsere Weltsicht und unsere Übertragungen. Diese müssen aber verändert werden, wenn man ein liebendes Leben führen will, sich häufig in neue Dimensionen und neue Gebiete der Anteilnahme ausdehnen will. Auf der Reise zu spirituellem Wachstum, ob man nun allein ist oder einen Psychotherapeuten als Führer hat, können Punkte kommen, an denen man neue und ungewohnte Handlungen in

Übereinstimmung mit seiner neuen Weltsicht vollbringen muß. Das Durchführen einer solchen Handlung – sich anders zu verhalten, als man sich jemals zuvor verhalten hat – kann ein außerordentliches persönliches Risiko sein. Der passiv homosexuelle junge Mann bringt zum erstenmal die Initiative auf, ein Mädchen um ein Rendezvous zu bitten; der Mensch, der nie einem anderen vertraut hat, legt sich zum erstenmal auf die Couch des Analytikers, wo er diesen nicht sehen kann; die ehemals abhängige Hausfrau erklärt ihrem herrschsüchtigen Mann, sie werde eine Stellung annehmen, ob ihm das nun gefällt oder nicht, weil sie ihr eigenes Leben leben will; das fünfzigjährige Muttersöhnchen sagt seiner Mutter, sie solle aufhören, ihn weiterhin bei seinem Baby-Kosenamen zu rufen; der emotional distanzierte, scheinbar selbstgenügsame »starke« Mann erlaubt sich zum erstenmal, öffentlich zu weinen; oder Rachel »läßt sich gehen« und weint zum erstenmal in meinem Behandlungszimmer: Alle diese Handlungen und noch viele andere beinhalten ein Risiko, das persönlicher und daher häufig angsterregender und erschreckender ist als das eines Soldaten, der in die Schlacht zieht. Der Soldat kann nicht weglaufen, weil die Gewehre von hinten wie von vorn auf ihn zielen. Das Individuum aber, das zu wachsen versucht, kann sich immer auf die einfachen und vertrauten Muster einer eingeengteren Vergangenheit zurückziehen.

Ich sagte bereits, daß der erfolgreiche Psychotherapeut denselben Mut und dasselbe Verpflichtungsgefühl in die therapeutische Beziehung einbringen muß wie der Patient. Auch der Therapeut muß Veränderungen riskieren. Von allen guten und nützlichen Regeln der Psychotherapie, die ich gelernt habe, habe ich bewußt nur wenige nicht irgendwann einmal gebrochen, nicht aus Faulheit oder Mangel an Disziplin, sondern eher ängstlich, weil die Therapie meines Patienten irgendwie zu erfordern schien, daß ich die Sicherheit der vorgeschriebenen Analytikerrolle verlasse, mich anders verhalte und das Unkonventionelle wage. Wenn ich auf alle erfolgreichen Fälle zurückblicke, die ich hatte, dann kann ich feststellen, daß ich in jedem einzelnen davon an einem oder mehreren Punkten meinen eigenen Weg gehen mußte. Die Bereitschaft des Therapeuten, in solchen Augenblicken zu leiden, ist vielleicht das Wesentliche der Therapie und wirkt, wenn sie vom Patienten bemerkt wird, was gewöhnlich der Fall ist, immer therapeutisch. Durch diese Bereitschaft, sich selbst auszudehnen und mit und an ihren Patienten zu leiden, wachsen und verändern sich auch die Therapeuten selbst. Wenn ich nochmals auf meine erfolgreichen Fälle zurückblicke, so gibt es nicht einen, der nicht zu einer sehr bedeutsamen, oft radikalen Änderung meiner Einstellungen und Perspektiven geführt hätte. Das muß so sein. Es ist unmöglich, einen anderen Menschen wirklich zu verstehen, wenn man nicht in sich selbst Raum schafft für diesen Menschen. Dieses Raumschaffen, das wieder einmal die Disziplin des Ausklammerns ist, erfordert eine Ausdehnung und damit eine Veränderung des Selbst.

Was für eine gute Psychotherapie gilt, gilt auch für gute Eltern. Dasselbe Ausklammern, dieselbe Ausdehnung unserer selbst sind damit verbunden, unseren Kindern zuzuhören. Um ihre gesunden Bedürfnisse zu erfüllen, müssen wir uns verändern. Nur wenn wir bereit sind, das Leid solcher Veränderungen auf uns zu nehmen, können wir die Eltern werden, die unsere Kinder brauchen. Und da Kinder ständig wachsen und ihre Bedürfnisse sich wandeln, sind wir gezwungen, mit ihnen zu wachsen und uns zu verändern. Jeder kennt beispielsweise Eltern, die großartig mit ihren Kindern umgehen können, bis diese die Pubertät erreichen, die aber dann als Eltern völlig ineffizient werden, weil sie nicht in der Lage sind, sich zu verändern und ihre Einstellungen ihren nun älteren und veränderten Kindern anzupassen. Wie in allen anderen Beispielen von Liebe wäre es außerdem verfehlt, das Leiden und den Wandel, die damit verbunden sind, gute Eltern zu sein, als eine Art von Selbstaufopferung oder Märtyrertum anzusehen; im Gegenteil, die Eltern können aus diesem Prozeß mehr Gewinn ziehen als die Kinder. Eltern, die nicht willens sind, das Leid von Veränderung und Wachstum zu riskieren und von ihren Kindern zu lernen, wählen den Weg zur Senilität – ob sie das wissen oder nicht –, und ihre Kinder und die Welt werden sie überholen. Das Lernen von den eigenen Kindern ist die beste Gelegenheit, die die meisten Menschen haben, sich selbst ein sinnvolles Alter zu sichern. Leider nutzen die meisten diese Gelegenheit nicht.

Das Risiko der Konfrontation

Das letzte und vermutlich größte Risiko der Liebe ist das Risiko, Macht mit Demut auszuüben. Das häufigste Beispiel dafür ist der Akt liebevoller Konfrontation. Wann immer wir jemandem Vorhaltungen machen, sagen wir dieser Person im wesentlichen: »Du bist im Unrecht; ich bin im Recht.«

Wenn ein Elternteil einem Kind Vorwürfe macht und sagt: »Du petzt«, dann sagt er in Wirklichkeit: »Es ist falsch, daß du petzt. Ich habe das Recht, dich zu kritisieren, weil ich selbst nicht petze und im Recht bin.« Wenn ein Mann seine Frau mit ihrer Frigidität konfrontiert, sagt er: »Du bist frigide, weil es falsch ist, daß du nicht mit größerer Wärme sexuell auf mich reagierst, da ich sexuell potent und auch in anderer Hinsicht in Ordnung bin. Du hast ein sexuelles Problem, ich nicht.« Wenn eine Frau ihren Mann mit ihrer Meinung konfrontiert, er verbringe nicht genug Zeit mit ihr und den Kindern, sagt sie: »Dein Einsatz für deine Arbeit ist übertrieben und falsch. Trotz der Tatsache, daß ich nicht an deiner Stelle bin, kann ich die Dinge klarer sehen als du, und ich weiß, daß es richtiger für dich wäre, dich für andere Dinge einzusetzen.« Die Fähigkeit zur Konfrontation, zu der Aussage: »Ich bin im Recht; du bist im Unrecht« ist eine, deren Ausübung vielen Menschen keine Schwierigkeiten macht. Eltern, Ehegatten und Menschen in verschiedenen anderen Rollen tun dies routinemäßig und beiläufig, verstreuen Kritik nach allen Seiten, schießen sozusagen aus der Hüfte. Die meisten derartigen Kritiken und Vorwürfe, gewöhnlich impulsiv in Zorn oder Ärger geäußert, vergrößern eher die Verwirrung in der Welt als die Aufklärung.

Dem wirklich liebenden Menschen fällt der Akt der Kritik oder Konfrontation nicht leicht: ihm ist klar, daß hier ein großes Potential an Arroganz liegt. Dem geliebten Menschen Vorwürfe zu machen, bedeutet, ihm gegenüber eine Position moralischer oder intellektueller Überlegenheit einzunehmen, zumindest soweit es um das strittige Thema geht. Dennoch erkennt echte Liebe die einzigartige Individualität und die getrennte Identität des anderen Menschen an und respektiert sie. Der wirklich liebende Mensch, der die Einzigartigkeit und das Anderssein des geliebten Menschen schätzt, scheut nämlich davor zurück zu sagen: »Ich bin im Recht; du bist im Unrecht; ich weiß besser als du, was gut für dich ist.« Die Realität des Lebens aber ist nun einmal so, daß zuzeiten ein Mensch tatsächlich besser weiß als der andere, was für diesen gut ist, und sich so tatsächlich in der betreffenden Sache in der Position größeren Wissens oder größerer Weisheit befindet. Unter diesen Umständen ist der Klügere der beiden in der Tat verpflichtet, aus liebender Sorge um das spirituelle Wachstum des anderen diesen mit dem Problem zu konfrontieren. Der liebende Mensch befindet sich daher häufig in einem Dilemma zwischen dem liebevollen Respekt vor dem eigenen Lebensweg des anderen und der Verantwortung, den geliebten Menschen liebevoll zu führen, wenn dieser die Führung zu brauchen scheint.

Das Dilemma kann nur durch gewissenhafte Selbstprüfung gelöst werden, bei der der Liebende gründlich den Wert seiner »Weisheit« und die Motive untersuchen muß, die hinter seinem Bedürfnis stehen, die Führung zu übernehmen. »Sehe ich die Dinge wirklich klar, oder gehe ich von verschwommenen Annahmen aus? Verstehe ich den geliebten Menschen wirklich? Könnte es nicht sein, daß der Weg, den der geliebte Mensch einschlägt, weise ist und ich das nur deshalb nicht erkenne, weil meine Sicht begrenzt ist? Tue ich mir nicht selbst einen Gefallen mit der Überzeugung, diesen Menschen in eine andere Richtung lenken zu müssen?« Das sind Fragen, die jene, welche wirklich lieben, sich ständig selbst stellen müssen. Diese möglichst objektive Selbstprüfung ist die Essenz von Demut oder Bescheidenheit. Mit den Worten eines anonymen britischen Mönches und spirituellen Lehrers aus dem vierzehnten Jahrhundert: »Demut als solche ist nichts anderes als wirkliches Erkennen und Fühlen des menschlichen Selbst, wie es ist. Jeder Mensch, der sich selbst wirklich erkennt und fühlt, wie er ist, muß zweifellos demütig sein.«[7]

Es gibt also zwei Arten, ein anderes menschliches Wesen zu kritisieren: mit instinktiver und spontaner Sicherheit, daß man im Recht ist, oder mit der Überzeugung, wahrscheinlich im Recht zu sein, zu der man durch gewissenhafte Selbstzweifel und Selbstprüfung gelangt ist. Die erste ist die arrogante Art; sie wird von Eltern, Ehegatten, Lehrern und Leuten allgemein in ihren Alltagsdingen am häufigsten verwendet; sie ist gewöhnlich erfolglos, erzeugt mehr Groll als Reife und noch andere Wirkungen, die nicht beabsichtigt waren. Die zweite Art ist der Weg der Demut; er ist selten, da er eine wirkliche Ausdehnung des Selbst erfordert; er ist mit größerer Wahrscheinlichkeit erfolgreich und nach meiner Erfahrung niemals destruktiv.

Es gibt eine bedeutende Zahl von Menschen, die aus dem einen oder anderen Grund gelernt haben, ihre instinktive Neigung zu spontaner, arroganter Kritik zu bremsen, die aber nicht weitergehen, sich hinter der moralischen Sicherheit der Demut verstecken und nie wagen, Macht zu übernehmen. Ein solcher Fall war ein Geistlicher und Vater einer Patientin mittleren Alters, die unter einer lebenslangen depressiven Neurose litt. Die Mutter dieser Patientin war eine aufbrausende, heftige Frau, die den Haushalt mit ihren Wutanfällen und Manipulationen beherrschte und nicht selten ihren Mann vor den Augen der Tochter körperlich angriff. Der Geistliche wehrte sich nie und riet auch seiner Tochter, der Mutter die andere Wange hinzuhalten und im Namen Christi immer unterwürfig und respektvoll zu bleiben. Als sie mit der Therapie begann, lobte meine Patientin ihren Vater für seine Milde und »Liebe«. Es dauerte jedoch nicht sehr lange, bis sie erkannte, daß seine Demut Schwäche war und daß er ihr in seiner Passivität eine angemessene elterliche Fürsorge ebenso vorenthalten hatte wie ihre Mutter mit ihrer kleinlichen Selbstbezogenheit. Sie sah jetzt, daß er nichts getan hatte, um sie vor dem Bösen zu schützen, das ihre Mutter ihr zufügte, ja dieses Böse nicht einmal kritisierte, so daß die Tochter gar keine andere Wahl hatte, als das verbitterte Manipulieren der Mutter und seine Pseudo-Demut als Rollenmodelle zu verinnerlichen. Keine Kritik zu üben, wenn Kritik und Konfrontation zur Förderung der geistigen Reife nötig wären, ist ebenso ein Versagen der Liebe wie gedankenlose Kritik oder Verurteilung oder andere Formen aktiver Vernachlässigung der Fürsorge. Wenn Eltern ihre Kinder lieben, müssen sie, sparsam und sorgfältig, aber dennoch aktiv, den Kindern von Zeit zu Zeit Vorhaltungen machen und sie kritisieren, ebenso wie sie ihren Kindern erlauben müssen, umgekehrt sie zu kritisieren. Auch liebende Ehegatten müssen einander wiederholt kritisieren, wenn die eheliche Beziehung dem Zweck dienen soll, das spirituelle Wachstum der Partner zu fördern. Keine Ehe kann als wirklich erfolgreich bezeichnet werden, in der nicht Mann und Frau einander die besten Kritiker sind. Dasselbe gilt für die Freundschaft. Die traditionelle Vorstellung, derzufolge Freundschaft eine konfliktfreie Beziehung sein sollte, ein »Eine-Hand-wäscht-die-andere«-Arrangement, das nur auf dem Austausch von Gunstbeweisen und Komplimenten beruht, wie die guten Manieren sie vorschreiben, führt nur zu oberflächlichen Beziehungen, vermeidet Nähe und verdient den Namen Freundschaft nicht, der so oft dafür angewendet wird. Zum Glück gibt es Anzeichen dafür, daß unser Begriff von Freundschaft sich zu vertiefen beginnt. Gegenseitige liebevolle Konfrontation ist ein bedeutsamer Teil aller erfolgreichen und sinnvollen menschlichen Beziehungen. Ohne sie ist die Beziehung entweder erfolglos oder flach.

Konfrontieren oder kritisieren ist eine Form, Führerschaft oder Macht auszuüben. Die Ausübung von Macht ist nicht mehr und nicht weniger als ein Versuch, den Lauf der Ereignisse zu beeinflussen, menschlicher Ereignisse oder anderer, und zwar durch das eigene Handeln in einer bewußt oder unbewußt vorher festgelegten Weise. Wenn wir jemandem Vorhaltungen machen oder ihn kritisieren, so deshalb, weil wir die Art, wie sein Leben verläuft, ändern möchten. Es liegt auf der Hand, daß es noch viele andere und oft bessere Arten gibt, den Lauf der Ereignisse zu beeinflussen, als durch Konfrontation oder Kritik: durch Beispiele, Vorschläge, Parabeln, Belohnung und Strafe, Fragen, Verbieten oder Erlauben, Schaffung von Erfahrungen, Zusammenwirken mit anderen etc. Über die Kunst, Macht auszuüben, ließen sich Bände schreiben, für unsere Zwecke wollen wir es jedoch bei der Aussage bewenden lassen, daß liebende Individuen sich mit dieser Kunst befassen müssen, denn wenn man das spirituelle Wachstum eines anderen fördern will, dann muß man sich mit der wirksamsten Art beschäftigen, die in jedem gegebenen Fall angebracht ist. Liebende Eltern beispielsweise müssen zuerst sich selbst und ihre Wertmaßstäbe gründlich prüfen, damit sie wissen, was für ihr Kind am besten ist. Wenn sie das geklärt haben, müssen sie auch ernsthaft über den Charakter und die Fähigkeiten ihres Kindes nachdenken, ehe sie entscheiden, ob das Kind eher auf Kritik oder auf Lob positiv reagieren dürfte, ob verstärkte Aufmerksamkeit, Geschichtenerzählen oder irgendeine andere Form der Einflußnahme sinnvoll ist. Jemanden mit etwas zu konfrontieren, mit dem er noch nicht umgehen kann, ist bestenfalls Zeitverschwendung und hat wahrscheinlich eher eine schädliche Wirkung. Wenn wir gehört werden wollen, müssen wir in einer Sprache sprechen, die der Zuhörer verstehen kann. Wenn wir lieben wollen, müssen wir uns selbst ausdehnen, um unsere Mitteilungen den Fähigkeiten des geliebten Menschen anzupassen.

Es ist klar, daß liebevolles Ausüben von Macht beträchtliche Arbeit erfordert; was aber ist mit dem damit verbundenen Risiko? Das Problem ist, daß man desto bescheidener ist, je mehr man liebt. Je bescheidener man aber ist, desto mehr scheut man vor der potentiellen Arroganz der Machtausübung zurück. Wer bin ich, daß ich den Lauf der menschlichen Ereignisse beeinflussen möchte? Welche Autorität gibt mir das Recht zu entscheiden, was am besten für mein Kind ist, meinen Ehegatten, mein Land oder die menschliche Rasse? Wer gibt mir das Recht, aufgrund meiner Überzeugung der Welt meinen Willen aufzudrücken? Wer bin ich, Gott zu spielen? *Das* ist das Risiko. Denn immer, wenn wir Macht ausüben, versuchen wir, den Lauf der Welt, der Menschheit zu beeinflussen, spielen also Gott. Die meisten Eltern, Lehrer, Führer – die meisten von uns, die Macht ausüben – erkennen das nicht. In unserer Arroganz, Macht ohne das totale Bewußtsein auszuüben, das die Liebe verlangt, ignorieren wir die Tatsache, daß wir Gott spielen, und das ist destruktiv. Wer aber wirklich liebt und darum für die Weisheit arbeitet, die die Liebe erfordert, der weiß, daß Handeln Gott spielen heißt. Er weiß allerdings auch, daß es dazu keine Alternative gibt, außer Tatenlosigkeit und Ohnmacht. Die Liebe zwingt uns, Gott zu spielen – im vollen Bewußtsein der Tatsache, daß wir eben das tun. Mit diesem Bewußtsein nimmt der liebende Mensch die Verantwortung für den Versuch auf sich, Gott zu spielen, und zwar nicht achtlos, sondern so, daß der Wille Gottes fehlerlos erfüllt wird. Damit kommen wir zu einem weiteren Paradox: Nur aus der Demut der Liebe heraus können Menschen es wagen, Gott zu sein.

Ich habe schon darauf hingewiesen, daß die Energie für die Arbeit der Selbstdiziplin aus der Liebe kommt, die wiederum eine Form des Willens ist. Daraus folgt nicht nur, daß Selbstdisziplin normalerweise in Handlung übersetzte Liebe ist, sondern auch, daß echte Liebe sich selbstdiszipliniert verhält und jede wirklich liebende Beziehung eine disziplinierte Beziehung ist. Wenn ich einen anderen Menschen wirklich liebe, dann richte ich natürlich mein Verhalten so ein, daß es dessen geistige Reife so sehr wie möglich fördert. Ein junges, etwas »bohemienhaftes« intelligentes Künstlerehepaar, mit dem ich einmal zu arbeiten versuchte, war seit vier Jahren verheiratet. In dieser Ehe gab es fast täglich Schreiereien, es wurden Geschirr geworfen und Ohrfeigen verteilt, ungefähr einmal in der Woche war man sich ganz beiläufig untreu, jeden Monat erfolgte eine vorübergehende Trennung. Kurz nach dem Beginn unserer Arbeit erkannten beide ganz richtig, daß die Therapie sie zu größerer Selbstdisziplin und folglich zu einer weniger ungeordneten Beziehung führen würde. »Aber Sie wollen unserer Beziehung die Leidenschaft nehmen«, sagten sie. »Ihre Begriffe von Liebe und Ehe lassen keinen Raum für Leidenschaft.« Fast sofort danach verließen sie die Therapie, und mir wurde berichtet, daß drei Jahre später, nach mehreren Versuchen mit anderen Therapeuten, ihre täglichen Schreiereien und das chaotische Muster ihrer Ehe noch immer fortbestanden, ebenso wie die Unproduktivität ihrer beider individueller Leben. Ihre Verbindung ist unzweifelhaft in einem gewissen Sinne sehr farbig. Doch sie ist wie die Primärfarben in den Gemälden von Kindern, die reichlich über das Papier verteilt sind, gelegentlich nicht ohne Charme, aber im allgemeinen Beweise des Immer-Gleichen, das die Kunst kleiner Kinder kennzeichnet. Auch auf den Bildern Rembrandts findet man diese Farben, aber sie sind in ihrer Kontrolliertheit unendlich viel reicher, einzigartiger und bedeutungsvoller. Leidenschaft ist ein sehr tiefes Gefühl. Die Tatsache, daß ein Gefühl unkontrolliert ist, besagt in keiner Weise etwas darüber, ob es tiefer ist als ein diszipliniertes Gefühl. Im Gegenteil, Psychiater wissen, wie wahr das alte Sprichwort ist: »Stille Wasser sind tief.« Jemand, dessen Gefühle gemessen und kontrolliert sind, kann durchaus ein leidenscha[illegible]cher Mensch sein.

Man sollte zwar nicht Sklave seiner Gefühle sein, aber Selbstdisziplin bedeutet auch nicht, seine Gefühle bis zur Nichtexistenz zu unterdrücken. Ich sage meinen Patienten häufig, ihre Gefühle seien *ihre* Sklaven, und die Kunst der Selbstdisziplin sei ähnlich wie die Kunst, Sklaven zu besitzen. Zunächst einmal sind unsere Gefühle die Quelle unserer Energie; sie liefern uns die Kraft, die es uns ermöglicht, die Aufgaben des Lebens zu erfüllen. Da sie für uns arbeiten, sollten wir sie mit Respekt behandeln.

Es gibt zwei häufige Fehler, die Sklavenhalter machen können und die entgegengesetzte und extreme Formen des Ausübens von Führerschaft vorstellen. Mancher Sklavenhalter diszipliniert seine Sklaven nicht, setzt ihnen keinen Rahmen und keine Grenzen, gibt ihnen keine Richtung an und stellt nicht klar, wer der Herr ist. Nach einer gewissen Zeit hören seine Sklaven natürlich zu arbeiten auf, kommen ins Haus, leeren die Alkoholvorräte aus und zerbrechen das Mobiliar, und bald stellt der Sklavenhalter fest, daß er der Sklave seiner eigenen Sklaven ist und in der gleichen Art von Chaos lebt wie das obenerwähnte Künstlerpaar.

Der entgegengesetzte Führungsstil, den der von Schuldgefühlen geplagte Neurotiker sehr oft ausübt, ist nicht weniger selbstzerstörerisch. Bei diesem Stil ist der Sklaveneigner so besessen von der Angst, seine Sklaven (also seine Gefühle) könnten außer Kontrolle geraten, und so entschlossen, sich von ihnen nicht in Schwierigkeiten bringen zu lassen, daß er sie routinemäßig prügelt und beim ersten Zeichen einer Eigenmächtigkeit schwer bestraft. Dieser Stil führt dazu, daß die Sklaven in relativ kurzer Zeit immer unproduktiver werden, weil ihr Wille durch die brutale Behandlung gebrochen ist oder sich mehr und mehr in heimlicher Rebellion befindet. Wenn der Prozeß lange genug fortgesetzt wird, erfüllen sich schließlich die Befürchtungen des Sklavenhalters, die Sklaven erheben sich und brennen das Haus nieder, häufig den Eigner gleich mit. Das ist die Entstehungsgeschichte gewisser Psychosen und überwältigender Neurosen. Der richtige Umgang mit den eigenen Gefühlen liegt eindeutig auf einem komplexen (und daher nicht leichten oder einfachen), genen Mittelweg; er erfordert ständige Urteilskraft und Anpassung. Dabei behandelt der Eigner seine Gefühle n) mit Respekt, gibt ihnen gute Nahrung, Obdach und nische Fürsorge, hört ihnen zu und antwortet ihnen, ermu sie, erkundigt sich nach ihrer Gesundheit, aber organisiert sie auch, setzt ihnen Grenzen, trifft Entscheidungen, leitet sie in neue Richtungen und bildet sie, läßt dabei aber niemals einen Zweifel daran, wer der Herr ist. Das ist der Weg gesunder Selbstdisziplin.

Unter den Gefühlen, die auf diese Weise diszipliniert werden müssen, befindet sich auch das Gefühl der Liebe. Es ist, wie schon gesagt, als solches keine echte Liebe, sondern das Gefühl, das mit der Besetzung verbunden ist. Wegen der kreativen Energie, die es mit sich bringt, muß man es respektieren und nähren, doch wenn man es aus dem Ruder laufen läßt, ist das Ergebnis nicht echte Liebe, sondern Verwirrung und Unproduktivität. Weil echte Liebe eine Ausdehnung des eigenen Selbst umfaßt, ist beträchtliche Energie erforderlich, und ob man das nun will oder nicht, unsere Energievorräte sind begrenzt wie die Stunden unseres Tages. Wir können einfach nicht jeden lieben. Gewiß, wir mögen ein Gefühl der Liebe für die Menschheit empfinden, und dieses Gefühl mag uns auch dazu verhelfen, genug Energie für die Bezeugung echter Liebe gegenüber einigen bestimmten Individuen aufzubringen. Dennoch ist alles, was in unserer Macht steht, wirkliche Liebe zu relativ wenigen Menschen. Der Versuch, die Grenzen unserer Energie zu überschreiten, bedeutet, mehr anzubieten, als man geben kann, und es gibt einen Punkt, jenseits dessen der Versuch, alle zu lieben, die uns begegnen, betrügerisch und destruktiv wird, und zwar gerade für diejenigen, denen wir helfen möchten. Wenn wir also das Glück haben, uns in einer Lage zu befinden, in der viele Menschen unsere Aufmerksamkeit wünschen, müssen wir diejenigen unter ihnen auswählen, die wir wirklich lieben wollen. Diese Wahl ist nicht leicht; sie kann überaus schmerzhaft sein, wie es so oft der Fall ist, wenn man eine gottähnliche Macht übernimmt. Doch sie muß getroffen werden. Viele Faktoren sind bei dieser Wahl zu berücksichtigen, vor allem die Fähigkeit des potentiellen Empfängers unserer Liebe, auf diese Liebe mit spirituellem Wachstum zu reagieren. In dieser Fähigkeit unterscheiden sich Menschen, eine Tatsache, die wir später noch näher untersuchen werden. Es steht jedoch außer Frage, daß es viele Menschen gibt, deren Geist hinter einem undurchdringlichen Panzer so eingeschlossen ist, daß selbst die größten Anstrengungen, das Wachstum dieses Geistes zu fördern, ziemlich sicher zum Scheitern verurteilt sind. Der Versuch, jemanden zu lieben, der diese Liebe nicht für sein spirituelles Wachstum nutzen kann, ist eine Verschwendung von Energie, so als wollte man eine Saat auf unfruchtbarem Boden aussäen. Echte Liebe ist kostbar, und diejenigen, die zu echter Liebe fähig sind, wissen, daß ihre Liebe durch Selbstdisziplin so produktiv wie möglich konzentriert werden muß.

Das Gegenteil des Problems, zu viele Menschen zu lieben, muß ebenfalls untersucht werden. Einigen Menschen zumindest ist es möglich, mehr als eine Person gleichzeitig zu lieben, gleichzeitig eine Reihe von wirklich liebenden Beziehungen aufrechtzuerhalten. Das ist aus verschiedenen Gründen ein Problem. Ein Grund ist der westliche Mythos der romantischen Liebe, der besagt, daß bestimmte Menschen »füreinander bestimmt« sind; das heißt also, daß sie für niemand anderen bestimmt sind. Daher schreibt der Mythos für Liebesbeziehungen Exklusivität vor, insbesondere sexuelle Exklusivität. Im großen und ganzen ist dieser Mythos vielleicht hilfreich, weil er dazu beiträgt, menschliche Beziehungen stabil und produkiv zu machen, da die große Mehrzahl der Menschen schon von der Aufgabe, wirklich liebende Beziehungen zu ihren Ehegatten und ihren Kindern zu entwickeln, bis an die Grenzen ihrer Fähigkeit gefordert sind. Wenn man von sich sagen kann, man habe wirklich liebende Beziehungen zu Ehepartner und Kindern aufgebaut, dann hat man bereits mehr geschafft, als die meisten Menschen in ihrem ganzen Leben schaffen. Häufig ist etwas bemitleidenswertes an einem Menschen, dem es mißlungen ist, seine Familie zu einer liebenden Einheit zu machen, und der rastlos außerhalb der Familie nach liebenden Beziehungen sucht. Die oberste Verpflichtung eines wirklich liebevollen Menschen sind immer seine ehelichen und elterlichen Beziehungen. Dennoch gibt es einige, deren Liebesfähigkeit so groß ist, daß sie mit Erfolg liebevolle en in der Familie aufbauen können und dennoch zu- nergie für weitere Beziehungen haben. Für diese Men- der Mythos der Exklusivität nicht nur falsch, sondern unnötige Beschränkung ihrer Fähigkeit, sich selbst an- enschen außerhalb der Familie zu widmen. Diese Beschränkung kann überwunden werden, doch dazu ist große Selbstdisziplin erforderlich, damit man sich nicht »verzettelt«. Auf dieses außerordentlich vielschichtige Thema (das hier nur im Vorübergehen berührt wird) bezog sich Joseph Fletcher, der Episkopaltheologe und Autor von *The New Morality*, als er einem Freund von mir sagte: »Freie Liebe ist ein Ideal. Leider ist sie ein Ideal, zu dem nur sehr wenige von uns fähig sind.« Was er meinte, war, daß nur sehr wenige von uns genug Selbstdisziplin haben, um konstruktive und wirklich liebende Beziehungen sowohl innerhalb als auch außerhalb der Familie aufrechtzuerhalten. Freiheit und Disziplin sind in der Tat Schwestern; ohne diese Disziplin echter Liebe ist Freiheit unweigerlich lieblos und destruktiv.

Inzwischen dürften einige Leser vom Begriff der Disziplin genug haben und den Schluß ziehen, ich riete zu einem Lebensstil von calvinistischer Trockenheit. Ständige Selbstdisziplin! Ständige Selbstprüfung! Pflicht! Verantwortung! Neopuritanismus würden sie es vielleicht nennen. Dennoch ist echte Liebe mit aller Disziplin, die sie erfordert, in diesem Leben der einzige Weg zu wirklicher Freude. Wer einen anderen Weg einschlägt, wird vielleicht seltene Augenblicke ekstatischer Freude erleben, doch sie werden flüchtig und immer trügerischer sein. Wenn ich wirklich liebe, dehne ich mich aus, und wenn ich mich ausdehne, wachse ich. Je mehr ich liebe und je länger ich liebe, desto größer werde ich. Echte Liebe ist eine Erfüllung in sich selbst. Je mehr ich die geistige Reife anderer nähre, desto mehr wird meine eigene geistige Reife gefördert. Ich bin ein vollkommen selbstsüchtiger Mensch. Ich tue nie etwas für jemand anderen, sondern ich tue es für mich selbst. Und wenn ich durch Liebe wachse, wächst auch meine Freude, wird immer gegenwärtiger und beständiger. Vielleicht bin ich ein Neopuritaner. Aber ich bin auch sehr begierig nach Freude. Wie John Denver singt:

Love is everywhere, I see it.
You are all that you can be, go on and be it.
Life is perfect, I believe it.
Come and play the game with me.[8]

Liebe ist Getrenntheit

Obwohl der Akt, das spirituelle Wachstum eines anderen zu fördern, die Wirkung hat, auch unser eigenes spirituelles Wachstum zu fördern, ist ein Hauptmerkmal echter Liebe, daß die Unterscheidung zwischen uns selbst und dem anderen immer aufrechterhalten und bewahrt wird. Der wirklich Liebende nimmt den Geliebten immer als einen Menschen mit völlig getrennter Identität wahr. Außerdem respektiert und ermutigt der wirklich Liebende sogar diese Getrenntheit und die einzigartige Individualität des Geliebten. Es kommt häufig vor, daß diese Getrenntheit weder wahrgenommen noch respektiert wird, und das ist Ursache vieler seelischer Erkrankungen und unnötiger Leiden.

In der extremsten Form nennt man die fehlende Wahrnehmung der Getrenntheit des anderen Narzißmus. Eindeutig narzißtische Individuen sind unfähig, ihre Kinder, Ehepartner oder Freunde als auf einer emotionalen Ebene von ihnen getrennte Wesen wahrzunehmen. Was es mit dem Narzißmus auf sich hat, verstand ich zum erstenmal bei einem Gespräch mit den Eltern einer schizophrenen Patientin, die ich hier Susan X nenne. Susan war zu dieser Zeit einunddreißig Jahre alt. Seit ihrem achtzehnten Lebensjahr hatte sie eine Reihe ernsthafter Selbstmordversuche unternommen und mußte in den folgenden Jahren fast ständig in den verschiedensten Kliniken und Krankenhäusern untergebracht werden. Aufgrund besserer Behandlung durch verschiedene Psychiater war es aber in den letzten Jahren zu einer Linderung ihres Zustandes gekommen. Ich arbeitete einige Monate mit ihr, und sie zeigte eine zunehmende Fähigkeit, vertrauenswürdigen Menschen zu trauen; zwischen vertrauenswürdigen Menschen und solchen, die es nicht waren, zu unterscheiden; die Tatsache zu akzeptieren, daß sie eine schizophrene

g hatte und für den Rest ihres Lebens viel Selbstdis-
chen würde, um mit dieser Krankheit fertig zu wer-
elbst zu respektieren und das zu tun, was nötig war,
n sich selbst zu kümmern und nicht ständig darauf an-
zu sein, daß andere sie versorgten. Wegen dieser großen Fortschritte meinte ich, es sei bald möglich, Susan aus dem Krankenhaus zu entlassen, damit sie zum erstenmal in ihrem Leben erfolgreich eine unabhängige Existenz führen könne. An diesem Punkt traf ich mich mit ihren Eltern, einem attraktiven, wohlhabenden Ehepaar von Mitte Fünfzig. Ich war sehr glücklich, ihnen Susans enorme Fortschritte beschreiben und detailliert die Gründe für meinen Optimismus erklären zu können. Doch zu meiner großen Überraschung begann Susans Mutter nach kurzer Zeit still vor sich hin zu weinen und weinte weiter, während ich in meiner hoffnungsvollen Botschaft fortfuhr. Zuerst meinte ich, sie weine vielleicht vor Freude, doch aus ihrem Ausdruck ging deutlich hervor, daß sie tatsächlich traurig war. Schließlich sagte ich: »Ich bin verwirrt, Frau X. Ich berichte Ihnen lauter hoffnungsvolle Dinge, und Sie scheinen darüber traurig zu sein.«

»Natürlich bin ich traurig«, antwortete sie. »Ich kann einfach das Weinen nicht unterdrücken, wenn ich an all das denke, was die arme Susan erleiden muß.«

Ich erklärte ihr ausführlich, daß Susan zwar im Verlauf ihrer Krankheit vieles erlitten hatte, daß sie aus diesem Leiden aber auch eine Menge gelernt hatte, es überwunden hatte und meiner Einschätzung nach in Zukunft nicht mehr werde leiden müssen als jeder andere erwachsene Mensch. Möglicherweise würde sie sogar weniger leiden als jeder der anderen Anwesenden, weil sie aus ihrem Kampf mit der Schizophrenie sehr viel gelernt hatte. Frau X weinte weiter still vor sich hin.

»Offen gesagt, ich bin noch immer verwirrt, Frau X«, sagte ich. »In den letzten dreizehn Jahren müssen Sie doch mindestens ein Dutzend derartiger Gespräche mit Susans Psychiatern geführt haben, und noch keines war so optimistisch wie dieses. Sind Sie denn neben Ihrer Traurigkeit nicht auch froh darüber?«

»Ich kann nur daran denken, wie schwierig das Leben für Susan ist«, antwortete Frau X schluchzend.

»Gibt es irgend etwas, das ich Ihnen über Susan sagen könnte, das Ihnen Mut machen und Sie für Susan glücklich machen würde?« fragte ich.

»Das Leben der armen Susan ist so voller Leid«, jammerte Frau X weiter.

Plötzlich erkannte ich, daß Frau X nicht über Susan weinte, sondern über sich selbst. Sie weinte über ihre eigenen Leiden und Schmerzen. Das Gespräch aber drehte sich um Susan, nicht um sie, und sie weinte in Susans Namen. Ich fragte mich, wie das möglich sei. Und dann wurde mir klar, daß Frau X tatsächlich nicht zwischen Susan und sich selbst unterscheiden konnte. Was sie fühlte, mußte Susan fühlen. Sie benutzte Susan als Vehikel, um ihre eigenen Bedürfnisse auszudrücken. Sie tat das nicht bewußt oder in böser Absicht; auf einer emotionalen Ebene konnte sie Susan tatsächlich nicht als Menschen wahrnehmen, der eine von ihr getrennte Identität hatte. Sie war Susan, Susan war sie. In ihrem Geist existierte Susan als einzigartiges, anderes Individuum mit einem einzigartigen, anderen Lebensweg einfach nicht – und vermutlich auch niemand anderer. Intellektuell konnte Frau X erkennen, daß andere Menschen anders waren als sie selbst. Auf einer tieferen Ebene aber existierten andere Menschen für sie nicht. In den Tiefen ihres Geistes bestand die ganze Welt nur aus ihr, Frau X, allein.

Später machte ich noch oft die Erfahrung, daß die Mütter schizophrener Kinder außerordentlich narzißtische Individuen waren, ebenso wie Frau X. Das soll nicht heißen, daß solche Mütter immer narzißtisch sind oder daß narzißtische Mütter keine nicht-schizophrenen Kinder großziehen können. Schizophrenie ist eine außerordentlich vielschichtige Störung, die offensichtlich ebenso genetisch wie umweltbedingt ist. Man kann sich jedoch vorstellen, wie tief Susan in ihrer Kindheit durch den Narzißmus ihrer Mutter verwirrt wurde; diese Verwirrung kann man objektiv beobachten, wenn man tatsächlich einmal den Umgang narzißtischer Mütter mit ihren Kindern betrachtet. So könnte eines Nachmittags, als Frau X sich ihrer selbst wegen traurig fühlte, Susan aus der Schule nach Hause gekommen sein und einige Zeichnungen mitgebracht haben, die sie gemacht hatte und für die sie gute Noten erhalten hatte. Als Susan ihrer Mutter stolz erzählte, welche Fortschritte sie im Kunstunterricht mache, könnte Frau X geantwortet haben: »Susan, geh und leg dich ein bißchen hin. Du solltest nach der Schule nicht so erschöpft sein. Das Schulsystem ist wirklich nicht mehr gut. Sie kümmern sich gar nicht mehr um die Kinder.« Wenn Frau X aber einmal in guter Stimmung war, hätte Susan weinend nach Hause kommen können, weil sie im Schulbus von einigen Buben geneckt worden war, und Frau X hätte sagen können: »Ist es nicht ein Glück, daß Herr Jones ein so guter Busfahrer ist? Er ist so nett und geduldig mit euch Kindern und eurem Gerangel. Ich glaube, du solltest ihm zu Weihnachten ein hübsches kleines Geschenk machen.« Da narzißtische Individuen andere nicht als andere wahrnehmen, sondern nur als Ausdehnungen ihrer selbst, fehlt ihnen die Fähigkeit zur Empathie oder Einfühlung, also die Fähigkeit, das zu fühlen, was *ein anderer* fühlt. Mangels Empathie reagieren narzißtische Eltern gewöhnlich auf emotionaler Ebene unangemessen auf ihre Kinder und bieten diesen keine Anerkennung oder Bestätigung ihrer Gefühle. Es ist daher kein Wunder, daß solche Kinder mit erheblichen Schwierigkeiten beim Erkennen und Akzeptieren von und also auch beim Umgang mit ihren Gefühlen aufwachsen.

Die große Mehrzahl der Eltern ist normalerweise nicht so narzißtisch wie Frau X, versäumt es aber auch in gewissem Maße, die einzigartige Individualität oder das »Anderssein« ihrer Kinder richtig zu erkennen oder voll zu schätzen. Beispiele dafür gibt es in Fülle. Eltern sagen beispielsweise von ihrem Kind: »Er ist ganz der Vater« oder »Er ist genau wie Onkel Jim«, als sei ihr Kind eine genetische Kopie ihrer selbst oder der Familie, obwohl die genetischen Kombinationen in Wirklichkeit so sind, daß alle Kinder sich genetisch von beiden Eltern und allen Vorfahren stark unterscheiden. Sportliche Väter drängen ihre viel mehr dem Bücherlesen zugetanen Söhne zum Fußball, gelehrte Väter drängen ihre fußballbegeisterten Söhne zum Bücherlesen und verursachen so den Söhnen viele unnötige Schuldgefühle und Verwirrungen. Die Frau eines Generals beklagte sich über ihre siebzehnjährige Tochter: »Wenn sie zu Hause ist, sitzt Sally die ganze Zeit in ihrem Zimmer und schreibt traurige Gedichte. Das ist doch nicht normal, Doktor. Sie weigert sich standhaft, hier bei uns eine Begrüßungsparty zu geben. Ich fürchte, sie ist ernstlich krank.« Nachdem ich mit Sally gesprochen hatte, einer reizenden und lebhaften jungen Frau, die in ihrer Schule glänzende Leistungen erbringt und eine Menge Freunde hat, sagte ich ihren Eltern, ich hielte Sally für vollkommen gesund, und schlug ihnen vor, vielleicht ihren Druck auf Sally zu verringern, sich wie eine Kopie ihrer Eltern zu verhalten. Die Eltern gingen fort und sahen sich nach einem anderen Psychiater um, der vielleicht bereit wäre, Sallys Anderssein als Abweichung von der Norm zu diagnostizieren.

Jugendliche klagen häufig darüber, sie würden nicht aus echter Fürsorge kritisiert, sondern deshalb, weil die Eltern Angst hätten, durch sie in ein schlechtes Licht zu geraten. »Meine Eltern sind ständig hinter mir her, ich solle mir die Haare abschneiden«, pflegten heranwachsende Jungen vor einigen Jahren zu sagen. »Sie können nicht erklären, warum langes Haar schlecht für mich ist. Sie wollen einfach nicht, daß andere Leute sehen, daß sie langhaarige Kinder haben. Im Grunde liegt ihnen überhaupt nichts an mir. Was sie wirklich berührt, ist nur ihr eigenes Image.« Solche Vorwürfe von Jugendlichen sind gewöhnlich gerechtfertigt. Die Eltern berücksichtigen in der Tat oft nicht die einzigartige Individualität ihrer Kinder, sondern betrachten die Kinder als Ausdehnungen ihrer selbst, ähnlich wie ihre feinen Kleider, ihr sauber gemähter Rasen und ihr poliertes Auto Ausdehnungen ihrer selbst sind, die ihren Status in der Welt repräsentieren. Diese milderen, aber dennoch destruktiven, allgemein üblichen Formen elterlichen Narzißmus' schilderte Kahlil Gibran mit den vielleicht feinsinnigsten Worten, die je über das Großziehen von Kindern geschrieben wurden:

Eure Kinder sind nicht *eure* Kinder.
Es sind die Söhne und Töchter von des Lebens Verlangen nach sich selber.
Sie kommen durch euch, doch nicht *von* euch;
Und sind sie auch bei euch, so gehören sie euch doch nicht. Ihr dürft ihnen eure Liebe geben, doch nicht eure Gedanken,
Denn sie haben ihre eigenen Gedanken.
Ihr dürft ihren Leib behauen, doch nicht ihre Seele,

Denn ihre Seele wohnt im Haus von Morgen, das ihr nicht zu betreten vermögt, selbst nicht in euren Träumen.
Ihr dürft euch bestreben, ihnen gleich zu werden, doch suchet nicht, sie euch gleich zu machen.
Denn das Leben läuft nicht rückwärts, noch verweilet es beim Gestern.
Ihr seid die Bogen, von denen eure Kinder als lebende Pfeile entsandt werden.
Der Schütze sieht das Zeichen auf dem Pfade der Unendlichkeit, und Er biegt euch mit Seiner Macht, auf daß Seine Pfeile schnell und weit fliegen.
Möge das Biegen in des Schützen Hand euch zur Freude gereichen;
Denn gleich wie Er den fliegenden Pfeil liebet, so liebt Er auch den Bogen, der standhaft bleibt.[9]

Die Schwierigkeiten, die Menschen ganz allgemein damit zu haben scheinen, das Getrenntsein derer voll anzuerkennen, die ihnen nahe sind, stört nicht nur die elterlichen Beziehungen zu Kindern, sondern alle engen Beziehungen, auch die Ehe. Vor gar nicht langer Zeit hörte ich in einer Ehepaargruppe, wie eines der Mitglieder erklärte, »Zweck und Funktion« seiner Frau sei es, das gemeinsame Haus sauberzuhalten und für ihn gut zu kochen. Ich war entsetzt über so viel männlichen Chauvinismus. Ich wollte ihm das zeigen, indem ich die anderen Mitglieder der Gruppe bat, uns zu sagen, wie sie Zweck und Funktion ihrer Ehegatten empfänden. Zu meinem Schrecken gaben sechs weitere, Männer und Frauen, ganz ähnliche Antworten. Sie alle definierten Zweck und Funktion ihrer Männer oder Frauen in bezug auf sich selbst; keiner von ihnen nahm wahr, daß ihre Ehepartner vielleicht eine grundlegend von der ihren getrennte Existenz oder ein eigenes, von der Ehe unberührtes Schicksal haben können. »Es ist kein Wunder, daß Sie alle in Ihren Ehen Schwierigkeiten haben. Sie werden auch weiterhin Schwierigkeiten haben, solange Sie nicht erkennen, daß jeder von Ihnen sein eigenes, getrenntes Schicksal zu erfüllen hat«, sagte ich Ihnen. Die Gruppe fühlte sich dadurch nicht nur bestraft, sondern zutiefst verwirrt. Leicht aggressiv baten sie mich, Zweck und Funktion meiner

Frau zu definieren. »Zweck und Funktion von Lily«, antwortete ich, »bestehen darin, bis an die Grenzen ihrer Möglichkeiten zu wachsen, nicht zu meinem Nutzen, sondern zu ihrem eigenen und zur Ehre Gottes.« Diese Vorstellung blieb ihnen jedoch für eine gewisse Zeit fremd.

Das Problem der Getrenntheit in engen Beziehungen hat der Menschheit durch alle Zeitalter hindurch zu schaffen gemacht. Vom politischen Standpunkt aus hat es jedoch mehr Beachtung gefunden als vom ehelichen Standpunkt aus. Der Kommunismus beispielsweise proklamiert eine Philosophie, die der der obenerwähnten Paare nicht unähnlich ist – nämlich daß Zweck und Funktion des Individuums darin bestehen, der Beziehung, der Gruppe, dem Kollektiv, der Gesellschaft zu dienen. Nur das Schicksal der Gesellschaft wird berücksichtigt; das Schicksal des Individuums wird für folgenlos gehalten. Der Kapitalismus dagegen tritt für das Schicksal des Individuums ein, und sei es auf Kosten der Beziehung, der Gruppe, des Kollektivs, der Gesellschaft. Witwen und Waisen mögen verhungern, doch das sollte den einzelnen Unternehmer nicht daran hindern, alle Früchte seiner individuellen Initiative zu genießen. Jedem urteilsfähigen Geist dürfte klar sein, daß keine der beiden Versuche, das Problem des Getrenntseins innerhalb von Beziehungen zu lösen, erfolgreich sein kann. Die Gesundheit des Individuums hängt von der Gesundheit der Gesellschaft ab; die Gesundheit der Gesellschaft erfordert die Gesundheit ihrer Individuen. Beim Umgang mit Ehepaaren benutzen meine Frau und ich häufig die Analogie zwischen der Ehe und einem Basislager beim Bergsteigen. Wenn man Berge besteigen will, muß man ein gutes Basislager haben, einen Platz, wo es Obdach und Vorräte gibt, wo man sich ernähren und ausruhen kann, ehe man sich wieder aufmacht, um einen weiteren Gipfel zu besteigen. Erfolgreiche Bergsteiger wissen, daß sie mindestens so viel, wenn nicht mehr Zeit mit der Errichtung des Basislagers zubringen müssen wie mit dem eigentlichen Klettern, denn ihr Überleben hängt davon ab, daß ihr Basislager solide angelegt und gut mit Vorräten bestückt ist.

Ein häufiges und traditionell männliches Eheproblem wird durch den Ehemann geschaffen, der, sobald er einmal verheiratet ist, seine ganze Energie dem Ersteigen von Bergen widmet und nicht dem Errichten des Basislagers, sprich seiner Ehe; er erwartet nur, daß es in perfekter Ordnung dasteht, wenn er sich zur Rückkehr entschließt und sich erholen will, doch er übernimmt keinerlei Verantwortung für seine Instandhaltung. Früher oder später schlägt dieses »kapitalistische« Herangehen an das Problem fehl, und wenn er zurückkommt, findet er sein unbeachtetes Basislager in chaotischer Unordnung, seine vernachlässigte Frau wegen eines Nervenzusammenbruchs in der Klinik oder mit einem anderen Mann auf und davon oder sonstwie aus ihrer Stellung als Versorgerin des Basislagers ausgebrochen. Ein ebenso häufiges und traditionell weibliches Eheproblem wird durch die Frau geschaffen, die, sobald sie einmal verheiratet ist, meint, das Ziel ihres Lebens erreicht zu haben. Für sie ist das Basislager der Gipfel. Sie kann das Bedürfnis ihres Mannes nach Leistungen und Erfahrungen jenseits der Ehe nicht verstehen, sich nicht darin einfühlen und reagiert darauf mit Eifersucht und endlosen Forderungen, er möge dem gemeinsamen Heim mehr Energie widmen. Wie andere »kommunistische« Lösungen des Problems bewirkt dies eine Beziehung, die einengend und erstikkend ist und aus der der Ehemann, der sich in die Falle gegangen und gefesselt fühlt, möglicherweise in einem Augenblick von »Midlife-Krise« flieht. Die Frauenbefreiungsbewegung hat viel dazu beigetragen, den Weg zur offensichtlich einzigen idealen Lösung aufzuzeigen: Ehe als wirklich kooperative Institution, die von beiden Partnern bedeutende Beiträge, Fürsorge, Zeit und Energie fordert, deren Hauptzweck aber darin besteht, beide Beteiligten für individuelle Reisen zu ihren eigenen, individuellen Gipfeln spirituellen Wachstums zu rüsten. Beide, Mann und Frau, müssen sowohl den Herd vorsorgen als auch ihre Bestätigungen draußen suchen.

Als Jugendlicher berührten mich zutiefst die Liebesworte der frühen amerikanischen Dichterin Ann Bradstreet an ihren Mann: »Wenn jemals zwei eines waren, dann wir.«[10]

Mit dem Älterwerden habe ich jedoch erkannt, daß es die Getrenntheit der Partner ist, die die Verbindung bereichert. Gute Ehen können nicht von Individuen aufgebaut werden, denen das grundlegende Alleinsein Schrecken einjagt, wie es so oft der Fall ist, und die in der Ehe eine Verschmelzung suchen. Echte Liebe respektiert nicht nur die Individualität des anderen, sondern versucht diese sogar zu pflegen, selbst auf die Gefahr von Trennung oder Verlust hin. Das letzte Ziel des Lebens bleibt das spirituelle Wachstum des Individuums, die einsame Reise zu Gipfeln, die nur allein erstiegen werden können. Bedeutsame Reisen können nicht durchgeführt werden ohne die Nahrung, die durch eine erfolgreiche Ehe oder eine erfolgreiche Gesellschaft geliefert wird. Ehe und Gesellschaft existieren für das Hauptziel, solche individuellen Reisen zu fördern. Doch wie bei aller echten Liebe führen »Opfer« zugunsten des Wachstums des anderen zu gleichem oder größerem Wachstum des Selbst. Die Rückkehr des Individuums von den Gipfeln, die es allein bereist hat, zur nährenden Ehe oder Gesellschaft ist es, die allein dazu dient, diese Ehe oder diese Gesellschaft auf neue Höhen zu heben. So sind individuelles Wachstum und gesellschaftliches Wachstum gegenseitig voneinander abhängig, doch das eigentliche Wachsen ist immer und unvermeidlich einsam. Aus der Einsamkeit seiner Weisheit spricht nochmals Kahlil Gibran zu uns, diesmal über die Ehe:

Doch lasset Raum zwischen eurem Beieinandersein,
Und lasset Wind und Himmel tanzen zwischen euch.
Liebet einander, doch macht die Liebe nicht zur Fessel:
Schaffet eher daraus ein webendes Meer zwischen den Ufern eurer Seelen.
Füllet einander den Kelch, doch trinket nicht aus *einem* Kelche.
Gebet einander von eurem Brote, doch esset nicht vom gleichen Laibe.
Singet und tanzet zusammen, und seid fröhlich, doch lasset jeden von euch allein sein.
Gleich wie die Saiten einer Laute allein sind, erbeben sie auch von derselben Musik.
Gebet einander eure Herzen, doch nicht in des anderen Verwahr.
Denn nur die Hand des Lebens vermag eure Herzen zu fassen.
Und stehet beieinander, doch nicht zu nahe beieinander:
Denn die Säulen des Tempels stehen einzeln,
Und Eichbaum und Zypresse wachsen nicht im gegenseit'gen Schatten.[11]

Es fällt mir schwer, heute noch einmal die Motivation und das Verständnis nachzuvollziehen, mit denen ich vor fünfzehn Jahren das Feld der Psychiatrie betrat. Gewiß wollte ich den Menschen »helfen«. In anderen Zweigen der Medizin umfaßte der Prozeß, Menschen zu helfen, eine Technologie, die mir nicht lag und die mir zu mechanisch schien, um meinen Vorstellungen zu entsprechen. Auch fand ich es angenehmer, mit Menschen zu sprechen als sie abzuhören und zu beklopfen, und die Einfälle des menschlichen Geistes erschienen mir von Haus aus interessanter als die Einfälle des Körpers oder der Keime, die ihn befielen. Ich hatte keine Ahnung, wie Psychiater Menschen helfen. In meiner Phantasie waren Psychiater im Besitz magischer Worte und magischer Techniken, die sie im Umgang mit den Patienten anwandten und die auf magische Weise die Knoten der Psyche lösen konnten. Vielleicht wollte ich auch ein Magier sein. Ich hatte kaum einen Begriff davon, daß diese Arbeit etwas mit dem spirituellen Wachstum von Patienten zu tun haben würde, und ich hatte ganz gewiß keine Vorstellung davon, daß sie auch mit meinem eigenen spirituellen Wachstum zu tun haben würde.

Während der ersten zehn Monate meiner Ausbildung arbeitete ich mit schwer gestörten Patienten, denen Pillen oder Schockbehandlungen oder gute Krankenpflege viel mehr zu helfen schienen als ich, doch ich lernte die traditionellen magischen Worte und Techniken der Interaktion. Nach dieser Zeit bekam ich meine erste Patientin für eine langfristige, ambulante Psychotherapie. Ich will sie Mary nennen. Mary kam dreimal in der Woche zu mir. Es war ein richtiger Kampf. Sie wollte nicht über die Dinge sprechen, über die ich sie sprechen hören wollte, und sie wollte nicht in der Weise darüber sprechen, die ich für richtig hielt, und manchmal wollte sie überhaupt nicht sprechen. In gewisser Weise waren unsere Wertmaßstäbe ziemlich verschieden; in unserem Kampf änderte sie ihre ein wenig, und ich änderte meine ein wenig. Doch der Kampf ging weiter, trotz meines Vorrats an magischen Worten und Techniken und Haltungen, und bei Mary zeigte sich keinerlei Besserung. Tatsächlich nahm sie kurz nach Beginn unserer Psychotherapie ein Leben nahezu unglaublicher Promiskuität auf, und monatelang berichtete sie von zahllosen Beispielen, in denen sie sich »schlecht benommen« hatte. Nach einem Jahr in dieser Art fragte sie mich schließlich in einer Sitzung: »Glauben Sie, daß ich ein Stück Dreck bin?«

»Sie scheinen von mir wissen zu wollen, was ich über Sie denke«, antwortete ich und war stolz, daß ich Zeit gewonnen hatte.

Sie sagte, genau das sei es, was sie wolle. Aber was sollte ich nun tun? Welche magischen Worte oder Techniken oder Haltungen konnten mir jetzt helfen. Ich konnte sagen: »Warum fragen Sie danach?« oder »Welche Phantasien haben Sie über das, was ich von Ihnen denke?« oder »Was wichtig ist, Mary, ist, was Sie selbst über sich denken, nicht, was ich über Sie denke.« Doch ich hatte das überwältigende Gefühl, das alles seien Ausweichmanöver, und nach einem ganzen Jahr mit drei Sitzungen in der Woche habe Mary zumindest ein Recht auf eine ehrliche Antwort von mir auf die Frage, was ich über sie denke. Dafür jedoch hatte ich keinen Präzedenzfall; einem Menschen von Angesicht zu Angesicht ehrlich zu sagen, was man über ihn denkt, gehört nicht zu den magischen Worten oder Techniken, die meine Professoren mich gelehrt hatten. Es war eine Interaktion, die in meiner Ausbildung nie vorgeschlagen oder empfohlen worden war; allein die Tatsache, daß sie nicht erwähnt worden war, war ein Hinweis darauf, daß diese Interaktion mißbilligt wurde, daß es eine Situation war, in die kein reputierter Psychiater sich bringen lassen würde. Wie sollte ich mich verhalten? Mit klopfendem Herzen ließ ich mich auf etwas ein, das mir wirklich auf sehr unsicherem Boden zu stehen schien. »Mary«, sagte ich, »Sie kommen nun seit über einem Jahr zu mir. In dieser langen Zeit ist nicht immer alles glattgegangen zwischen uns. Wir haben viel gekämpft, und der Kampf war oft langweilig oder nervtötend oder ärgerlich für uns beide. Doch trotzdem sind Sie immer wiedergekommen, obwohl es für Sie mit beträchtlichen Unannehmlichkeiten und Mühen verbunden war, Sitzung um Sitzung, Woche um Woche, Monat um Monat. Sie wären dazu nicht fähig gewesen, wenn Sie nicht ein Mensch wären, der entschlossen ist zu wachsen und bereit, sehr hart zu arbeiten, um einen besseren Menschen aus sich zu machen. Ich glaube nicht, daß ich jemanden, der so sehr an sich arbeitet wie Sie, für ein Stück Dreck halten würde. Die Antwort lautet also: Nein, ich halte Sie nicht für ein Stück Dreck. Im Gegenteil, ich bewundere Sie ziemlich.«

Unter ihren Dutzenden von Liebhabern wählte Mary einen aus und entwickelte eine sinnvolle Beziehung zu ihm, die schließlich zu einer überaus erfolgreichen und befriedigenden Ehe führte. Ihre Promiskuität kam nie wieder vor. Sie begann jetzt auch, über die guten Dinge in ihr zu sprechen. Das Gefühl unproduktiven Kampfes zwischen uns verschwand, unsere Arbeit wurde flüssig und erfreulich, ihre Fortschritte beschleunigten sich. Merkwürdigerweise hatte mein Ausflug auf unsicheren Boden, die Enthüllung meiner wirklich positiven Gefühle für sie – etwas, von dem ich meinte, es werde gewiß nicht von mir erwartet – sie nicht etwa verletzt, sondern war augenscheinlich von großem therapeutischem Nutzen gewesen und eindeutig der Wendepunkt in unserer gemeinsamen Arbeit.

Was bedeutet das? Bedeutet es, daß wir zum Zweck einer erfolgreichen Psychotherapie unseren Patienten nur zu sagen brauchen, daß wir gut von ihnen denken? Kaum. Zunächst einmal ist es notwendig, in der Therapie jederzeit ehrlich zu sein. Ich bewunderte und mochte Mary wirklich. Zweitens waren meine Bewunderung und meine Zuneigung für sie von wirklicher Bedeutung, weil ich sie schon so lange kannte und wir sehr tiefe Erfahrungen in der Therapie miteinander hatten. Tatsächlich hatte das Wesentliche an diesem Wendepunkt nicht einmal mit meiner Zuneigung und Bewunderung zu tun; es hatte mit der Natur unserer Beziehung zu tun.

Ein ähnlich dramatischer Wendepunkt ergab sich in der Therapie einer jungen Frau, die ich Helen nennen will und die ich neun Monate lang zweimal wöchentlich gesehen hatte, ohne daß sich ein merklicher Erfolg einstellte. Ich hatte noch nicht viele positive Gefühle für sie, ja, nach all dieser Zeit hatte ich überhaupt noch kaum ein Gefühl dafür, wer Helen eigentlich war. Nie zuvor hatte ich einen Patienten so lange gesehen, ohne eine gewisse Vorstellung davon zu haben, wer dieser Mensch und was die Natur des zu lösenden Problems war. Ich war völlig verwirrt in bezug auf sie und hatte den größten Teil zahlreicher Nächte ohne jeden Erfolg damit zugebracht, mir über diesen Fall einigermaßen klarzuwerden. Das einzige, was mir klar war, war, daß Helen mir nicht vertraute. Sie beklagte sich heftig darüber, ich sei in keiner Weise wirklich an ihr interessiert, sondern nur an ihrem Geld. So sprach sie auch in einer Sitzung nach neun Monaten Therapie: »Sie können sich nicht vorstellen, Dr. Peck, wie frustrierend für mich der Versuch ist, in eine Kommunikation mit Ihnen zu kommen, wenn Sie so uninteressiert an mir und darum so unzugänglich für meine Gefühle sind.«

»Helen«, antwortete ich, »es scheint für uns beide frustrierend zu sein. Ich weiß nicht, was Sie jetzt fühlen werden, aber Sie sind der frustrierendste Fall, den ich in meiner zehnjährigen psychotherapeutischen Praxis jemals hatte. Ich habe nie jemanden getroffen, mit dem ich in so langer Zeit so wenig weitergekommen bin. Vielleicht haben Sie recht mit der Annahme, daß ich nicht der richtige Mensch bin, mit Ihnen zu arbeiten. Ich weiß es nicht. Ich möchte nicht aufgeben, aber ich bin wirklich verwirrt über Sie, und ich zerbreche mir dauernd den Kopf darüber, was zum Teufel an unserer gemeinsamen Arbeit nicht stimmt.«

Ein strahlendes Lächeln erschien auf Helens Gesicht. »Also liegt Ihnen doch etwas an mir.«

»Wie bitte?« fragte ich.

»Wenn Ihnen nichts an mir läge, wären Sie nicht so frustriert«, antwortete sie, als sei das völlig offenkundig.

In der folgenden Sitzung begann Helen, mir Dinge zu sagen, die sie zuvor zurückgehalten oder über die sie sogar gelogen hatte, und binnen einer Woche hatte ich ein klares Verständnis ihres Grundproblems, konnte eine Diagnose stellen und wußte in großen Zügen, wie die Therapie verlaufen sollte.

Auch hier war meine Reaktion für Helen sinnvoll und bedeutsam, und zwar gerade wegen der Tiefe meiner Anteilnahme an ihr und der Intensität unseres gemeinsamen Kampfes. Daraus kann man das wesentliche Ingrediens ableiten, das die Psychotherapie wirksam und erfolgreich macht. Es ist weder eine »bedingungslos positive Beachtung«, noch sind es magische Techniken, Worte oder Haltungen; es sind menschliche Anteilnahme und Kampf. Es ist die Bereitschaft des Therapeuten, sich auszudehnen, damit der Patient wachsen kann – Bereitschaft, unsicheren Boden zu betreten, sich selbst auf einer emotionalen Ebene wirklich in die Beziehung einzubringen, tatsächlich mit dem Patienten und mit sich selbst zu kämpfen. Kurz gesagt, der wesentliche Bestandteil erfolgreicher, tiefer und sinnvoller Psychotherapie ist Liebe.

Es ist bemerkenswert, ja fast unglaublich, daß die umfangreiche Fachliteratur des Westens über Psychotherapie das Thema Liebe ignoriert. Hindu-Gurus machen häufig kein Hehl aus der Tatsache, daß ihre Liebe die Quelle ihrer Macht ist.[12] Was in der westlichen Literatur diesem Thema noch am nächsten kommt, sind jene Artikel, die Unterschiede zwischen erfolgreichen und erfolglosen Psychotherapeuten zu analysieren versuchen und gewöhnlich mit der Erwähnung von Eigenschaften erfolgreicher Therapeuten wie »Wärme« und »Empathie« enden. Im Grunde scheint uns das Thema Liebe peinlich zu sein. Dafür gibt es eine Reihe von Gründen. Einer ist die Verwechslung zwischen echter Liebe und romantischer Liebe, die in unserer Kultur so allgegenwärtig ist, und es gehören auch die anderen Verwechslungen dazu, von denen in diesem Abschnitt die Rede war. Ein weiterer Grund ist unsere Neigung zum Rationalen, Greifbaren und Meßbaren in der »wissenschaftlichen Medizin«, und das Gebiet der Psychotherapie hat sich im wesentlichen aus der »wissenschaftlichen Medizin« entwickelt. Da Liebe ein ungreifbares, kaum meßbares und überrationales Phänomen ist, war sie wissenschaftlicher Analyse nicht zugänglich.

Ein weiterer Grund ist die in der Psychiatrie starke psychoanalytische Tradition des neutralen und losgelösten Analytikers, eine Tradition, für die mehr Freuds Nachfolger als Freud selbst verantwortlich zu sein scheinen. In eben dieser Tradition werden irgendwelche Liebesgefühle, die der Patient für den Therapeuten empfindet, im allgemeinen als »Übertragung« etikettiert, und Liebesgefühle des Therapeuten gegenüber dem Patienten sind »Gegenübertragungen«. Das schließt ein, daß solche Gefühle nicht normal sind, mehr ein Teil des Problems als seine Lösung, und daß man sie vermeiden sollte. Das alles ist völlig absurd. *Übertragung,* wie sie im vorigen Teil erwähnt wurde, bezieht sich auf *unangemessene* Gefühle, Wahrnehmungen und Reaktionen. Es ist aber nichts Unangemessenes daran, daß Patienten einen Therapeuten liebgewinnen, der ihnen Stunde um Stunde wirklich zuhört, ohne sie zu richten, der sie wahrhaft akzeptiert, wie sie vermutlich nie zuvor akzeptiert worden sind, der sie in keiner Weise benutzt und der ihnen geholfen hat, ihr Leiden zu lindern. Tatsächlich ist es in vielen Fällen die Essenz der Übertragung, die den Patienten daran hindert, eine liebende Beziehung zum Therapeuten herzustellen, und die Heilung besteht darin, die Übertragung durchzuarbeiten, damit der Patient eine erfolgreiche Liebesbeziehung erleben kann, oft zum erstenmal. Ähnlich ist auch nichts Unangemessenes an den Liebesgefühlen, die ein Therapeut für seinen Patienten entwickelt, wenn der Patient sich der Disziplin der Psychotherapie unterzieht, an der Behandlung mitarbeitet, bereit ist, vom Therapeuten zu lernen, und anfängt, durch die Beziehung zu wachsen. Intensive Psychotherapie ist in vieler Hinsicht ein Prozeß erneut durchlebter Elternschaft. Es ist nicht unangemessener für einen Therapeuten, Liebesgefühle für einen Patienten zu empfinden, als es für gute Eltern ist, Liebesgefühle für ein Kind zu empfinden. Im Gegenteil, es ist entscheidend wichtig, daß der Therapeut seinen Patienten liebt, damit die Therapie erfolgreich sein kann, und wenn die Therapie Erfolg hat, dann wird die therapeutische Beziehung zu einer wechselseitig liebenden. Es ist unvermeidlich, daß der Therapeut gleichzeitig mit der echten Liebe, die er dem Patienten gegenüber bewiesen hat, auch Gefühle der Liebe empfindet.

Geistig-seelische Erkrankungen werden zum größten Teil verursacht durch das Fehlen von oder Mängel in der Liebe, die ein bestimmtes Kind von seinen speziellen Eltern zu erfolgreicher Reifung und spirituellem Wachstum brauchte. Es liegt also auf der Hand, daß der Patient, um durch Psychotherapie geheilt zu werden, vom Psychotherapeuten zumindest einen Teil der echten Liebe bekommen muß, die ihm früher vorenthalten wurde. Wenn der Psychotherapeut einen Patienten nicht wirklich lieben kann, dann kommt es auch zu keiner wirklichen Heilung. Ganz gleich, wie tüchtig und gut ausgebildet Psychotherapeuten sein mögen, wenn sie nicht in der Lage sind, sich in Liebe auf ihre Patienten hin auszudehnen, dann werden die Ergebnisse ihrer psychotherapeutischen Praxis im allgemeinen keine Erfolge sein. Umgekehrt kann ein nicht sonderlich tüchtiger und nur minimal ausgebildeter Laientherapeut, der über große Liebesfähigkeit verfügt, Resultate erzielen, die denen der allerbesten Psychiater gleichkommen.

Da Liebe und Sex so eng zusammenhängen und untereinander verbunden sind, ist hier eine kurze Erwähnung sexueller Beziehungen zwischen Psychotherapeuten und ihren Patienten angebracht, ein Thema, dem gegenwärtig in der Presse einige Aufmerksamkeit geschenkt wird. Wegen der notwendigerweise liebevollen und intimen Natur der psychotherapeutischen Beziehung ist es unvermeidlich, daß sowohl Patienten als auch Therapeuten eine starke oder sehr starke sexuelle Anziehung füreinander entwickeln. Der Druck, diese Anziehung sexuell auszuleben, kann ungeheuer stark sein. Ich vermute, daß einige der Fachkollegen, die mit Steinen nach einem Therapeuten werfen, der sexuelle Beziehungen mit einem Patienten hatte, selbst möglicherweise keine liebevollen Therapeuten sind und daher vielleicht nicht verstehen können, wie ungeheuer stark der hier wirkende Druck ist. Wenn ich außerdem jemals einen Fall hätte, in dem ich nach sorgfältigem und gewissenhaftem Überlegen zu dem Schluß käme, daß die geistige Reife dieses Patienten durch sexuelle Beziehungen zwischen uns wesentlich gefördert würde, so würde ich diese Beziehungen aufnehmen. In fünfzehnjähriger Praxis hatte ich jedoch noch keinen solchen Fall, und ich kann mir auch schwer vorstellen, daß es einen solchen Fall geben könnte. Zunächst einmal ist, wie ich schon erwähnte, die Rolle des guten Therapeuten hauptsächlich die des guten Elternteils, und gute Eltern nehmen aus vielerlei sehr überzeugenden Gründen keine sexuellen Beziehungen zu ihren Kindern auf. Aufgabe der Eltern ist es, dem Kind von Nutzen zu sein, und nicht, das Kind zur persönlichen Befriedigung zu benutzen. Aufgabe eines Therapeuten ist es, dem Patienten von Nutzen zu sein, und nicht, den Patienten zur Befriedigung der Bedürfnisse des Therapeuten zu benutzen. Aufgabe von Eltern ist es, das Kind auf seinem Weg zur Unabhängigkeit zu fördern und zu ermutigen, und dieselbe Aufgabe hat der Therapeut. Ich kann mir kaum vorstellen, daß ein Therapeut, der sexuelle Beziehungen zu einem Patienten hat, den Patienten dabei nicht zur Befriedigung seiner eigenen Bedürfnisse benutzt, und ich weiß auch nicht, wie er dadurch die Unabhängigkeit des Patienten fördern kann.

Viele Patienten, vor allem jene, die sich am verführerischsten verhalten dürften, haben sexualisierte Bindungen an ihre Eltern, die ihre Freiheit und ihr Wachstum eindeutig beeinträchtigen. Sowohl die Theorie als auch die wenigen kümmerlichen Beweise legen sehr nahe, daß eine sexuelle Beziehung zwischen einem solchen Patienten und seinem Therapeuten die unreifen Bindungen des Patienten weit eher zementiert als lockert. Selbst wenn die Beziehung sexuell nicht vollzogen wird, ist es ungünstig, wenn der Therapeut sich in den Patienten »verliebt«, da, wie wir gesehen haben, Verliebtheit ein Zusammenbrechen der Ichgrenzen und eine Verringerung des normalen Gefühls des Getrenntseins mit sich bringt, das zwischen Individuen besteht.

Der Therapeut, der sich in einen Patienten verliebt, kann die Bedürfnisse des Patienten kaum objektiv erkennen oder dessen Bedürfnisse von seinen eigenen unterscheiden. Aus Liebe zu ihren Patienten gestatten Therapeuten sich nicht, sich in sie zu verlieben. Da echte Liebe Respekt vor der getrennten Identität des geliebten Menschen erfordert, wird der wirklich liebende Therapeut erkennen und akzeptieren, daß der Lebensweg des Patienten von seinem eigenen getrennt ist und getrennt sein sollte. Für einige Therapeuten bedeutet das, daß ihre Wege und die des Patienten sich außerhalb der Therapiestunde niemals kreuzen sollten. Ich respektiere diese Auffassung zwar, finde sie aber für mich selbst zu streng. Obwohl ich eine Erfahrung gemacht habe, bei der meine Beziehung zu einer ehemaligen Patientin dieser eindeutig zu schaden schien, gab es einige andere Erfahrungen, bei denen gesellschaftliche Beziehungen zu ehemaligen Patienten sowohl diesen als auch mir eindeutig positive Ergebnisse brachten. Ich hatte auch das Glück, einige sehr enge Freunde erfolgreich zu analysieren. Dennoch ist sozialer Kontakt mit dem Patienten außerhalb der Therapiestunde auch nach der formellen Beendigung der Therapie etwas, an das man mit großer Vorsicht und gründlicher Selbstprüfung herangehen sollte, um festzustellen, ob dabei nicht die Bedürfnisse des Therapeuten zum Schaden der Bedürfnisse des Patienten befriedigt werden.

Wir haben uns mit der Tatsache beschäftigt, daß Psychotherapie ein Prozeß echter Liebe sein sollte (sein muß, wenn sie erfolgreich sein soll); dies ist in traditionellen psychiatrischen

Kreisen eine etwas häretische Auffassung. Die Kehrseite der Medaille ist mindestens genauso häretisch: Wenn Psychotherapie echte Liebe ist, sollte Liebe dann immer psychotherapeutisch sein? Wenn wir unseren Ehepartner, unsere Eltern, unsere Kinder, unsere Freunde wirklich lieben, wenn wir uns selbst ausdehnen, um ihr spirituelles Wachstum zu fördern, sollten wir dann mit ihnen Psychotherapie praktizieren? Meine Antwort lautet: *gewiß*. Von Zeit zu Zeit sagt auf Cocktailpartys jemand zu mir: »Es muß doch sehr schwierig für Sie sein, Dr. Peck, Ihr gesellschaftliches von Ihrem beruflichen Leben zu trennen. Man kann ja schließlich nicht herumlaufen und dauernd seine Familie und seine Freunde analysieren, oder?« Gewöhnlich will der Sprecher damit nur Konversation machen und ist weder interessiert an einer ernsthaften Antwort noch bereit, sie aufzunehmen. Manchmal gibt mir die Situation jedoch Gelegenheit, hier und da Psychotherapie zu lehren oder zu praktizieren, indem ich auf der Stelle erkläre, warum ich nicht einmal versuche oder versuchen möchte, mein berufliches und mein persönliches Leben zu trennen. Wenn ich erkenne, daß meine Frau oder meine Kinder oder meine Eltern oder meine Freunde unter einer Illusion, einem Irrtum, einer Unwissenheit oder einer unnötigen Beeinträchtigung leiden, dann bin ich ebenso verpflichtet, diese Situation so weit wie möglich zu korrigieren, wie ich das bei meinen Patienten bin, die mich für diese Dienste bezahlen. Soll ich meiner Familie und meinen Freunden meine Dienste, meine Einsichten und meine Liebe vorenthalten, weil sie mich nicht eigens für meine Beachtung ihrer psychischen Bedürfnisse unter Vertrag nehmen und bezahlen? Kaum. Wie kann ich ein guter Freund, Vater, Ehemann oder Sohn sein, wenn ich nicht die sich bietenden Gelegenheiten wahrnehme für den Versuch, meinen Lieben so gut ich kann das beizubringen, was ich weiß, um ihnen auf ihren persönlichen Reisen zu spirituellem Wachstum jede nur mögliche Hilfe zu geben? Außerdem erwarte ich im Rahmen ihrer Möglichkeiten dasselbe von meiner Familie und meinen Freunden. Obwohl ihre Kritik manchmal unnötig harsch sein mag und das, was sie mich lehren, nicht so durchdacht wie bei Erwachsenen ist, sind mir meine Kinder oft eine große Hilfe. Meine Frau leitet mich ebenso an wie ich sie. Meine Freunde würde ich nicht Freunde nennen, wenn sie mir ihre ehrliche Mißbilligung oder ihre liebevolle Sorge in bezug auf die Weisheit und Sicherheit meiner eigenen Wegrichtung vorenthalten würden. Kann ich mit ihrer Hilfe nicht schneller wachsen als ohne sie? Jede wirklich liebende Beziehung ist eine Art gegenseitiger Psychotherapie.

Ich habe das nicht immer so gesehen. In früheren Jahren war mir die Bewunderung meiner Frau eigentlich lieber als ihre Kritik, und ich förderte ihre Abhängigkeit ebenso wie ihre Kraft. Mein Selbstbild als Ehemann und Vater war das des Versorgers; meine Verantwortung endete damit, daß ich Schinken mit nach Hause brachte. Mein Heim sollte ein Ort der Bequemlichkeit sein, nicht der Herausforderung. Damals hätte ich der Ansicht zugestimmt, daß es gefährlich, unethisch und destruktiv ist, wenn ein Psychotherapeut seine Kunst an seinen Freunden und seiner Familie übt. Doch diese meine Zustimmung war ebenso sehr von Faulheit diktiert wie von der Angst, meinen Beruf zu mißbrauchen. Denn Psychotherapie ist – wie die Liebe – Arbeit, und es ist einfacher, acht Stunden am Tag zu arbeiten als sechzehn. Es ist auch einfacher, einen Menschen zu lieben, der unsere Weisheit sucht, der zu uns kommt, um sie zu empfangen, der uns für unsere Aufmerksamkeit bezahlt und dessen Anforderungen an uns jedesmal streng auf fünfzig Minuten begrenzt sind, als jemanden zu lieben, der unsere Aufmerksamkeit als sein Recht betrachtet, dessen Anforderungen vielleicht nicht begrenzt sind, der uns nicht als Autoritätsfigur wahrnimmt und nicht bewußt von uns lernen will. Psychotherapie zu Hause oder mit den eigenen Freunden erfordert die gleiche Intensität hinsichtlich Anstrengung und Selbstdisziplin wie in der Praxis, doch unter viel weniger idealen Bedingungen, und das bedeutet, daß sie eben zu Hause noch mehr Anstrengung und Liebe benötigt. Ich hoffe, daß andere Psychotherapeuten diese Worte nicht als Ermahnung verstehen, sofort mit der Therapie ihrer Ehepartner und Kinder zu beginnen. Wenn man sich ständig auf der Reise zu spirituellem Wachstum befindet, wächst die Liebesfähigkeit dabei. Doch sie ist immer begrenzt, und man sollte nicht versuchen, über seine Liebesfähigkeit hinaus Psychotherapie durchzuführen, da Psychotherapie ohne Liebe erfolglos und sogar schädlich ist. Wer sechs Stunden am Tag lieben kann, soll vorerst damit zufrieden sein, denn seine Fähigkeit ist damit bereits größer als die der meisten Menschen; die Reise ist lang, und es erfordert Zeit, diese Fähigkeit wachsen zu lassen. Psychotherapie mit Familie und Freunden zu praktizieren, einander die ganze Zeit zu lieben ist ein Ideal, ein Ziel, nach dem man streben sollte, das aber nicht auf der Stelle erreichbar ist.

Da Laien, wie ich schon sagte, erfolgreich Psychotherapie praktizieren können, ohne dazu besonders ausgebildet zu sein, solange sie wirklich liebende Menschen sind, gelten die Bemerkungen über die Praxis der Psychotherapie mit Familie und Freunden nicht nur für professionelle Therapeuten, sondern für jedermann. Wenn mich Patienten gelegentlich fragen, wann sie ihre Therapie beenden könnten, antworte ich: »Wenn Sie selbst in der Lage sind, ein guter Therapeut zu sein.« Besonders nützlich ist diese Antwort oft in der Gruppentherapie, wo die Patienten natürlich miteinander Therapie praktizieren und wo man sie darauf hinweisen kann, wenn es ihnen nicht gelungen ist, erfolgreich die Rolle des Therapeuten zu übernehmen. Viele Patienten mögen diese Antwort nicht, und einige bekennen tatsächlich: »Das ist mir zu anstrengend. Es würde ja bedeuten, daß ich bei meinen Beziehungen zu anderen Menschen dauernd nachdenken muß. Ich möchte nicht so hart arbeiten. Ich möchte einfach meinen Spaß haben.« Ähnlich antworten Patienten oft, wenn ich sie darauf hinweise, daß alle menschlichen Interaktionen Gelegenheiten sind, zu lernen oder zu lehren (Therapie zu empfangen oder zu geben), und daß sie eine Gelegenheit versäumen, wenn sie weder lernen noch lehren. Die meisten Menschen haben durchaus recht, wenn sie erklären, daß sie kein so hohes Ziel anstreben oder in ihrem Leben so hart arbeiten wollen. Die Mehrzahl der Patienten, selbst in den Händen der tüchtigsten und liebevollsten Therapeuten, beendet ihre Therapie weit unter der Erfüllung ihrer eigentlichen Möglichkeiten. Sie mögen eine kurze oder sogar längere Strecke auf dem Wege spirituellen Wachstums zurückgelegt haben, doch sie wollen nicht die ganze Reise machen. Das ist oder scheint ihnen zu schwierig. Sie sind zufrieden damit, gewöhnliche Männer und Frauen zu sein, und streben nicht danach, Gott ähnlich zu werden.

Das Geheimnis der Liebe

Von vielen Seiten begann diese Diskussion mit der Aussage, daß Liebe eine geheimnisvolle Sache sei und daß dieses Geheimnis bis jetzt ignoriert würde. Die bis hierher aufgeworfenen Fragen sind beantwortet worden. Doch es gibt noch andere Fragen, die nicht so leicht zu beantworten sind.

Eine Reihe solcher Fragen ergibt sich ganz logisch aus dem bis jetzt diskutierten Material. Es wurde beispielsweise darauf hingewiesen, daß Selbstdisziplin sich aus dem Boden der Liebe entwickelt. Das läßt aber die Frage unbeantwortet, woher die Liebe selbst kommt. Und wenn wir danach fragen, müssen wir auch fragen, woher das Fehlen von Liebe kommt. Weiter wurde gesagt, das Fehlen von Liebe sei der Hauptgrund für seelische Erkrankungen, und folglich sei Liebe das wesentliche heilende Element in der Psychotherapie. Wenn das so ist, wie kommt es dann, daß einige wenige Individuen, die in einer nicht-liebenden Umgebung geboren und aufgezogen wurden, die vernachlässigt und vielleicht sogar brutal behandelt wurden, es irgendwie schaffen, ihre Kindheit zu überwinden – manchmal sogar ohne den liebenden Beistand der Psychotherapie – und zu reifen, gesunden und vielleicht sogar heiligmäßigen Menschen werden? Und wie ist es umgekehrt möglich, daß einige Patienten, die scheinbar nicht kränker sind als andere, nur teilweise oder überhaupt nicht auf die psychotherapeutische Behandlung reagieren, und sei der Therapeut noch so weise und liebevoll?

Ein Versuch zur Beantwortung dieser Fragen wird im letzten Abschnitt über die Gnade unternommen. Dieser Versuch wird nicht jeden ganz zufriedenstellen, auch mich stellt er nicht zufrieden. Ich hoffe jedoch, daß das, was ich schreibe, einige Aufklärung bringen wird.

Eine andere Reihe von Fragen dreht sich um Dinge, die in der Besprechung der Liebe bewußt ausgelassen oder nur gestreift wurden. Wenn der Mensch, den ich liebe, zum erstenmal nackt vor mir steht, meinen Blicken völlig preisgegeben, dann durchströmt mich ein einziges Gefühl: Ehrfurcht. Warum? Wenn Sex nicht mehr ist als ein Instinkt, warum verspüre ich dann nicht einfach Begierde oder Hunger? Dieser Hunger wäre völlig ausreichend, um das Weiterleben der Spezies zu sichern. Warum Ehrfurcht? Warum wird Sex durch Verehrung kompliziert? Und was entscheidet in diesem Zusammenhang über Schönheit? Ich sagte, daß der Gegenstand echter Liebe ein Mensch sein muß, da nur Menschen einen Geist haben, der wachsen kann. Was aber ist mit der schönsten Schöpfung eines Holzschnitzers? Oder mit den besten mittelalterlichen Madonnenfiguren? Oder der Bronzestatue des griechischen Wagenlenkers in Delphi? Wurden diese unbelebten Objekte von ihren Schöpfern nicht geliebt, und ist nicht ihre Schönheit irgendwie mit der Liebe ihrer Schöpfer verbunden? Was ist mit der Schönheit der Natur – der Natur, der wir manchmal den Namen »Schöpfung« geben? Und warum erleben wir angesichts von Schönheit oder Freude so oft die seltsame, paradoxe Reaktion von Tränen oder Traurigkeit? Wie kommt es, daß bestimmte Musikstücke, auf eine bestimmte Art gesungen oder gespielt, uns so bewegen können? Und warum bekomme ich feuchte Augen, wenn mein sechsjähriger Sohn, der nach einer Mandeloperation wieder den ersten Abend zu Hause verbringt, plötzlich zu mir hinüberkommt, der müde daliegt, und anfängt, behutsam meinen Rücken zu massieren?

Gewiß gibt es Dimensionen der Liebe, die noch nicht diskutiert wurden und überaus schwer zu verstehen sind. Ich glaube nicht, daß Fragen hinsichtlich dieser Aspekte (und viele andere) von der Soziobiologie beantwortet werden. Die gewöhnliche Psychologie mit ihrem Wissen um die Ich-Grenzen mag eine kleine Hilfe sein – aber nur eine kleine. Die Menschen, die am meisten über derartige Dinge wissen, findet man unter religiösen Menschen, die sich dem Mysterium widmen. Ihnen und dem Thema der Religion müssen wir uns zuwenden, wenn wir auch nur die geringste Einsicht in diese Dinge erlangen wollen.

Der Rest des vorliegenden Buches wird sich mit gewissen Facetten der Religion beschäftigen. Im nächsten Abschnitt erfolgt eine sehr kurz gefaßte Diskussion der Beziehung zwischen Religion und dem Wachstumsprozeß. Der letzte Abschnitt wird sich auf das Phänomen der Gnade und die Rolle konzentrieren, die sie bei diesem Prozeß spielt. Das Konzept der Gnade ist der Religion seit Jahrtausenden vertraut, der Wissenschaft aber, einschließlich der Psychologie, ist es fremd. Dennoch glaube ich, daß ein Verständnis des Phänomens der Gnade wesentlich ist für das völlige Verständnis des Wachstumsprozesses beim Menschen. Das Folgende wird, wie ich hoffe, einen Beitrag zu der langsam wachsenden Überschneidung zwischen Religion und der Wissenschaft der Psychologie leisten.

TEIL III

WACHSTUM UND RELIGION

Weltsichten und Religion

Wenn Menschen an Disziplin, Liebe und Lebenserfahrung zunehmen, wächst damit auch ihr Verständnis der Welt und ihres Platzes darin. Wenn Menschen dagegen nicht an Disziplin, Liebe und Lebenserfahrung zunehmen, so wächst auch ihr Verständnis nicht. Folglich gibt es unter den Mitgliedern der menschlichen Art eine breite Vielfalt in bezug auf die Größe und Verfeinerung unseres Verständnisses vom Leben.

Dieses Verständnis ist unsere Religion. Da jedermann irgendein Verständnis hat – eine Weltsicht, ganz gleich, wie beschränkt, primitiv oder unzutreffend –, besitzt jeder eine Religion. Diese nicht allgemein erkannte Tatsache ist von allergrößter Wichtigkeit: Jeder hat eine Religion.

Wir leiden, glaube ich, unter einer Neigung, Religion zu eng zu definieren. Wir neigen zu der Annahme, Religion müsse einen Glauben an Gott oder gewisse rituelle Praktiken oder die Mitgliedschaft in einer Gemeinde beinhalten. Von jemandem, der in keine Kirche geht und nicht an ein höheres Wesen glaubt, sagen wir wahrscheinlich: »Er ist nicht religiös.« Ich habe sogar Gelehrte Dinge sagen hören wie: »Buddhismus ist eigentlich keine Religion« oder: »Die Unitarier haben die Religion aus ihrem Glauben ausgeschlossen« oder: »Mystik ist eher eine Philosophie als eine Religion.« Wir neigen dazu, Religion als etwas Monolithisches zu sehen, als etwas aus einem Guß, und mit dieser vereinfachenden Auffassung wundern wir uns dann darüber, wie zwei sehr verschiedene Menschen sich beide als Christen bezeichnen können. Oder als Juden. Oder wie ein Atheist ein höher entwickeltes Gefühl für christliche Moral haben kann als ein Katholik, der regelmäßig in die Messe geht.

Bei der Supervision anderer Psychotherapeuten finde ich ziemlich häufig, daß sie der Art, wie ihre Patienten die Welt sehen, nur wenig Aufmerksamkeit schenken, wenn sie sie überhaupt beachten. Dafür gibt es verschiedene Gründe, doch einer davon ist die Auffassung, daß Patienten, die sich selbst nicht aufgrund ihres Glaubens an Gott oder ihrer Mitgliedschaft in einer Kirche als religiös betrachten, eben keine Religion haben und die Sache daher keiner weiteren Untersuchung bedarf. Tatsache ist aber, daß jeder explizit oder implizit eine Reihe von Ideen und Überzeugungen hinsichtlich der eigentlichen Natur der Welt hat. So betrachten manche Patienten das Universum als im Grunde chaotisch und sinnlos und halten es daher für richtig, sich jedes kleine Vergnügen zu verschaffen, wann immer das möglich ist. Andere erleben die Welt als einen Ort, an dem es gilt, zu fressen oder gefressen zu werden, und wo allein Skrupellosigkeit das Überleben sichert. Andere wiederum sehen dieselbe Welt als nährende Umgebung an, in der immer etwas Gutes auftauchen wird und sie sich keine allzu großen Sorgen um die Zukunft machen müssen. Oder als einen Ort, der ihnen ihren Lebensunterhalt schuldet, ganz gleich, welches Leben sie führen. Oder als ein Universum strenger Gesetze, in dem sie niedergeschlagen und beiseite geschoben werden, wenn sie auch nur einen Schritt von der Norm abweichen. Und so weiter. Die Menschen haben also die verschiedensten Ansichten in bezug auf die Welt. Früher oder später im Verlauf der Psychotherapie erkennen die meisten Psychotherapeuten, wie ein Patient die Welt sieht, doch wenn der Therapeut eigens nach dieser Weltsicht sucht, erkennt er sie früher. Und es ist wichtig, daß er dieses Wissen erwirbt, denn die Weltsicht eines Patienten ist immer ein entscheidender Teil seiner Probleme, und eine Korrektur dieser Sicht ist für seine Heilung notwendig. Ich sage daher zu den Therapeuten, bei denen ich Supervision habe: »Stellen Sie die Religion Ihrer Patienten fest, selbst wenn sie sagen, sie hätten keine.«

Gewöhnlich ist die Religion oder Weltsicht eines Menschen diesem höchstens teilweise bewußt. Patienten sind sich oft nicht darüber klar, wie sie die Welt sehen, und manchmal glauben sie sogar, eine bestimmte Art von Religion zu besitzen, während sie in Wirklichkeit von einer ganz anderen Art besessen sind. Stewart, ein erfolgreicher Industrieingenieur, wurde schwer depressiv, als er Mitte Fünfzig war. Trotz seiner Erfolge in seinem Beruf und der Tatsache, daß er ein beispielhafter Ehemann und Vater war, fühlte er sich wertlos und schlecht. »Die Welt wäre ein besserer Ort, wenn ich tot wäre«, sagte er und meinte es auch so.

Stewart hatte zwei ernsthafte Selbstmordversuche hinter sich. Keine realistischen Versicherungen konnten die Unwirklichkeit des unter seiner Wertlosigkeit leidenden Selbstbildes durchbrechen. Stewart hatte nicht nur die üblichen Symptome einer schweren Depression wie Schlaflosigkeit und Ruhelosigkeit, sondern litt auch unter großen Schwierigkeiten, sein Essen zu schlucken. »Es ist nicht nur so, daß das Essen schlecht schmeckt«, sagte er. »Das tut es auch. Aber ich habe ein Gefühl, als steckte eine Stahlklinge in meinem Hals und lasse nur Flüssigkeiten durch.« Röntgenaufnahmen und Untersuchungen ergaben keine physische Ursache für seine Beschwerden. Stewart machte kein Hehl aus seiner Religion. »Ich bin Atheist, schlicht und einfach«, stellte er fest. »Ich bin Wissenschaftler. Die einzigen Dinge, an die ich glaube, sind die, die man sehen und berühren kann. Vielleicht ginge es mir besser, wenn ich an einen guten und liebenden Gott glauben könnte, aber ehrlich gesagt kann ich solche Augenwischerei nicht ausstehen. Davon hatte ich genug, als ich ein Kind war, und ich bin froh, daß ich dem nun entronnen bin.« Stewart war in einer kleinen Gemeinde im Mittelwesten aufgewachsen. Sein Vater war ein streng fundamentalistischer Prediger, seine Mutter war eine ebenso strenge und fundamentalistische Frau, und bei der ersten Gelegenheit hatte Stewart sein Elternhaus und die Kirche verlassen.

Einige Monate nach Beginn der Behandlung berichtete Stewart folgenden kurzen Traum: »Es war im Haus meiner Kindheit in Minnesota. Mir war, als lebte ich dort noch als Kind, doch gleichzeitig war ich so alt, wie ich heute bin. Es war Nacht. Ein Mann war ins Haus eingedrungen. Er wollte uns allen die Kehle durchschneiden. Ich hatte diesen Mann nie zuvor gesehen, doch merkwürdigerweise wußte ich, wer er war: der Vater eines Mädchens, mit dem ich mich auf der High-School ein paarmal getroffen hatte. Das war alles. Es gab keinen Schluß. Ich wachte nur voller Angst auf und wußte, daß dieser Mann uns die Kehle hatte durchschneiden wollen.«

Ich bat Stewart, mir über diesen Mann in seinem Traum alles zu sagen, was er wußte. »Ich kann Ihnen wirklich nichts sagen«, meinte er. »Ich lernte den Mann nie kennen. Ich traf mich nur einige Male mit seiner Tochter – es waren keine richtigen Rendezvous; ich begleitete sie nur nach den Gruppentreffen der Kirchenjugend zu Fuß nach Hause. Bei einem dieser Gänge stahl ich ihr hinter ein paar Büschen im Dunkeln einen Kuß.« Hier lachte Stewart nervös und fuhr fort: »In meinem Traum hatte ich das Gefühl, ihren Vater nie gesehen zu haben, obwohl ich wußte, wer er war. In Wirklichkeit aber habe ich ihn manchmal gesehen – von ferne. Er war der Stationsvorsteher in unserer Stadt. Gelegentlich sah ich ihn, wenn ich an Sommernachmittagen zum Bahnhof ging, um die ankommenden Züge zu sehen.«

Irgend etwas klickte in meinem Hirn. Auch ich war als Kind an trägen Sommernachmittagen zum Bahnhof gegangen, um die Züge anzuschauen. Am Bahnhof war etwas los. Und der Stationsvorsteher war der Herr dieser Veranstaltung. Er kannte die fernen Orte, aus denen die großen Züge in unsere kleine Stadt kamen, und er kannte auch die fernen Orte, zu denen sie weiterfuhren. Er wußte, welche Züge anhielten und welche nur durchfuhren. Er bediente die Schalter und Signale. Er nahm die Post an und schickte sie weiter. Und wenn er nicht alle diese wundervollen Dinge tat, saß er in seinem Büro und tat etwas noch Fabelhafteres: Mit einer magischen kleinen Taste sendete er in einer magischen, rhythmischen Sprache Botschaften in alle Welt.

»Stewart«, sagte ich, »Sie haben mir gesagt, daß Sie Atheist sind, und ich glaube Ihnen. Ein Teil von Ihnen glaubt, daß es keinen Gott gibt. Aber ich beginne zu vermuten, daß da ein anderer Teil von Ihnen ist, der durchaus an Gott glaubt – an einen gefährlichen Gott, der einem die Kehle durchschneidet.«

Meine Vermutung war richtig. Während unserer gemeinsamen Arbeit erkannte Stewart allmählich, widerstrebend und gegen seine Widerstände ankämpfend, daß er einen fremdartigen und häßlichen Glauben in sich trug: Hinter seinem Atheismus fand sich die Überzeugung, die Welt sei ein von einer böswilligen Kraft kontrollierter Ort; diese Kraft würde ihm nicht nur die Kehle durchschneiden, sondern war auch noch begierig darauf, das zu tun, begierig, ihn für seine »Missetaten« zu bestrafen. Langsam begannen wir uns auf seine »Missetaten« zu konzentrieren, meist geringfügige sexuelle Vorfälle, symbolisiert durch den »gestohlenen Kuß« der Tochter des Bahnhofsvorstehers. Schließlich wurde klar, daß Stewart (neben anderen Gründen für seine Depression) Buße tat und sich sinnbildlich selbst die Kehle durchschnitt in der Hoffnung, auf diese Weise könne er Gott daran hindern, ihn zu strafen.

Woher kamen nun Stewarts Vorstellungen eines bösen Gottes und einer übelwollenden Welt? Wie entwickelt sich die Religion der Menschen? Was bestimmt die spezielle Weltsicht eines Menschen? Es gibt ganze Komplexe von bestimmenden Faktoren, und in diesem Buch wird die Frage nicht bis in die letzte Tiefe untersucht. Der wichtigste Faktor aber bei der Entwicklung der Religion der meisten Menschen ist zweifellos ihre Kultur. Wenn wir Europäer sind, so glauben wir wahrscheinlich, daß Christus ein Weißer war, und wenn wir Afrikaner sind, daß er ein Schwarzer war. Ist man Inder und in Benares oder Bombay geboren und aufgewachsen, wird man wahrscheinlich Hindu und besitzt das, was als pessimistische Weltsicht beschrieben wurde. Ist man Amerikaner und in Indiana geboren und aufgewachsen, so wird man wahrscheinlich eher Christ als Hindu und hat eine etwas optimistischere Weltsicht. Wir neigen dazu, das zu glauben, was die Menschen um uns herum auch glauben, und wir akzeptieren gern das als Wahrheit, was diese Menschen uns über die Natur der Welt erzählen, wenn wir ihnen während unserer Entwicklungsjahre zuhören.

Weniger offenkundig allerdings (außer für Psychotherapeuten) ist die Tatsache, daß der wichtigste Teil unserer Kultur unsere spezielle Familie ist. Die grundlegendste Kultur, in der wir uns entwickeln, ist die Kultur unserer Familie, und unsere Eltern sind unsere kulturellen Vorbilder. Außerdem ist der bedeutsamste Aspekt dieser Kultur nicht das, was unsere Eltern uns über Gott und die Natur der Dinge sagen, sondern das, was sie tun – wie sie sich zueinander verhalten, zu unseren Geschwistern und vor allem zu uns. Mit anderen Worten: Was wir beim Aufwachsen über die Natur der Welt lernen, wird bestimmt durch die Art unserer Erfahrungen im Mikrokosmos der Familie. Nicht so sehr das, was unsere Eltern sagen, bestimmt unsere Weltsicht, sondern vielmehr die einzigartige Welt, die sie durch ihr Verhalten für uns schaffen.

»Ich gebe zu, daß ich diese Vorstellung von einem Gott habe, der uns die Kehle durchschneidet«, sagte Stewart, »aber woher kommt sie? Meine Eltern glaubten gewiß an Gott – sie sprachen unablässig darüber –, doch ihr Gott war ein Gott der Liebe. Jesus liebt uns. Gott liebt uns. Wir lieben Gott und Jesus. Liebe, Liebe, Liebe, das ist alles, was ich immer gehört habe.«

»Hatten Sie eine glückliche Kindheit?« fragte ich.

Stewart starrte mich an. »Spielen Sie doch nicht den Dummen. Sie wissen doch, daß ich keine glückliche Kindheit hatte. Sie wissen, daß es mir elend erging.«

»Warum erging es Ihnen elend?«

»Auch das wissen Sie. Sie wissen ja, wie es war. Sie haben mich dauernd geschlagen. Gürtel, Latten, Besen, Bürsten – sie schlugen mich mit allem, was ihnen in die Hände fiel. Ich konnte nichts tun, wofür ich nicht Schläge bekam. Eine Tracht Prügel am Tag hält den Doktor fern und macht Sie zu einem guten kleinen Christenjungen.«

»Haben Ihre Eltern je versucht, Sie zu strangulieren oder Ihnen die Kehle durchzuschneiden?«

»Nein, aber ich bin sicher, daß sie es getan hätten, wenn ich nicht aufgepaßt hätte.« Ein langes Schweigen folgte. Stewarts Gesicht zeigte eine tiefe Depression. Schließlich sagte er dumpf: »Ich fange an zu verstehen.«

Stewart war nicht der einzige Mensch, der an etwas glaubte, was ich inzwischen als »Monster-Gott« bezeichne. Ich hatte eine Reihe von Patienten mit ähnlichen Vorstellungen von Gott und ähnlich unerfreulichen oder erschreckenden Begriffen hinsichtlich der Natur des Lebens. Überraschend ist eigentlich, daß der Monster-Gott im Geist der Menschen nicht häufiger vorkommt. Im ersten Teil dieses Buches wurde gesagt, daß wir als Kinder unsere Eltern als gottähnliche Figuren sehen, und die Art, wie sie Dinge tun, scheint uns die Art zu sein, wie alles im ganzen Universum getan werden muß. Unsere erste (und leider oft auch unsere einzige) Vorstellung über die Natur Gottes ist einfach eine Extrapolation der Natur unserer Eltern, eine Mischung aus den Charakteren unseres Vaters und unserer Mutter oder von deren Stellvertretern. Wenn wir liebende, verzeihende Eltern haben, glauben wir wahrscheinlich an einen liebenden und verzeihenden Gott. Als Erwachsene erleben wir die Welt dann als einen nährenden und schützenden Ort wie in unserer Kindheit. Wenn unsere Eltern streng und strafend waren, reifen wir wahrscheinlich mit der Vorstellung eines strengen und strafenden Monster-Gottes heran. Und wenn sie sich nicht um uns gekümmert haben, dann empfinden wir das Universum meist als ähnlich gleichgültig.

Häufig (aber nicht immer) liegt das Wesentliche aus der Kindheit eines Patienten und folglich auch die Essenz seiner Weltsicht in der »frühesten Erinnerung«. Daher frage ich Patienten oft: »Können Sie mir Ihre allererste Erinnerung erzählen?« Sie protestieren vielleicht und sagen, das könnten sie nicht, sie hätten eine ganze Reihe früher Erinnerungen. Doch wenn ich sie zwinge, daraus eine Auswahl zu treffen, dann variiert der Tenor der Antworten von: »Ich erinnere mich, wie meine Mutter mich auf den Arm nahm und mit mir nach draußen ging, um mir einen wundervollen Sonnenuntergang zu zeigen.« bis: »Ich erinnere mich, wie ich auf dem Fußboden der Küche saß. Ich hatte meine Hose naß gemacht, und meine Mutter stand über mir, schwang einen großen Löffel und schrie mich an.« Wahrscheinlich werden diese ersten Erinnerungen, ähnlich wie die bildhaften Erinnerungen, die sie ja oft sind, gerade deshalb bewahrt, weil sie ganz genau die Natur der frühen Kindheit eines Menschen symbolisieren. Es ist daher nicht überraschend, daß der Tenor dieser frühesten Erinnerungen so oft derselbe ist wie der der tiefsten Gefühle eines Patienten in bezug auf die Natur des Lebens.

Die Tatsache, daß unsere Religion oder Weltsicht ursprünglich weitgehend von unserer einzigartigen Kindheitserfahrung bestimmt wird, stellt uns vor ein zentrales Problem: die Beziehung zwischen Religion und Realität. Es ist das Problem von Mikrokosmos und Makrokosmos. Stewarts Sicht der Welt als eines gefährlichen Ortes, an dem ihm die Kehle durchgeschnitten wird, wenn er nicht sehr aufpaßt, war in den Begriffen des Mikrokosmos seiner Kindheit vollkommen realistisch; er lebte unter der Herrschaft zweier böser Erwachsener. Doch nicht alle Eltern sind böse, und nicht alle Erwachsenen sind böse. In der größeren Welt, dem Makrokosmos, gibt es viele verschiedene Arten von Eltern und Menschen, Gesellschaften und Kulturen.

Um eine Religion oder Weltsicht zu entwickeln, die realistisch ist – das heißt, die der Wirklichkeit des Kosmos und unserer

Rolle darin entspricht, so gut wir die Wirklichkeit eben erkennen können –, müssen wir unser Verständnis ständig revidieren und erweitern, um neues Wissen von der größeren Welt einzuarbeiten. Wir müssen unseren Bezugsrahmen dauernd erweitern. Hier geht es wieder um das Erstellen von Landkarten und um Übertragung, von denen ja im ersten Teil ausführlicher die Rede war. Stewarts Landkarte der Realität war richtig für den Mikrokosmos seiner Familie, doch er hatte diese Landkarte auf die größere Erwachsenenwelt übertragen, wo sie unzutreffend, sehr unvollständig und folglich falsch war. In gewissem Maße ist die Religion der meisten Erwachsenen ein Produkt von Übertragung.

Bei den meisten von uns ist der Bezugsrahmen, nach dem wir handeln, enger, als er unseren Fähigkeiten entspricht, da wir es versäumen, den Einfluß unserer speziellen Kultur, unserer besonderen Eltern und unserer besonderen Kindheitserfahrungen auf unser Verständnis zu transzendieren. Es ist daher kein Wunder, daß die Welt der Menschen so voller Konflikte ist. Wir befinden uns in einer Situation, in der menschliche Wesen, die miteinander umgehen müssen, völlig verschiedene Ansichten über die Natur der Realität haben, in der aber jeder seine Ansicht für richtig hält, weil sie auf dem Mikrokosmos seiner persönlichen Erfahrungen basiert. Verschlimmert wird dieser Zustand noch dadurch, daß die meisten von uns sich ihrer eigenen Weltsicht nicht einmal voll bewußt sind und noch viel weniger der Einzigartigkeit der Erfahrung, aus der sie abgeleitet ist. Bryant Wedge, ein Psychiater, der sich auf internationale Beziehungen spezialisiert hat, untersuchte Verhandlungen zwischen den Vereinigten Staaten und der UdSSR und konnte eine Reihe von Grundannahmen aufzeigen, die die Natur von Menschen, Gesellschaft und Welt betrafen und die bei den Amerikanern völlig anders geartet waren als bei den Russen. Diese Annahmen diktierten das Verhalten beider Seiten bei den Verhandlungen. Dennoch war sich keine der beiden Seiten ihrer eigenen Annahmen oder der Tatsache bewußt, daß die andere Seite sich nach einer anderen Kategorie von Annahmen richtete. Das unvermeidliche Ergebnis dieses Zustandes war, daß das Verhalten der Russen bei den Verhandlungen den Amerikanern entweder verrückt oder absichtlich bösartig erschien, und den Russen ihrerseits erging es natürlich genauso.[1]

Wir sind tatsächlich genauso wie die sprichwörtlichen drei Blinden, von denen jeder nur einen bestimmten Teil des Elefanten berührt, aber behauptet, die Natur des ganzen Tieres zu kennen. So streiten wir über unsere verschiedenen mikrokosmischen Weltbilder, und alle Kriege sind heilige Kriege.

Die Religion der Wissenschaft

Spirituelles Wachstum ist eine Reise aus dem Mikrokosmos in einen immer größeren Makrokosmos. Damit wir dem Mikrokosmos unserer früheren Erfahrungen entkommen und uns von unseren Übertragungen befreien können, müssen wir *lernen.* Wir müssen unser Wissen und unseren Gesichtskreis ständig erweitern durch Aufnahme und Verarbeitung neuer Informationen.

Der Vorgang der Wissenserweiterung war ein wichtiges Thema dieses Buches. So wurde in den vorigen Teilen Liebe definiert als eine Ausdehnung – also eine Erweiterung – unserer selbst; zu den Risiken der Liebe gehört es, sich in das Unbekannte neuer Erfahrungen vorzuwagen. Am Ende des ersten Teils über die Disziplin wurde auch gesagt, daß das Erlernen von Neuem ein Aufgeben des alten Selbst und den Tod überlebten Wissens erfordert. Um ein breiteres Gesichtsfeld zu gewinnen, müssen wir bereit sein, unsere engere Sicht aufzugeben, sozusagen zu töten. Kurzfristig ist es bequemer, das nicht zu tun – da zu bleiben, wo man einmal ist, weiterhin dieselbe Landkarte für den Mikrokosmos zu verwenden, den Schmerz zu vermeiden, der mit dem Tod langgehegter Begriffe verbunden ist. Der Weg spirituellen Wachstums verläuft jedoch in die entgegengesetzte Richtung. Wir beginnen damit, indem wir dem mißtrauen, was wir bereits glauben, indem wir aktiv das Bedrohliche und Unvertraute suchen und willentlich die Gültigkeit dessen herausfordern, was wir zuvor gelernt hatten und was uns teuer war. Der Weg zur Heiligkeit führt über das Infragestellen von *allem.*

In einem sehr realen Sinne beginnen wir mit der Wissenschaft.

Wir fangen damit an, daß wir die Religion unserer Eltern durch die Religion der Wissenschaft ersetzen. Wir müssen uns gegen die Religion unserer Eltern auflehnen und sie zurückweisen, denn deren Weltsicht ist unweigerlich enger als die, zu der wir fähig sind, wenn wir unsere persönlichen Erfahrungen voll in Anspruch nehmen, einschließlich unserer erwachsenen Erfahrungen und der Erfahrung einer weiteren Generation menschlicher Geschichte. So etwas wie eine gute, überlieferte Religion gibt es nicht. Um lebensfähig und auf dem höchsten Stand unserer Möglichkeiten zu sein, muß unsere Religion eine ganz persönliche sein, geschmiedet durch das Feuer unserer Fragen und Zweifel im Schmelztiegel unserer eigenen Erfahrung der Realität. Der Theologe Alan Jones schreibt[2]:

»Eines unserer Probleme besteht darin, daß nur wenige von uns ein erkennbar persönliches Leben entwickelt haben. Alles an uns scheint aus zweiter Hand zu stammen, sogar unsere Gefühle. In vielen Fällen müssen wir uns auf Informationen aus zweiter Hand verlassen, um funktionieren zu können. Ich akzeptiere das Wort eines Arztes, eines Wissenschaftlers, eines Bauern, indem ich ihm einfach glaube. Das gefällt mir nicht, aber ich muß es tun, weil sie wesentliche Kenntnisse vom Leben besitzen, die ich nicht habe. Mit Informationen aus zweiter Hand, die den Zustand meiner Nieren, die Auswirkungen von Cholesterin und die Aufzucht von Küken betreffen, kann ich leben. Wenn es sich jedoch um Fragen dreht wie Sinn, Zweck und Tod, dann reicht Information aus zweiter Hand nicht aus. Ich kann nicht mit einem Glauben aus zweiter Hand an einen Gott aus zweiter Hand überleben. Wenn ich lebendig werden soll, muß ein persönliches Wort da sein, eine einzigartige Konfrontation.«

Um geistig-seelisch gesund zu sein und spirituell zu wachsen, müssen wir also unsere eigene, persönliche Religion entwickeln und dürfen uns nicht auf die unserer Eltern verlassen. Doch was hat das mit einer »Religion der Wissenschaft« zu tun? Wissenschaft ist eine Religion, weil sie eine Weltsicht von beträchtlicher Vielschichtigkeit und mit einer Reihe wesentlicher Lehrsätze ist. Vereinfacht lautet einer dieser Lehrsätze: Das Universum ist real und deshalb ein gültiges Untersuchungsobjekt; für menschliche Wesen ist es von Wert, das Universum zu untersuchen; das Universum ist sinnvoll – das heißt, es folgt gewissen Gesetzen und ist vorhersagbar; menschliche Wesen aber sind schlechte Prüfer, sie unterliegen Verzerrungen, Aberglauben, Vorurteilen und einer tiefbegründeten Neigung, das zu sehen, was sie sehen wollen, anstelle dessen, was wirklich da ist; um also korrekt untersuchen und folglich verstehen zu können, müssen sich die Menschen der Disziplin wissenschaftlicher Methoden unterwerfen. Die Essenz dieser Disziplin ist Erfahrung; wir können also nicht annehmen, etwas zu wissen, solange wir es nicht wirklich erfahren haben. Die Disziplin der wissenschaftlichen Methode beginnt zwar mit Erfahrung, doch auf die einfache Erfahrung selbst darf man sich nicht verlassen. Damit man sich auf Erfahrung verlassen kann, muß sie wiederholbar sein, gewöhnlich in der Form eines Experiments; außerdem muß die Erfahrung insofern verifizierbar sein, daß andere Menschen unter den gleichen Umständen die gleiche Erfahrung machen.

Die Schlüsselworte heißen »Realität«, »Untersuchung«, »Wissen«, »Mißtrauen«, »Erfahrung«, »Disziplin«. Diese Worte haben wir die ganze Zeit benutzt. Wissenschaft ist eine Religion des Skeptizismus. Um dem Mikrokosmos unserer Kindheitserfahrung zu entkommen, dem Mikrokosmos unserer Kultur und ihrer Dogmen, den Halbwahrheiten, die unsere Eltern uns erzählt haben, ist es von größter Bedeutung, daß wir skeptisch sind in bezug auf das, was wir bislang gelernt zu haben meinen. Es ist die wissenschaftliche Einstellung, die es uns ermöglicht, unsere persönliche Erfahrung des Mikrokosmos umzusetzen in eine persönliche Erfahrung des Makrokosmos. Wir müssen damit beginnen, indem wir zu Wissenschaftlern werden.

Viele Patienten, die diesen Anfang bereits gemacht haben, sagen mir: »Ich bin nicht religiös. Ich gehe nicht zur Kirche. Ich glaube nicht mehr an das meiste von dem, was die Kirche und meine Eltern mir gesagt haben. Ich habe nicht den Glauben meiner Eltern. Vermutlich bin ich nicht sehr spirituell.« Oft ist es ein Schock für sie, wenn ich die Richtigkeit ihrer Annahme bezweifle, keine spirituellen Wesen zu sein. »Sie haben eine Religion«, sage ich dann vielleicht. »Sogar eine sehr tiefe. Sie verehren die Wahrheit. Sie glauben an die Möglichkeit Ihres Wachstums und Ihrer Besserung, an die Möglichkeit spirituellen Fortschritts. In der Stärke Ihrer Religion sind Sie bereit, die Schmerzen der Herausforderung und die Qual des Umlernens auf sich zu nehmen. Sie gehen das Risiko einer Therapie ein, und das alles tun Sie Ihrer Religion wegen. Ich glaube nicht, daß man von Ihnen sagen kann, Sie seien weniger spirituell als Ihre Eltern; im Gegenteil, in Wirklichkeit haben Sie sich wohl spirituell über Ihre Eltern hinausentwickelt; Ihre Spiritualität ist ein großes Stück weiter als die Ihrer Eltern, die diesen nicht einmal den Mut gibt, die Dinge in Frage zu stellen.«

Ein Grund für die Annahme, daß Wissenschaft als Religion eine Verbesserung darstellt, einen evolutionären Sprung im Vergleich zu anderen Weltsichten, ist ihr internationaler Charakter. Wir sprechen von der weltweiten Gemeinschaft der Wissenschaft. Diese beginnt einer echten Gemeinschaft näherzukommen, wesentlich näher als die katholische Kirche, die nach der wissenschaftlichen Gemeinschaft einer internationalen Bruderschaft wahrscheinlich am nächsten kommt. Wissenschaftler aller Länder sind fähig, und zwar wesentlich besser als wir anderen, miteinander zu sprechen. In einem gewissen Maße ist es ihnen gelungen, den Mikrokosmos ihrer Kultur zu überschreiten. In einem gewissen Maße sind sie im Begriff, weise zu werden.

In einem gewissen Maße. Ich glaube zwar, daß die skeptische Weltsicht der wissenschaftlich orientierten Menschen eine deutliche Verbesserung ist gegenüber einer Weltsicht, die auf blindem Glauben, lokalem Aberglauben und unbezweifelten Annahmen beruht, aber ich glaube auch, daß die meisten der wissenschaftlich orientierten Menschen mit der Reise spirituellen Wachstums noch kaum begonnen haben. Insbesondere glaube ich, daß die Einstellung der meisten wissenschaftlich Denkenden zur Realität Gottes ebenso beschränkt ist wie die Einstellung einfacher Hirten, die blind dem Glauben ihrer Väter folgen. Wissenschaftler haben große Schwierigkeiten im Umgang mit der Realität Gottes.

Wenn wir vom Standpunkt unseres Skeptizismus aus das Phänomen des Glaubens an Gott betrachten, sind wir nicht beeindruckt. Wir sehen Dogmatismus, und ausgehend von diesem Dogmatismus sehen wir Scheinheiligkeit: Menschen, die die Bruderschaft aller Menschen im Munde führen und ihre Mitmenschen im Namen des Glaubens töten, sich auf Kosten anderer die Taschen füllen und alle Arten von Brutalität praktizieren. Wir sehen eine verwirrende Vielfalt von Ritualen und Vorstellungen ohne Übereinstimmung: Dieser Gott ist eine Frau mit sechs Armen und sechs Beinen; jener ist ein Mann, der auf einem Thron sitzt; dieser ist ein Elefant; jener ist die Essenz des Nichts; Pantheons, Hausgötter, Dreieinigkeiten, Einheiten. Wir sehen Unwissenheit, Aberglauben, Strenge. Die Spuren, die der Gottesglaube hinterlassen hat, sind ziemlich unerfreulich. Der Gedanke ist verlockend, daß die Menschheit vielleicht ohne einen Glauben an Gott besser daran wäre und daß Gott nicht nur eine Schöpfung der Menschen ist, sondern noch dazu eine vergiftete Schöpfung des Menschen. Der Schluß könnte vernünftig erscheinen, daß Gott eine Illusion vermenschlichten Geistes ist – eine destruktive Illusion – und daß der Glaube an Gott eine weitverbreitete Form menschlicher Psychopathologie ist, die geheilt werden sollte.

Wir haben also eine Frage: Ist der Glaube an Gott eine Krankheit? Ist er eine Manifestation der Übertragung – ein Konzept unserer Eltern, abgeleitet vom Mikrokosmos und in unangemessener Weise auf den Makrokosmos projiziert? Oder, um es anders auszudrücken, ist ein solcher Glaube eine Form primitiven oder kindlichen Denkens, über die wir hinauswachsen sollten, wenn wir höhere Ebenen des Bewußtseins und der Reife anstreben? Wenn wir bei dem Versuch, diese Frage zu beantworten, wissenschaftlich vorgehen wollen, so ist es wesentlich, daß wir uns der Realität der tatsächlichen klinischen Daten zuwenden. Was geschieht mit unserem Glauben an Gott, wenn wir durch den Prozeß der Psychotherapie wachsen?

Der Fall Kathy

Kathy war die furchtsamste Person, die ich je gesehen habe. Als ich zum erstenmal in ihr Zimmer kam, saß sie auf dem Fußboden in einer Ecke und murmelte in einer Art Singsang vor sich hin. Ich stand in der Tür; sie sah zu mir auf, und ihre Augen weiteten sich vor Schrecken. Sie kroch in sich zusammen und drückte sich ganz in die Ecke, als wolle sie in der Wand verschwinden. Ich sagte: »Kathy, ich bin Psychiater. Ich werde Ihnen nicht weh tun.« Ich nahm mir einen Stuhl, setzte mich in einiger Entfernung von ihr hin und wartete. Eine weitere Minute lang fuhr sie fort, sich in die Ecke zu drücken. Dann begann sie sich zu entspannen, doch nur, um in ein untröstliches Weinen auszubrechen. Nach einer Weile hörte sie auf zu weinen und begann wieder vor sich hin zu singen. Ich fragte sie, was los sei. »Ich werde sterben«, stieß sie hervor, wobei sie ihren Gesang nur ganz kurz unterbrach. Mehr konnte sie mir nicht sagen. Sie sang weiter. Ungefähr alle fünf Minuten hörte sie auf, wimmerte einige Augenblicke wie erschöpft, dann nahm sie ihren Gesang wieder auf. Auf alle Fragen, die ich ihr stellte, antwortete sie nur mit: »Ich werde sterben«, ohne den Rhythmus ihres Gesangs zu unterbrechen. Sie hatte anscheinend das Gefühl, sie könne mit diesem Singen ihren Tod verhindern und dürfe daher weder ruhen noch schlafen.

Von ihrem Mann, Howard, einem jungen Polizisten, erfuhr ich einige wenige Tatsachen. Kathy war zwanzig Jahre alt. Sie waren seit zwei Jahren verheiratet. In der Ehe gab es keine Probleme. Kathy stand ihren Eltern sehr nahe. Sie hatte nie zuvor psychische Probleme gehabt. Ihr jetziger Zustand war völlig überraschend. Am Morgen noch war sie vollkommen in Ordnung gewesen. Sie hatte ihn zur Arbeit gefahren. Zwei Stunden später rief seine Schwester ihn an. Sie war Kathy besuchen gegangen und hatte sie in diesem Zustand angetroffen. Man hatte sie ins Krankenhaus gebracht. Nein, sie hatte sich in letzter Zeit nicht merkwürdig verhalten. Außer vielleicht bei einer Sache. Seit etwa vier Monaten schien sie sich davor zu fürchten, an öffentliche Orte zu gehen. Um ihr zu helfen, hatte Howard alle Einkäufe im Supermarkt erledigt, während sie im Auto wartete. Sie schien sich auch davor zu fürchten, allein zu Hause zu bleiben. Sie betete viel – doch das hatte sie schon getan, seit er sie kannte. Ihre Familie war ziemlich religiös. Ihre Mutter ging mindestens zweimal in der Woche zur Messe. Merkwürdig – Kathy hatte sofort nach der Hochzeit aufgehört, in die Kirche zu gehen. Ihm war das ganz recht. Aber sie betete noch immer viel. Ihre körperliche Gesundheit? Oh, die war ausgezeichnet. Sie war noch nie im Krankenhaus gewesen. Nur einmal vor einigen Jahren bei einer Hochzeit war sie ohnmächtig geworden. Empfängnisverhütung? Sie nahm die Pille. Vor ungefähr einem Monat hatte sie ihm allerdings gesagt, sie habe die Pille abgesetzt. Sie hatte etwas darüber gelesen, daß sie gefährlich sei oder so. Er hatte nicht weiter darüber nachgedacht.

Ich gab Kathy massive Dosen von Beruhigungs- und Schlafmitteln, damit sie nachts schlafen konnte, doch während der nächsten beiden Tage blieb ihr Verhalten unverändert; sie sang unablässig, konnte nichts anderes mitteilen als die Überzeugung ihres unmittelbar bevorstehenden Todes und war voller Angst. Am vierten Tag schließlich gab ich ihr eine intravenöse Injektion Sodiumamytal. »Diese Spritze wird Sie schläfrig machen, Kathy«, sagte ich ihr, »aber Sie werden nicht einschlafen. Sie werden auch nicht sterben. Aber Sie werden aufhören können zu singen. Sie werden sich sehr entspannt fühlen. Sie werden in der Lage sein, mit mir zu sprechen. Ich möchte, daß Sie mir sagen, was an dem Morgen passiert ist, an dem Sie ins Krankenhaus kamen.«

»Nichts ist passiert«, antwortete Kathy.

»Sie fuhren Ihren Mann zur Arbeit?«

»Ja. Dann fuhr ich nach Hause. Und dann wußte ich, daß ich sterben würde.«

»Sie fuhren einfach nach Hause wie jeden Morgen, wenn Sie Ihren Mann zur Arbeit gebracht haben?«

Kathy begann wieder zu singen.

»Hören Sie auf zu singen, Kathy«, sagte ich. »Sie sind vollkommen in Sicherheit. Sie fühlen sich sehr entspannt. Irgend etwas war anders als sonst, als Sie an diesem Morgen nach Hause fuhren. Sie werden mir sagen, was anders war.«

»Ich fuhr einen anderen Weg.«

»Warum taten Sie das?«

»Ich nahm die Straße hinter Bills Haus.«

»Wer ist Bill?«

Kathy begann erneut zu singen.

»Ist Bill ein Freund von Ihnen?«

»Er war es. Bevor ich geheiratet hatte.«

»Sie vermissen Bill sehr, nicht wahr?«

Kathy wimmerte: »O Gott, ich werde sterben.«

»Haben Sie Bill an diesem Tag gesehen?«

»Nein.«

»Aber Sie wollten ihn gern sehen?«

»Ich werde sterben«, antwortete Kathy.

»Haben Sie das Gefühl, daß Gott Sie dafür bestrafen wird, daß Sie Bill wiedersehen wollten?«

»Ja.«

»Ist das der Grund, warum Sie glauben, daß Sie sterben werden?«

»Ja.« Erneut begann Kathy zu singen.

Ich ließ sie zehn Minuten singen, während ich meine Gedanken sammelte.

Schließlich sagte ich zu ihr: »Kathy, Sie glauben, daß Sie sterben werden, weil Sie den Geist Gottes zu kennen glauben. Aber Sie irren sich. Sie kennen den Geist Gottes nicht. Alles, was Sie wissen, ist das, was man Ihnen über Gott gesagt hat. Vieles von dem, was man Ihnen über Gott gesagt hat, ist falsch. Ich weiß nicht alles über Gott, aber ich weiß mehr als Sie und mehr als die Leute, die Ihnen von Gott erzählt haben. Ich sehe zum Beispiel jeden Tag Männer und Frauen wie Sie, die nicht gläubig sein wollen; einige sind es auch nicht, aber sie werden nicht von Gott gestraft. Ich weiß das, weil sie immer wieder zu mir kommen. Und mit mir sprechen. Und es geht ihnen besser. Genau wie es Ihnen bessergehen wird. Weil wir zusammen arbeiten werden. Und Sie werden lernen, daß Sie kein schlechter Mensch sind. Sie werden die Wahrheit kennenlernen – über sich selbst und über Gott. Sie werden glücklicher sein – in bezug auf sich selbst und in bezug auf Ihr Leben. Aber nun gehen Sie schlafen. Und wenn Sie aufwachen, werden Sie keine Angst mehr haben zu sterben. Wenn wir uns morgen früh wiedersehen, werden Sie fähig sein, mit mir zu sprechen; wir werden über Gott sprechen und über Sie.«

Am nächsten Morgen ging es Kathy besser. Sie war noch immer ängstlich und nicht überzeugt, daß sie nicht sterben müsse, rechnete aber auch nicht mehr so sicher mit ihrem Tod. An diesem Tag und vielen, vielen weiteren kam langsam ihre Geschichte an den Tag, Stück für Stück. Während ihres letzten Jahres in der High-School hatte sie sexuelle Beziehungen zu Howard gehabt. Er wollte sie heiraten, und sie war einverstanden. Zwei Wochen später bei der Hochzeit einer Freundin wurde ihr plötzlich klar, daß sie gar nicht heiraten wollte. Sie wurde ohnmächtig. Danach war sie verwirrt und wußte nicht mehr, ob sie Howard liebte. Doch sie hatte das Gefühl, sie müsse diese Hochzeit hinter sich bringen, weil sie bereits gesündigt hatte, indem sie voreheliche Beziehungen mit ihm aufnahm; diese Sünde würde noch vergrößert, wenn sie die Beziehung nicht durch eine Ehe rechtfertigte. Allerdings wollte sie keine Kinder, zumindest so lange nicht, wie sie nicht sicher war, Howard zu lieben. Sie begann also, die Pille zu nehmen – eine weitere Sünde. Sie konnte es nicht ertragen, diese Sünden zu beichten, und hörte nach ihrer Heirat auf, in die Messe zu gehen. Sex mit Howard machte ihr Spaß. Fast vom Tag ihrer Hochzeit an jedoch verlor Howard das sexuelle Interesse an ihr. Er blieb ein vorbildlicher Versorger, kaufte ihr Geschenke, behandelte sie ehrerbietig, machte viele Überstunden und ließ nicht zu, daß sie arbeitete. Um Sex aber mußte sie geradezu betteln; etwa alle zwei Wochen schlief er mit ihr, und das war alles, was sie hatte, um ihre unablässige Langeweile zu mildern. Scheidung kam nicht in Frage; *das* war eine undenkbare Sünde.

Ohne es zu wollen, begann Kathy Phantasien über sexuelle Untreue zu haben. Sie meinte, sie könne sich vielleicht davon befreien, indem sie mehr betete; sie begann also, rituell jede Stunde fünf Minuten zu beten. Das bemerkte Howard und machte seine Scherze darüber. Sie beschloß also, heimlich zu beten, und zwar vor allem tagsüber, wenn Howard nicht zu Hause war, damit sie es nicht abends zu tun brauchte, wenn er da war. Das bedeutete, daß sie entweder häufiger oder schneller beten mußte. Sie beschloß, beides zu tun. Sie betete nun alle halbe Stunde, und während ihres fünfminütigen Gebets verdoppelte sie die Geschwindigkeit. Die Phantasien über sexuelle Untreue vergingen jedoch nicht, sondern wurden allmählich sogar häufiger und drängender. Wann immer sie das Haus verließ, sah sie Männer an. Das machte die Sache noch schlimmer. Sie fürchtete sich, ohne Howard auszugehen, und selbst wenn er bei ihr war, hatte sie Angst vor öffentlichen Orten, wo sie Männer sehen konnte. Sie dachte, sie solle vielleicht wieder in die Kirche gehen. Doch dann erkannte sie, daß sie, wenn sie in die Kirche zurückginge, ohne zu beichten und ihre Untreuephantasien dem Priester zu gestehen, erneut sündigen würde. Das konnte sie nicht tun. Sie verdoppelte die Geschwindigkeit ihrer Gebete nochmals. Um sich das zu erleichtern, entwickelte sie ein ausgeklügeltes System, bei dem eine einzige gesungene Silbe für ein ganzes, bestimmtes Gebet stand. Damit begann ihr Singsang. Mit der Zeit vervollkommnete sie ihr System und war in der Lage, innerhalb von fünf Minuten tausend Gebete zu singen. Anfangs, als sie sehr damit beschäftigt war, ihren Singsang auszuarbeiten, schienen die Untreuephantasien nachzulassen, doch sobald sie das System wirklich beherrschte, kamen sie mit voller Kraft zurück. Sie begann zu überlegen, wie sie sie in die Tat umsetzen könnte. Sie dachte daran, Bill anzurufen, ihren früheren Freund. Sie dachte daran, nachmittags in Bars zu gehen. Entsetzt bei der Vorstellung, sie könne das wirklich tun, setzte sie die Pille ab und hoffte, die Angst vor einer Schwangerschaft werde ihr helfen, solchen Versuchungen zu widerstehen. Doch die Wünsche wurden immer drängender. Eines Nachmittags ertappte sie sich dabei, daß sie zu masturbieren begann. Sie war entsetzt. Das war vielleicht die schlimmste Sünde von allen. Sie hatte von kalten Duschen gehört und duschte so kalt, wie sie es aushalten konnte. Es half, bis Howard nach Hause kam. Doch am nächsten Tag war alles wieder genauso.

Am letzten Morgen schließlich gab sie nach. Nachdem sie Howard zur Arbeit gefahren hatte, fuhr sie direkt zu Bills Haus. Sie parkte unmittelbar vor der Tür. Sie wartete. Nichts geschah. Es schien niemand zu Hause zu sein. Sie stieg aus dem Auto und lehnte sich in verführerischer Pose dagegen. »Bitte«, flehte sie innerlich, »laß Bill mich sehen; bitte laß ihn mich bemerken.« Noch immer geschah nichts. »Bitte, laß jemanden mich sehen, irgend jemanden. Ich muß einfach mit einem Mann schlafen. O Gott, ich bin eine Hure. Ich bin die Hure von Babylon. O Gott, töte mich, ich muß sterben.« Sie sprang ins Auto und raste zurück in ihre Wohnung. Sie nahm eine Rasierklinge und wollte sich die Pulsadern durchschneiden. Sie brachte es nicht fertig. Doch Gott würde es können. Gott würde es tun. Gott würde ihr geben, was sie verdiente. Er würde der Sache ein Ende machen, ihr ein Ende machen. Die Vigilien sollten beginnen. »O Gott, ich habe solche Angst, ich habe solche Angst, bitte mach schnell, ich habe solche Angst.« Sie begann ihren Singsang, während sie wartete. Und so fand ihre Schwägerin sie.

Erst nach Monaten mühsamer Arbeit hatten wir diese Geschichte ans Licht gezogen. Ein großer Teil dieser Arbeit drehte sich um den Begriff der Sünde. Wo hatte sie gelernt, daß Masturbation eine Sünde ist? Wer hatte ihr gesagt, es sei eine Sünde? Woher wußte ihr Informant, daß es eine Sünde war? Warum war Masturbation eine Sünde? Warum ist Untreue eine Sünde? Was macht eine Sünde aus? Und so weiter, und so weiter. Ich kenne keinen aufregenderen und bevorzugteren Beruf als die Praxis der Psychotherapie, doch diese kann manchmal wirklich ermüdend sein, wenn die Einstellungen eines ganzen Lebens methodisch und in allen Einzelheiten eine nach der anderen in Frage gestellt werden. Oft ist eine solche Herausforderung zumindest teilweise erfolgreich, ehe noch die ganze Geschichte aufgedeckt ist. Kathy war beispielsweise in der Lage, mir viele Einzelheiten zu berichten, etwa über ihre Phantasien und ihre Versuchungen zu masturbieren, doch sie konnte dies erst, nachdem sie selbst begonnen hatte, die Berechtigung ihrer Schuldgefühle und ihre Vorstellung, diese Handlungen seien Sünden, in Zweifel zu ziehen. Während sie diese Fragen erhob, mußte sie auch die Gültigkeit der Autorität und Weisheit der ganzen katholischen Kirche in Frage stellen, zumindest der Kirche, wie sie sie erlebt hatte. Das konnte sie nur tun, weil sie in mir einen Verbündeten gefunden hatte, der ihr Kraft gab, weil sie allmählich das Gefühl gewonnen hatte, ich sei wirklich auf ihrer Seite, ihr Wohl liege mir ernstlich am Herzen und ich werde sie nicht zum Bösen führen. Dieses »therapeutische Bündnis«, das sie und ich langsam geschlossen hatten, ist eine Voraussetzung für jede erfolgreiche größere Psychotherapie.

Ein großer Teil dieser Arbeit wurde ambulant durchgeführt. Eine Woche nach dem Sodiumamytal-Interview hatte Kathy aus dem Krankenhaus entlassen werden können. Doch erst nach vier Monaten intensiver Therapie war sie in der Lage, über ihre Vorstellungen von Sünde zu sagen: »Ich glaube, die katholische Kirche hat mich ganz schön hereingelegt.« An diesem Punkt begann eine neue Phase der Therapie, denn wir fingen an zu fragen, wie das hatte geschehen können. Warum hatte sie sich all das in Bausch und Bogen zu eigen gemacht? Wie kam es, daß sie nicht in der Lage gewesen war, selbst zu denken, und bis heute die Kirche in keiner Weise in Frage gestellt hatte? »Aber Mutter sagte, ich solle die Kirche nicht in Frage stellen«, sagte Kathy. Und so begannen wir, Kathys Beziehungen zu ihren Eltern durchzuarbeiten. Zu ihrem Vater gab es keine Beziehung. Das war niemand, zu dem man eine Beziehung haben konnte. Vater arbeitete; das war alles, was er tat. Er arbeitete und arbeitete, und wenn er nach Hause kam, dann schlief er in seinem Sessel bei seinem Bier ein. Außer freitags. Dann ging er sein Bier auswärts trinken. Mutter regierte die Familie. Sie regierte allein, unwidersprochen, niemand widersetzte sich ihr. Sie war freundlich, aber fest. Sie gab, aber sie gab nie nach. Sie war friedlich und unerbittlich. »Das mußt du nicht tun, Liebes. Anständige Mädchen tun so etwas nicht.« »Du solltest diese Schuhe nicht haben, Liebes. Mädchen aus anständigen Elternhäusern tragen diese Art Schuhe nicht.« »Es handelt sich nicht darum, ob du zur Messe gehen willst, Liebes. Der Herr will, daß wir zur Messe gehen.« Allmählich kam Kathy zu der Einsicht, daß hinter der Macht der katholischen Kirche die enorme Macht ihrer Mutter stand, einer Frau, die auf eine sanfte Weise derartig beherrschend war, daß es undenkbar schien, sich gegen sie aufzulehnen.

Doch eine Psychotherapie verläuft selten reibungslos. Sechs Monate nach Kathys Entlassung aus dem Krankenhaus rief Howard an einem Sonntagmorgen an und sagte, Kathy habe sich im Badezimmer der Wohnung eingeschlossen und singe wieder. Auf meine Anweisung hin überredete er sie, wieder ins Krankenhaus zu kommen, und dort traf ich sie. Kathy war fast so ängstlich wie bei unserer ersten Zusammenkunft. Wieder hatte Howard keine Ahnung, was die Sache ausgelöst haben könnte. Ich brachte Kathy in ihr Zimmer. »Hören Sie auf zu singen«, befahl ich, »und sagen Sie mir, was los ist.«

»Ich kann nicht.«

»Doch, Kathy, Sie können.«

Sie hielt nur ganz kurz in ihrem Singsang inne und schlug vor: »Vielleicht kann ich, wenn Sie mir wieder die Wahrheitsdroge geben.«

»Nein, Kathy«, antwortete ich, »diesmal sind Sie stark genug, es ohne zu schaffen.«

Sie wimmerte. Dann sah sie mich an und nahm ihren Singsang wieder auf. Doch in ihrem Blick sah ich Ärger, ja fast Wut mir gegenüber.

»Sie sind böse auf mich«, stellte ich fest.

Kathy schüttelte singend den Kopf.

»Kathy«, sagte ich, »ich kann mir ein Dutzend Gründe vorstellen, warum Sie auf mich böse sind. Doch ich kann es nicht wissen, wenn Sie es mir nicht sagen. Sie können es mir sagen. Es ist ganz in Ordnung.«

»Ich werde sterben«, jammerte sie.

»Nein, Kathy, das werden Sie nicht. Sie werden nicht sterben, weil Sie wütend auf mich sind. Ich werde Sie nicht töten, weil Sie wütend auf mich sind. Es ist in Ordnung, wenn Sie wütend auf mich sind.«

»Ich werde nicht lange leben«, stöhnte Kathy, »ich werde nicht lange leben.«

Etwas an diesen Worten klang merkwürdig. Es waren nicht die Worte, die ich erwartet hatte. Irgendwie erschienen sie unnatürlich. Doch ich wußte nicht, was ich sagen sollte, ohne mich zu wiederholen.

»Kathy«, sagte ich, »ich liebe Sie. Ich liebe Sie auch, wenn Sie mich hassen. So ist die Liebe. Wie könnte ich Sie dafür bestrafen, daß Sie mich hassen, da ich Sie doch liebe, mit Ihrem Haß und allem?«

»Ich hasse nicht Sie«, schluchzte Kathy.

Plötzlich klickte es bei mir. »Ich werde nicht lange leben. Nicht lange leben auf Erden. Das ist es, nicht wahr, Kathy? Ehre Vater und Mutter, damit du lange lebest auf Erden. Das Fünfte Gebot. Ehre sie oder stirb. Das ist passiert, nicht wahr?«

»Ich hasse sie«, murmelte Kathy. Dann lauter, als sei sie kühn geworden beim Klang ihrer eigenen Stimme, die die gefürchteten Worte sprach: »Ich hasse sie. Ich hasse meine Mutter. Ich hasse sie. Sie gab mir nie . . . sie gab mir nie . . . mich. Nie ließ sie mich ich selbst sein. Sie machte mich nach ihrem Bild. Sie machte mich, machte mich, machte mich. Nie durfte ich ich selbst sein.«

Tatsächlich war Kathys Therapie noch im Frühstadium. Der wirkliche, alltägliche Schrecken lag noch vor ihr, der Schrecken, auf tausend kleine Arten sie selbst zu sein. Nachdem sie die Tatsache erkannt hatte, daß ihre Mutter sie völlig beherrscht hatte, mußte Kathy sich damit befassen, warum sie das zugelassen hatte. Indem sie die Herrschaft ihrer Mutter zurückwies, mußte sie den Vorgang auf sich nehmen, ihre eigenen Werte zu finden und ihre eigenen Entscheidungen zu treffen, und davor hatte sie Angst. Es war viel sicherer, die Mutter entscheiden zu lassen, viel einfacher, die Werte der Mutter und die Werte der Kirche zu übernehmen. Es erforderte viel mehr Arbeit, das eigene Leben selbst in die Hand zu nehmen. Später sollte Kathy sagen: »Wissen Sie, um keinen Preis würde ich mehr tauschen mit der Person, die ich einmal war, doch manchmal sehne ich mich noch nach diesen Zeiten. Mein Leben war damals einfacher. Zumindest auf eine gewisse Weise.«

Als sie unabhängiger funktionieren konnte, konfrontierte Kathy ihren Mann mit seinem Versagen als Liebhaber. Howard versprach sich zu ändern. Doch nichts geschah. Kathy drängte ihn. Er begann, unter Angstanfällen zu leiden. Auf meine Anregung hin suchte er, nachdem er mich wegen dieser Angstanfälle konsultiert hatte, einen anderen Psychotherapeuten auf, um behandelt zu werden. Er begann, tiefsitzende homosexuelle Empfindungen zu bearbeiten, gegen die er sich durch seine Heirat mit Kathy gewehrt hatte. Weil sie körperlich sehr attraktiv war, hatte er sie als »echten Fang« betrachtet, als einen Preis, dessen Gewinn ihm und der Welt seine Männlichkeit beweisen würde. Auf eine sinnvolle Weise hatte er sie nie geliebt. Nachdem er das akzeptiert hatte, einigten sich Kathy und er in aller Freundschaft auf eine Scheidung. Kathy arbeitete als Verkäuferin in einem großen Bekleidungsgeschäft. Mit mir zusammen quälte sie sich durch die zahllosen kleinen, doch unabhängigen Entscheidungen, die sie in Zusammenhang mit ihrer Arbeit treffen mußte. Allmählich wurde sie selbstsicherer und zuversichtlicher. Sie traf sich mit vielen Männern und wollte auch später einmal heiraten und Kinder haben, doch für den Augenblick genoß sie ihre berufliche Karriere. Sie wurde stellvertretende Einkäuferin für das Geschäft. Nach Beendigung der Therapie wurde sie zur Einkäuferin befördert, und kürzlich hörte ich, daß sie in derselben Funktion in eine andere, größere Firma eingetreten war und mit ihren siebenundzwanzig Jahren mit ihrem Leben recht zufrieden war. Sie geht nicht zur Kirche und betrachtet sich nicht mehr als katholisch. Sie weiß nicht, ob sie an Gott glaubt oder nicht, aber sie sagt frei und offen, daß dieses Thema sie zum gegenwärtigen Zeitpunkt ihres Lebens auch nicht sonderlich interessiere.

Ich habe Kathys Fall ausführlich beschrieben, weil er so typisch ist für die Beziehung zwischen religiöser Erziehung und Psychopathologie. Es gibt Millionen von Kathys. Ich pflege nur zum Teil scherzhaft zu sagen, daß die katholische Kirche mir meinen Lebensunterhalt als Psychiater sichert. Dasselbe könnte ich von der Baptistenkirche, der Lutherischen Kirche, der Presbyterianischen Kirche und jeder anderen sagen. Natürlich war die Kirche nicht die alleinige Ursache für Kathys Neurose. In einem gewissen Sinne war die Kirche nur ein Werkzeug, das Kathys Mutter benutzte, um ihre übergroße elterliche Autorität zu festigen und zu steigern. Man könnte zu Recht sagen, daß die dominierende Natur der Mutter, zusammen mit einem praktisch nicht vorhandenen Vater, die Grundursache der Neurose war, und auch in dieser Hinsicht war Kathys Fall typisch. Dennoch muß die Kirche ihren Teil an der Schuld übernehmen. Keine Nonne in der Pfarrschule und kein Priester im Religionsunterricht hatten Kathy je ermutigt, religiöse Lehren auf vernünftige Weise in Frage zu stellen oder selbständig zu denken. Die Kirche zeigt nie die Besorgnis, ihre Lehre könnte vielleicht überzogen, unrealistisch streng oder mißbraucht und falsch angewandt sein. Eine Analyse von Kathys Problem könnte lauten, daß sie zwar von ganzem Herzen an Gott, die Gebote und den Begriff der Sünde glaubte, daß aber ihre Religion und ihr Weltverständnis von der überlieferten Art und für ihre Bedürfnisse recht ungeeignet waren. Sie hatte nicht gefragt, nicht gezweifelt, nicht selbst nachgedacht. Dennoch machte Kathys Kirche – und auch das ist typisch – nicht die leiseste Anstrengung, ihr dabei zu helfen, sich eine passendere und persönlichere Religion zu erarbeiten. Man hat den Eindruck, daß die Kirchen im allgemeinen eher die überlieferte Art von Religion begünstigen.

Weil Kathys Fall so typisch ist und andere derartige Fälle in ihrer Praxis so häufig vorkommen, betrachten viele Psychiater und Psychotherapeuten die Religion als den Feind schlechthin. Sie sehen vielleicht sogar die Religion als solche als eine Neurose an – eine Sammlung von Haus aus irrationaler Ideen, die dazu dient, den Geist der Menschen zu fesseln und ihren Trieb zu seelischer Entwicklung zu unterdrücken. Freud, Rationalist und Wissenschaftler par excellence, schien die Dinge ungefähr so zu betrachten, und da er aus vielen guten Gründen die einflußreichste Gestalt der modernen Psychotherapie ist, haben seine Auffassungen zum Begriff der Religion als Neurose beigetragen. Tatsächlich ist es für Psychiater verlockend, sich selbst als Ritter der modernen Wissenschaft zu sehen, verstrickt in einen edlen Kampf mit den destruktiven Kräften alter, abergläubischer Religion und irrationaler, aber autoritärer Dogmen. In der Tat müssen Psychiater ungeheuer viel Zeit und Energie darauf verwenden, ihre Patienten von überlebten religiösen Gedanken und Vorstellungen zu befreien, die eindeutig destruktiv sind.

Der Fall Marcia

Keineswegs alle Fälle sind so gelagert wie der Fall Kathys. Es gibt viele andere Muster, die auch recht häufig vorkommen. Marcia war einer meiner ersten Fälle für eine langfristige Therapie. Sie war eine ziemlich wohlhabende junge Frau Mitte Zwanzig, die wegen allgemeiner Anhedonie (Lust- und Freudlosigkeit) zu mir kam. Sie konnte zwar nicht genau sagen, was an ihrem Leben nicht stimmte, doch sie empfand es als unerklärlich freudlos. Und freudlos sah sie auch aus. Trotz ihres Reichtums und ihrer Collegebildung sah sie aus wie eine verarmte, abgerissene, ältliche Einwandererfrau. Während des ganzen ersten Jahres der Therapie war sie stets in schlecht sitzende blaue, graue, schwarze oder braune Kleider gehüllt und trug eine riesige, verfilzte und ramponierte Stofftasche ähnlichen Aussehens mit sich herum.

Sie war das einzige Kind intellektueller Eltern; beide waren äußerst erfolgreiche Universitätsprofessoren und Sozialisten, die von Religion nichts hielten. Sie hatten sich über Marcia lustig gemacht, als diese als junges Mädchen mit einer Freundin zur Kirche ging.

Als sie in die Therapie kam, stimmte Marcia in diesem Punkt mit ihren Eltern völlig überein. Gleich zu Anfang erklärte sie irgendwie stolz und sehr direkt, sie sei Atheistin – fest davon überzeugt, daß die menschliche Rasse besser daran wäre ohne den Wahn, daß Gott existiere oder auch nur existieren könne. Interessanterweise waren Marcias Träume voll religiöser Symbole; so kamen etwa Vögel vor, die Schriftrollen mit obskuren Botschaften in einer altertümlichen Sprache im Schnabel hielten. Ich konfrontierte Marcia jedoch nicht mit diesem Aspekt ihres Unbewußten. Tatsächlich sprachen wir während der zweijährigen Dauer ihrer Therapie überhaupt nicht über religiöse Themen. In erster Linie befaßten wir uns ausführlich mit ihrer Beziehung zu ihren Eltern, zwei überaus intelligenten und rationalen Individuen, die wirtschaftlich gut für sie gesorgt hatten, ihr aber auf ihre strenge, intellektuelle Art gefühlsmäßig sehr fernstanden. Neben ihrer emotionalen Distanz waren beide Eltern außerdem so stark mit ihrer Karriere beschäftigt, daß sie wenig Zeit oder Energie für Marcia übrig hatten. Marcia hatte also zwar ein komfortables und intaktes Elternhaus, war aber trotzdem eines der sprichwörtlichen »armen reichen Kinder«, psychisch eine Waise. Doch das zu sehen widerstrebte ihr. Sie nahm es übel, als ich die Annahme äußerte, ihre Eltern hätten sie erheblich frustriert, und sie nahm auch den Hinweis übel, sie kleide sich wie ein Waisenkind. So sei eben die neue Mode, sagte sie, und ich habe kein Recht, das zu kritisieren.

Marcias Fortschritte in der Therapie verliefen schmerzhaft langsam, aber dramatisch. Das Schlüsselelement war die Wärme und Nähe der Beziehung, die wir langsam miteinander hatten aufbauen können und die in starkem Gegensatz stand zu der Beziehung, die sie zu ihren Eltern hatte. Eines Morgens zu Beginn ihres zweiten Therapiejahres kam Marcia mit einer neuen Handtasche in die Sitzung. Sie war nur ein Drittel so groß wie die alte und in leuchtenden Farben gehalten. Danach fügte sie ungefähr einmal im Monat jeweils ein neues, farbiges Stück zu ihrer Garderobe hinzu – orange, gelb, hellblau und grün –, fast wie eine Blume, die langsam ihre Blütenblätter entfaltet. In ihrer vorletzten Sitzung bei mir dachte sie darüber nach, wie gut sie sich fühlte, und sagte: »Wissen Sie, es ist merkwürdig, aber nicht nur mein Inneres hat sich verändert; auch außen scheint sich alles verändert zu haben. Obwohl ich noch immer hier bin, im gleichen alten Haus lebe und einige derselben Dinge tue wie immer, sieht doch die ganze Welt sehr anders aus, fühlt sich anders an. Ich empfinde sie als sicher und liebevoll und spannend und gut. Ich erinnere mich, daß ich Ihnen sagte, ich sei Atheistin. Ich bin nicht sicher, ob ich das noch immer bin. Eigentlich glaube ich es wirklich nicht. Wenn die Welt sich richtig anfühlt, sage ich mir jetzt manchmal: ›Ich wette, es gibt doch einen Gott. Die Welt könnte nicht so richtig sein ohne einen Gott.‹ Es ist komisch. Ich weiß nicht, wie ich über diese Art Dinge sprechen soll. Ich fühle mich einfach verbunden, wirklich, wie ein wirklicher Bestandteil eines sehr großen Bildes, und auch wenn ich nicht viel von diesem Bild sehen kann, weiß ich doch, daß es da ist und gut ist und daß ich ein Teil davon bin.«

Im Verlauf der Therapie bewegte sich Kathy von einem Standpunkt, bei dem der Begriff Gott überaus wichtig war, zu einem, bei dem er nicht mehr wichtig war. Marcia dagegen hatte zuerst den Begriff Gott völlig abgelehnt, doch dann hatte er für sie einen Sinn bekommen. Der gleiche Vorgang, der gleiche Therapeut, und doch zwei scheinbar entgegengesetzte Resultate, und beide erfolgreich. Wie soll man das erklären? Ehe wir einen solchen Versuch unternehmen, wollen wir noch eine andere Art von Fall betrachten. In Kathys Fall mußte der Therapeut aktiv ihre religiösen Ideen herausfordern, um eine Veränderung in Richtung auf einen dramatisch verringerten Einfluß der Gottesvorstellung auf ihr Leben herbeizuführen. Bei Marcia gewann der Gottesbegriff zunehmend an Einfluß, ohne daß der Therapeut jedoch jemals ihre religiösen Begriffe in irgendeiner Weise herausgefordert hätte. Wir könnten also fragen, ob es überhaupt jemals nötig ist, daß ein Therapeut aktiv den Atheismus oder Agnostizismus eines Patienten herausfordert und den Patienten absichtlich in Richtung auf die Religiosität lenkt.

Der Fall Theodore

Ted war dreißig, als er zu mir kam, und ein Eremit. In den letzten sieben Jahren hatte er in einer kleinen Hütte tief in den Wäldern gelebt. Er hatte wenige Freunde, und keiner davon war ein enger Freund. Drei Jahre lang hatte er sich mit keiner Frau getroffen. Gelegentlich übernahm er kleine Tischlerarbeiten, aber meist waren seine Tage ausgefüllt mit Fischen, Lesen und endlosem Nachsinnen über unbedeutende Entscheidungen, etwa, was er zum Abendessen kochen sollte und wie er es kochen sollte oder ob er sich die Anschaffung eines billigen Werkzeuges leisten konnte oder nicht. Tatsächlich war er dank einer Erbschaft relativ wohlhabend. Er war auch äußerst intelligent. Und, wie er bei der ersten Sitzung sagte, gelähmt. »Ich weiß, daß ich mit meinem Leben etwas Konstruktiveres und Kreativeres anfangen sollte«, klagte er, »aber ich kann nicht einmal die kleinsten Entscheidungen treffen, von großen ganz zu schweigen. Ich sollte eine Berufslaufbahn einschlagen. Ich sollte studieren und irgend etwas lernen, aber ich kann mich für nichts begeistern. Ich habe an alles gedacht – Lehre, Wissenschaft, internationale Beziehungen, Medizin, Landwirtschaft, Ökologie –, doch nichts bringt mich in Schwung. Ich interessiere mich vielleicht einen oder zwei Tage dafür, doch dann scheint jedes Gebiet unüberwindliche Probleme zu stellen. Das ganze Leben scheint ein unüberwindliches Problem zu sein.«

Wie Ted sagte, hatte sein Problem begonnen, als er achtzehn gewesen und ins College eingetreten war. Bis dahin war alles gutgegangen. Er hatte im Grunde eine normale Kindheit in einem stabilen, gutsituierten Elternhaus mit zwei älteren Brüdern gehabt; seine Eltern hatten sich um ihn gekümmert, auch wenn sie sich nicht viel umeinander kümmerten; er hatte gute Schulnoten gehabt und sich in dem privaten Internat, das er besuchte, wohl gefühlt. Dann – und das war vielleicht entscheidend – kam eine leidenschaftliche Liebesaffäre mit einer Frau, die sich in der Woche vor seinem Eintritt ins College von ihm getrennt hatte. Er war völlig vernichtet und verbrachte den größten Teil seines ersten Collegejahres betrunken. Dennoch hatte er gute Noten. Dann hatte er einige andere Liebesverhältnisse, von denen jedes halbherziger und erfolgloser war als das vorige. Seine Noten begannen sich zu verschlechtern. Er konnte sich nicht entschließen, worüber er Referate schreiben sollte. Ein enger Freund, Hank, kam Mitte des zweiten Jahres bei einem Autounfall ums Leben, aber er hatte es überwunden. In diesem Jahr hatte er sogar aufgehört zu trinken. Doch das Problem mit den Entscheidungen wurde immer schlimmer. Er konnte einfach kein Thema für seine Abschlußarbeit finden. Er besuchte seine Kurse nicht mehr. Er mietete ein Zimmer außerhalb des Collegegeländes. Für seine Graduierung brauchte er nur eine kurze Arbeit einzureichen, die man in einem Monat hätte schreiben können. Er brauchte die folgenden drei Jahre dazu. Dann – nichts mehr. Seit er in die Wälder gegangen war, waren nun sieben Jahre vergangen.

Ted war überzeugt, sein Problem habe seine Wurzel in seiner Sexualität. Schließlich hatten seine Schwierigkeiten ja mit einer unglücklichen Liebesgeschichte begonnen. Außerdem hatte er fast alles gelesen, was Freud je geschrieben hatte (und wesentlich mehr, als ich selbst gelesen hatte). Während der ersten sechs Monate seiner Therapie tauchten wir also in die Tiefen seiner Kindheitssexualität – ohne besonderes Ergebnis. Doch in dieser Zeit wurden mehrere interessante Facetten seiner Persönlichkeit sichtbar. Eine davon war sein völliger Mangel an Begeisterung. Er konnte sich zum Beispiel schönes Wetter wünschen, doch wenn es dann schön war, zuckte er die Achseln und sagte: »Eigentlich macht es keinen Unterschied. Im Grunde ist ein Tag wie jeder andere!« Er fischte im See und fing einen riesigen Hecht: »Es war mehr, als ich essen konnte, und ich habe keine Freunde, mit denen ich ihn hätte teilen können, also warf ich ihn wieder ins Wasser.«

Verbunden mit diesem Mangel an Begeisterung war eine Art globaler Snobismus, als finde er die Welt und alles, was darin war, geschmacklos. Alles sah er kritisch. Ich gelangte zu der Vermutung, daß er seinen Snobismus benutzte, um eine Distanz zwischen sich und Dingen zu wahren, die ihn sonst vielleicht emotional berührt hätten. Und schließlich hatte Ted einen ungeheuren Hang zur Verschwiegenheit, was die Therapie nicht gerade beschleunigte. Die wichtigsten Tatsachen jedes beliebigen Vorfalles mußte man ihm immer erst mühsam entlocken. Er hatte einen Traum: »Ich war in einem Klassenzimmer. Da war ein Gegenstand – ich weiß nicht, was –, den ich in eine Schachtel gelegt hatte. Die Schachtel verbarg den Gegenstand ganz, so daß niemand sagen konnte, was sie enthielt. Ich hatte die Schachtel in einen toten Baum gesteckt und mit fein gearbeiteten Holzschrauben die Rinde wieder über der Öffnung befestigt. Als ich aber im Klassenzimmer saß, fiel mir plötzlich ein, daß ich nicht daran gedacht hatte, die Holzschrauben genauso einzufärben wie die Rinde. Ich bekam Angst. Also lief ich hinaus in den Wald und bearbeitete die Schrauben, bis man sie nicht mehr von der Rinde unterscheiden konnte. Dann fühlte ich mich besser und kam in die Klasse zurück.« Wie bei vielen Menschen waren bei Ted Klasse und Klassenzimmer Symbole für die Therapie. Es war klar, daß er nicht wollte, daß ich den Kern seiner Neurose herausfand.

Der erste kleine Riß in Teds Panzer trat während einer Sitzung im sechsten Monat der Therapie auf. Er hatte den Abend vorher im Haus eines Bekannten verbracht. »Es war ein schrecklicher Abend«, jammerte Ted. »Er wollte, daß ich mir die neue Platte anhöre, die er sich gekauft hatte. Es war Neil Diamonds Filmmusik zu *Jonathan Livingston Seagull.* Entsetzlich. Ich kann nicht verstehen, wie gebildete Menschen an solchem Schmalz Gefallen finden und es auch noch als Musik bezeichnen können.«

Die Intensität seiner snobistischen Reaktion veranlaßte mich, die Ohren zu spitzen. »*Jonathan Livingston Seagull* war ein religiöses Buch«, sagte ich. »War die Musik auch religiös?«

»Wenn man so etwas schon Musik nennt, kann man es sicher auch religiös nennen.«

»Vielleicht war es die Religion, die Sie beleidigt hat«, vermutete ich, »und nicht so sehr die Musik.«

»Nun, diese Art von Religion finde ich in der Tat beleidigend«, antwortete Ted.

»Was ist denn diese Art von Religion?«

»Sentimental. Süßlich.« Ted spuckte die Worte beinahe aus.

»Gibt es noch andere Arten von Religion?« fragte ich.

Ted sah verblüfft und verwirrt aus. »Nicht viele, glaube ich. Ich finde Religion wohl allgemein nicht sehr anziehend.«

»War das immer so?«

Ted lachte grämlich. »Nein, als ich noch jung und ahnungslos war, stand ich ziemlich auf Religion. Im Seniorjahr im Internat war ich sogar Diakon in der kleinen Kirche, die wir hatten.«

»Und dann?«

»Und dann was?«

»Nun, was wurde aus Ihrer Religion?« fragte ich.

»Vermutlich bin ich einfach herausgewachsen.«

»Wie sind Sie herausgewachsen?«

»Was meinen Sie damit, wie ich herausgewachsen bin?« Ted wurde jetzt offenkundig ärgerlich. »Wie wächst man denn aus etwas heraus? Es war eben so, das ist alles.«

»Und wann sind Sie herausgewachsen?«

»Ich weiß nicht. Es passierte einfach. Ich habe es Ihnen ja gesagt. Im College bin ich nie zur Kirche gegangen.«

»Nie?«

»Nicht ein einziges Mal.«

»In Ihrem letzten Jahr in der High-School waren Sie also Diakon«, sagte ich. »Dann haben Sie im Sommer eine unglückliche Liebesaffäre und gehen nie wieder zur Kirche. Das war eine abrupte Veränderung. Glauben Sie, daß die Trennung von Ihrer Freundin irgend etwas damit zu tun hatte?«

»Ich glaube gar nichts. Vielen meiner Klassenkameraden erging es genauso. Wir wuchsen in einer Zeit heran, in der Religion ohnehin nicht in Mode war. Vielleicht hatte meine Freundin etwas damit zu tun, vielleicht auch nicht. Woher soll ich das wissen? Ich weiß nur, daß ich mich für Religion einfach nicht mehr interessierte.«

Der nächste Durchbruch erfolgte einen Monat später. Wir hatten uns auf Teds auffallenden Mangel an Begeisterung für irgend etwas konzentriert, den er bereitwillig zugab. »Das letzte Mal, daß ich mich deutlich erinnern kann, begeistert gewesen zu sein«, sagte er, »war vor zehn Jahren, in meinem Juniorjahr. Es handelte sich um eine Arbeit, die ich am Ende eines Herbstsemesterkurses über moderne britische Lyrik schrieb.«

»Und wovon handelte die Arbeit?« fragte ich.

»Ich kann mich nicht erinnern, es ist so lange her.«

»Unsinn«, sagte ich. »Sie können sich erinnern, wenn Sie das wollen.«

»Nun, ich glaube, es hatte mit Gerard Manley Hopkins zu tun. Er war einer der ersten wirklich modernen Dichter. ›Pied Beauty‹ war, glaube ich, das Gedicht, das im Mittelpunkt stand.«

Ich verließ mein Sprechzimmer, ging in meine Bibliothek und kam mit einem staubigen Band englischer Gedichte aus meiner Collegezeit zurück. »Pied Beauty« stand auf Seite 819. Es lautete:

Ehre sei Gott für gesprenkelte Dinge –
Für Himmel zwiefärbig wie eine gefleckte Kuh;
Für rosige Male all hingetüpfelt auf schwimmender Forelle;
Kastanien-Fall wie frische Feuerkohlen; Finkenflügel;
Flur gestückt und in Flicken – Feldrain, Brache und Acker;
Und alle Gewerbe, ihr Gewand und Geschirr und Gerät.
Alle Dinge verquer, ureigen, selten, wunderlich;
Was immer veränderlich ist, scheckig (wer weiß wie?)
Mit schnell, langsam; süß, sauer; blitzend, trüb;
Was er hervorzeugt, dessen Schönheit wandellos:
Preis ihm.

Mir stiegen Tränen in die Augen. »Das ist ja ein Gedicht über die Begeisterung«, sagte ich.

»Ja.«

»Es ist auch ein sehr religiöses Gedicht.«

»Ja.«

»Sie schrieben die Arbeit darüber am Ende des Wintersemesters. Das wäre also im Januar gewesen?«

»Ja.«

»Wenn ich mich richtig erinnere, ist im folgenden Monat, im Februar, Ihr Freund Hank gestorben?«

»Ja.«

Ich konnte spüren, wie sich eine unglaubliche Spannung ausbreitete. Ich war nicht sicher, was jetzt am besten zu tun wäre. In der Hoffnung, auf etwas Wichtiges zu stoßen, fuhr ich fort: »Mit siebzehn wurden Sie also von Ihrer ersten Freundin verlassen und gaben Ihre Begeisterung für die Kirche auf. Drei Jahre später starb Ihr bester Freund, und Sie gaben Ihre Begeisterung für alles auf.«

»Ich gab sie nicht auf; sie wurde mir genommen.« Ted schrie jetzt fast, er war bewegter, als ich ihn je gesehen hatte.

»Gott wies Sie zurück, also wiesen Sie Gott zurück.«

»Und warum sollte ich nicht?« fragte er. »Es ist eine beschissene Welt. Es war immer eine beschissene Welt.«

»Ich dachte, Ihre Kindheit wäre ganz glücklich gewesen?«

»Nein, die war auch beschissen.«

Und so war es auch. Unter der ruhigen Oberfläche war Teds Elternhaus in seiner Kindheit für ihn ein ständiger Kriegsschauplatz gewesen. Seine zwei älteren Brüder behandelten ihn mit unglaublicher Bosheit. Seine Eltern, zu sehr mit ihren eigenen Angelegenheiten und ihrem Haß aufeinander beschäftigt, um sich um die scheinbar geringfügigen Probleme der Kinder zu kümmern, hatten ihm, dem Kleinsten und Jüngsten, keinen Schutz gewährt. Seine einzige Erleichterung waren lange, einsame Spaziergänge auf dem Land, und wir konnten feststellen, daß sein Hang zum Eremitendasein seine Wurzeln in der Zeit noch vor seinem zehnten Lebensjahr hatte. Das Internat mit seinen eher kleinen Grausamkeiten war eine Erleichterung für ihn gewesen. Während er von diesen Dingen sprach, nahm Teds Groll auf die Welt – oder vielmehr sein Nachdenken über diesen Groll – an Stärke zu. In den folgenden Monaten durchlebte er nicht nur erneut den Schmerz seiner Kindheit und den Schmerz über Hanks Tod, sondern auch den Schmerz tausend kleinerer Tode und Zurückweisungen und Verluste. Das ganze Leben erschien wie ein einziger Mahlstrom von Tod und Leiden, Gefahr und Barbarei.

Nach fünfzehn Monaten Therapie kam ein Wendepunkt. Ted brachte ein kleines Buch mit in die Sitzung. »Sie sprechen immer darüber, wie verschwiegen ich bin – und das stimmt natürlich«, sagte er. »Gestern abend habe ich in alten Sachen gekramt und dieses Tagebuch gefunden, das ich während meines zweiten Jahres im College führte. Ich habe nicht einmal hineingeschaut, um es zu zensieren. Ich dachte, vielleicht würden Sie gern unredigiert lesen, wie ich vor zehn Jahren war.«

Ich bejahte und las das Tagebuch an den nächsten beiden

Abenden. Es war nicht weiter aufschlußreich, bestätigte aber, daß er schon damals ein Einzelgänger gewesen war, dessen Snobismus aus Verletzung entstanden war. Nur eine kleine Einzelheit fiel mir auf. Er beschrieb, wie er an einem Sonntag im Januar allein auf eine Wanderung gegangen und in einen Schneesturm geraten war. Erst mehrere Stunden nach Einbruch der Dunkelheit war er wieder im Schlafsaal seines Internats angekommen. »Ich verspürte eine gewisse Heiterkeit über die Rückkehr in die Sicherheit meines Zimmers«, hatte er geschrieben, »ähnlich wie letzten Sommer, als ich dem Tod so nahe war.« In unserer Sitzung am nächsten Tag bat ich ihn, mir zu erzählen, wieso er dem Tode nahe gewesen war.

»Oh, davon habe ich Ihnen schon erzählt«, sagte Ted.

Inzwischen wußte ich bereits, daß Ted immer dann, wenn er behauptete, mir etwas schon erzählt zu haben, etwas verbergen wollte. »Sie sind schon wieder so verschwiegen«, sagte ich.

»Aber ich bin sicher, daß ich es Ihnen erzählt habe. Bestimmt. Jedenfalls war es gar nichts so Besonderes. Sie erinnern sich, daß ich in diesem Sommer zwischen dem ersten und zweiten Collegejahr in Florida arbeitete. Es gab einen Hurrikan. Ich habe Stürme ganz gern, wissen Sie. Als der Hurrikan am stärksten war, ging ich hinaus auf eine Mole. Eine Welle spülte mich ins Wasser. Dann kam eine weitere Welle und spülte mich wieder an Land. Das war alles. Es ging sehr schnell.«

»Sie gingen mitten während eines Hurrikans auf eine Mole hinaus?« fragte ich ungläubig.

»Ja, sagte ich doch. Ich mag Stürme. Ich wollte diesem elementaren Aufruhr ganz nahe sein.«

»Das kann ich verstehen«, sagte ich. »Ich mag Stürme auch. Aber ich kann mir nicht vorstellen, daß ich mich in eine solche Gefahr gebracht hätte.«

»Na ja, Sie wissen ja, ich habe eben eine selbstmörderische Ader«, antwortete Ted fast schelmisch. »Und in diesem Sommer war mir gewiß nach Selbstmord zumute. Ich habe das analysiert. Ich kann mich zwar nicht erinnern, daß ich mit bewußt selbstmörderischer Absicht auf diese Mole hinausging, aber mir lag auch nicht allzuviel am Leben, und ich räume die Möglichkeit ein, daß da ein Selbstmordgedanke mitspielte.«

»Sie wurden ins Wasser gespült?«

»Ja. Ich merkte kaum, wie mir geschah. Die Gischt war so stark, daß man fast nichts sehen konnte. Vermutlich kam eine besonders hohe Welle. Sie überspülte mich, riß mich mit, und ich fand mich im Wasser wieder. Ich konnte nichts tun, um mich zu retten. Ich war sicher, daß ich ertrinken würde. Ich hatte schreckliche Angst. Nach etwa einer Minute spürte ich, wie eine Welle mich wieder zurückschleuderte und gegen den Beton der Mole warf. Ich drehte mich zur Seite, klammerte mich fest und kletterte Hand über Hand wieder an Land. Ich hatte etliche blaue Flecken. Das war alles.«

»Was für ein Gefühl hatten Sie bei dieser Erfahrung?«

»Wie meinen Sie das, was für ein Gefühl?« fragte Ted auf seine widerstrebende Art.

»Wie ich es gesagt habe. Was für ein Gefühl hatten Sie?«

»Sie meinen, weil ich gerettet war?«

»Ja.«

»Nun, vermutlich hatte ich das Gefühl, daß ich Glück gehabt hatte.«

»Glück?« fragte ich. »Also war es ein ungewöhnlicher Zufall, daß diese Welle Sie wieder an Land spülte?«

»Ja, weiter nichts.«

»Andere würden es ein Wunder nennen«, meinte ich.

»Ich hatte einfach Glück.«

»Sie hatten einfach Glück«, wiederholte ich, um ihn zu reizen.

»Ja, verdammt, ich hatte einfach Glück.«

»Es ist merkwürdig, Ted«, sagte ich. »Immer, wenn Ihnen etwas besonders Schmerzliches zustößt, hadern Sie mit Gott, hadern mit dieser beschissenen, schrecklichen Welt. Aber wenn etwas Gutes passiert, hatten Sie einfach Glück. Eine geringfügige Tragödie, und Gott ist schuld. Eine wunderbare Rettung, und Sie hatten eben Glück. Was sagen Sie dazu?«

Konfrontiert mit der Inkonsequenz seiner Einstellung zu Gott und zu Unglücksfällen, begann Ted sich mehr und mehr auf Dinge zu konzentrieren, die in der Welt richtig waren, die süßen wie die sauren, die klaren wie die verschwommenen. Nachdem er den Schmerz über Hanks Tod und die anderen Tode durchgearbeitet hatte, die er erlebt hatte, begann er die andere Seite der

Medaille des Lebens zu untersuchen. Er kam dahin, die Notwendigkeit von Leiden zu akzeptieren und die paradoxe Natur der Existenz einzusehen. Das geschah natürlich im Kontext einer warmen, liebevollen und immer erfreulicheren Beziehung zwischen uns. Er begann auszugehen. Sehr vorsichtig begann er, sich wieder mit Frauen zu verabreden. Er äußerte manchmal etwas wie Begeisterung. Seine religiöse Natur blühte auf. Wohin er sah, erblickte er das Mysterium von Leben und Tod, von Schöpfung, Verfall und Regeneration. Er las theologische Literatur. Er hörte *Jesus Christ Superstar, Godspell* und kaufte sich sogar selbst die Platte mit der Musik zu *Jonathan Livingston Seagull.*

Nach zweijähriger Therapie erklärte mir Ted eines Morgens, nun sei es für ihn an der Zeit weiterzukommen. »Ich habe an ein Psychologiestudium gedacht«, sagte er. »Ich weiß, Sie werden sagen, ich ahmte Sie nur nach, aber ich habe mir die Sache überlegt und glaube, das ist das Richtige.«

»Fahren Sie fort«, bat ich.

»Na ja, als ich darüber nachdachte, schien es mir, als solle ich das tun, was am wichtigsten ist. Wenn ich noch einmal studiere, dann will ich die wichtigsten Dinge studieren.«

»Fahren Sie fort.«

»Ich kam zu dem Schluß, daß die menschliche Seele wichtig ist. Und daß Therapie wichtig ist.«

»Die menschliche Seele und Psychotherapie sind also das Allerwichtigste?« fragte ich.

»Nun, vermutlich ist Gott das Allerwichtigste.«

»Warum studieren Sie dann nicht Gott?«

»Was meinen Sie?«

»Wenn Gott das Allerwichtigste ist, warum studieren Sie nicht Gott?«

»Tut mir leid. Ich verstehe Sie einfach nicht.«

»Weil Sie sich dagegen sperren zu verstehen«, antwortete ich.

»Ich verstehe wirklich nicht. Wie kann man Gott studieren?«

»Man studiert Psychologie an einer Fakultät, und man studiert Gott an einer Fakultät«, sagte ich.

»Sie meinen eine theologische Fakultät?«

»Ja.«

»Sie meinen, um Geistlicher zu werden?«

»Ja.«

»O nein, das könnte ich nicht.« Ted war entsetzt.

»Warum nicht?«

Ted wich aus. »Zwischen einem Psychotherapeuten und einem Geistlichen ist nicht unbedingt ein Unterschied. Ich meine, Geistliche machen auch Therapien. Und ein Psychotherapeut ist etwas Ähnliches wie ein Geistlicher.«

»Warum wollen Sie also kein Geistlicher werden?«

»Sie üben Druck auf mich aus«, sagte Ted aufgebracht. »Mein Beruf ist meine persönliche Entscheidung. Ich muß ihn mir aussuchen. Therapeuten sollen ihre Patienten nicht lenken. Es ist nicht Ihre Aufgabe, für mich eine Wahl zu treffen. Ich werde meine eigene Wahl treffen.«

»Schauen Sie, Ted«, sagte ich, »ich treffe keine Wahl für Sie. Ich verhalte mich in diesem Augenblick rein analytisch. Ich analysiere die Alternativen, die Ihnen offenstehen. Sie sind derjenige, der aus irgendeinem Grund eine dieser Alternativen nicht sehen will. Sie sind derjenige, der das tun will, was am wichtigsten ist. Sie sind derjenige, der das Gefühl hat, daß Gott am wichtigsten ist. Doch wenn ich Sie dazu dränge, sich endlich die Alternative eines Berufes anzusehen, der sich mit Gott beschäftigt, dann schließen Sie sie aus. Sie sagen, das könnten Sie nicht. Wenn Sie es nicht können – in Ordnung. Aber es ist durchaus meine Aufgabe, mich dafür zu interessieren, warum Sie meinen, es nicht zu können, warum Sie es als Alternative ausschließen.«

»Ich könnte einfach kein Geistlicher sein«, klagte Ted.

»Und warum nicht?«

»Weil ... weil man als Geistlicher in aller Öffentlichkeit ein Mann Gottes ist. Ich müßte mit meinem Glauben an Gott an die Öffentlichkeit treten. Ich müßte öffentlich Begeisterung für Gott zeigen. Das könnte ich einfach nicht.«

»Nein, Sie müssen verschwiegen sein, nicht wahr?« sagte ich. »Das ist Ihre Neurose, und die müssen Sie behalten. Sie können nicht öffentlich begeistert sein. Sie müssen Ihre Begeisterung still für sich behalten, nicht wahr?«

»Sie wissen nicht, wie das für mich ist«, stöhnte Ted. »Sie wissen nicht, wie es ist, ich zu sein. Jedesmal, wenn ich den Mund aufmachte, um meine Begeisterung für etwas zu äußern, machten meine Brüder sich über mich lustig.«

»Sie sind wohl immer noch zehn Jahre alt«, sagte ich, »und Ihre Brüder sind immer noch in der Nähe.«

Ted fühlte sich jetzt von mir so frustriert, daß er tatsächlich weinte. »Das ist noch nicht alles«, sagte er unter Tränen. »Es ist auch die Art, wie meine Eltern mich bestraften. Immer, wenn ich etwas falsch machte, nahmen sie mir das weg, was ich liebte. Wir wollen einmal sehen, für was sich Ted am meisten begeistert. Ach ja, die Reise zu seiner Tante nächste Woche. Er ist schon ganz aufgeregt deswegen. Also werden wir ihm sagen, daß er nicht hinfahren darf, weil er ungezogen war. Das ist es. Und dann sind da seine Pfeile und sein Bogen. Seine Pfeile und seinen Bogen liebt er wirklich. Also werden wir sie ihm wegnehmen. Ganz einfach. Ganz einfaches System. Alles, für das ich mich begeisterte, nahmen sie mir weg. Alles, was ich liebte, verlor ich.«

Und so gelangten wir zum tiefsten Kern von Teds Neurose. Ganz allmählich, durch Willensanstrengung, zwang er sich nach und nach dazu, seine Begeisterung, seine Liebe zum Leben und seine Liebe zu Gott zu äußern. Dabei mußte er sich ständig selbst daran erinnern, daß er nicht mehr zehn Jahre alt war, daß er nicht mehr unter der Herrschaft seiner Eltern und auch nicht mehr in Reichweite seiner Brüder stand. Er entschloß sich tatsächlich, Theologie zu studieren. Einige Wochen vor seiner Abreise erhielt ich einen Scheck von ihm für die Sitzungen des vergangenen Monats. Irgend etwas daran fiel mir auf. Seine Unterschrift erschien mir länger. Ich sah sie mir genau an. Vorher hatte er immer mit »Ted« unterschrieben. Jetzt stand da »Theodore«. Ich machte ihn auf diese Änderung aufmerksam.

»Ich hoffte, daß Sie es bemerken würden«, sagte er. »Vermutlich bin ich in gewisser Weise noch immer zu verschwiegen, nicht wahr? Als ich noch sehr jung war, sagte mir meine Tante, ich solle stolz sein auf den Namen Theodore, denn er bedeute ›Liebhaber Gottes‹. Ich war stolz darauf. Also erzählte ich meinen Brüdern davon. Und die haben mich schrecklich damit aufgezogen. Auf tausend Arten beschimpften sie mich als Weichling. ›Ach, unser kleiner Chorknabe! Warum gehst du nicht und küßt den Altar? Warum gehst du nicht und küßt den Chorleiter?‹« Ted lächelte. »Sie wissen ja, wie so etwas ist. Also schämte ich mich meines Namens. Vor ein paar Wochen wurde mir klar, daß ich mich jetzt nicht mehr schäme. Also beschloß ich, von nun an meinen vollen Namen zu gebrauchen. Schließlich bin ich ja ein Liebhaber Gottes, nicht wahr?«

Das Baby und das Badewasser

Die obigen Fallgeschichten wurden als Antwort auf eine Frage vorgetragen: Ist der Glaube an Gott eine Form von Psychopathologie? Wenn wir uns lösen wollen von den Lehren unserer Kindheit, von lokaler Tradition und Aberglauben, so ist dies eine Frage, die gestellt werden muß. Doch die Fallgeschichten zeigen, daß die Antwort nicht einfach ist. Manchmal lautet sie ja. Kathys unbedingter Glaube an den Gott, von dem ihre Mutter und ihre Kirche sie überzeugt hatten, verzögerte eindeutig ihr Wachstum und vergiftete ihren Geist. Nur indem sie ihren Glauben überprüfte und ablegte, konnte sie den Schritt in ein reicheres, befriedigenderes und produktiveres Leben tun. Erst danach war sie frei zu wachsen. Doch manchmal lautet die Antwort auch nein. Marcia wuchs heraus aus dem kalten Mikrokosmos ihrer Kindheit in eine breitere, wärmere Welt, und gleichzeitig wuchs auf ruhige und natürliche Weise in ihr ein Glaube an Gott. Und bei Ted mußte der verschüttete Glaube an Gott wieder freigelegt werden, damit sein Geist wieder frei werden konnte.

Was fangen wir nun mit dieser Ja-und-nein-Antwort an? Wissenschaftler sind bei ihrer Suche nach der Wahrheit auf Fragen angewiesen. Aber auch sie sind nur Menschen, und wie alle Menschen hätten sie gerne klare, eindeutige und einfache Antworten. Dieses Streben nach einfachen Lösungen macht sie anfällig für zwei Irrtümer, wenn sie nach der Realität Gottes fragen. Der erste besteht darin, das Kind mit dem Bade auszuschütten, der zweite in dem, was man als Tunnelsicht bezeichnen könnte.

Gewiß gibt es um die Realität Gottes herum eine ganze Menge unerfreulicher Erscheinungen. Heilige Kriege. Inquisitionen.

Verfolgung. Tieropfer. Menschenopfer. Aberglaube. Täuschung. Dogmatismus. Ignoranz. Scheinheiligkeit. Selbstgerechtigkeit. Starrheit. Grausamkeit. Bücherverbrennungen. Hexenverbrennungen. Hemmungen. Angst. Konformität. Pathologische Schuldgefühle. Wahnsinn. Die Liste ist beinahe endlos. Doch sind all das Dinge, die Gott den Menschen angetan hat, oder solche, die die Menschen Gott angetan haben? Es gibt Beweise in Fülle dafür, daß der Glaube an Gott oft von zerstörerischem Dogmatismus ist. Ist das Problem also die menschliche Neigung, an Gott zu glauben, oder die menschliche Neigung, dogmatisch zu sein? Jeder, der einen eingefleischten Atheisten gekannt hat, weiß, daß solche Menschen in bezug auf ihren Unglauben ebenso dogmatisch sein können wie ein Gläubiger in bezug auf seinen Glauben. Ist es der Glaube an Gott, den wir loswerden müssen, oder ist es der Dogmatismus?

Ein weiterer Grund, warum Wissenschaftler so leicht das Kind mit dem Bade ausschütten, besteht darin, daß die Wissenschaft selbst, wie ich schon sagte, eine Religion ist. Der frischgebakkene Wissenschaftler, der neu in die Welt der Wissenschaft gekommen oder zu ihr bekehrt ist, kann ganz genauso fanatisch sein wie ein christlicher Kreuzritter oder ein Krieger Allahs. Besonders ausgeprägt ist das, wenn wir aus einer Kultur und einem Heim zur Wissenschaft gestoßen sind, in denen der Glaube an Gott eng verbunden war mit Unwissenheit, Aberglauben, Starrheit und Scheinheiligkeit. Dann haben wir nicht nur intellektuelle, sondern auch emotionale Motive, die Idole des primitiven Glaubens zu zerschlagen. Kennzeichen eines reifen Wissenschaftlers ist jedoch sein Bewußtsein, daß Wissenschaft ebenso dem Dogmatismus unterworfen sein kann wie jede andere Religion.

Ich habe behauptet, daß es für unser spirituelles Wachstum wesentlich ist, Wissenschaftler zu werden und das, was man uns gelehrt hat, skeptisch zu betrachten – also die allgemein verbreiteten Begriffe und Annahmen unserer Kultur. Doch auch die Begriffe der Wissenschaft selbst werden häufig zu kulturellen Idolen, und daß wir diese skeptisch betrachten, ist genauso notwendig. Tatsächlich ist es möglich, daß unsere Reifung uns wegführt vom Glauben an Gott. Aber ebenso kann unsere Reifung uns zu einem Glauben an Gott hinführen. Skeptischer Atheismus oder Agnostizismus sind nicht unbedingt die höchsten Verständnisebenen, die menschliche Wesen erreichen können. Im Gegenteil, es gibt Grund zu der Annahme, daß hinter täuschenden Vorstellungen und falschen Begriffen von Gott eine Wirklichkeit liegt, die Gott ist. Das meinte Paul Tillich, als er vom »Gott jenseits Gottes« sprach, und das ist auch der Grund, warum einige Christen freudig verkündeten: »Gott ist tot. Lang lebe Gott!« Ist es möglich, daß der Weg spirituellen Wachstums zunächst vom Aberglauben zum Agnostizismus und dann vom Agnostizismus zu einem echten Wissen um Gott führt? Von diesem Weg sprach der Sufi Aba Said ibn Abi-l-Khair, als er vor mehr als neunhundert Jahren sagte:

Solange nicht Schule und Minarett zerfallen sind
Ist diese unsere heilige Arbeit nicht getan.
Solange nicht Glaube Ablehnung wird und Ablehnung Glaube
Wird es keinen wahren Moslem geben.[3]

Ob der Weg spirituellen Wachstums notwendigerweise von einem skeptischen Atheismus oder Agnostizismus zu einem richtigen Glauben an Gott führt oder nicht, Tatsache ist, daß einige intellektuell gebildete und skeptische Menschen, wie beispielsweise Marcia und Ted, durchaus in Richtung auf den Glauben hin zu wachsen scheinen. Und man sollte beachten, daß dieser Glaube, in den sie hineinwuchsen, ganz und gar nicht dem glich, aus dem Kathy herauswuchs. Der Gott, der vor der Skepsis steht, mag wenig mit dem gemein haben, der nach der Skepsis kommt. Wie ich schon zu Beginn dieses Teiles sagte, gibt es keine einzige, monolithische Religion. Es gibt viele Religionen und vielleicht viele Ebenen des Glaubens. Einige Religionen mögen für manche Menschen ungesund sein, andere gesund.

All das ist besonders wichtig für jene Wissenschaftler, die Psychiater oder Psychotherapeuten sind. Da sie so direkt mit dem Wachstumsprozeß zu tun haben, sind sie mehr als jeder andere aufgerufen, darüber zu urteilen, ob das Glaubenssystem eines Individuums gesund ist. Da Psychotherapeuten im allgemeinen einer skeptischen, wenn nicht sogar streng freudianischen

Tradition anhängen, neigen sie dazu, jeden leidenschaftlichen Glauben an Gott als pathologisch anzusehen. Gelegentlich mag diese Tendenz die Grenze zu Voreingenommenheit und Vorurteil überschreiten. Vor einiger Zeit lernte ich einen älteren Collegestudenten kennen, der sich ernstlich mit dem Gedanken trug, in ein paar Jahren in ein Kloster einzutreten. Er war im Jahr zuvor in Psychotherapie gewesen und setzte diese noch fort. »Aber ich war nicht in der Lage, meinem Therapeuten etwas von dem Kloster oder von der Tiefe meiner religiösen Überzeugung zu sagen«, gestand er. »Ich glaube, das würde er nicht verstehen.« Ich habe diesen jungen Mann nicht gut genug kennengelernt, um die Bedeutung zu beurteilen, die das Kloster für ihn hatte, oder um zu entscheiden, ob sein Wunsch, in ein Kloster einzutreten, neurotisch bestimmt war. Ich hätte ihm sehr gern gesagt: »Sie sollten Ihrem Therapeuten unbedingt davon erzählen. Es ist wesentlich für Ihre Therapie, daß Sie in allen Dingen offen sind, vor allem in einer so schwerwiegenden Sache. Sie sollten darauf vertrauen, daß Ihr Therapeut objektiv ist.« Doch ich tat es nicht. Denn ich war keineswegs sicher, daß sein Therapeut objektiv sei, daß er im wahren Sinne des Wortes verstehen würde.

Psychiater und Psychotherapeuten, die zur Religion eine simple Einstellung haben, tun damit einigen ihrer Patienten wahrscheinlich einen schlechten Dienst. Das gilt, wenn sie jede Religion als gut oder gesund ansehen, und das gilt auch, wenn sie das Kind mit dem Bade ausschütten und jede Religion als Krankheit oder Feind betrachten. Und es gilt schließlich auch, wenn sie angesichts der Vielschichtigkeit des Themas den Rückzug antreten und die religiösen Belange ihrer Patienten überhaupt nicht behandeln, wenn sie sich hinter einer so totalen Objektivität verstecken, daß sie es nicht als ihre Aufgabe ansehen, selbst in irgendeiner Weise spirituell oder religiös Stellung zu beziehen. Gerade das brauchen ihre Patienten oft. Das soll nicht heißen, daß sie ihre Objektivität aufgeben sollten oder daß es einfach ist, ein Gleichgewicht zwischen ihrer Objektivität und ihrer eigenen Spiritualität zu wahren. Das ist es nicht. Im Gegenteil, ich würde dafür plädieren, daß Psychotherapeuten sich bemühen sollten, in religiösen Fragen nicht weniger beteiligt, sondern vielmehr kundiger zu werden, als sie es häufig sind.

Wissenschaftliche Tunnelsicht

Gelegentlich treffen Psychiater Patienten mit einer merkwürdigen Sehstörung; diese Patienten können nur einen sehr engen Bereich sehen, der direkt vor ihnen liegt. Rechts oder links davon, darüber oder darunter können sie nichts erkennen. Sie können nicht gleichzeitig zwei benachbarte Gegenstände sehen, sondern nur immer eine Sache auf einmal, und wenn sie eine andere sehen wollen, müssen sie den Kopf wenden. Sie vergleichen dieses Symptom gelegentlich mit dem Blick in einen Tunnel, bei dem man nur am Ende einen kleinen Kreis von Licht und Helligkeit sehen kann. Die Sehorgane dieser Patienten weisen keine physische Störung auf, die das Symptom erklären würde. Es ist so, als wollten sie aus irgendeinem Grunde nicht mehr sehen als das, was sie direkt vor Augen haben und auf was sie ihre Aufmerksamkeit zu konzentrieren beschließen.

Ein weiterer häufiger Grund, warum Wissenschaftler Gefahr laufen, das Kind mit dem Bade auszuschütten, ist der, daß sie das Kind nicht sehen. Viele Wissenschaftler sehen sich die Nachweise für die Realität Gottes einfach nicht an. Sie leiden unter einer Art Tunnelsicht, selbstauferlegten psychologischen Scheuklappen, die sie daran hindern, ihre Aufmerksamkeit dem spirituellen Bereich zuzuwenden.

Von den Gründen für diese wissenschaftliche Tunnelsicht würde ich gern zwei besprechen, die aus der Natur der wissenschaftlichen Tradition resultieren. Der erste betrifft die Methodologie. In ihrem löblichen Verlangen nach Erfahrung, exakter Beobachtung und Verifizierbarkeit hat die Wissenschaft großen Nachdruck auf Meßbarkeit gelegt. Eine Sache zu messen bedeutet, sie in einer bestimmten Dimension zu erfahren, einer Dimension, in der wir Beobachtungen von großer Genauigkeit anstellen können, die von anderen wiederholbar sind. Der Gebrauch der Messung hat der Wissenschaft enorme Fortschritte im Verständnis des materiellen Universums ermöglicht. Aufgrund dieser Erfolge ist die Messung jedoch zu einer Art wissenschaftlichem Idol geworden. Das hat zur Folge, daß viele Wissenschaftler allen Dingen gegenüber, die unmeßbar sind, nicht nur skeptisch, sondern geradezu ablehnend gegenüberstehen. Es ist, als wollten sie sagen: »Was wir nicht messen können, können wir nicht wissen; über das, was wir nicht wissen können, brauchen wir uns keine Gedanken zu machen; daher ist das, was wir nicht wissen können, unwichtig und unserer Beobachtung nicht wert.« Wegen dieser Einstellung schließen viele Wissenschaftler aus ihren ernsthaften Überlegungen alle Dinge aus, die ungreifbar sind – oder scheinen. Und dazu gehört natürlich auch Gott.

Diese seltsame, aber bemerkenswert verbreitete Annahme, daß Dinge, die nicht leicht zu studieren sind, auch kein Studium verdienen, wird allmählich von einigen relativ jungen Entwicklungen innerhalb der Wissenschaft selbst in Zweifel gezogen. Eine davon ist die Entwicklung immer weiter verfeinerter Untersuchungsmethoden. Durch den Gebrauch von *hardware* wie Elektronenmikroskopen, Spektrophotometern und Computern und von *software* wie statistischen Techniken sind wir heute in der Lage, Messungen immer komplexerer Phänomene vorzunehmen, die vor einigen Jahrzehnten noch nicht meßbar waren. Folglich verbreitert sich das Spektrum wissenschaftlicher Sicht. Und da es weiter wächst, werden wir vielleicht bald sagen können: »Es gibt nichts, das jenseits der Grenzen unserer Sicht liegt. Wenn wir beschließen, etwas zu untersuchen, können wir immer die Methodologie finden, mit der das möglich ist.«

Die zweite Entwicklung, die uns hilft, wissenschaftlicher Tunnelsicht zu entgehen, ist die relativ junge Entdeckung der Realität des Paradoxen durch die Wissenschaft. Vor hundert Jahren war das Paradoxe dem wissenschaftlichen Geist gleichbedeutend mit Irrtum. Doch in der Erforschung von Phänomenen wie der Natur des Lichts, Elektromagnetismus, Quantenmechanik und Relativitätstheorie ist die Physik im letzten Jahrhundert bis an einen Punkt vorgestoßen, an dem anerkannt wird, daß auf einer bestimmten Ebene die Realität paradox *ist.* So schrieb J. Robert Oppenheimer:

»Wir neigen dazu, auf die scheinbar einfachsten Fragen entweder keine Antwort oder eine Antwort zu geben, die auf den ersten Blick mehr an einen seltsamen Katechismus erinnert als an die einfachen Bejahungen der physikalischen Wissenschaft. Wenn wir beispielsweise fragen, ob die Position eines Elektrons dieselbe bleibt, müssen wir sagen ›nein‹; wenn wir fragen, ob die

Position des Elektrons sich mit der Zeit ändert, müssen wir sagen ›nein‹; wenn wir fragen, ob es in Bewegung ist, müssen wir sagen ›nein‹. Buddha hat solche Antworten gegeben, wenn er über die Zustände des Selbst eines Menschen nach dessen Tod befragt wurde; doch der wissenschaftlichen Tradition des siebzehnten und achtzehnten Jahrhunderts sind solche Antworten nicht vertraut.«[4]

Mystiker haben zu allen Zeiten in paradoxen Begriffen zu uns gesprochen. Ist es möglich, daß wir eine beginnende Annäherung zwischen Religion und Wissenschaft miterleben? Wenn wir sagen können: »Ein Mensch ist zugleich sterblich und ewig« und: »Licht ist zugleich eine Welle und ein Teilchen«, dann haben wir begonnen, dieselbe Sprache zu sprechen. Ist es möglich, daß der Weg spirituellen Wachstums, der von religiösem Aberglauben zu wissenschaftlichem Skeptizismus führt, uns schließlich zu einer echten religiösen Realität bringt?

Diese beginnende Möglichkeit einer Vereinigung von Religion und Wissenschaft ist das bedeutsamste und aufregendste Geschehen unseres heutigen intellektuellen Lebens. Doch sie beginnt erst. Denn größtenteils bleiben sowohl Religion als auch Wissenschaft in selbstgesetzten, engen Bezugsrahmen und sind noch weitgehend blind aufgrund ihrer jeweiligen Art von Tunnelsicht. Untersuchen wir beispielsweise, wie beide sich zur Frage von Wundern verhalten. Selbst die Idee des Wunders wird von den meisten Wissenschaftlern mit einem Bann belegt. In den letzten vierhundert Jahren hat die Wissenschaft eine Reihe von »Naturgesetzen« erkannt wie: »Zwei Gegenstände ziehen einander proportional zu ihrer Masse und umgekehrt proportional zu ihrer Entfernung voneinander an.« oder: »Energie kann weder geschaffen noch zerstört werden.« Doch da die Wissenschaftler mit der Entdeckung von Naturgesetzen erfolgreich waren, haben sie in ihrer Weltsicht aus dem Begriff des Naturgesetzes ein Idol gemacht, ebenso wie sie aus dem Begriff der Messung ein Idol gemacht haben. Das hat zur Folge, daß jedes Geschehen, das mit den gegenwärtig bekannten Naturgesetzen nicht zu erklären ist, vom wissenschaftlichen Establishment als nicht real angesehen wird. In bezug auf die Methodologie neigt die Wissenschaft zu der Aussage: »Was sehr schwer zu untersuchen ist, verdient keine Untersuchung«, und in bezug auf die Naturgesetze neigt sie zu der Aussage: »Was sehr schwer zu verstehen ist, existiert nicht.«

Die Kirche war etwas aufgeschlossener. Für sie ist das, was in naturwissenschaftlichen Begriffen nicht zu erklären ist, ein Wunder, und Wunder existieren. Doch von der Bestätigung ihrer Existenz abgesehen hat sich die Kirche nicht bemüht, Wunder sehr genau zu untersuchen. Die vorherrschende Einstellung lautete: »Wunder brauchen nicht wissenschaftlich untersucht zu werden, sondern sollten einfach als Akte Gottes akzeptiert werden.« Die Vertreter der Religion wollten ihre Religion nicht von der Wissenschaft erschüttern lassen, ebenso wie die Wissenschaft sich nicht von der Religion erschüttern lassen wollte.

Wunderbare Heilungen beispielsweise sind von der katholischen Kirche zur Anerkennung ihrer Heiligen benutzt worden, und in vielen protestantischen Sekten sind sie beinahe an der Tagesordnung. Dennoch haben die Kirchen nie zu den Ärzten gesagt: »Würdet ihr mit uns zusammenarbeiten, um diese überaus faszinierenden Phänomene zu untersuchen?« Und auch die Ärzte haben nicht gesagt: »Dürfen wir uns euch anschließen, um diese Geschehnisse, die für unseren Berufsstand so interessant sind, wissenschaftlich zu erforschen?« Statt dessen vertrat die Medizin die Auffassung, daß es Wunderheilungen nicht gibt, daß die Krankheit, von der ein Mensch geheilt wurde, überhaupt nicht bestand, entweder, weil es sich um eine eingebildete Störung handelte wie eine hysterische Konversionsreaktion, oder weil eine Fehldiagnose vorlag. Zum Glück fangen jedoch gegenwärtig einige ernsthafte Wissenschaftler, Ärzte und religiöse Wahrheitssucher an, die Natur von Phänomenen wie Spontanremissionen bei Krebspatienten und augenscheinlich erfolgreichen Geistheilungen zu untersuchen.

Vor fünfzehn Jahren, als ich mein Medizinstudium abschloß, war ich sicher, daß es keine Wunder gibt. Heute bin ich sicher, daß es Wunder in Fülle gibt. Diese Veränderung meines Bewußtseins war die Folge von zwei Hand in Hand wirkenden Faktoren. Der eine Faktor ist eine breite Vielfalt von Erfahrungen, die ich als Psychiater gemacht habe und die zunächst ganz unbedeutend schienen, bei gründlicherem Nachdenken jedoch darauf hindeuteten, daß meine Arbeit mit Patienten an deren Wachstum bemerkenswert gefördert wurde, und zwar auf Arten, für die ich keine logische Erklärung hatte – auf Arten also, die wunderbar waren. Diese Erfahrungen, von denen ich einige berichten werde, ließen mich an meiner früheren Auffassung zweifeln, daß Wunder unmöglich sind. Nachdem ich diese Auffassung einmal in Frage gestellt hatte, war ich offen für die mögliche Existenz des Wunderbaren. Diese Offenheit, der zweite auslösende Faktor für meine Bewußtseinsänderung, gestattete mir dann, das Alltagsleben routinemäßig mit einem Blick für das Wunderbare zu betrachten. Und je mehr ich hinsah, desto mehr fand ich. Wenn ich nur eines von meinen Lesern für den Rest dieses Buches erhoffen dürfte, so dies, daß sie die Fähigkeit besitzen, das Wunderbare wahrzunehmen. Über diese Fähigkeit wurde kürzlich geschrieben:

»Selbstverwirklichung entsteht und reift in einer bestimmten Art von Bewußtsein, die auf viele verschiedene Arten von vielen verschiedenen Menschen beschrieben wurde. Die Mystiker beispielsweise sprachen davon als von der Wahrnehmung des Göttlichen und einer Vervollkommnung der Welt. Richard Bucke bezeichnete sie als kosmisches Bewußtsein; Buber beschrieb sie in den Begriffen der Ich-Du-Beziehung, Maslow gab ihr das Etikett ›Being-cognition‹ (Seinswahrnehmung). Wir werden Ouspenskys Begriff benutzen und sie als Wahrnehmung des Wunderbaren bezeichnen. ›Wunderbares‹ bezieht sich hier nicht nur auf außerordentliche Erscheinungen, sondern auch auf ganz gewöhnliche, denn absolut alles kann dieses besondere Bewußtsein erwecken, vorausgesetzt, man widmet ihm genügend Aufmerksamkeit. Wenn die Wahrnehmung erst einmal von der Herrschaft der vorgefaßten Meinungen und des persönlichen Interesses gelöst ist, ist sie frei, die Welt an sich so zu erleben, wie sie ist, und die ihr innewohnende Herrlichkeit zu erblicken.

Wahrnehmung des Wunderbaren erfordert keinen Glauben und keine Vermutungen. Es handelt sich nur um eine volle und konzentrierte Aufmerksamkeit für die Gegebenheiten des Lebens, d. h. für das, was so allgegenwärtig ist, daß man es gewöhnlich als selbstverständlich ansieht. Das wahre Wunder der Welt ist überall verfügbar, in den kleinsten Teilen unseres Körpers wie in den riesigen Ausdehnungen des Kosmos und in den engen Zusammenhängen zwischen diesen und allen Dingen. Wir sind Teil eines fein ausgewogenen Ökosystems, in dem gegenseitige Abhängigkeit Hand in Hand geht mit Individuation. Wir alle sind Individuen, doch wir sind auch Teile eines größeren Ganzen, vereinigt in etwas Umfassendem und Schönem, das sich der Beschreibung entzieht. Wahrnehmung des Wunderbaren ist die subjektive Essenz der Selbstverwirklichung, die Wurzel, aus der die höchsten Merkmale und Erfahrungen des Menschen erwachsen.«[5]

Im Hinblick auf Wunder war, glaube ich, unser Bezugsrahmen allzu dramatisch. Wir haben Ausschau gehalten nach dem brennenden Dornbusch, nach dem Meer, das sich teilt, nach der dröhnenden Stimme vom Himmel. Statt dessen sollten wir in den gewöhnlichen Alltagsereignissen unseres Lebens nach Anzeichen für das Wunderbare suchen und gleichzeitig eine wissenschaftliche Orientierung beibehalten. Genau das werde ich im nächsten Teil tun, wo ich gewöhnliche Geschehnisse in der Praxis der Psychiatrie untersuche, die mich zum Verständnis des außergewöhnlichen Phänomens der Gnade geführt haben.

Doch ich möchte mit einer Mahnung zur Vorsicht schließen. Diese Überschneidung zwischen Wissenschaft und Religion kann unsicherer, gefährlicher Boden sein. Wir haben es mit außersinnlicher Wahrnehmung und »spiritistischen« oder »paranormalen« Phänomenen sowie mit anderen Arten des Wunderbaren zu tun. Es ist von entscheidender Bedeutung, daß wir dabei einen klaren Kopf behalten. Kürzlich besuchte ich eine Konferenz über das Thema der Glaubensheilung, bei der eine Reihe gebildeter Vortragsredner anekdotische Nachweise dafür vortrugen, daß sie oder andere im Besitz heilender Kräfte seien, und zwar so, als seien ihre Beweise stichhaltig und wissenschaftlich, was sie in Wirklichkeit aber nicht waren. Wenn ein Heiler seine Hände auf das entzündete Gelenk eines Patienten legt und dieses Gelenk am nächsten Tag nicht mehr entzündet ist, bedeutet das nicht, daß der Patient von dem Heiler geheilt worden wäre. Entzündete Gelenke hören irgendwann früher oder später, langsamer oder schneller auf, entzündet zu sein, ganz gleich, was man mit ihnen macht. Die Tatsache, daß zwei Geschehnisse zeitlich zusammen auftreten, bedeutet nicht unbedingt, daß sie auch kausal verbunden sind. Weil dieses ganze Gebiet so dunkel und zweideutig ist, müssen wir mit um so mehr gesunder Skepsis herangehen, damit wir nicht uns und andere irreführen. Irregeführt werden andere beispielsweise dadurch, daß viele öffentliche Verfechter der Realität spiritistischer Phänomene es so oft an Skepsis und strenger Realitätsprüfung fehlen lassen. Solche Leute bringen den ganzen Bereich in einen schlechten Ruf. Weil diese Phänomene so viele Menschen anziehen, die ihr Verhältnis zur Realität nur schlecht überprüfen, neigen realistischere Beobachter zu dem Schluß, daß derartige Phänomene irreal sind, aber das ist nicht der Fall.

Es gibt viele, die einfache Antworten auf schwierige Fragen finden möchten, die populäre wissenschaftliche und religiöse Vorstellungen verbinden, und das mit hochgespannten Erwartungen, aber ohne großes Nachdenken. Die Tatsache, daß viele dieser Verbindungen fehlschlagen, bedeutet nicht, daß die Verbindungen als solche unmöglich oder unerwünscht seien. Es ist wesentlich, daß unser Blick nicht von wissenschaftlicher Tunnelsicht beengt ist, doch genauso wesentlich ist, daß wir uns unsere Kritikfähigkeit und unsere Skepsis von der strahlenden Schönheit des Spirituellen nicht verdunkeln lassen.

TEIL IV

GNADE

Das Wunder der Gesundheit

Wunderbare Gnade! Wie süß der Klang,
Der einen Wicht wie mich rettete!
Einst war ich verloren, doch nun bin ich gefunden,
Einst war ich blind, doch nun sehe ich.

Die Gnade war es, die mein Herz das Fürchten lehrte,
Und Gnade, die meine Ängste linderte;
Wie kostbar erschien diese Gnade
In der Stunde, in der ich zum ersten Mal glaubte!

Durch viele Gefahren, Plagen und Verstrickungen
Bin ich nun schon gegangen;
Es war die Gnade, die mich bisher beschützt hat,
Und sie wird mich heimwärts führen.

Und wenn wir schon zehntausend Jahre dagewesen sind,
Hell leuchtend wie die Sonne,
So haben wir doch nicht weniger Tage, um Gottes Lob zu singen,
Als am Anbeginn.[1]

Das erste Wort, das in dieser berühmten, frühen evangelischen Hymne aus Amerika in Verbindung mit Gnade erscheint, ist »amazing«, was »erstaunlich, höchst verwunderlich« bedeutet. Wenn etwas nicht im normalen Verlauf der Dinge erfolgt, wenn es nicht vorhersagbar ist durch das, was wir von den »Naturgesetzen« wissen, dann erstaunt uns das. Das Folgende wird zeigen, daß Gnade ein häufiges Phänomen und in gewissem Maße sogar vorhersagbar ist. Doch im Begriffsrahmen der konventionellen Wissenschaft und der »Naturgesetze«, wie wir sie kennen, bleibt die Realität der Gnade unerklärlich. Sie bleibt wunderbar und erstaunlich.

In der Praxis der Psychiatrie gibt es eine Reihe von Aspekten, die mich und viele andere Psychiater immer wieder verwundern.

Einer davon ist die Tatsache, daß unsere Patienten seelisch erstaunlich gesund sind. Andere medizinische Fachrichtungen werfen den Psychiatern gern vor, sie praktizierten eine inexakte und unwissenschaftliche Disziplin. Tatsache ist jedoch, daß über die Ursachen von Neurosen mehr bekannt ist als über die große Mehrzahl anderer menschlicher Störungen. Durch die Psychoanalyse ist es möglich, Entstehung und Entwicklung einer Neurose bei einem Patienten mit einer Exaktheit und Präzision zurückzuverfolgen, die auf anderen medizinischen Gebieten selten erreicht wird. Man kann exakt und präzise feststellen, wie, wann, wo und warum ein Individuum ein bestimmtes neurotisches Symptom oder Verhaltensmuster entwickelt. Ebenso exakt und präzise kann man feststellen, wie, wann, wo und warum eine bestimmte Neurose geheilt werden kann oder geheilt worden ist. Was wir jedoch nicht wissen, ist, warum die Neurose nicht schwerer ist – warum unser leicht neurotischer Patient nicht schwer neurotisch ist, warum unser schwer neurotischer Patient nicht völlig psychotisch ist. Stets stellen wir fest, daß ein Patient ein Trauma oder Traumata einer bestimmten Art erlitten hat, die eine bestimmte Neurose hervorbringen, doch die Traumata sind oft von solcher Intensität, daß im *normalen Verlauf der Dinge* eine viel schwerere Neurose zu erwarten gewesen wäre, als der Patient tatsächlich hat.

Ein fünfunddreißigjähriger, bemerkenswert erfolgreicher Geschäftsmann kam wegen einer Neurose zu mir, die man nur als leicht beschreiben konnte. Er war ein uneheliches Kind und war in seiner Säuglingszeit und frühen Kindheit nur von seiner Mutter großgezogen worden; die Mutter war taubstumm und lebte in den Slums von Chikago. Als er fünf Jahre alt war, nahmen die Behörden, die eine solche Mutter für unfähig hielten, ein Kind großzuziehen, ihn ohne Vorwarnung und Erklärung von seiner Mutter fort und brachten ihn nacheinander in drei Pflegeheimen unter, wo er mit tausend kleinen Entwürdigungen und ohne die geringste Zuneigung behandelt wurde. Im Alter von fünfzehn Jahren erlitt er eine teilweise Lähmung, als ein angeborenes Aneurysma in seinem Gehirn platzte. Mit sechzehn Jahren verließ er seine letzten Pflegeeltern und begann, allein zu leben. Wie vorherzusehen war, kam er mit siebzehn Jahren wegen eines besonders bösartigen und sinnlosen Überfalls ins Gefängnis. Er erhielt dort keine psychiatrische Behandlung.

Als er nach sechs Monaten entlassen wurde, besorgten die Behörden ihm einen Job als Hilfsarbeiter im Warenlager einer mittleren Firma. Kein Psychiater oder Sozialarbeiter der Welt hätte seine Zukunft anders als düster gesehen. Doch nach drei Jahren war er der jüngste Abteilungsleiter in der Geschichte der Firma geworden. Nach fünf Jahren, nach der Hochzeit mit einer Angestellten der Firma, verließ er die Firma, machte sich mit Erfolg selbständig und wurde ein relativ reicher Mann. Als er zu mir in die Behandlung kam, hatte er sich außerdem zu einem liebevollen und guten Vater entwickelt, war durch Selbststudium zum Intellektuellen geworden, bekleidete eine einflußreiche Stellung in seiner Gemeinde und war ein erfolgreicher Künstler. Wie, wann, warum und woher war all das gekommen? Mit den normalen Begriffen von Kausalität konnte ich es nicht erklären. Zusammen gelang es uns, innerhalb des üblichen Rahmens von Ursache und Wirkung die Auslöser seiner leichten Neurose zu finden und ihn zu heilen. Die Ursachen seiner unvorhersehbaren Erfolge jedoch konnten wir nicht bestimmen.

Ich führe diesen Fall deshalb an, weil hier die nachweisbaren Traumata so dramatisch und die Umstände des Erfolges so offenkundig waren. In der großen Mehrzahl der Fälle sind die Traumata wesentlich subtiler (wenn auch gleichermaßen verheerend), und der Nachweis der Gesundheit weniger einfach, doch das Grundmuster ist gleich. Man sieht beispielsweise selten Patienten, die nicht im Grunde gesünder sind als ihre Eltern. Wir alle wissen sehr gut, warum Menschen seelisch krank werden. Aber wir wissen nicht, warum sie die Traumata ihres Lebens so gut überstehen, wie es der Fall ist. Wir wissen genau, warum bestimmte Menschen Selbstmord begehen. Aber wir wissen innerhalb der gewöhnlichen Begriffe von Kausalität nicht, warum bestimmte andere Menschen nicht Selbstmord begehen. Wir können nur sagen, daß es eine Kraft gibt, deren Mechanismus wir nicht ganz verstehen und die bei den meisten Menschen die seelische Gesundheit auch unter ungünstigsten Bedingungen zu schützen und zu fördern scheint.

Obwohl die Prozesse, die an seelischen Störungen beteiligt

sind, häufig nicht denen entsprechen, die an körperlichen Störungen beteiligt sind, tun sie es in diesem Fall augenscheinlich doch. Wir wissen sehr viel mehr über die Ursachen körperlicher Krankheit als über die Ursachen körperlicher Gesundheit. Wenn wir beispielsweise einen Arzt fragen, wodurch Meningokokken-Meningitis verursacht wird, so antwortet er sofort: »Nun, natürlich durch den Meningokokkus.« Doch da gibt es ein Problem. Wenn ich diesen Winter täglich Kulturen dieses Bakteriums aus den Kehlen der Bewohner des kleinen Dorfes anlegen würde, in dem ich wohne, so würde ich feststellen, daß es in ungefähr neun von zehn Menschen vorkommt. Dennoch ist seit vielen Jahren niemand in meinem kleinen Dorf an Meningokokken-Meningitis erkrankt, und mit großer Wahrscheinlichkeit wird das in diesem Winter nicht anders sein. Was geschieht da! Meningokokken-Meningitis ist eine relativ seltene Krankheit, doch ihr Erreger ist extrem verbreitet. Ärzte erklären dieses Phänomen mit dem Begriff der Resistenz, gehen also davon aus, daß der Körper eine Reihe von Abwehrmechanismen besitzt, die das Eindringen des Meningokokkus und vieler anderer allgegenwärtigen Krankheitserreger in die Körperhöhlungen verhindern. Das ist zweifellos richtig; wir wissen eine Menge über diese Abwehrmechanismen und ihre Wirkungsweise. Doch viele Fragen bleiben offen. Einige der Menschen, die in diesem Winter an Meningokokken-Meningitis sterben werden, hatten eine bereits bekannte Abwehrschwäche, doch die meisten von ihnen werden vorher gesunde Individuen ohne bekannte Defekte des Abwehrsystems sein. Auf einer bestimmten Ebene werden wir mit einiger Sicherheit sagen können, daß der Meningokokkus die Ursache ihres Todes war, doch diese Ebene ist eindeutig oberflächlich. Auf einer tieferen Ebene werden wir nicht wissen, warum sie gestorben sind. Wir werden höchstens sagen können, die Kräfte, die normalerweise unser Leben schützen, hätten bei ihnen auf irgendeine Weise versagt.

Obwohl der Begriff der Resistenz meist auf die Infektionskrankheiten angewandt wird, kann man ihn auf die eine oder andere Weise auf alle körperlichen Krankheiten beziehen, obwohl wir im Falle der nicht infektiösen Krankheiten fast nichts darüber wissen, wie die Resistenz funktioniert. Ein Individuum kann einen einzelnen, relativ leichten Anfall von Colitis ulcerosa erleiden – eine Störung, die allgemein als psychosomatisch angesehen wird –, davon völlig genesen und nie wieder eine ähnliche Erkrankung durchmachen. Ein anderer Mensch erleidet vielleicht wiederholte Anfälle und bleibt durch diese Störung chronisch beeinträchtigt. Ein dritter weist möglicherweise einen dramatischen Verlauf auf und stirbt schon nach dem ersten Anfall. Die Krankheit scheint dieselbe zu sein, doch der Ausgang ist jeweils völlig anders. Warum? Wir wissen nicht mehr, als daß Individuen mit einem bestimmten Persönlichkeitsmuster anscheinend unterschiedlich widerstandsfähig sind gegen diese Störung, während die große Mehrzahl der Menschen damit keinerlei Schwierigkeiten hat. Wie kommt das? Wir wissen es nicht. Diese Art Fragen lassen sich über jede Krankheit stellen, auch über die am weitesten verbreiteten wie Herzinfarkt, Schlaganfall, Krebs, Magengeschwüre und dergleichen. Eine wachsende Anzahl von Beobachtern beginnt anzunehmen, daß fast alle Störungen psychosomatisch sind – daß die Psyche irgendwie an den Ursachen für die verschiedenen Schwächen des Abwehrsystems beteiligt ist. Erstaunlich aber sind nicht diese Mängel des Abwehrsystems, sondern die Tatsache, daß es im allgemeinen so gut funktioniert. Im normalen Verlauf der Dinge müßten wir eigentlich bei lebendigem Leib von Bakterien aufgefressen, von Krebs zerstört, von Fetten und Blutgerinnseln umgebracht und von Säuren zerfressen werden. Es ist nicht weiter verwunderlich, daß wir erkranken und sterben; verwunderlich ist, daß wir gewöhnlich nicht sehr häufig erkranken und nicht so schnell sterben. Wir können daher über die körperlichen Störungen das gleiche sagen, was wir über die seelischen Störungen sagten: Es gibt eine Kraft, deren Mechanismus wir nicht ganz verstehen und die bei den meisten Menschen die körperliche Gesundheit auch unter ungünstigsten Bedingungen zu schützen und zu fördern scheint.

Weitere interessante Fragen erheben sich im Zusammenhang mit Unfällen. Viele Ärzte und die meisten Psychiater haben die Erfahrung gemacht, daß es Menschen mit einer Neigung zu Unfällen gibt. Unter den vielen Beispielen aus meiner Praxis war das dramatischste der Fall eines vierzehnjährigen Jungen, den ich mir im Zusammenhang mit seiner Einweisung in ein Behandlungszentrum für straffällige Jugendliche ansehen sollte. Im November seines achten Lebensjahres war seine Mutter gestorben. Im November seines neunten Jahres fiel er von einer Leiter und brach sich den Oberarm. Im November seines zehnten Jahres hatte er einen Fahrradunfall und erlitt einen Schädelbruch und eine schwere Gehirnerschütterung. Im November seines elften Jahres fiel er durch ein Fenster und brach sich die Hüfte. Im November seines zwölften Jahres fiel er vom Skateboard und brach sich das Handgelenk. Im November seines dreizehnten Jahres wurde er von einem Auto angefahren und erlitt einen Beckenbruch. Niemand würde bestreiten, daß dieser Junge tatsächlich eine Unfallneigung hatte, und jedem wären die Gründe dafür klar. Doch wie kam es zu den Unfällen? Der Junge setzte sich nicht bewußt Verletzungen aus. Ihm war auch sein Kummer über den Tod seiner Mutter nicht bewußt, er sagte mir vielmehr freundlich, er habe »sie ganz vergessen«. Damit wir verstehen können, wie es zu diesen Unfällen kam, müssen wir wohl den Begriff der Resistenz ebenso auf das Phänomen des Unfalls anwenden wie auf das Phänomen der Krankheit, müssen also nicht nur eine Unfallneigung annehmen, sondern auch eine Unfallresistenz. Offensichtlich weisen bestimmte Leute zu bestimmten Zeiten ihres Lebens eine Unfallneigung auf, aber bei normalem Verlauf der Dinge sind die meisten von uns auch unfallresistent.

Als ich neun Jahre alt war, kam ich an einem Wintertag aus der Schule nach Hause. Die Straße war verschneit, und es wurde schon dunkel, als ich ausrutschte und fiel. Ein schnell heranfahrendes Auto bremste und kam erst zum Stehen, als mein Kopf sich in gleicher Höhe mit der vorderen Stoßstange befand. Meine Beine und mein Rumpf lagen unter der Mitte des Wagens. Ich kroch unter dem Auto hervor und lief in meiner Panik davon. Mir war nichts passiert. An sich erscheint dieser Vorfall nicht sonderlich bemerkenswert; man könnte einfach sagen, daß ich Glück hatte. Doch betrachten wir die Sache einmal im Zusammenhang mit all den anderen Vorfällen, bei denen ich als Fußgänger, Radfahrer oder Autofahrer knapp einem Zusammenstoß entging, bei denen ich am Steuer saß und in der Dunkelheit

Fußgänger oder Radfahrer beinahe gestreift hätte, bei denen ich im letzten Augenblick auf die Bremse trat und nur wenige Zentimeter vor einem anderen Fahrzeug zum Stehen kam, bei denen ich auf Skiern nur knapp einem Baum ausweichen konnte, bei denen ich beinahe aus einem Fenster gefallen wäre, bei denen ein Golfschläger, der geschwungen wurde, nur mein Haar streifte und dergleichen. Was ist das? Steht mein Leben unter einem Zauber? Wenn der Leser sein eigenes Leben auf diesen Punkt hin untersucht, wird er gewiß in seinen persönlichen Erinnerungen ähnliche Vorfälle finden, bei denen er wiederholt einem Unheil knapp entkommen ist, wobei die Zahl der Unfälle, die beinahe geschehen wären, sehr viel größer ist als die Zahl derer, die tatsächlich passiert sind. Außerdem wird sich dabei erkennen lassen, daß die persönliche Unfallresistenz nicht die Folge einer bewußten Entscheidung war. Könnte es sein, daß das Leben der meisten von uns »unter einem Zauber steht«? Könnte es wahr sein, daß eine Gnade uns vor Schaden bewahrt?

Man mag dagegen einwenden, daß all dies einfache Manifestationen des Überlebensinstinkts sind. Doch ist eine Sache schon erklärt, indem man ihr einen Namen gibt? Wird die Tatsache, daß wir einen Überlebenstrieb haben, dadurch alltäglich, daß wir ihn als Trieb bezeichnen? Unser Wissen um die Ursprünge und Mechanismen der Triebe oder Instinkte ist bestenfalls minimal. Tatsächlich legt die Frage der Unfälle nahe, daß unsere Tendenz zum Überleben vielleicht etwas anderes und noch Wunderbareres ist als ein Trieb oder Instinkt, und dieser ist als solcher schon wunderbar genug. Wir wissen zwar wenig über die Triebe, doch wir gehen davon aus, daß sie innerhalb der Grenzen des Individuums wirken, das sie besitzt. Wir können uns vorstellen, daß Resistenz gegen seelische Störungen oder körperliche Krankheit im unbewußten Seelenleben oder in körperlichen Prozessen des Individuums lokalisiert ist. Zu Unfällen jedoch gehört ein Wechselspiel zwischen mehreren Individuen oder zwischen Individuen und unbelebten Gegenständen. Haben mich, als ich neun Jahre alt war, die Räder des Autos aufgrund meines Überlebenstriebes nicht überfahren oder deshalb, weil der Fahrer eine instinktive Abwehr dagegen hatte, mich zu töten? Vielleicht haben wir einen Instinkt, nicht nur unser eigenes Leben zu bewahren, sondern auch das Leben anderer.

Mehrere meiner Freunde waren Zeugen von Autounfällen, bei denen die »Opfer« buchstäblich unverletzt aus vollständig demolierten Autos krochen. Ihre Reaktion war blankes Erstaunen: »Es ist kaum vorstellbar, wie jemand einen solchen Unfall überleben konnte, und dann auch noch ohne schwere Verletzungen!« Wie erklären wir das? Reiner Zufall? Diese Freunde, die nicht religiös sind, waren gerade deshalb so erstaunt, weil diese Unfälle nicht zufällig zu sein schienen. »Niemand hätte das normalerweise überleben können«, erzählten sie. Und obwohl sie nicht religiös sind und auch kaum darüber nachdenken, was sie da sagen, machten sie bei dem Versuch, solche Erfahrungen zu verdauen, Bemerkungen wie: »Nun, Gott hat wohl ein Herz für Betrunkene« oder: »Dieser Mann war wohl zum Sterben noch nicht an der Reihe.« Wer solche Vorfälle nicht dem »reinen Zufall« oder einem unerklärlichen »Schicksal« überlassen will, den dürfte unser Begriff des Instinkts zu ihrer Erklärung nicht sonderlich befriedigen. Besitzt die unbelebte Maschinerie eines motorisierten Fahrzeugs einen Instinkt, sich so zu verformen, daß die Konturen des menschlichen Körpers in seinem Inneren nicht berührt werden? Oder besitzt der Mensch einen Instinkt dafür, sich im Augenblick eines Zusammenpralls den Verformungen der Maschine anzupassen? Solche Fragen scheinen absurd. Auch wenn man weiterhin die Möglichkeit untersucht, daß es für solche Vorfälle eine Erklärung gibt, ist klar, daß unser traditioneller Instinktbegriff dabei keine Hilfe bietet. Brauchbarer ist vielleicht der Begriff der Synchronizität. Ehe wir uns damit befassen, sollten wir aber vielleicht zuerst einige Aspekte der Wirkungsweise jenes Teils des menschlichen Geistes untersuchen, den wir das Unbewußte nennen.

Das Wunder des Unbewußten

Wenn ich mit einem neuen Patienten zu arbeiten beginne, zeichne ich häufig einen großen Kreis. In den Rand des Kreises zeichne ich dann eine kleine Nische ein und sage: »Das stellt Ihr Bewußtsein dar. Der Rest des Kreises, 95 Prozent oder mehr, stellt Ihr Unbewußtes dar. Wenn Sie lange und hart genug daran arbeiten, sich selbst zu verstehen, werden Sie entdecken, daß dieser große Teil Ihres Geistes, der Ihnen jetzt kaum bewußt ist, unvorstellbare Reichtümer enthält.«

Eine der Möglichkeiten, durch die wir von der Existenz dieses großen, aber verborgenen Bereichs des Geistes und der darin enthaltenen Reichtümer erfahren, ist der Traum. Ein recht prominenter Mann kam einmal wegen einer jahrelang andauernden Depression zu mir. Er hatte keine Freude an seiner Arbeit, wußte aber nicht, warum. Obwohl seine Eltern relativ arm und unbekannt waren, hatte er einige sehr berühmte Vorfahren gehabt. Mein Patient erwähnte sie kaum. Seine Depression wurde von vielen Faktoren verursacht. Erst nach einigen Monaten begannen wir, uns mit seinem Ehrgeiz zu befassen. Nachdem wir zum erstenmal darüber gesprochen hatten, berichtete er in der folgenden Sitzung von einem Traum, von dem ein Fragment hier folgt: »Wir waren in einer Wohnung voll riesiger, bedrückender Möbel. Ich war viel jünger, als ich heute bin. Mein Vater sagte, ich solle quer durch die Bucht segeln, um ein Boot zu holen, daß er aus irgendwelchen Gründen auf einer Insel jenseits der Bucht zurückgelassen hatte. Ich war begierig darauf, diese Fahrt zu machen, und fragte ihn, wie ich das Boot finden könne. Er führte mich auf eine Seite des Zimmers, wo dieses besonders große und bedrückende Möbelstück stand, eine riesige Kommode mit zwanzig oder dreißig Schubladen, die bis zur Decke reichte, und sagte, ich könne das Boot finden, wenn ich am Rand dieser Kommode entlangpeilte.« Anfänglich war die Bedeutung des Traumes unklar, und wie üblich bat ich den Mann, mir zu sagen, was ihm zu dieser riesigen Kommode einfiel. Er antwortete sofort: »Aus irgendeinem Grund – vielleicht, weil das Möbel so bedrükkend wirkte – muß ich an einen Sarkophag denken.« »Und was ist mit den Schubladen?« fragte ich. Plötzlich grinste er. »Vielleicht möchte ich alle meine Vorfahren verschwinden lassen«, sagte er. »Ich denke an eine Familiengruft oder dergleichen; jede der Schubladen wäre groß genug für einen Leichnam.« Die Bedeutung des Traumes war nun klar. Tatsächlich hatte man ihm in seiner Jugend ein Ziel vorgegeben, daß er anpeilen sollte, ein Ziel fürs Leben, ausgerichtet an den Grabmälern seiner berühmten Vorfahren väterlicherseits, und dieses ruhmvolle Ziel hatte er angestrebt. Allerdings war es eine bedrückende Kraft in seinem Leben geworden, und er wünschte sich, seine Vorfahren psychisch verschwinden lassen zu können, um frei zu sein von diesem Zwang.

Jeder, der viel mit Träumen gearbeitet hat, wird diesen Traum als typisch erkennen. Typisch ist er auch insofern, als er hilfreich war, und darauf möchte ich hier eingehen. Dieser Mann hatte begonnen, an einem Problem zu arbeiten. Fast sofort erzeugte sein Unbewußtes ein Schauspiel, das die Ursache seines Problems erhellte, eine Ursache, die ihm zuvor nicht bewußt gewesen war. Das Unbewußte benutzte dabei Symbole so elegant wie der beste Theaterautor. Man kann sich an diesem Punkt der Therapie kaum eine andere Erfahrung vorstellen, die für den Patienten und für mich so erhellend und aufschlußreich gewesen wäre wie dieser besondere Traum. Sein Unbewußtes schien ihm und unserer Arbeit eindeutig helfen zu wollen und tat dies auf bemerkenswert geschickte Weise.

Gerade weil Träume fast immer hilfreich sind, ist die Traumanalyse im allgemeinen ein wichtiger Teil der psychotherapeutischen Arbeit. Ich muß allerdings gestehen, daß es viele Träume gibt, deren Bedeutung mir völlig entgeht, und ich wünsche mir oft, das Unbewußte hätte häufiger den Anstand, in einer klareren Sprache zu uns zu sprechen. Wenn es uns jedoch gelingt, die Traumsprache zu übersetzen, scheint die Botschaft immer dazu bestimmt, unser spirituelles Wachstum zu fördern. Nach meiner Erfahrung geben Träume, die gedeutet werden können, dem Träumer stets hilfreiche Informationen. Die Hilfe erfolgt auf verschiedene Arten: als Warnung vor persönlichen Fallen, als Anleitung zur Lösung von Problemen, die wir nicht lösen konnten, als Hinweis, daß wir unrecht haben, wenn wir recht zu haben meinten, und als Ermutigung, daß wir doch recht haben, wenn wir unrecht zu haben meinten, als Quelle notwendiger Informationen über uns selbst, die uns fehlten, als Richtungsanzeiger, wenn wir uns verloren fühlen, und als Wegweiser, wenn wir steckenbleiben.

Ebenso elegant und hilfreich wie im Schlaf kann das Unbewußte auch im Wachzustand zu uns sprechen, wenn auch in etwas anderer Form. Das ist die Form der »müßigen Gedanken« oder auch nur Gedankenfragmente. Wie bei den Träumen zollen wir diesen müßigen Gedanken meist keine Aufmerksamkeit und schieben sie beiseite, als seien sie bedeutungslos. Aus diesem Grund werden die Patienten in der Psychoanalyse immer wieder aufgefordert, *alles* zu sagen, was ihnen in den Sinn kommt, so albern oder unbedeutend es auf den ersten Blick auch scheinen mag. Wann immer ein Patient sagt: »Es ist lächerlich, aber dieser dumme Gedanke kommt mir dauernd in den Sinn – ich weiß nicht, was er zu bedeuten hat, aber Sie sagten ja, ich müsse diese Dinge aussprechen«, dann weiß ich, daß wir auf etwas gestoßen sind, daß der Patient gerade eine äußerst wichtige Botschaft aus seinem Unbewußten bekommen hat, die seine Situation erhellen wird. Gewöhnlich liefern uns diese »müßigen Gedanken« Einsichten in die eigene Person, doch sie können uns auch recht dramatische Erkenntnisse über andere Menschen oder über die Außenwelt vermitteln. Als Beispiel für eine derartige Botschaft aus dem Unbewußten, die in die letztere Kategorie fällt, möchte ich von einer eigenen Erfahrung während der Arbeit mit einem Patienten berichten. Der Patient war eine junge Frau, die seit ihrer frühen Jugend unter einer Art Schwindelgefühl litt, einer Empfindung, als werde sie jeden Augenblick umfallen, für die keinerlei körperliche Ursache gefunden worden war. Aufgrund dieses Schwindelgefühls hatte sie sich einen sehr steifbeinigen Gang mit breiten Schritten angewöhnt, fast ein Watscheln. Sie war recht intelligent und charmant, und anfangs hatte ich keine Ahnung, was wohl die Ursache ihres Schwindelgefühls sein könnte. Eine mehrjährige Psychotherapie hatte sie nicht geheilt, aber dennoch suchte sie nun Hilfe bei mir. Mitten in unserer dritten Sitzung, während sie bequem saß und über dies und jenes sprach, kam mir plötzlich ein einzelnes Wort in den Sinn: »Pinocchio«. Ich versuchte, mich auf das zu konzentrieren, was die Patientin sagte, und schob daher dieses Wort sofort beiseite. Doch binnen einer Minute erschien es wieder fast bildlich vor meinen Augen, als werde es buchstabiert: Pinocchio. Ich zwinkerte und zwang meine Konzentration wieder zu meiner Patientin zurück. Doch das Wort kam, als habe es einen eigenen Willen, wieder in mein Bewußtsein; mir war, als wolle es unbedingt erkannt werden. Schließlich dachte ich bei mir: »Augenblick – wenn dieses Wort mir immer wieder in den Sinn kommt, sollte ich es vielleicht doch beachten, weil ich weiß, daß solche Dinge wichtig sein können, und wenn mein Unbewußtes mir etwas zu sagen versucht, sollte ich zuhören.« Das tat ich also. »Pinocchio! Was zum Teufel kann das bedeuten? Es hat doch nicht etwa mit meiner Patientin zu tun? Vielleicht ist sie Pinocchio? Moment mal – sie ist niedlich, wie eine kleine Puppe. Sie ist in Rot, Weiß und Blau gekleidet. Bei jeder ihrer Sitzungen hier war sie in Rot, Weiß und Blau gekleidet. Sie geht komisch, wie ein steifbeiniger hölzerner Soldat. Aha, das ist es! Sie ist eine Marionette! Bei Gott, sie ist Pinocchio!« Auf einmal war mir das Wesentliche an der Patientin klar: Sie war keine wirkliche Person, sondern eine steife, hölzerne kleine Marionette, die versuchte, lebendig zu wirken, jedoch dauernd Angst hatte, sie könne umfallen und sich in einem Gewirr von Stäben und Fäden verheddern. Eine nach der anderen traten nun die entsprechenden Tatsachen zutage: eine unglaublich beherrschende Mutter, die »die Fäden zog« und die sehr stolz war, die Sauberkeitserziehung ihrer Tochter praktisch von einem Tag zum anderen geschafft zu haben; ein Wille, der ausschließlich darauf gerichtet war, die äußeren Erwartungen anderer Menschen zu erfüllen, sauber, ordentlich und adrett zu sein, immer das Richtige zu sagen; der hektische Versuch, scheinbar allen Anforderungen zu genügen; ein völliger Mangel an Selbstmotivation und der Fähigkeit, autonome Entscheidungen zu treffen.

Diese ungemein wertvolle Einsicht über meine Patientin erschien in meinem Bewußtsein wie ein Eindringling. Ich hatte sie nicht erwartet und nicht gewünscht. Ihre Gegenwart erschien mir bei meiner Beschäftigung unwichtig, war eine unnötige Ablenkung. Zuerst widersetzte ich mich, versuchte mehrmals, diese Einsicht wieder aus meinem Bewußtsein zu drängen. Dieses scheinbar Fremde und Unerwünschte ist charakteristisch für unbewußtes Material und sein Erscheinen im Bewußtsein. Teilweise wegen dieser Eigenschaft und des damit verbundenen Widerstandes des Bewußten neigten Freud und seine ersten Anhänger dazu, das Unbewußte als Gefäß des Primitiven, Antisozialen und Bösen in uns zu betrachten. Es ist, als hätten sie aus der Tatsache, daß unser Bewußtsein es nicht will, den Schluß gezogen, das unbewußte Material sei »schlecht«. Ähnlichen Denkbahnen folgte die Annahme, seelische Krankheit wohne irgendwo im Unbewußten als ein Dämon in den unterirdischen Tiefen unseres Geistes. C. G. Jung war es, der dann eine Korrektur dieser Auffassung einleitete, unter anderem prägte er den Ausdruck von der »Weisheit des Unbewußen«. Meine eigene Erfahrung hat Jungs Ansichten in dieser Hinsicht bestätigt, und ich bin sogar zu der Schlußfolgerung gelangt, daß seelische Krankheit kein Produkt des Unbewußten ist; sie ist vielmehr ein Phänomen des Bewußtseins oder einer gestörten Beziehung zwischen dem Bewußten und dem Unbewußten. Schauen wir uns beispielsweise die Verdrängung an. Freud entdeckte in vielen seiner Patienten sexuelle Wünsche und feindselige Regungen, derer sie sich nicht bewußt waren, die sie aber eindeutig krank machten. Weil diese Wünsche und Gefühle im Unbewußten lagen, entstand die Vorstellung, es sei das Unbewußte, das seelische Krankheit »verursache«. Doch warum befanden sich diese Wünsche und Gefühle überhaupt im Unbewußten? Warum wurden sie verdrängt? Die Antwort lautet, daß das Bewußte sie nicht wollte. Und in diesem Nicht-Wollen, diesem Leugnen liegt das Problem. Das Problem ist nicht, daß Menschen solche feindseligen und sexuellen Gefühle haben, sondern vielmehr, daß sie ein Bewußtsein haben, welches oft nicht willens ist, sich diesen Gefühlen zu stellen und den Schmerz des Umgangs mit ihnen zu ertragen, sondern sie lieber unter den Teppich kehrt.

Eine dritte Art, auf die das Unbewußte in Erscheinung tritt und zu uns spricht, wenn wir es hören wollen (was wir gewöhnlich nicht tun), ist unser Verhalten. Ich meine hier Versprecher und andere »Fehler« im Verhalten oder »Freudsche Fehlleistungen«, die Freud in seiner »Psychopathologie des Alltagslebens« zum erstenmal als Manifestationen des Unbewußten erkannte.

Daß er zur Beschreibung dieser Phänomene das Wort »Psychopathologie« gebrauchte, ist ein weiterer Hinweis auf seine negative Einstellung zum Unbewußten; er sah es in einer eher boshaften Rolle oder zumindest als übelwollende Kraft, die uns in die Irre führen will, anstatt als eine Art gute Fee, die sich sehr bemüht, uns Aufrichtigkeit beizubringen. Wenn ein Patient in einer Psychotherapie eine Fehlleistung bringt, ist dieses Vorkommnis immer hilfreich für den therapeutischen oder Heilungsprozeß. In solchen Augenblicken versucht das Bewußte des Patienten, die Therapie zu bekämpfen, indem es die wahre Natur des Selbst vor dem Therapeuten und dem eigenen Bewußten verbirgt. Das Unbewußte aber ist mit dem Therapeuten verbündet, es kämpft um Offenheit, Aufrichtigkeit, Wahrheit und Realität und will »die Dinge beim Namen nennen«.

Dafür möchte ich einige Beispiele anführen. Eine übergenaue Frau, die völlig unfähig war, in sich selbst das Gefühl der Wut zur Kenntnis zu nehmen, und daher Wut auch nicht offen ausdrücken konnte, begann, immer einige Minuten zu spät zu ihren Therapiesitzungen zu kommen. Ich äußerte die Annahme, das geschehe wegen irgendeines Grolls, den sie auf mich oder auf die Therapie oder auf beide hege. Sie lehnte diese Möglichkeit entschieden ab und erklärte, ihr Zuspätkommen sei nur eine Folge irgendwelcher zufälliger Ereignisse, und übrigens schätze sie mich sehr und lege auch großen Wert auf unsere gemeinsame Arbeit. Am Abend nach dieser Sitzung bezahlte sie ihre monatlichen Rechnungen, darunter auch meine. Doch der Scheck, den sie mir schickte, war nicht unterschrieben. Bei ihrer nächsten Sitzung sagte ich ihr das und meinte, sie habe die Unterschrift vergessen, weil sie zornig sei. Sie erwiderte: »Aber das ist doch lächerlich! Noch nie in meinem Leben habe ich vergessen, einen Scheck zu unterschreiben. Sie wissen, wie genau ich in solchen Sachen bin. Es ist unmöglich, daß ich Ihren Scheck nicht unterschrieben habe.« Ich zeigte ihr den Scheck ohne Unterschrift. Obwohl sie in unseren Sitzungen immer äußerst kontrolliert gewesen war, brach sie nun auf einmal in Tränen aus. »Was ist denn mit mir los«, schluchzte sie. »Ich falle auseinander. Es ist, als ob ich zwei Personen wäre.« In dieser Verfassung und mit meiner Bestätigung, sie sei tatsächlich wie ein in sich geteiltes

Haus, begann sie zum erstenmal die Möglichkeit zu akzeptieren, daß zumindest ein Teil von ihr zornige Gefühle hegen könne. Das war der erste Schritt vorwärts.

Ein anderer Patient mit einem Zornproblem war ein Mann, der es für undenkbar hielt, Zorn gegenüber irgendeinem Mitglied seiner Familie zu empfinden, geschweige denn zu äußern. Weil zu der Zeit seine Schwester bei ihm zu Besuch war, erzählte er mir von ihr und beschrieb sie als »absolut reizende Person«. Später in der Sitzung sprach er von einer kleinen Essenseinladung, die er am gleichen Abend geben wollte und bei der ein Ehepaar aus der Nachbarschaft und »natürlich meine Schwägerin« anwesend sein würden. Ich wies ihn darauf hin, daß er seine Schwester gerade als seine Schwägerin bezeichnet hatte. »Vermutlich werden Sie jetzt sagen, das sei eine dieser Freudschen Fehlleistungen«, meinte er. »Ja, gewiß«, erwiderte ich. »Ihr Unbewußtes sagt, daß Sie nicht wollen, daß Ihre Schwester Ihre Schwester ist, daß es Ihnen viel lieber wäre, wenn sie nur Ihre Schwägerin wäre, und daß Sie sie im Grunde überhaupt nicht leiden können.« »So ist es nicht«, sagte er, »aber sie redet ununterbrochen, und ich weiß, daß sie heute abend beim Essen die ganze Unterhaltung an sich reißen wird. Vermutlich ist mir ihr Verhalten manchmal etwas peinlich.« Auch hier war der Anfang gemacht.

Nicht alle Fehlleistungen drücken Feindseligkeit oder geleugnete »negative« Gefühle aus. Fehlleistungen drücken alle verleugneten Gefühle aus, ob negativ oder positiv. Sie bringen die Wahrheit ans Licht, zeigen, wie die Dinge wirklich sind, und nicht, wie wir sie gerne hätten. Die vielleicht rührendste Fehlleistung, die ich kenne, machte eine junge Frau bei ihrem ersten Besuch bei mir. Ich wußte, daß ihre Eltern distanzierte und unsensible Leute waren, die sie zwar sehr gut erzogen hatten, aber ohne wirkliche Zuneigung oder liebevolle Fürsorge. Sie präsentierte sich mir als ungewöhnlich reife, freie und unabhängige Frau von Welt mit ausgeprägtem Selbstvertrauen und erklärte, warum sie in die Behandlung komme: »Ich bin im Augenblick frei, habe nichts zu tun, und da dachte ich, etwas Psychoanalyse könne meiner intellektuellen Entwicklung guttun.« Als ich fragte, warum sie im Augenblick nichts zu tun habe, stellte sich heraus, daß sie gerade das College verlassen hatte, weil sie im fünften

Monat schwanger war. Sie wollte nicht heiraten. Sie dachte vage daran, das Kind nach der Geburt zur Adoption freizugeben und dann zu ihrer weiteren Ausbildung nach Europa zu gehen. Ich fragte, ob sie den Vater des Kindes informiert habe, daß sie schwanger sei; sie hatte ihn seit vier Monaten nicht mehr gesehen. »Ja«, sagte sie, »ich schrieb ihm ein paar Zeilen, um ihn wissen zu lassen, daß unsere Beziehung das Produkt eines Kindes war.« Sie meinte natürlich, daß ein Kind das Produkt ihrer Beziehung war; statt dessen hatte sie mir gesagt, daß sie unter ihrer Maske der Frau von Welt ein hungriges kleines Mädchen war, begierig nach Zuneigung, und daß sie schwanger geworden war in dem verzweifelten Bemühen, bemuttert zu werden, indem sie selbst Mutter wurde. Ich konfrontierte sie nicht mit ihrer Fehlleistung, weil sie noch keineswegs bereit war, ihre Abhängigkeitsbedürfnisse zu akzeptieren oder als ungefährlich zu erleben. Dennoch war diese Fehlleistung nützlich und hilfreich für sie, weil ich dadurch erkannte, daß die Frau, die zu mir gekommen war, im Grunde ein ängstliches Kind war, dem man freundlich, beschützend und fast mütterlich entgegenkommen mußte, und zwar für eine lange Zeit.

Die drei Patienten, die diese Fehlleistungen machten, versuchten sich weniger vor mir als vor sich selbst zu verstecken. Die erste glaubte wirklich, so etwas wie Groll gebe es in ihr nicht; der zweite war vollkommen überzeugt, keinerlei Zorn auf irgendein Mitglied seiner Familie zu empfinden; die dritte sah sich selbst als weltgewandte Frau. Aufgrund zahlreicher Faktoren unterscheidet sich unsere bewußte Selbstvorstellung fast immer mehr oder weniger von der Realität dessen, was wir wirklich sind. Eine große und wesentliche Aufgabe bei unserer spirituellen Entwicklung ist das ständige Bemühen, unsere bewußte Selbstvorstellung in immer größere Übereinstimmung mit der Realität zu bringen. Wenn ein großer Teil dieser lebenslänglichen Aufgabe relativ schnell erfüllt wurde, wie es bei intensiver Psychotherapie der Fall sein kann, fühlt sich das Individuum oft »wie neugeboren«. »Ich bin nicht mehr der Mensch, der ich war«, sagt der Patient mit wirklicher Freude über die dramatische Veränderung in seinem Bewußtsein, »ich bin ein völlig neuer und anderer Mensch.« Ein solcher Mensch hat keine Schwierigkeiten, das

Lied zu verstehen, in dem es heißt: »Einst war ich verloren, doch nun bin ich gefunden, einst war ich blind, doch nun sehe ich.«

Wenn wir unser Selbst mit unserer Selbstvorstellung oder unserer Selbstbewußtheit oder unserem Bewußtsein im allgemeinen identifizieren, dann ist das Unbewußte ein Teil von uns, der weiser ist als wir selbst. Über diese »Weisheit des Unbewußten« sprachen wir in erster Linie mit den Begriffen von Selbsterkenntnis und Selbstenthüllung. In dem Beispiel der Patientin, die mir mein Unbewußtes als Pinocchio vorstellte, wollte ich zeigen, daß das Unbewußte auch in bezug auf andere Menschen oft weiser ist als wir selbst. Als wir auf einer Ferienreise zum erstenmal nach Singapur kamen, war es bei unserer Ankunft schon dunkel. Meine Frau und ich verließen das Hotel dennoch noch einmal zu einem Spaziergang. Wir kamen auf einen weiten, offenen Platz, an dessen entgegengesetztem Ende, in einer Entfernung von zwei oder drei Häuserblocks, man in der Dunkelheit vage ein größeres Gebäude erkennen konnte. »Was mag das sein?« fragte meine Frau. Sofort antwortete ich beiläufig und mit völliger Gewißheit: »Oh, das ist der Kricket-Klub von Singapur.« Die Worte waren mir ganz spontan entfahren. Ich bereute sie sofort. Ich hatte nicht den mindesten Grund, sie zu äußern. Nicht nur war ich nie zuvor in Singapur gewesen, ich hatte auch noch nie einen Kricket-Klub gesehen – bei Tageslicht nicht und schon gar nicht bei Dunkelheit. Doch zu meinem größten Erstaunen sahen wir, als wir weitergegangen waren und die Vorderseite erreicht hatten, über dem Eingang ein Messingschild mit der Aufschrift: »Singapore Cricket Club«.

Woher wußte ich etwas, das ich eigentlich nicht wissen konnte? Eine der möglichen Erklärungen ist Jungs Theorie des »kollektiven Unbewußten«, die besagt, daß wir die Weisheit der Erfahrung unserer Ahnen erben, ohne selbst persönlich die Erfahrung gemacht zu haben. Dem wissenschaftlichen Geist mag diese Art des Wissens merkwürdig erscheinen, doch erstaunlicherweise wird sie in unserer Alltagssprache anerkannt. Nehmen wir etwa das Wort »erkennen« selbst. Wenn wir ein Buch lesen und auf eine Idee oder eine Theorie stoßen, die uns anzieht, die es in uns »klingeln« läßt, dann »erkennen« wir sie als wahr. Möglicherweise aber haben wir noch nie zuvor bewußt an diese Idee oder Theorie gedacht. Das Wort bedeutet, daß wir den Begriff »wiederkennen«, als hätten wir ihn einmal gekannt, dann vergessen und nun in ihm einen alten Freund erkannt. Es ist, als wären alles Wissen und alle Weisheit in unserem Geist enthalten, und wenn wir etwas »Neues« lernen, entdecken wir in Wirklichkeit nur etwas, das schon die ganze Zeit in uns existierte. Ähnliches spiegelt sich wider in dem Wort »education« (Erziehung), das von dem lateinischen Wort *educare* abgeleitet ist; wörtlich übersetzt heißt es »herausführen aus« oder »weiterführen«. Wenn wir also Menschen in diesem Sinne des Wortes erziehen, so pfropfen wir ihrem Geist nicht etwas Neues auf, sondern holen sozusagen etwas aus ihnen heraus, bringen es aus dem Unbewußten ins Bewußtsein. Sie besaßen dieses Wissen schon die ganze Zeit.

Wir kennen die Quelle dieses Teils von uns nicht, der weiser ist als wir. Jungs Theorie des kollektiven Unbewußten nimmt an, daß unsere Weisheit ererbt ist. Neuere wissenschaftliche Experimente mit genetischem Material im Zusammenhang mit dem Phänomen des Gedächtnisses legen nahe, daß es tatsächlich möglich ist, Wissen zu erben, das in Form von Nukleinsäurecode in den Zellen gespeichert ist. Der Begriff der chemischen Informationsspeicherung läßt uns verstehen, wie die Information, die dem menschlichen Geist potentiell zur Verfügung steht, in wenigen Kubikzentimetern Hirnsubstanz gespeichert sein könnte. Doch selbst dieses überaus hochentwickelte Modell, das die Speicherung von erlerntem wie von durch Erfahrung erworbenem Wissen auf kleinem Raum erklärt, läßt die verwirrendsten Fragen unbeantwortet. Wenn wir Spekulationen über die Technologie eines solchen Modells anstellen – wie es konstruiert und synchronisiert sein könnte –, stehen wir dennoch voller Ehrfurcht vor dem Phänomen des menschlichen Geistes. Spekulationen über diese Dinge unterscheiden sich kaum von Spekulationen über die Kontrolle des Kosmos, die annehmen, Gott habe Heerscharen von Erzengeln, Engeln, Seraphim und Cherubim zu seiner Verfügung, die ihm dabei helfen, das Universum zu ordnen. Der Geist, der sich manchmal zu glauben anmaßt, so etwas wie Wunder gäbe es nicht, ist selbst ein Wunder.

Das Wunder der Serendipität[2]

Die außerordentliche Weisheit des Unbewußten, von der oben die Rede war, können wir vielleicht als letztlich erklärbaren Teil eines molekularen Gehirns betrachten, das mit einer wunderbaren Technologie arbeitet, doch für die sogenannten »psychischen« oder »mentalen« Phänomene, die eindeutig mit der Arbeit des Unbewußten zusammenhängen, haben wir keine Erklärung. In einer Reihe ausgeklügelter Experimente haben Dr. med. Montague Ullman und Dr. phil. Stanley Krippner schlüssig nachgewiesen, daß es einem wachen Individuum möglich ist, wiederholt und regelmäßig einem anderen Individuum, das viele Zimmer entfernt schläft, Bilder zu »übermitteln«, die dann in den Träumen des Schlafenden vorkommen.[3]

Solche Übertragungen kommen nicht nur im Laboratorium vor. Es ist beispielsweise nicht selten der Fall, daß zwei einander bekannte Personen unabhängig voneinander dieselben oder unglaublich ähnliche Träume haben. Wie kommt das? Wir haben nicht die leiseste Ahnung.

Doch es geschieht. Die Validität solcher Geschehnisse ist in den Begriffen ihrer Wahrscheinlichkeit wissenschaftlich bewiesen. Ich selbst hatte eines Nachts einen Traum, der aus einer Serie von sieben Bildern bestand. Später erfuhr ich, daß ein Freund während seiner Übernachtung in meinem Haus zwei Tage zuvor aus einem Traum erwacht war, in dem dieselben sieben Bilder in derselben Reihenfolge vorkamen. Er und ich konnten keinen Grund für diesen Vorgang finden. Es war uns nicht möglich, die Träume mit irgendeiner Erfahrung in Verbindung zu bringen, die wir gemeinsam oder einzeln gemacht hatten, und es gelang uns auch nicht, diese Träume auf sinnvolle Weise zu deuten. Dennoch wußten wir, daß etwas überaus Bedeutsames geschehen war. Meinem Geist stehen Millionen von Bildern zur Verfügung, um daraus einen Traum zu konstruieren. Die Wahrscheinlichkeit, daß ich zufällig dieselben sieben Bilder auswähle wie mein Freund, und zwar in derselben Reihenfolge, ist verschwindend gering. Der Vorgang war so unwahrscheinlich, daß wir wußten, daß es nicht zufällig geschehen sein konnte.

Die Tatsache, daß höchst unwahrscheinliche Ereignisse, für

die im Rahmen der bekannten Naturgesetze keine Ursache bestimmt werden kann, mit großer Häufigkeit auftreten, ist als das Prinzip der Synchronizität bekanntgeworden. Mein Freund und ich kennen die Ursache oder den Grund nicht, warum wir so ungemein ähnliche Träume hatten, doch ein Aspekt des Vorganges war, daß wir diese Träume in geringem zeitlichem Abstand hatten. Irgendwie scheint der Zeitpunkt, das »Timing«, das wichtige, wenn nicht entscheidende Element dieser unwahrscheinlichen Vorgänge zu sein. Im Zusammenhang mit der Diskussion der Unfallneigung und Unfallresistenz wurde bereits erwähnt, daß Menschen gar nicht selten unverletzt aus völlig demolierten Fahrzeugen steigen, und die Spekulation erschien lächerlich, daß die Maschine sich instinktiv in einer Weise verformt, die den Insassen unverletzt läßt, oder daß der Insasse sich instinktiv so zusammenkrümmt, daß er sich den Verformungen der Maschine anpaßt. Es gibt kein bekanntes Naturgesetz, nach dem die Konfiguration des Fahrzeugs (Ereignis A) das Überleben des Fahrers verursachte oder nach dem die Form des Fahrers (Ereignis B) das Fahrzeug veranlaßte, sich auf eine bestimmte Art zu verformen. Obwohl sie einander nicht verursachten, traten die Ereignisse A und B gegen jede Wahrscheinlichkeit synchron auf – also zeitgleich –, und zwar so, daß der Fahrer tatsächlich überlebte. Das Prinzip der Synchronizität erklärt nicht, warum oder wie das geschah; es stellt einfach fest, daß solche unwahrscheinlichen zeitlichen Zusammentreffen von Ereignissen häufiger vorkommen, als es nach dem Zufallsprinzip vorherzusagen wäre. Es erklärt keine Wunder. Es dient nur dazu, deutlich zu machen, daß Wunder eine Sache des »Timings« und erstaunlich häufig sind.

Das Vorkommnis der ähnlichen und fast gleichzeitigen Träume qualifiziert sich aufgrund seiner statistischen Unwahrscheinlichkeit als echtes psychisches oder »paranormales« Phänomen, selbst wenn seine Bedeutung unklar ist. Vermutlich ist die Bedeutung zumindest der meisten echten psychischen oder paranormalen Phänomene ähnlich unklar. Dennoch ist ein weiteres Merkmal dieser Phänomene, abgesehen von ihrer statistischen Unwahrscheinlichkeit, daß zahlreiche derartige Geschehnisse günstig zu sein scheinen – auf irgendeine Weise nützlich für einen oder mehrere der daran beteiligten Menschen. Ein älterer, überaus skeptischer und angesehener Wissenschaftler, der bei mir in Analyse war, erzählte mir kürzlich folgendes Ereignis: »Nach unserer letzten Sitzung, es war ein so schöner Tag, beschloß ich, auf der Straße am See entlang nach Hause zu fahren. Wie Sie wissen, hat diese Straße zahlreiche unübersichtliche Kurven. Als ich etwa in die zehnte dieser Kurven fuhr, kam mir plötzlich der Gedanke, mir könne ein Wagen entgegenkommen, der diese Kurve viel zu weit auf meiner Straßenseite nähme. Ohne weiteres Nachdenken bremste ich und kam zum Stehen. Im gleichen Augenblick kam tatsächlich ein Wagen um die Kurve, dessen Räder sechs Fuß weit über die Mittellinie der Straße hinausgefahren waren, er kam nur knapp an mir vorbei, obwohl ich am Rand meiner Straßenseite stand. Hätte ich nicht angehalten, wären wir unweigerlich in der Kurve zusammengestoßen. Ich habe keine Ahnung, was meinen Entschluß verursachte, meinen Wagen anzuhalten. Ich hätte das in irgendeiner anderen von einem Dutzend Kurven tun können, doch ich tat es nicht. Ich bin schon viele Male vorher auf dieser Straße gefahren, und ich habe zwar manchmal gedacht, daß sie gefährlich ist, aber ich habe nie angehalten. Ich frage mich jetzt, ob an ESP und derartigen Dingen nicht wirklich etwas dran ist. Ich habe keine andere Erklärung.«

Es ist möglich, daß Ereignisse, die statistisch so unwahrscheinlich sind, daß man sie für Beispiele von Synchronizität oder für paranormal halten kann, ebenso häufig schädlich wie nützlich sind. Es gibt unwahrscheinliche Unfälle und unwahrscheinliche Nicht-Unfälle. Dieser Bereich steckt zwar voller methodologischer Fallen, müßte aber wirklich Gegenstand der Forschung werden. Gegenwärtig kann ich nur den sehr starken, aber »unwissenschaftlichen« Eindruck äußern, daß die Häufigkeit solcher statistisch unwahrscheinlichen Ereignisse, die eindeutig nützlich sind, wesentlich größer ist als die schädlicher Geschehnisse. Die günstigen Folgen derartiger Vorfälle müssen nicht lebensrettend sein; viel häufiger verbessern sie einfach das Leben oder führen zu spirituellem Wachstum. Ein sehr gutes Beispiel für ein solches Geschehnis ist der »Skarabäus-Traum«, von dem C. G. Jung in seiner Schrift über Synchronizität berichtet. Ich zitiere ihn hier in voller Länge:

»Mein Beispiel betrifft eine junge Patientin, die sich trotz beiderseitiger Bemühungen als psychologisch unzugänglich erwies. Die Schwierigkeit bestand darin, daß sie alles besser wußte. Ihre treffliche Erziehung hatte ihr zu diesem Zweck eine geeignete Waffe in die Hand gegeben, nämlich einen scharfgeschliffenen cartesianischen Rationalismus mit einem geometrisch einwandfreien Wirklichkeitsbegriff. Nach einigen fruchtlosen Versuchen, ihren Rationalismus durch eine etwas humanere Vernunft zu mildern, mußte ich mich auf die Hoffnung beschränken, daß ihr etwas Unerwartetes und Irrationales zustoßen möge, etwas, das die intellektuelle Retorte, in die sie sich eingesperrt hatte, zu zerbrechen vermöchte. So saß ich ihr eines Tages gegenüber, den Rücken zum Fenster gekehrt, um ihrer Beredsamkeit zu lauschen. Sie hatte die Nacht vorher einen eindrucksvollen Traum gehabt, *in welchem ihr jemand einen goldenen Skarabäus (ein kostbares Schmuckstück) schenkte.* Während sie mir noch diesen Traum erzählte, hörte ich, wie etwas hinter mir leise an das Fenster klopfte. Ich drehte mich um und sah, daß es ein ziemlich großes fliegendes Insekt war, das von außen an die Scheiben stieß mit dem offenkundigen Bemühen, in den dunklen Raum zu gelangen. Das erschien mir sonderbar. Ich öffnete sogleich das Fenster und fing das hereinfliegende Insekt in der Luft. Es war ein *Scarabaeide,* Cetonia aurata, der gemeine Rosenkäfer, dessen grüngoldene Farbe ihn einem Skarabäus am ehesten annähert. Ich überreichte den Käfer meiner Patientin mit den Worten: ›Hier ist Ihr Skarabäus.‹ Dieses Ereignis schlug das gewünschte Loch in ihren Rationalismus, und damit war das Eis ihres intellektuellen Widerstandes gebrochen. Die Behandlung konnte nun mit Erfolg weitergeführt werden.«[4]

Worüber wir hier im Hinblick auf paranormale Ereignisse mit günstigen Folgen sprechen, ist das Phänomen der Serendipität. In *Webster's Dictionary* ist Serendipität definiert als »die Gabe, wertvolle oder angenehme Dinge zu finden, nach denen man nicht gesucht hat«. An dieser Definition berührt einiges merkwürdig. Da ist zunächst einmal die Bezeichnung »Gabe«, die beinhaltet, daß einige Menschen diese Gabe besitzen, andere dagegen nicht, daß einige Menschen Glück haben, andere nicht. Eine der Hauptthesen dieses Abschnitts ist, daß Gnade, teilweise manifestiert durch »wertvolle oder angenehme Dinge, nach denen man nicht gesucht hat«, jedem Menschen zur Verfügung steht, und daß einige Menschen sie nutzen, andere dagegen nicht. Indem C. G. Jung den Käfer hereinließ, ihn fing und seiner Patientin gab, machte er ihn sich eindeutig zunutze. Einige der Gründe, warum und wie Menschen es versäumen, von der Gnade Gebrauch zu machen, werden später im Kapitel »Widerstand gegen die Gnade« untersucht. Im Augenblick will ich nur sagen, daß einer der Gründe, warum wir die Gnade nicht voll nutzen, darin liegt, daß wir uns ihrer Gegenwart nicht voll bewußt sind – das heißt, wir finden keine wertvollen Dinge, nach denen wir nicht gesucht haben, weil wir den Wert der Gabe nicht erkennen, wenn sie uns gegeben wird. Mit anderen Worten: Serendipität kommt bei jedem von uns vor, doch häufig erkennen wir sie nicht; wir finden solche Ereignisse ganz unwichtig und machen sie uns folglich auch nicht voll zunutze.

Vor fünf Monaten, als ich zwischen zwei Terminen in einer bestimmten Stadt zwei Stunden Freizeit hatte, fragte ich einen Kollegen, der dort lebte, ob ich diese Zeit in der Bibliothek seines Hauses zubringen könne, um dort den ersten Teil dieses Buches zu überarbeiten. Als ich hinkam, öffnete mir die Gattin meines Kollegen, eine distanzierte und zurückhaltende Frau, der nie sonderlich an mir gelegen zu haben schien und die sich tatsächlich bei mehreren Gelegenheiten auf fast arrogante Weise feindselig mir gegenüber verhalten hatte. Etwa fünf Minuten lang plauderten wir gezwungen. Im Verlauf dieser oberflächlichen Unterhaltung sagte sie, sie habe gehört, daß ich ein Buch schreibe, und fragte nach dem Thema. Ich sagte, es handele von spirituellem Wachstum, und ging nicht weiter darauf ein. Dann setzte ich mich zum Arbeiten in die Bibliothek. Binnen einer halben Stunde hatte ich mich festgefahren. Ein Teil dessen, was ich über das Thema der Verantwortung geschrieben hatte, erschien mir völlig unbefriedigend. Es mußte erheblich erweitert werden, um die Begriffe sinnvoll zu machen, die ich darin diskutiert hatte, aber ich hatte das Gefühl, diese Erweiterung werde den Fluß der Arbeit unterbrechen. Andererseits wollte ich diesen Teil nicht ganz weglassen, weil ich meinte, es sei notwendig, diese Begriffe zu erwähnen. Eine Stunde lang plagte ich mich mit diesem Dilemma ab, doch ich kam nicht weiter; ich wurde immer frustrierter und fühlte mich unfähig, zu einer Lösung zu gelangen.

In diesem Augenblick kam die Frau meines Kollegen leise in die Bibliothek. Sie tat das etwas schüchtern und zögernd, respektvoll, aber doch irgendwie warm und weich, ganz anders, als ich sie je zuvor erlebt hatte. »Scotty, ich hoffe, ich störe Sie nicht«, sagte sie. »Wenn ja, dann sagen Sie es mir.« Ich sagte, sie störe mich nicht, ich käme im Augenblick ohnehin nicht weiter. Sie hatte ein kleines Buch in der Hand. »Zufällig fand ich dieses Buch«, sagte sie. »Irgendwie dachte ich, es würde Sie interessieren. Vermutlich irre ich mich. Aber mir kam der Gedanke, es könne Ihnen nützlich sein. Ich weiß nicht warum.« Irritiert und unter Druck, wie ich war, hätte ich normalerweise gesagt, ich stecke bis zum Hals in Büchern – was auch der Fall war – und habe in absehbarer Zukunft keine Zeit, es zu lesen. Doch ihre merkwürdige Bescheidenheit veranlaßte mich zu einer anderen Reaktion. Ich sagte, ich wisse ihre Freundlichkeit zu schätzen und werde mich so bald wie möglich an die Lektüre machen. Ich nahm das Buch mit nach Hause, ohne zu wissen, wann »so bald wie möglich« sein würde. Doch gerade an diesem Abend zwang mich irgend etwas, alle anderen Bücher beiseite zu legen, mit denen ich gerade beschäftigt war, und dieses Buch zu lesen. Es war ein dünnes Bändchen mit dem Titel *How People Change* (Wie Menschen sich verändern) von Allen Wheelis. Ein großer Teil davon befaßte sich mit der Verantwortung. Ein Kapitel drückte elegant und tiefschürfend das aus, was ich zu sagen versucht hätte, wenn ich den schwierigen Teil meines eigenen Buches erweitert hätte. Am nächsten Morgen verkürzte ich diesen Teil meines Buches auf einen kurzen, bündigen Abschnitt und verwies den Leser in einer Fußnote auf das Buch von Wheelis, in dem das Thema auf ideale Weise ausgearbeitet sei. Mein Dilemma war gelöst.

Das war kein riesiges Ereignis. Keine Trompeten kündigten es an. Ich hätte es auch ignorieren können. Ich hätte auch ohne es weitergelebt. Dennoch war ich von der Gnade berührt worden. Das Geschehnis war sowohl gewöhnlich als auch ungewöhnlich – ungewöhnlich, weil es höchst unwahrscheinlich war, gewöhnlich, weil solche höchst unwahrscheinlichen Ereignisse dauernd vorkommen, ganz leise an die Tür unseres Bewußtseins klopfen, nicht dramatischer als der Käfer, der gegen das Fenster flog. Ähnliche Geschehnisse sind Dutzende von Malen in den Monaten vorgekommen, seit die Frau meines Kollegen mir ihr Buch lieh. Und sie sind immer mir zugestoßen. Einige habe ich erkannt. Einige davon nutze ich möglicherweise, ohne mir ihrer wunderbaren Natur bewußt zu sein. Wie viele ich ungenutzt verstreichen ließ, kann ich nicht wissen.

Definition der Gnade

Bisher habe ich in diesem Teil des Buches eine ganze Reihe von Phänomenen beschrieben, die folgende Merkmale gemeinsam haben:

a) Sie dienen dazu, das menschliche Leben und das spirituelle Wachstum zu nähren – zu unterstützen, zu schützen und zu fördern.

b) Der Mechanismus ihres Wirkens ist entweder nur teilweise verständlich (wie im Falle physischer Resistenz und bei Träumen) oder völlig dunkel (wie im Falle paranormaler Phänomene), wenn man von den Prinzipien der Naturgesetze ausgeht, wie sie im gegenwärtigen wissenschaftlichen Denken interpretiert werden.

c) Ihr Vorkommen unter der Menschheit ist häufig, üblich und im Grunde universal.

d) Obwohl sie potentiell unter dem Einfluß des menschlichen Bewußtseins stehen, liegt ihr Ursprung außerhalb des bewußten Wollens und jenseits bewußter Entscheidungsprozesse.

Obwohl diese Phänomene im allgemeinen als getrennte Erscheinungen betrachtet werden, glaube ich, daß ihre allgemeine Verbreitung darauf hinweist, daß sie Teile oder Manifestationen eines einzigen Phänomens sind: einer mächtigen Kraft, die ihren Ursprung außerhalb des menschlichen Bewußtseins hat und die das spirituelle Wachstum menschlicher Wesen fördert. Schon vor Hunderten und Tausenden von Jahren, bevor es wissenschaftliche Begriffe gab wie Immunglobuline, Traumzustand und Unbewußtes, ist diese Kraft von religiösen Menschen schon immer erkannt worden; sie gaben ihr den Namen Gnade und lobten und priesen sie.

Was machen nun wir – wir, die wir wissenschaftlich eingestellt und entsprechend skeptisch sind – mit dieser »mächtigen Kraft, die ihren Ursprung außerhalb des menschlichen Bewußtseins hat und die das spirituelle Wachstum menschlicher Wesen fördert«? Wir können diese Kraft nicht berühren. Wir können sie nicht messen. Dennoch existiert sie. Sie ist real. Sollen wir uns der Tunnelsicht bedienen und sie ignorieren, weil sie nicht so leicht in den traditionellen wissenschaftlichen Begriffen des Naturgesetzes unterzubringen ist? Das scheint mir gefährlich. Ich glaube nicht, daß wir hoffen können, zu einem vollen Verständnis des Kosmos, des Platzes der Menschen in diesem Kosmos und folglich der Natur der Menschheit selbst zu gelangen, ohne das Phänomen der Gnade in unseren begrifflichen Rahmen aufzunehmen.

Wir können diese Kraft nicht einmal lokalisieren. Wir haben nur gesagt, wo sie nicht ist: im menschlichen Bewußtsein. Wo also ist sie angesiedelt? Einige der Phänomene, von denen wir gesprochen haben, etwa die Träume, legen nahe, daß die Gnade im Unbewußten des Individuums angesiedelt ist. Andere Erscheinungen, wie Synchronizität und Serendipität, weisen darauf hin, daß diese Kraft jenseits der Grenzen des einzelnen Individuums existiert. Daß wir Schwierigkeiten haben, die Gnade zu lokalisieren, liegt nicht einfach daran, daß wir Wissenschaftler sind. Religiöse Menschen, die die Ursprünge der Gnade natürlich Gott zuschreiben, sie buchstäblich für die Liebe Gottes halten, hatten zu allen Zeiten die gleichen Schwierigkeiten, Gott zu lokalisieren. Es gibt dazu in der Theologie zwei lange und entgegengesetzte Traditionen: die eine, die Lehre der Emanenz, sieht die Gnade von einem äußeren Gott auf die Menschen herniederkommen, die andere, die Lehre der Immanenz, sieht die Gnade von einem Gott ausgehen, der im Zentrum des menschlichen Seins, also im Menschen wohnt.

Dieses Problem – und im übrigen das ganze Paradox-Problem – rührt in erster Linie von unserem Wunsch her, Dinge zu lokalisieren. Die Menschen haben eine ausgeprägte Neigung dazu, Begriffe mit deutlich unterschiedenen Einheiten zu bilden. Wir nehmen die Welt als aus solchen Einheiten zusammengesetzt wahr: Schiffe, Schuhe, Siegellack und andere Kategorien. Und dann neigen wir dazu, ein Phänomen dadurch zu verstehen, daß wir es in eine bestimmte Kategorie einordnen und sagen, daß es sich um diese oder jene Einheit handelt. Es ist entweder dies oder das, aber nicht beides zugleich. Schiffe sind Schiffe und keine Schuhe. Ich bin ich und du bist du. Die Ich-Einheit ist meine Identität, die Du-Einheit ist deine Identität, und wir fühlen uns sehr unbehaglich, wenn unsere Idenditäten vermischt oder durcheinandergebracht werden. Hinduistische und buddhistische Denker glauben, wie schon gesagt, daß unsere Wahrnehmung deutlich unterschiedener Einheiten eine Illusion oder Maya ist, und moderne Physiker, die sich mit Relativität, Wellen- und Teilchen-Phänomenen, Elektromagnetismus und dergleichen befassen, werden sich zunehmend der Grenzen unseres begrifflichen Ansatzes der Einheiten bewußt. Doch man entkommt ihm schwer. Unsere Neigung zum Denken in Einheiten drängt uns dazu, die Dinge lokalisieren zu wollen, selbst solche wie Gott oder Gnade und selbst dann, wenn wir wissen, daß diese Neigung unser Verständnis dieser Angelegenheiten eher behindert.

Ich bemühe mich, das Individuum nicht als echte Einheit zu denken, und soweit meine intellektuellen Grenzen mich zwingen, in Begriffen von Einheiten zu denken (oder zu schreiben), begreife ich die Grenzen des Individuums als eine höchst durchlässige Membrane – wenn man will, als einen Zaun statt einer Mauer, einen Zaun, durch, unter und über den andere »Einheiten« klettern, kriechen oder fließen können. Ebenso wie unser Bewußtsein stets teilweise für unser Unbewußtes durchlässig ist, ist auch unser Unbewußtes durchlässig für den »Geist« von außen, den »Geist«, der uns durchdringt, aber als Einheiten nicht wir ist. Wesentlich eleganter und angemessener als die wissenschaftliche Sprache des zwanzigsten Jahrhunderts, die von durchlässigen Membranen redet, beschreibt die religiöse Sprache von Dame Julian aus dem vierzehnten Jahrhundert (1393) die Beziehung zwischen der Gnade und der individuellen Einheit:

»Denn wie der Körper gekleidet ist in das Gewand, das Fleisch in die Haut und die Knochen in das Fleisch und das Herz in das Ganze, so sind wir, Seele und Leib, gekleidet und eingehüllt in die Gottheit Gottes. Und wir sind besser darin aufgehoben, denn alle jene können vergehen und zunichte werden, doch die Gottheit Gottes ist immer ganz.«[5]

In jedem Falle, wem wir sie auch zuschreiben oder wo wir sie lokalisieren, die beschriebenen »Wunder« weisen darauf hin, daß unser spirituelles Wachstum als menschliche Wesen von einer Kraft gefördert wird, die nicht mit unserem bewußten Willen identisch ist. Um die Natur dieser Kraft besser zu verstehen, können wir vielleicht Nutzen aus der Betrachtung eines weiteren Wunders ziehen: des Wachstumsprozesses allen Lebens selbst, dem wir den Namen Evolution gegeben haben.

Das Wunder der Evolution

Obwohl wir uns bis jetzt noch nicht auf den Begriff als solchen konzentriert haben, ging es in diesem Buch auf die eine oder andere Weise dauernd um Evolution. Spirituelles Wachstum ist die Evolution eines Individuums. Der Körper eines Individuums mag die Veränderungen des Lebenszyklus durchlaufen, doch er hat keine Evolution. Neue physikalische Muster werden nicht erzeugt. Der physische Verfall im hohen Alter ist unvermeidlich. Innerhalb einer individuellen Lebensspanne kann der menschliche Geist jedoch eine dramatische Evolution durchlaufen. Neue Muster können erzeugt werden. Die spirituelle Kompetenz kann (obwohl sie es gewöhnlich nicht tut) bis zum Augenblick des Sterbens in hohem Alter zunehmen. Unsere Lebensspanne bietet uns bis zum Ende unzählige Gelegenheiten zu spirituellem Wachstum. Dieses Buch konzentriert sich zwar auf die spirituelle Evolution, doch der Prozeß der physischen Evolution ist ähnlich wie der des Geistes und liefert uns ein Modell zum besseren Verständnis des Vorgangs spirituellen Wachstums und der Bedeutung der Gnade.

Das auffallendste Merkmal des physischen Evolutionsprozesses ist, daß er ein Wunder ist. Wenn wir von dem ausgehen, was wir über das Universum wissen, so sollte es eigentlich keine Evolution geben; das Phänomen dürfte überhaupt nicht existieren. Eines der grundlegenden Naturgesetze ist das zweite Gesetz der Wärmelehre, das besagt, daß Energie von Natur aus von einem Zustand größerer Organisation zu einem Zustand geringerer Organisation fließt, von einem Zustand höherer Differenzierung zu einem Zustand geringerer Differenzierung. Mit anderen Worten, das Universum befindet sich in einem Prozeß des Abstiegs. Häufig wird dieser Prozeß am Beispiel eines Flusses beschrieben, der von Natur aus bergab fließt. Energie oder Arbeit ist nötig – Pumpen, Schleusen, Menschen, die Eimer tragen –, um diesen Prozeß umzukehren, um an den Anfang zurückzugelangen, um das Wasser wieder auf den Berg zu bringen. Und diese Energie muß von anderswoher kommen. Irgendein anderes Energiesystem muß entleert werden, um dieses aufrechtzuerhalten. Nach dem zweiten Gesetz der Wärmelehre wird zuletzt, nach Abermillionen von Jahren, das Universum als amorpher, völlig desorganisierter und völlig undifferenzierter »Kloß« am niedrigsten Punkt angekommen sein, in dem nichts mehr geschieht. Dieser Zustand totaler Desorganisation und Indifferenziertheit wird als Entropie bezeichnet.

Das natürliche »Bergabfließen« der Energie in Richtung auf den Zustand der Entropie könnte man als Kraft der Entropie bezeichnen. Damit wird erkennbar, daß der »Fluß« der Evolution gegen die Kraft der Entropie geht. Der Prozeß der Evolution war eine Entwicklung von Organismen von niedrigeren zu höheren und immer höheren Zuständen der Komplexität, Differenzierung und Organisation. Ein Virus ist ein extrem einfacher Organismus, kaum mehr als ein Molekül. Ein Bakterium ist komplexer, differenzierter, besitzt eine Zellwand und verschiedene Arten von Molekülen sowie einen Stoffwechsel. Ein Paramecium hat einen Kern, Cilia und ein rudimentäres Verdauungssystem. Ein Schwamm hat nicht nur Zellen, sondern beginnt, verschiedene Arten von Zellen zu haben, die voneinander abhängig sind. Insekten und Fische besitzen Nervensysteme mit komplexen Methoden der Fortbewegung und sogar soziale Organisationen. Und so geht es die Leiter der Evolution hinauf, eine Leiter von zunehmender Komplexität, Organisation und Differenzierung; soweit wir wissen, steht der Mensch, der eine riesige Hirnrinde und außerordentlich komplexe Verhaltensmuster besitzt, an der Spitze. Ich sage, daß der Prozeß der Evolution ein Wunder ist, weil er als Prozeß zunehmender Organisation und Differenzierung dem Naturgesetz zuwiderläuft. Nach dem normalen Verlauf der Dinge dürften wir selbst gar nicht existieren.[6]

Der Prozeß der Evolution kann dargestellt werden durch eine Pyramide mit dem Menschen, dem komplexesten, aber am wenigsten zahlreichen Organismus, an der Spitze und den Viren, den zahlreichsten, aber am wenigsten komplexen Organismen, an der Basis:

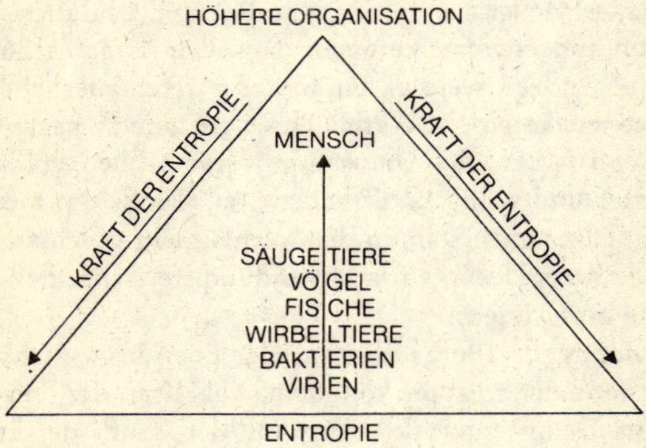

Die Spitze drängt vorwärts und aufwärts gegen die Kraft der Entropie. Im Inneren der Pyramide habe ich einen Pfeil dargestellt, der diese drängende evolutionäre Kraft symbolisieren soll, dieses »Irgend etwas«, das sich so beständig und erfolgreich dem »Naturgesetz« widersetzt hat, und zwar durch Millionen von Generationen, und das selbst ein noch undefiniertes Naturgesetz repräsentieren muß.

Die spirituelle Evolution der Menschheit kann in einem ähnlichen Diagramm dargestellt werden:

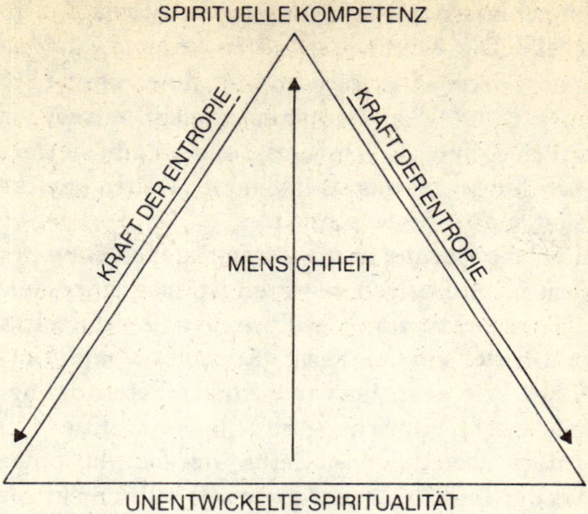

Ich habe immer wieder betont, daß der Prozeß spirituellen Wachstums schwierig und anstrengend ist. Das liegt daran, daß er gegen einen natürlichen Widerstand arbeitet, gegen eine natürliche Neigung, die Dinge so zu lassen, wie sie waren, an den alten Landkarten und alten Verhaltensweisen zu hängen und den leichtesten Weg zu gehen. Über diesen natürlichen Widerstand, diese Kraft der Entropie, die in unserem spirituellen Leben wirksam ist, werde ich noch mehr sagen. Doch wie im Fall der physischen Evolution besteht das Wunder darin, daß der Widerstand überwunden wird. Wir wachsen. Trotz allem, was sich dem widersetzt, werden wir bessere Menschen. Nicht alle und nicht leicht. Doch einer bedeutenden Zahl von Menschen gelingt es irgendwie, sich selbst und ihre Kulturen zu verbessern. Es gibt eine Kraft, die uns auf irgendeine Weise drängt, den schwierigeren Weg zu wählen und aus dem Sumpf und Schlamm herauszukommen, in den wir so oft hineingeboren werden.

Das Diagramm zum Prozeß der spirituellen Evolution kann auf die Existenz eines einzelnen Individuums angewendet werden. Jeder von uns hat seinen eigenen Drang zu wachsen, und jeder von uns muß, wenn er diesem Drang folgt, allein gegen seinen Widerstand ankämpfen. Das Diagramm gilt aber auch für die Menschheit als ganzes. Wie wir uns als Individuen entwikkeln, so veranlassen wir auch unsere Gesellschaft, sich weiterzuentwickeln. Die Kultur, die uns in unserer Kindheit nährt, wird von uns, wenn wir erwachsen sind, durch unsere Führungsqualitäten genährt. Wer Wachstum erreicht, erfreut sich nicht nur der Früchte dieses Wachstums, sondern gibt sie auch an die Welt weiter. Indem wir uns als Individuen weiterentwickeln, entwickelt sich auch die Menschheit.

Die Annahme, daß die Ebene der spirituellen Entwicklung der Menschheit im Aufsteigen begriffen ist, mag einer Generation, die vom Fortschrittstraum desillusioniert ist, unrealistisch erscheinen. Überall gibt es Krieg, Korruption und Umweltverschmutzung. Wie kann man mit einiger Berechtigung annehmen, die Menschheit mache spirituelle Fortschritte? Genau das tue ich jedoch. Gerade unser Gefühl der Desillusionierung erwächst aus der Tatsache, daß wir von uns selbst mehr verlangen, als unsere Vorfahren von sich verlangten. Menschliches Verhalten, das wir heute als abstoßend und empörend betrachten, wurde früher als ganz normal betrachtet. Ein Hauptthema dieses Buches beispielsweise war die Verantwortung von Eltern für die spirituelle Förderung ihrer Kinder. Das ist heute wohl kaum mehr eine radikale Forderung, war vor einigen Jahrhunderten aber gewiß kein Anliegen der Menschen. Zwar finde ich, daß die Art und Weise, wie durchschnittliche Eltern heutzutage mit ihren Kindern umgehen, sehr viel zu wünschen übrigläßt, doch ich habe allen Grund zu der Annahme, daß die Dinge noch vor wenigen Generationen wesentlich schlechter standen. Ein kürzlich erschienener Überblick über einen Aspekt der Kindererziehung beginnt beispielsweise mit der Feststellung:

»Das römische Recht gab dem Vater die absolute Gewalt über seine Kinder; er konnte sie ungestraft verkaufen oder zum Tode verurteilen. Dieser Begriff des absoluten Rechts ging über in das englische Recht, wo es sich bis zum vierzehnten Jahrhundert ohne nennenswerte Veränderung hielt. Im Mittelalter wurde die Kindheit nicht als die einzigartige Lebensphase betrachtet, als die wir sie heute sehen. Es war üblich, Kinder schon mit sieben Jahren in einen Dienst oder eine Lehre zu geben, wo das Lernen weniger wichtig war als die Arbeit, die das Kind für seinen Herrn verrichtete. Hinsichtlich der Behandlung, die ihnen zuteil wurde, scheinen Kinder und Dienstboten ununterscheidbar gewesen zu sein; selbst die Sprache hatte oft keine getrennten Begriffe für sie. Erst im sechzehnten Jahrhundert kam die Einstellung auf, daß Kinder besonderes Interesse verdienten, wichtige und ganz spezifische Entwicklungsaufgaben leisten mußten und Liebe und Zuneigung wert seien.«[7]

Was aber ist nun diese Kraft, die uns als Individuen und als Spezies gegen den Widerstand unserer eigenen Lethargie zum Wachstum drängt? Wir haben sie bereits genannt. Es ist die Liebe. Liebe wurde definiert als »Wille, das eigene Selbst auszudehnen, um das eigene spirituelle Wachstum oder das eines anderen Menschen zu fördern«. Wenn wir wachsen, tun wir das, weil wir daran arbeiten, und wir arbeiten daran, weil wir uns selbst lieben. Durch die Liebe erheben wir uns. Und aufgrund unserer Liebe zu anderen helfen wir ihnen, sich zu erheben. Liebe, die Ausdehnung des Selbst, ist der eigentliche Akt der Evolution. Liebe ist fortschreitende Evolution. Die evolutionäre Kraft, in allem Leben gegenwärtig, manifestiert sich in der Menschheit als menschliche Liebe. Inmitten der Menschheit ist die Liebe die wunderbare Kraft, die dem Naturgesetz der Entropie trotzt.

Das Alpha und das Omega

Es bleibt jedoch noch immer die Frage, die am Ende des Abschnittes über die Liebe gestellt wurde: Woher kommt die Liebe? Nur kann sie jetzt zu einer vielleicht noch grundlegenderen Frage erweitert werden: Woher kommt die gesamte Kraft der Evolution?

Und hier können wir noch unsere Verwirrung über die Ursprünge der Gnade hinzufügen. Denn Liebe ist bewußt, Gnade nicht. Woher kommt diese »mächtige Kraft, die ihren Ursprung außerhalb des menschlichen Bewußtseins hat und die das spirituelle Wachstum menschlicher Wesen fördert«?

Wir können diese Fragen nicht auf dieselbe wissenschaftliche Weise beantworten wie Fragen nach der Herkunft von Mehl oder

Stahl oder Grillen. Es liegt nicht einfach daran, daß sie zu ungreifbar sind, sondern eher daran, daß sie zu grundlegend sind für unsere »Wissenschaft«, so wie sie gegenwärtig ist. Denn dies sind nicht die einzigen gravierenden Fragen, die die Wissenschaft nicht beantworten kann. Wissen wir zum Beispiel wirklich, was Elektrizität ist? Oder woher ursprünglich die Energie kommt? Oder das Universum? Vielleicht wird eines Tages unsere Wissenschaft mit ihren Antworten die grundlegendsten Fragen beantworten. Bis dahin, falls es je dazu kommen wird, können wir nur spekulieren, Theorien, Postulate und Hypothesen aufstellen.

Um die Wunder der Gnade und der Evolution zu erklären, stellen wir die Hypothese von der Existenz eines Gottes auf, der wünscht, daß wir wachsen – eines Gottes, der uns liebt. Vielen erscheint diese Hypothese zu einfach, zu leicht, zu fantastisch, kindlich und naiv. Doch was haben wir anderes? Die Gegebenheiten mit Hilfe von Tunnelsicht zu ignorieren, ist keine Antwort. Wir können keine Antwort erhalten, indem wir die Fragen nicht stellen. So simpel das sein mag, niemand, der die Gegebenheiten beobachtet und die Fragen gestellt hat, konnte eine bessere Hypothese oder überhaupt eine echte Hypothese aufstellen. Bis das jemandem gelingt, sind wir also auf diesen merkwürdig kindlichen Begriff von einem liebenden Gott angewiesen, oder wir stehen vor einem theoretischen Vakuum.

Wenn wir ihn ernsthaft betrachten, stellen wir fest, daß dieser einfache Begriff eines liebenden Gottes keineswegs zu einer einfachen Philosophie führt.

Wenn wir davon ausgehen, daß unsere Fähigkeit zu lieben, unser Drang zu wachsen und uns zu entwickeln, uns irgendwie von Gott »eingehaucht« sind, dann müssen wir fragen, wozu. Warum will Gott, daß wir wachsen? Auf was hin wachsen wir? Wo ist der Endpunkt, das Ziel der Evolution? Was will Gott von uns? Ich habe nicht die Absicht, mich hier auf theologische Feinheiten einzulassen, und ich hoffe, die Gelehrten werden mir vergeben, wenn ich alle Wenn, Und und Aber wirklicher spekulativer Theologie übergehe. Denn so gern wir uns auch darum herumschleichen würden wie die Katze um den heißen Brei, jeder von uns, der einen liebenden Gott postuliert und wirklich darüber nachdenkt, kommt schließlich zu einem einzigen, erschrekkenden Gedanken: Gott will, daß wir Er (oder Sie oder Es) werden. Wir wachsen auf die Gottheit hin. Gott ist das Ziel der Evolution. Gott ist die Quelle der evolutionären Kraft, und Gott ist ihr Ziel. Das meinen wir, wenn wir sagen, Er sei das Alpha und das Omega, der Anfang und das Ende.

Als ich von einem erschreckenden Gedanken sprach, habe ich mich noch milde ausgedrückt. Der Gedanke ist sehr alt, doch zu Millionen laufen wir in schierer Panik davor davon. Denn noch nie kam dem Geist des Menschen ein Gedanke, der uns eine solche Bürde auferlegt. Es ist der anspruchsvollste einzelne Gedanke in der Geschichte der Menschheit. Nicht, weil er schwer zu begreifen wäre, im Gegenteil, er ist ganz einfach. Sondern deshalb, weil er, wenn wir daran glauben, von uns alles fordert, was wir geben können, alles, was wir haben. Es ist eine Sache, an einen netten, alten Gott zu glauben, der für uns aus seiner machtvollen Höhe sorgt, die zu erreichen wir uns nie unterfangen könnten. Eine ganz andere Sache ist es, an einen Gott zu glauben, der eben gerade will, daß wir Seine Stellung, Seine Macht, Seine Weisheit, Seine Identität erreichen. Wenn wir glauben würden, daß es dem Menschen möglich sei, Gott zu werden, dann würde dieser Glaube gerade aufgrund seiner Natur uns die Verpflichtung auferlegen, das Mögliche zu erreichen. Doch diese Verpflichtung wollen wir nicht. So hart wollen wir nicht arbeiten. Wir wollen Gottes Verantwortung nicht. Wir wollen nicht die Verantwortung, die ganze Zeit denken zu müssen. Solange wir glauben können, daß die Gottheit für uns unerreichbar ist, brauchen wir uns über unser spirituelles Wachstum keine Gedanken zu machen, brauchen uns nicht um höhere Ebenen von Bewußtsein und liebendem Handeln zu bemühen; wir können uns entspannen und einfach Mensch sein. Wenn Gott im Himmel ist und wir hier unten und beides nie zusammenkommen kann, dann können wir Ihm alle Verantwortung für die Evolution und die Lenkung des Universums überlassen. Wir können das wenige tun, was uns möglich ist, um uns ein angenehmes Alter zu sichern, hoffentlich mit gesunden, glücklichen und dankbaren Kindern und Enkeln, doch darüber hinaus brauchen wir uns nicht zu plagen. Diese Ziele sind schwer genug zu erreichen und kaum geringzuschätzen. Sobald wir aber glauben, daß es dem Menschen möglich ist, Gott zu werden, können wir niemals lange rasten, niemals sagen: »Gut, meine Aufgabe ist beendet, meine Arbeit ist getan.« Wir müssen uns ständig um immer größere Weisheit und immer größere Wirksamkeit bemühen. Durch diesen Glauben haben wir uns – zumindest bis zum Tode – selbst in eine anstrengende Tretmühle der Selbstverbesserung und spirituellen Wachstums begeben. Gottes Verantwortung muß unsere eigene sein. Kein Wunder, daß der Glaube an diese Möglichkeit unangenehm ist. Der Gedanke, daß Gott uns aktiv fördert, damit wir heranwachsen und werden wie er, konfrontiert uns mit unserer eigenen Trägheit.

Entropie und Erbsünde

Da dieses Buch sich mit spirituellem Wachstum befaßt, beschäftigt es sich notwendigerweise auch mit der anderen Seite derselben Medaille: den Hindernissen für spirituelles Wachstum. Letztlich gibt es nur ein Hindernis, und das ist die Trägheit. Wenn wir die Trägheit überwinden, überwinden wir auch alle anderen Hindernisse. Wenn wir die Trägheit nicht überwinden, überwinden wir keines der anderen. Also handelt dieses Buch auch von der Trägheit. Bei der Untersuchung der Disziplin betrachteten wir die Trägheit, die darin besteht, notwendigem Leiden ausweichen zu wollen oder den leichtesten Weg einzuschlagen. Bei der Untersuchung der Liebe untersuchten wir auch die Tatsache, daß Nicht-Liebe der fehlende Wille ist, das eigene Selbst auszudehnen. Trägheit ist das Gegenteil von Liebe. Spirituelles Wachstum ist mühsam, das wird uns immer wieder ins Gedächtnis gerufen. Jetzt haben wir den Punkt erreicht, von dem aus wir die Natur der Trägheit aus der richtigen Perspektive untersuchen und feststellen können, daß Trägheit die Kraft der Entropie ist, wie sie sich in unser aller Leben manifestiert.

Viele Jahre lang fand ich den Begriff der Erbsünde sinnlos und sogar anstößig. Sexualität erschien mir nicht als besonders sündhaft. Auch meine verschiedenen anderen Gelüste nicht. Oft ließ ich mich gehen, indem ich von einem ausgezeichneten Essen zuviel aß, aber hinterher litt ich vielleicht unter Verdauungsbeschwerden, bestimmt jedoch unter Schuldgefühlen. Ich nahm die Sünde in der Welt wahr: Betrug, Vorurteil, Folter, Brutalität. Doch ich nahm keine angeborene Sünde an Säuglingen wahr und fand auch die Überzeugung nicht vernünftig, kleine Kinder seien verdammt, weil ihre Vorfahren vom Baum der Erkenntnis von Gut und Böse gegessen hatten. Allmählich jedoch wurde ich mir zunehmend der allgegenwärtigen Natur der Trägheit bewußt. Bei dem Kampf, meinen Patienten bei ihrem Wachstum zu helfen, stellte ich stets fest, daß mein Hauptfeind ihre Trägheit war. Und mir wurde in mir selbst ein ähnliches Widerstreben bewußt, mich selbst in neue Bereiche des Denkens, der Verantwortung und Reife auszudehnen. Eine Sache, die ich eindeutig mit allen anderen Menschen gemeinsam hatte, war meine Trägheit. An diesem Punkt ergab die Geschichte von der Schlange und dem Apfel auf einmal einen Sinn.

Entscheidend ist das, was fehlt. In dieser Geschichte heißt es, Gott habe die Gewohnheit gehabt, im Paradies zu lustwandeln, und es habe Möglichkeiten der Kommunikation zwischen ihm und dem Menschen gegeben. Wenn das aber so war, warum haben dann Adam und Eva, gemeinsam oder einzeln, vor oder nach der Aufforderung der Schlange, nicht zu Gott gesagt: »Wir wüßten gern, warum Du nicht willst, daß wir von den Früchten des Baums der Erkenntnis von Gut und Böse essen. Es gefällt uns hier wirklich, und wir möchten nicht undankbar erscheinen, aber Dein diesbezügliches Gesetz erscheint uns nicht sehr sinnvoll, und wir wären Dir sehr verbunden, wenn Du es uns erklären könntest.« Aber das haben sie natürlich nicht gesagt. Statt dessen gingen sie hin und brachen Gottes Gesetz, ohne jemals den Grund für dieses Gesetz zu verstehen, ohne sich die Mühe zu machen, Gott direkt herauszufordern, Seine Autorität in Frage zu stellen oder auch nur auf einer einigermaßen erwachsenen Ebene mit Ihm zu kommunizieren. Sie hörten auf die Schlange, doch sie hörten sich nicht Gottes Seite der Geschichte an, ehe sie handelten.

Warum dieser Fehlschlag? Warum wurde zwischen Versuchung und Handlung kein Zwischenstadium eingelegt? Dieses fehlende Stadium ist die Essenz der Sünde. Das fehlende Stadium ist das Stadium des Disputs. Adam und Eva hätten einen Disput zwischen Gott und der Schlange herbeiführen können, da sie das aber nicht taten, versäumten sie es, Gottes Standpunkt zu der Frage zu hören. Der Disput zwischen der Schlange und Gott ist Symbol für den Dialog zwischen Gut und Böse, der im Geist des Menschen stattfinden kann und stattfinden sollte. Daß wir diesen inneren Disput zwischen Gut und Böse nicht führen – oder ihn unvollständig und halbherzig führen –, ist die Ursache jener bösen Handlungen, die die Sünde darstellen. Wenn sie über die Weisheit eines möglichen Handlungsablaufs disputieren, versäumen es menschliche Wesen gewöhnlich, Gottes Standpunkt dazu einzuholen. Sie versäumen es, den Gott in sich zu befragen oder anzuhören, das Wissen um das Rechte, das von Natur aus im Geist aller Menschen wohnt. Dieses Versäumnis ist eine Folge unserer Trägheit. Es erfordert Arbeit, diesen inneren Disput zu führen. Es erfordert Zeit und Energie. Und wenn wir ihn ernst nehmen – wenn wir diesem »Gott in uns« ernsthaft zuhören –, dann stellen wir gewöhnlich fest, daß er uns drängt, den schwierigeren Weg einzuschlagen, den Weg der größeren statt der geringeren Anstrengung. Diesen Disput zu führen bedeutet, sich Leid und Kampf zu öffnen. Jeder einzelne von uns schreckt mehr oder weniger häufig vor dieser Arbeit zurück und sucht, diesem schmerzlichen Schritt auszuweichen. Wie Adam und Eva und alle unsere Ahnen vor uns sind wir träge.

Die Erbsünde existiert also; es ist unsere Trägheit. Sie ist sehr real. Sie existiert in jedem einzelnen von uns – Säuglinge, Kinder, Jugendliche, reife Erwachsene, alte Menschen, Weise oder Dumme, Kranke oder Gesunde. Einige von uns mögen weniger träge sein als andere, doch in einem gewissen Maße sind wir alle träge. Ganz gleich, wie energisch, ehrgeizig oder sogar weise wir sein mögen, wenn wir wirklich in uns hineinschauen, sehen wir auf irgendeiner Ebene die Trägheit lauern. Sie ist die Kraft der Entropie in uns, die uns nach unten drückt und uns alle in unserer spirituellen Entwicklung hemmt.

Mancher mag vielleicht jetzt sagen: »Aber ich bin nicht träge. Ich arbeite sechzig Stunden in der Woche in meinem Beruf. Abends und an den Wochenenden gehe ich, selbst wenn ich müde bin, mit meiner Frau (meinem Mann) aus, führe die Kinder in den Zoo, helfe bei der Arbeit im Haus und erledige allen möglichen Alltagskram. Manchmal scheint es, als ob das alles wäre, was ich tue – arbeiten, arbeiten, arbeiten.« Ich kann das verstehen, doch ich muß nochmals darauf hinweisen, daß jeder die Trägheit in sich finden wird, wenn er danach sucht. Denn Trägheit nimmt andere Formen an als die der bloßen Zahl der Arbeitsstunden oder der Stunden, die man seiner Verantwortung gegenüber anderen widmet. Eine der wichtigsten Formen, die die Trägheit aufweist, ist die Furcht. Das kann wiederum am Mythos von Adam und Eva illustriert werden. Man könnte zum Beispiel sagen, daß es nicht Trägheit war, die Adam und Eva davon abhielt, Gott nach den Gründen für sein Gesetz zu fragen, sondern Furcht – Furcht angesichts der Ehrfurcht, die er einflößt, Furcht vor dem Zorn Gottes. Zwar ist nicht jede Furcht Trägheit, doch ein großer Teil davon ist es. Viel von unserer Furcht ist Angst vor einer Veränderung des Status quo, Angst, wir könnten das verlieren, was wir haben, wenn wir uns über den Punkt hinauswagen, an dem wir jetzt sind. Im Teil über die Disziplin sprach ich über die Tatsache, daß Menschen neue Information deutlich als bedrohlich empfinden, denn wenn sie sie aufnehmen, haben sie einige Arbeit damit, ihre Landkarten der Realität zu revidieren, und instinktiv suchen sie dieser Arbeit auszuweichen. Folglich bekämpfen sie lieber neue Information als daß sie sie in sich aufnehmen. Ihr Widerstand ist von Angst motiviert, aber die Grundlage ihrer Angst ist die Trägheit; es ist die Angst vor der Arbeit, die sie würden leisten müssen. Ähnlich ist es bei der Liebe; in dem Teil über die Liebe sprach ich von den Risiken, uns selbst in neuen Territorien, neuen Verpflichtungen und Verantwortungen, neuen Beziehungen und Existenzebenen zu erweitern. Auch hier ist das Risiko der Verlust des Status quo, und die Angst bezieht sich auf die Arbeit, die mit dem Erreichen eines neuen Status quo verbunden ist. Es ist also recht wahrscheinlich, daß Adam und Eva Angst vor dem hatten, was mit ihnen geschehen könnte, wenn sie Gott offen befragten; statt dessen versuchten sie, den leichteren Weg zu gehen, die illegitime Abkürzung zu nehmen, Wissen zu erlangen, für das sie nicht gearbeitet hatten, und sie hofften, sie kämen damit davon. Doch sie kamen nicht davon. Gott zu befragen, mag uns eine Menge Arbeit kosten. Doch die Moral von der Geschichte ist, daß es getan werden muß.

Psychotherapeuten wissen, daß die Patienten zwar zu ihnen kommen, weil sie diese oder jene Veränderung anstreben, daß sie aber gleichzeitig nichts so sehr fürchten wie Veränderung – die Arbeit der Veränderung nämlich. Aufgrund dieser Angst oder Trägheit bricht die große Mehrzahl der Patienten – vielleicht neun von zehn –, die eine Psychotherapie beginnen, die Therapie lange vor der wirklichen Beendigung des Prozesses wieder ab. Die meisten derartigen Abbrüche erfolgen während der ersten Sitzungen oder der ersten Behandlungsmonate. Die Dynamik, um die es dabei geht, wird oft am klarsten bei solchen verheirateten Patienten, die sich während der ersten Therapiesitzungen bewußt werden, daß ihre Ehe überaus schlecht oder destruktiv ist und daher der Weg zu seelischer Gesundheit entweder über eine Scheidung oder aber durch den enorm schwierigen und schmerzhaften Prozeß der völligen Neustrukturierung der Ehe führt. Tatsache ist, daß die Patienten dieses Wissen in ihrem Vorbewußten oft schon besitzen, ehe sie überhaupt in die Therapie kommen, und die ersten Sitzungen dienen ihnen nur dazu, das zu bestätigen, was sie bereits wußten und fürchteten. Auf jeden Fall werden sie überwältigt von der Angst, sich der scheinbar unüberwindlichen Schwierigkeit des Alleinlebens oder der scheinbar ebenso unüberwindlichen Schwierigkeit zu stellen, mit ihrem Partner monate- oder jahrelang für eine grundlegend verbesserte Beziehung arbeiten zu müssen. Also brechen sie die Behandlung ab, manchmal nach zwei oder drei Sitzungen, manchmal nach zehn oder zwanzig. Sie bringen dafür Entschuldigungen vor wie: »Wir haben uns doch geirrt, als wir meinten, uns die Behandlung leisten zu können«, oder sie verabschieden sich ehrlich mit dem offenen Bekenntnis: »Ich habe Angst vor dem, was die Therapie in meiner Ehe anrichten könnte. Ich weiß, daß es eine Flucht ist. Vielleicht habe ich eines Tages den Mut, wieder zurückzukommen.« Wie auch immer, sie ziehen die Aufrechterhaltung eines miserablen Status quo der ungeheuren Anstrengung vor, die nötig wäre, um aus ihrer speziellen Sackgasse herauszukommen.

In den Anfangsstadien spirituellen Wachstums sind sich die Menschen ihrer eigenen Trägheit meist nicht bewußt, wenn sie auch vielleicht Lippenbekenntnisse ablegen wie: »Wie jeder andere habe ich natürlich meine trägen Momente.« Der faule Teil des Selbst hat nämlich wie der Teufel – und vielleicht ist er das – keine Skrupel und ist Spezialist für trügerische Verkleidungen. Er versteckt seine eigene Trägheit unter allen möglichen Rationalisierungen, die zu durchschauen oder zu bekämpfen der wachstumsbereite Teil des Selbst noch zu schwach ist. So sagt jemand vielleicht auf den Vorschlag hin, er oder sie solle auf einem bestimmten Gebiet neues Wissen erwerben: »Dieser Bereich ist schon von so vielen Leuten studiert worden, und keiner hat eine Antwort gefunden« oder: »Ich kenne einen Mann, der sich damit befaßt hat; er wurde zum Alkoholiker und beging Selbstmord«, oder: »Ein alter Hund lernt keine neuen Tricks mehr«, oder: »Sie wollen mich manipulieren; ich soll zu einem Abklatsch Ihrer selbst werden – aber das ist nicht die Aufgabe eines Psychotherapeuten.« Alle diese Antworten und viele mehr sind Verkleidungen der Trägheit eines Patienten oder Studenten, die diese nicht so sehr vor dem Therapeuten oder Lehrer verbergen wollen als vielmehr vor ihrer eigenen Einsicht. Denn Trägheit als das zu erkennen, was sie ist, und sie sich selbst einzugestehen, ist der Beginn ihrer Überwindung.

Aus diesen Gründen sind sich diejenigen, die sich in relativ fortgeschritteneren Stadien spirituellen Wachstums befinden, ihrer eigenen Trägheit am meisten bewußt. Gerade die am wenigsten Faulen wissen um ihre eigene Nachlässigkeit. In meinem persönlichen Streben nach Reife merke ich allmählich, daß neue Einsichten wie von selbst die Tendenz haben, mir wieder zu entgleiten. Oder ich erhasche einen Blick auf neue, konstruktive Denkbahnen, die dann scheinbar aus eigenem Antrieb wieder verschwinden. Ich vermute, daß diese wertvollen Gedanken meist unbemerkt untergehen und daß ich diese wertvollen Denkbahnen verlasse, ohne zu wissen, was ich tue. Wenn ich mir aber der Tatsache bewußt werde, daß ich es bin, der sich davon abwendet, dann muß ich mich zwingen, genau die Richtung einzuschlagen, der ich ausweichen wollte. Der Kampf gegen die Entropie hört nie auf.

alle haben ein krankes Selbst und ein gesundes Selbst. gleich, wie neurotisch oder sogar psychotisch wir sein mö- und wie ängstlich oder starr wir erscheinen, es gibt immer einen Teil von uns, und sei er noch so klein, der will, daß wir wachsen, der Veränderung und Entwicklung liebt, der sich von Neuem und Unbekanntem angezogen fühlt und der bereit ist, die Arbeit zu leisten und die Risiken auf sich zu nehmen, die mit spiritueller Entwicklung verbunden sind. Und ganz gleich, wie scheinbar gesund und spirituell entwickelt wir sind, es gibt immer noch einen Teil von uns, und sei er noch so klein, der nicht will, daß wir uns weiterentwickeln, der sich an Altes und Vertrautes klammert, der jede Veränderung oder Anstrengung fürchtet, der um jeden Preis Bequemlichkeit haben und Schmerz vermeiden will, selbst wenn er das mit Wirkungslosigkeit, Stillstand oder Rückschritt bezahlen muß. Bei einigen von uns scheint das gesunde Selbst bemitleidenswert klein zu sein, völlig beherrscht von der Trägheit und Angst unseres riesigen kranken Selbst. Andere wachsen vielleicht schnell, ihr dominierendes gesundes Selbst strebt eifrig aufwärts in seinem Bemühen um die Entwicklung zur Gottheit; doch das gesunde Selbst muß immer auf der Hut sein vor der Trägheit des kranken Selbst, das noch in uns lauert. In dieser einen Beziehung sind wir Menschen alle gleich. In jedem einzelnen von uns gibt es zwei Selbst, ein gesundes und ein krankes – den Lebenstrieb und den Todestrieb. Jeder von uns repräsentiert die ganze menschliche Rasse; in jedem von uns ist der Instinkt für die Gottheit und die Hoffnung für die Menschheit, und in jedem von uns ist die Erbsünde der Trägheit, die allgegenwärtige Kraft der Entropie, die uns zurückdrängt in die Kindheit, in den Mutterschoß und in den Sumpf, aus dem wir uns entwickelt haben.

Das Problem des Bösen

Wir haben angenommen, daß Trägheit die Erbsünde ist und daß Trägheit in der Form unseres kranken Selbst sogar der Teufel sein könnte; wir müssen nun das Bild durch einige Bemerkungen über die Natur des Bösen abrunden. Das Problem des Bösen ist vielleicht das größte aller theologischen Probleme. Trotzdem hat die Wissenschaft der Psychologie, wie bei so vielen anderen »religiösen« Themen, sich bis auf wenige kleine Ausnahmen so verhalten, als existiere das Böse nicht. Potentiell jedoch hat sie sehr viel zu diesem Thema beizutragen. Ich hoffe, ich werde in einer späteren, längeren Arbeit meinen Teil zu diesem Beitrag leisten können. Da er im Augenblick für das Thema dieses Buches nur am Rande von Bedeutung ist, möchte ich mich darauf beschränken, vier Schlußfolgerungen festzuhalten, zu denen ich hinsichtlich der Natur des Bösen gelangt bin.

Erstens bin ich zu dem Schluß gekommen, daß das Böse real ist. Es ist nicht das Produkt der Einbildungskraft eines primitiven religiösen Geistes, der mit seinen schwachen Kräften versucht, das Unbekannte zu erklären. Es gibt wirklich Menschen und Institutionen von Menschen, die auf das Gute mit Haß reagieren und es zerstören würden, wenn sie die Macht dazu hätten. Sie tun das nicht aus bewußter Bosheit, sondern blind, ohne Bewußtsein des eigenen Übels – dieses Bewußtsein suchen sie sogar zu vermeiden. Wie es in der religiösen Literatur vom Teufel gesagt wird, hassen auch sie das Licht und tun instinktiv alles, um ihm auszuweichen, wozu auch der Versuch gehört, es auszulöschen. Sie zerstören das Licht in ihren eigenen Kindern und in allen anderen Wesen, die ihrer Macht unterworfen sind.

Böse Menschen hassen das Licht, weil es ihnen sich selbst offenbart. Sie hassen das Gute, weil es ihnen ihre Schlechtigkeit offenbart; sie hassen die Liebe, weil sie ihnen ihre Trägheit offenbart. Sie werden das Licht, das Gute und die Liebe zerstören, um dem Schmerz dieser Selbsterkenntnis zu entgehen. Meine zweite Schlußfolgerung lautet also, daß das Böse die auf die Spitze, ins Extrem getriebene Faulheit oder Trägheit ist. In meiner Definition ist Liebe die Antithese zur Trägheit. Die gewöhnliche Trägheit ist ein passiver Mangel an Liebe. Manche gewöhnlich träge Menschen würden keinen Finger rühren, um sich selbst zu erweitern, solange sie nicht dazu gezwungen sind. Ihr Sein ist eine Erscheinungsform von Nicht-Liebe; dennoch sind sie nicht böse. Wirklich böse Menschen dagegen vermeiden es mehr aktiv als passiv, sich auszudehnen. Sie tun alles, was in ihrer Macht steht, um ihre eigene Trägheit zu schützen, um die Integrität ihres kranken Selbst zu erhalten. Statt andere zu fördern, wollen sie sie zu diesem Zweck zerstören. Wenn es nötig ist, töten sie sogar, um dem Schmerz eigenen spirituellen Wachstums auszuweichen. Da die Integrität ihres kranken Selbst von der spirituellen Gesundheit derer um sie herum bedroht ist, versuchen sie mit allen Mitteln, die spirituelle Gesundheit der Menschen ihrer Umgebung zu zerstören und zu vernichten. Ich definiere das Böse als Ausübung von Macht, also den Versuch, andere mit offenem oder verdecktem Zwang dem eigenen Willen zu unterwerfen, um die Ausdehnung des eigenen Selbst zur Förderung spirituellen Wachstums zu vermeiden. Gewöhnliche Trägheit ist Nicht-Liebe. Das Böse ist Anti-Liebe.

Meine dritte Schlußfolgerung lautet, daß die Existenz des Bösen unvermeidlich ist, zumindest in diesem Stadium der menschlichen Evolution. In Anbetracht der Kraft der Entropie und der Tatsache, daß die Menschen einen freien Willen besitzen, ist es nicht zu umgehen, daß die Trägheit bei einigen gut gezügelt ist, bei anderen dagegen überhaupt nicht. Da die Entropie einerseits und der evolutionäre Fluß der Liebe andererseits entgegengesetzte Kräfte sind, ist es nur natürlich, daß diese Kräfte bei den meisten Menschen einigermaßen im Gleichgewicht sind, während einige wenige an einem Extrem nahezu reine Liebe manifestieren, einige am anderen Extrem nahezu reine Entropie oder reines Übel. Da die beiden Kräfte miteinander in Konflikt stehen, ist es außerdem unvermeidlich, daß die Repräsentanten der Extreme einander bekämpfen; ist es natürlich, daß das Böse das Gute haßt und umgekehrt.

Meine letzte Schlußfolgerung ist, daß die Entropie zwar eine enorme Kraft ist, daß sie aber in ihrer extremsten Form menschlichen Übels als soziale Kraft merkwürdig ineffektiv ist. Ich habe selbst das Böse in Aktion gesehen, wie es Geist und Seele von Dutzenden von Kindern haßerfüllt angriff und zerstörte. Doch im großen Szenario der menschlichen Evolution hat das Böse auch in umgekehrter Richtung eine Wirkung. Für jede Seele, die es zerstört – und das sind viele –, ist es Instrument bei der Rettung anderer. Unwissentlich dient das Böse als Leuchtturm, der andere vor seinen Klippen warnt und sie fernhält. Da die meisten von uns mit einem fast instinktiven Abscheu vor der Scheußlichkeit des Bösen begnadet sind, wird unsere eigene Persönlichkeit durch das Bewußtsein seiner Existenz geläutert, wenn wir seine Gegenwart erkennen. Unser Bewußtsein ist ein Signal, uns selbst zu läutern. Es war das Böse, das Christus ans Kreuz schlug, doch so ermöglichte es uns, ihn auch von weitem wahrzunehmen. Unsere persönliche Anteilnahme und Beteiligung am Kampf gegen das Böse in der Welt ist eine der Möglichkeiten, durch die wir wachsen.

Die Evolution des Bewußtseins

Die Worte »bewußt« und »Bewußtsein« sind in diesem Buch immer wieder verwendet worden. Böse Menschen widersetzen sich dem Bewußtsein ihres eigenen Zustandes. Kennzeichen der spirituell Fortgeschrittenen ist ihr Bewußtsein der eigenen Trägheit. Die Menschen sind sich oft ihrer eigenen Religion oder Weltsicht nicht bewußt, und im Verlauf ihres religiösen Wachstums müssen sie sich ihrer eigenen Annahmen und Neigungen zu Verzerrungen bewußt werden. Durch das Ausklammern und die Aufmerksamkeit der Liebe werden wir uns geliebter Menschen und der Welt bewußter. Ein wesentlicher Teil der Disziplin ist die Entwicklung eines Bewußtseins für unsere Verantwortung und unsere Wahlmöglichkeiten. Die Fähigkeit zur Bewußtwerdung, die wir einem Teil des Geistes zuschreiben, bezeichnen wir als bewußt oder als Bewußtsein. Wir sind nun an dem Punkt angelangt, an dem wir spirituelles Wachstum als Wachstum oder Evolution des Bewußtseins definieren können.

Das englische Wort »conscious« (bewußt) ist abgeleitet von der lateinischen Vorsilbe *con,* die »mit« bedeutet, und dem Wort *scire,* das »wissen« heißt. Bewußt sein bedeutet »wissen mit«. Aber wie haben wir dieses »mit« zu verstehen? Wissen mit *was*? Wir haben über die Tatsache gesprochen, daß der unbewußte Teil unseres Geistes im Besitz außergewöhnlichen Wissens ist. Er weiß mehr als wir wissen, wobei »wir« als unser bewußtes Selbst definiert ist. Und wenn wir uns einer neuen Wahrheit bewußt werden, so deshalb, weil wir sie als wahr erkennen; wir erkennen etwas wieder, was wir die ganze Zeit wußten. Könnten wir daher nicht den Schluß ziehen, daß bewußt zu sein bedeutet, *mit* unserem Unbewußten zu wissen? Die Entwicklung des Bewußtseins ist die Entwicklung bewußten Wissens *gemeinsam mit* unserem Unbewußten, das dieses Wissen bereits besitzt. Es handelt sich um die Synchronisation von Bewußtsein und Unbewußtem. Psychotherapeuten dürfte diese Auffassung vertraut sein, da sie ihre Therapie häufig als Prozeß der »Bewußtmachung des Unbewußten« bezeichnen oder als Erweiterung des Bereichs des Bewußtseins im Verhältnis zum Bereich des Unbewußten.

Doch wir haben noch immer nicht erklärt, wieso das Unbewußte all das Wissen besitzt, das wir noch nicht bewußt erworben haben. Auch das ist eine so grundlegende Frage, daß wir darauf keine wissenschaftliche Antwort haben. Wieder können wir nur Hypothesen aufstellen. Und wieder kenne ich keine so befriedigende Hypothese wie die Postulierung eines Gottes, der eng mit uns verbunden ist – so eng, daß er ein Teil von uns ist. Der nächstgelegene Ort, an dem wir nach der Gnade suchen können – ist in uns selbst. Wer mehr als die eigene Weisheit erstrebt, kann sie in sich selbst finden. Das bedeutet, daß die Überschneidung zwischen Gott und Mensch zumindest teilweise in der Überschneidung zwischen unserem Bewußtsein und unserem Unbewußten liegt. Um es ganz schlicht auszudrücken: Unser Unbewußtes ist Gott. Gott ist in uns. Wir waren immer ein Teil Gottes. Gott war immer mit uns, ist jetzt mit uns und wird immer mit uns sein. – Wie ist das möglich?

Wer über die Auffassung entsetzt ist, unser Unbewußtes sei Gott, sollte daran denken, daß das gar kein so häretisches Konzept ist, sondern im wesentlichen dem christlichen Konzept des Heiligen Geistes gleicht, der in uns allen wohnt. Ich glaube, diese Beziehung zwischen Gott und uns wird verständlicher, wenn wir uns unser Unbewußtes als Rhizom oder unglaublich großes, verborgenes Wurzelsystem vorstellen, das die winzige Pflanze des Bewußtseins nährt, die daraus hervorsprießt. Diese Analogie verdanke ich C. G. Jung, der von sich sagt, er sei »von der unendlichen Gottheit abgespalten«, und fortfährt:

»Das Leben ist mir immer wie eine Pflanze vorgekommen, die

aus ihrem Rhizom lebt. Ihr eigentliches Leben ist nicht sichtbar, es steckt im Rhizom. Das, was über dem Boden sichtbar wird, hält nur einen Sommer. Dann verwelkt es – eine ephemere Erscheinung. Wenn man an das endlose Werden und Vergehen des Lebens und der Kulturen denkt, erhält man den Eindruck absoluter Nichtigkeit, aber ich habe nie das Gefühl verloren für etwas, das unter dem ewigen Wechsel lebt und dauert. Was man sieht, ist die Blüte, und die vergeht. Das Rhizom dauert.«[8]

Jung ging nie so weit, tatsächlich auszusagen, daß Gott im Unbewußten existiert, wenn auch seine Schriften eindeutig in diese Richtung weisen. Er teilte das Unbewußte ein in das oberflächlichere, individuelle »persönliche Unbewußte« und das tiefere »kollektive Unbewußte«, das den Menschen gemeinsam ist. Aus meiner Sicht ist das kollektive Unbewußte Gott; das Bewußtsein ist der Mensch als Individuum, und das persönliche Unbewußte ist die Überschneidung zwischen beiden. Als solche muß es zwangsläufig Schauplatz einigen Aufruhrs und etlicher Kämpfe zwischen dem Willen Gottes und dem Willen des Individuums sein. Weiter oben beschrieb ich das Unbewußte als wohltätiges und liebevolles Reich, und dafür halte ich es auch. Träume enthalten zwar Botschaften von liebender Weisheit, enthalten jedoch auch viele Zeichen von Konflikt. Sie können angenehm sein und das Selbst erneuern, doch sie können auch wüste, erschreckende Alpträume sein. Die meisten Psychotherapeuten siedeln psychische Krankheiten im Unbewußten an, als sei das Unbewußte der Sitz der Psychopathologie und manifestierten sich in ihm Symptome unterirdischer Dämonen, die an die Oberfläche kommen, um das Individuum zu quälen. Ich vertrete, wie bereits gesagt, eine entgegengesetzte Ansicht: Ich glaube, daß das Bewußtsein der Sitz der Psychopathologie ist und daß geistig-seelische Defekte Störungen des Bewußtseins sind. Weil unser bewußtes Selbst sich unserem Unbewußten widersetzt, werden wir krank. Eben weil unser Bewußtsein gestört ist, treten Konflikte zwischen ihm und dem Unbewußten auf, das das Bewußtsein heilen will. Mit anderen Worten: Geistig-seelische Krankheit tritt dann auf, wenn der bewußte Wille des Individuums erheblich vom Willen Gottes abweicht, nämlich dem eigenen unbewußten Willen des Individuums.

Ich habe gesagt, das letzte Ziel spirituellen Wachstums sei, daß das Individuum eins werde mit Gott. Daß es Gott erkenne. Da das Unbewußte in seiner Ganzheit Gott ist, können wir das Ziel spirituellen Wachstums auch definieren als das Erreichen der Gottheit durch das bewußte Selbst. Das Individuum soll voll und ganz Gott werden. Bedeutet das, daß das Ziel in der Verschmelzung von Bewußtsein und Unbewußtem liegt, so daß alles Unbewußtes wird? Kaum. Der entscheidende Punkt ist vielmehr, Gott zu werden, aber das Bewußtsein zu bewahren. Wenn die Blüte des Bewußtseins, die aus dem Rhizom des unbewußten Gottes wächst, selbst Gott wird, dann hat Gott eine neue Lebensform angenommen. Das ist die Bedeutung unserer individuellen Existenz. Wir werden geboren, damit wir als bewußtes Individuum eine neue Lebensform Gottes werden.

Das Bewußtsein ist der ausführende Teil unseres gesamten Seins. Das Bewußtsein trifft Entscheidungen und setzt sie in Handlung um. Würden wir ganz Unbewußtes, so wären wir in der Tat wie der neugeborene Säugling, eins mit Gott, aber unfähig zu irgendeiner Handlung, die die Gegenwart Gottes in der Welt fühlbar machen könnte. Wie ich schon erwähnte, ist etwas Regressives an den mystischen Vorstellungen eines Teils der hinduistischen oder buddhistischen Theologie, in der der Zustand des Säuglings ohne Ichgrenzen mit dem Nirvana verglichen wird und in dem das Ziel, in das Nirvana einzugehen, dem Ziel ähnlich scheint, in den Mutterschoß zurückzukehren. Das hier vorgetragene theologische Ziel und das der meisten Mystiker ist genau das Gegenteil. Es besteht nicht darin, ein ichloser, unbewußter Säugling zu werden, sondern vielmehr darin, ein reifes, unbewußtes Ich zu entwickeln, das dann zum Ich Gottes werden kann. Wenn wir als Erwachsene, die auf zwei Beinen herumgehen und fähig sind, unabhängige Entscheidungen zu treffen, die die Welt beeinflussen, unseren reifen, freien Willen mit dem Willen Gottes identifizieren können, dann hat Gott durch unser bewußtes Ich eine neue und wirksame Lebensform angenommen. Wir sind sozusagen Gottes Agent, Gottes rechte Hand geworden und daher ein Teil von Ihm. Und soweit wir dann durch unsere bewußten Entscheidungen fähig sind, die Welt nach seinem Willen zu beeinflussen, wird unser Leben selbst zu einem Vermittler der Gnade Gottes. Wir selbst sind dann eine Form der Gnade Gottes geworden, arbeiten in Seinem Namen unter den Menschen, schaffen Liebe, wo vorher keine Liebe war, ziehen unsere Mitgeschöpfe hinauf auf unsere eigene Bewußtseinsebene und treiben die menschliche Evolution voran.

Die Natur der Macht

Wir sind nun an den Punkt gekommen, an dem wir die Natur der Macht verstehen können. Hierüber gibt es viele Mißverständnisse. Ein Grund dafür ist, daß es zwei Arten von Macht gibt – politische und spirituelle. Die religiöse Mythologie legt Wert darauf, daß zwischen beiden unterschieden wird. Vor der Geburt des Buddha zum Beispiel sagten die Wahrsager seinem Vater, er werde zum mächtigsten König im Land heranwachsen oder aber zu einem armen Mann und zum größten spirituellen Führer, den die Welt je gekannt habe. Das eine oder das andere, aber nicht beides. Und Satan bot Christus alle Königreiche der Welt mit ihrer Glorie an, doch Christus zog es vor, scheinbar ohnmächtig am Kreuz zu sterben.

Politische Macht ist die Fähigkeit, andere offen oder verdeckt dazu zu zwingen, dem Willen der Mächtigen zu gehorchen. Diese Macht beruht auf einer Stellung wie der eines Königs oder Präsidenten, oder auf Geld. Sie beruht nicht auf der Person, die die Stellung innehat oder das Geld besitzt. Folglich ist politische Macht nicht verbunden mit Güte oder Weisheit. Sehr dumme und sehr böse Menschen haben als Könige auf dieser Erde geherrscht. Spirituelle Macht jedoch wohnt ganz im Individuum und hat nichts zu tun mit der Fähigkeit, andere zu etwas zu zwingen. Menschen von großer spiritueller Macht mögen reich sein und mögen gelegentlich politisch führende Stellungen einnehmen, aber mit ebenso großer Wahrscheinlichkeit können sie arm sein und keinerlei politische Autorität haben. Was also ist die Fähigkeit spiritueller Macht, wenn es nicht die Fähigkeit zum Zwang ist? Es ist die Fähigkeit, Entscheidungen mit einem Maximum an Bewußtsein zu treffen. Es ist Bewußtsein.

Die meisten Menschen treffen die meiste Zeit Entscheidungen mit sehr wenig Bewußtsein dessen, was sie da tun. Sie handeln mit geringem Verständnis für ihre eigene Motivation und ohne die Folgewirkungen ihrer Entscheidungen zu erkennen. Wissen wir wirklich, was wir tun, wenn wir einen potentiellen Klienten annehmen oder abweisen? Wenn wir ein Kind schlagen, einen Untergebenen befördern, mit einer Bekannten flirten? Jeder, der längere Zeit politisch gearbeitet hat, weiß, daß Handlungen, die in der besten Absicht unternommen wurden, sich oft am Ende als schädlich erweisen; oder daß Menschen mit skurrilen Motiven eine scheinbar schlechte Sache fördern, die sich letztendlich als konstruktiv erweist. So geht es auch auf dem Gebiet der Kindererziehung. Ist es besser, das Richtige aus falschen Gründen zu tun oder das Falsche aus den richtigen Gründen? Meist tappen wir im dunkeln, wenn wir uns am sichersten fühlen, und sind am meisten erleuchtet, wenn wir am verwirrtesten sind.

Was sollen wir tun, schwimmend in einem Meer von Unwissenheit? Einige sind nihilistisch und sagen: »Nichts.« Sie schlagen vor, wir sollten uns einfach weiter treibenlassen, als könne in einem so riesigen Ozean ja doch kein Kurs gefunden werden, der uns zu wirklicher Klarheit oder einem sinnvollen Ziel brächte. Andere jedoch, bewußt genug, um zu wissen, wie verloren sie sind, wagen zu hoffen, sie könnten sich selbst aus der Unwissenheit herausarbeiten, indem sie immer größeres Bewußtsein entwickeln. Sie haben recht. Es ist möglich. Doch dieses größere Bewußtsein erreicht man nicht durch einen einmaligen, blendenden Blitz der Erleuchtung. Es kommt langsam, Stück für Stück, und jedes Stück muß erarbeitet werden durch das geduldige Bemühen, alle Dinge zu studieren und zu beobachten, einschließlich der eigenen Person. Solche Menschen sind bescheidene Schüler. Der Weg spirituellen Wachstums ist ein Weg lebenslangen Lernens.

Wenn dieser Weg lange und ernsthaft genug verfolgt wird, dann beginnen die Bruchstücke des Wissens sich zu einem Bild zu vereinen. Allmählich bekommen die Dinge einen Sinn. Es gibt Sackgassen, Enttäuschungen und Auffassungen, die man nur gewinnt, um sie wieder abzulegen. Doch nach und nach wird es uns möglich, zu einem immer tieferen Verständnis unserer Existenz zu gelangen. Und nach und nach können wir den Ort erreichen, an dem wir tatsächlich wissen, was wir tun. Wir können Macht erlangen.

Die Erfahrung spiritueller Macht ist im Grunde freudvoll. Es gibt eine Freude, die mit der Meisterschaft kommt. Tatsächlich gibt es keine größere Befriedigung als die, ein Experte zu sein, wirklich zu wissen, was wir tun. Diejenigen, die spirituell am meisten gewachsen sind, sind Experten für das Leben. Und da ist noch eine andere, noch größere Freude. Es ist die Freude der Kommunion mit Gott. Denn wenn wir wirklich wissen, was wir tun, haben wir teil an der Allwissenheit Gottes. Mit absolutem Bewußtsein von der Natur einer Situation, unserer Motive für unser Handeln darin und der Folgewirkungen und Verzweigungen unseres Handelns haben wir die Ebene des Bewußtseins erreicht, die wir normalerweise nur bei Gott erwarten. Unserem bewußten Selbst ist es gelungen, sich nach dem Geist Gottes auszurichten. Wir wissen mit Gott.

Doch jene, die dieses Stadium spirituellen Wachstums erreicht haben, diesen Zustand großen Bewußtseins, sind stets von freudiger Bescheidenheit. Denn sie sind sich gerade dessen bewußt, daß ihre ungewöhnliche Weisheit ihren Ursprung in ihrem Unbewußten hat. Sie sind sich ihrer Verbindung zu dem Rhizom bewußt und auch der Tatsache, daß ihre Weisheit ihnen durch diese Verbindung mit dem Rhizom zufließt. Ihre Bemühungen zu lernen sind nur Bemühungen, die Verbindung zu öffnen, und sie wissen, daß das Rhizom, ihr Unbewußtes, nicht ihnen allein gehört, sondern der ganzen Menschheit, allem Leben, Gott. Wenn sie nach der Quelle ihres Wissens und ihrer Macht gefragt werden, antworten die wirklich Mächtigen stets: »Das ist nicht meine Macht. Das bißchen Macht, das ich habe, ist nur eine winzige Äußerung einer viel größeren Macht. Das bißchen Macht, das ich habe, ist nur ein Kanal. Die Macht gehört nicht wirklich mir.« Ich sagte, diese Bescheidenheit sei freudig. Das liegt daran, daß die wirklich Mächtigen durch das Bewußtsein ihrer Verbundenheit mit Gott eine Verringerung ihres Gefühls für das eigene Selbst erleben. »Dein Wille, nicht meiner, geschehe. Mache mich zu deinem Instrument.« Das ist ihr einziger Wunsch. Ein solcher

Verlust des Selbst bringt immer eine Art ruhiger Ekstase mit sich, nicht unähnlich der Erfahrung des Verliebtseins. Im Bewußtsein ihrer engen Verbindung mit Gott erleben diese Menschen eine Aufhebung der Einsamkeit, eine Kommunion.

So freudvoll sie ist, die Erfahrung spiritueller Macht ist auch erschreckend. Denn je größer das Bewußtsein, desto schwieriger ist es, zum Handeln zu gelangen. Ich erwähnte diese Tatsache am Ende des ersten Teils, als ich die Analogie von den beiden Generälen anführte, die darüber entscheiden mußten, ob eine Division in die Schlacht geschickt wurde oder nicht. Derjenige, der seine Division nur als Teil einer Strategie sieht, mag nach seiner Entscheidung ruhig schlafen. Der andere jedoch, der sich der Menschenleben bewußt ist, über die er zu befehlen hat, wird mit seiner Entscheidung schwer zu ringen haben. Wir alle sind Generäle. Was auch immer wir tun, wir können den Verlauf der Zivilisation beeinflussen. Die Entscheidung, ob ein einziges Kind gelobt oder bestraft werden soll, kann ungeheure Folgen haben. Es ist leicht, mit der Kenntnis nur weniger Daten oder Gegebenheiten zu handeln und die Dinge ihren Lauf nehmen zu lassen. Je größer aber unser Bewußtsein ist, desto mehr Daten oder Informationen müssen wir in uns aufnehmen und in unseren Entscheidungsprozeß einbeziehen. Je mehr wir wissen, desto komplexer werden die Entscheidungen. Doch je mehr wir wissen, desto eher wird es auch möglich vorauszusagen, wie die Dinge verlaufen werden. Wenn wir die Verantwortung auf uns nehmen, die Folge jeder Entscheidung genau vorherzusagen, dann fühlen wir uns wahrscheinlich von der Kompliziertheit der Aufgabe so überwältigt, daß wir in Untätigkeit versinken. Doch auch Untätigkeit ist eine Form von Handeln; unter bestimmten Umständen kann Untätigkeit das Beste sein, doch unter anderen Umständen kann sie verhängnisvoll und zerstörerisch sein. Spirituelle Macht ist also nicht einfach Bewußtsein; sie ist auch die Fähigkeit, mit immer größerem Bewußtsein noch immer Entscheidungen treffen zu können. Und gottähnliche Macht ist die Macht, Entscheidungen mit totalem Bewußtsein zu treffen. Im Gegensatz zur landläufigen Meinung macht Allwissenheit Entscheidungen nicht etwa leichter, sondern immer schwerer. Je näher man der Gottheit kommt, desto mehr fühlt man mit Gott. An

Gottes Allwissenheit teilzuhaben heißt auch, an seiner Qual teilzuhaben.

Die Macht umfaßt noch ein anderes Problem: Alleinsein.[9] Hier findet sich zumindest in einer Dimension eine Ähnlichkeit zwischen spiritueller und politischer Macht. Jemand, der sich dem Gipfel spiritueller Evolution nähert, ist wie jemand auf dem Gipfel politischer Macht. Es gibt niemanden über ihm, an den er die Sache weitergeben kann; niemanden, dem er die Schuld geben kann; niemanden, der ihm sagt, wie er handeln sollte. Vielleicht gibt es nicht einmal jemanden auf der gleichen Ebene, mit dem er seine Qual oder seine Verantwortung teilen kann. Andere mögen Ratschläge geben, aber er allein muß entscheiden. Er allein ist verantwortlich. In einer anderen Dimension ist das Alleinsein bei großer spiritueller Macht noch viel größer als bei politischer Macht. Da die Bewußtseinsebene der politisch Mächtigen selten so hoch ist wie ihre Stellung, gibt es fast immer spirituell Gleichstehende, mit denen sie kommunizieren können. Präsidenten und Könige haben also fast immer ihre Freunde und Bekannten. Wer sich dagegen zu den höchsten Ebenen des Bewußtseins und spiritueller Macht entwickelt hat, wird in seinem Bekanntenkreis kaum jemanden finden, der die Tiefe seines Verständnisses mit ihm teilen kann. Eines der schmerzlichsten Themen des Evangeliums ist die ständige Frustration Christi darüber, daß er niemanden fand, der ihn verstehen konnte. Wie sehr er es auch versuchte, wie sehr er sich auch ausdehnte, er konnte nicht einmal den Geist seiner eigenen Schüler auf seine Ebene erheben. Die Weisesten folgten ihm, konnten ihn jedoch nicht einholen, und all seine Liebe konnte ihn nicht von der Notwendigkeit erlösen, durch Vorangehen in äußerstem Alleinsein zu führen. Diese Art des Alleinseins wird von allen »geteilt«, die bei der Reise spirituellen Wachstums am weitesten gekommen sind. Es ist solch eine Bürde, daß es einfach unerträglich wäre, wenn nicht im gleichen Verhältnis wie unser Abstand zu unseren Mitmenschen unsere Nähe zu Gott wachsen würde. In der Kommunion des wachsenden Bewußtseins, des Wissens mit Gott, liegt genug Freude, um uns zu stützen.

Gnade und geistig-seelische Krankheit: der Mythos des Orest

Über die Natur von seelischer Gesundheit und Krankheit sind eine Reihe scheinbar unvereinbarer Aussagen gemacht worden: »Neurose ist immer ein Ersatz für legitimes Leiden«; »Seelische Gesundheit ist Bindung an die Wahrheit um jeden Preis«; »Geistig-seelische Krankheit tritt auf, wenn der bewußte Wille des Individuums erheblich vom Willen Gottes abweicht, der sein eigener unbewußter Wille ist.« Wir wollen nun das Thema geistig-seelischer Krankheit näher untersuchen und diese Elemente zu einem zusammenhängenden Ganzen verbinden.

Wir leben unser Leben in einer realen Welt. Um es gut zu leben, ist es notwendig, daß wir die Realität der Welt nach besten Kräften verstehen lernen. Solches Verständnis ist jedoch nicht leicht zu erreichen. Viele Aspekte der Realität der Welt und unserer Beziehung zur Welt sind für uns schmerzlich. Wir können sie nur durch Anstrengung und Leiden verstehen. Wir alle versuchen mehr oder weniger, dieser Anstrengung und diesem Leiden auszuweichen. Wir ignorieren schmerzhafte Aspekte der Realität, indem wir gewisse unangenehme Tatsachen aus unserem Bewußtsein drängen. Mit anderen Worten, wir versuchen, unser Bewußtsein, unsere Bewußtheit, gegen die Realität zu verteidigen. Wir tun dies mit den verschiedensten Mitteln, welche die Psychiater als Abwehrmechanismen bezeichnen. Wir alle benutzen solche Abwehrmechanismen und beschränken dadurch unser Bewußtsein. Falls wir in unserer Tätigkeit und Leidensangst unser Bewußtsein massiv verteidigen, kann es so weit kommen, daß unser Weltverständnis wenig oder keinen Bezug mehr zur Realität hat. Weil unsere Handlungen auf unserem Verständnis beruhen, wird dann auch unser Verhalten unrealistisch. Wenn das ausgeprägt genug geschieht, haben wir »die Berührung mit der Wirklichkeit« verloren, und unsere Mitmenschen halten uns für geistig oder seelisch krank, auch wenn wir selbst wahrscheinlich von unserer Gesundheit überzeugt sind.[10] Doch schon lange bevor die Situation so extrem geworden ist, daß unsere Mitmenschen uns auf unsere Krankheit aufmerksam machen, weist uns unser Unbewußtes auf unsere zunehmende

Fehlanpassung hin. Es tut dies mit den verschiedensten Mitteln: schlechte Träume, Angstanfälle, Depressionen und andere Symptome. Obwohl unser Bewußtsein die Realität verleugnet, kennt unser Unbewußtes, das allwissend ist, die wahre Lage und versucht, uns durch Symptombildung herauszuhelfen und unserem Bewußtsein zu vermitteln, daß etwas nicht stimmt. Mit anderen Worten, die schmerzhaften und unerwünschten Symptome geistig-seelischer Krankheit sind Manifestationen der Gnade. Sie sind die Produkte einer »mächtigen Kraft, die ihren Ursprung außerhalb unseres Bewußtseins hat und die unser spirituelles Wachstum fördert«.

Bei der kurzen Erwähnung der Depression gegen Ende des ersten Teils über Disziplin habe ich bereits darauf hingewiesen, daß depressive Symptome für das leidende Individuum ein Zeichen dafür sind, daß etwas nicht stimmt und größere Anpassungen vorgenommen werden müssen. Viele der Fallgeschichten, mit denen ich andere Prinzipien anschaulich machte, können auch illustrieren, daß die unangenehmen Symptome einer seelischen Erkrankung dazu dienen, den Menschen zu zeigen, daß sie den falschen Weg eingeschlagen haben, daß ihr Geist nicht wächst und daß sie in ernster Gefahr sind. Ich möchte hier jedoch kurz noch einen weiteren Fall schildern, um speziell die Rolle der Symptome deutlich zu machen.

Betsy war eine zweiundzwanzigjährige Frau, hübsch und intelligent, doch mit etwas zimperlichem, fast altjüngferlichem Gehabe. Sie kam wegen schwerer Angstanfälle zu mir. Sie war das einzige Kind katholischer Eltern aus der Arbeiterklasse, die sich eingeschränkt und gespart hatten, um ihre Tochter auf ein College zu schicken. Nach einem Jahr jedoch beschloß Betsy trotz guter akademischer Leistungen, das College zu verlassen und den Jungen von nebenan zu heiraten, einen Mechaniker. Sie nahm eine Stellung in einem Supermarkt an. Zwei Jahre lang ging alles gut. Doch dann, ganz plötzlich, kamen die Angstanfälle. Aus heiterem Himmel. Sie waren völlig unvorhersehbar bis auf die Tatsache, daß sie sich immer dann einstellten, wenn Betsy ohne ihren Mann irgendwo außerhalb ihrer Wohnung war. Sie konnten sie beim Einkaufen überfallen, bei ihrer Arbeit im Supermarkt oder einfach, wenn sie über die Straße ging. Die Intensität der Panik, die sie in diesen Augenblicken verspürte, war überwältigend. Sie mußte alles aufgeben, was sie gerade tat, und buchstäblich zu ihrer Wohnung oder in die Garage laufen, in der ihr Mann arbeitete. Nur wenn sie bei ihm oder zu Hause war, verging die Panik. Wegen der Anfälle mußte sie ihre Stellung aufgeben.

Als die Beruhigungsmittel, die ihr der Hausarzt verschrieben hatte, nichts an der Intensität ihrer Angstanfälle änderten, kam Betsy zu mir. »Ich weiß nicht, was mit mir los ist«, jammerte sie. »Alles in meinem Leben ist wunderbar. Mein Mann ist gut zu mir. Wir lieben einander sehr. Ich hatte Spaß an meiner Arbeit. Und jetzt ist alles schrecklich. Ich weiß nicht, warum mir so etwas passiert. Vielleicht werde ich verrückt. Bitte, helfen Sie mir. Helfen Sie mir, damit alles wieder so schön wird, wie es früher war.« Doch natürlich entdeckte Betsy im Lauf unserer gemeinsamen Arbeit, daß die Dinge früher so »schön« gar nicht waren. Zuerst stellte sich langsam und schmerzhaft heraus, daß ihr Mann zwar gut zu ihr war, daß sie aber vieles an ihm störte. Seine Manieren waren ungehobelt. Seine Interessen waren beschränkt. Das einzige, was er zu seiner Unterhaltung brauchte, war fernsehen. Er langweilte sie. Dann begann sie zu erkennen, daß ihre Arbeit als Kassiererin im Supermarkt sie ebenfalls langweilte. Wir versuchten also herauszufinden, warum sie für eine so wenig anregende Existenz das College aufgegeben hatte. »Nun, ich fühlte mich dort immer unwohler«, gab sie zu. »Die anderen beschäftigten sich viel mit Drogen und Sex. Mir lag das nicht. Sie stellten mich in Frage, nicht nur die Jungen, die mit mir schlafen wollten, sondern sogar meine Freundinnen. Sie hielten mich für naiv. Ich merkte, daß ich sogar anfing, mich selbst in Frage zu stellen, die Kirche in Frage zu stellen und sogar einige der Werte meiner Eltern. Vermutlich bekam ich Angst.« In der Therapie begann Betsy nun damit, die Flucht in Frage zu stellen, die das Verlassen des College gewesen war. Schließlich kehrte sie zum College zurück. Zum Glück erwies sich in diesem Falle der Ehemann als bereit, mit ihr zu wachsen, und besuchte seinerseits ebenfalls das College. Beider Horizont erweiterte sich rasch. Und natürlich hörten die Angstanfälle auf.

Man kann diesen ziemlich typischen Fall auf verschiedene Arten betrachten. Betsys Angstanfälle waren eindeutig eine Form von Agoraphobie (wörtlich: Angst vor dem Marktplatz – also gewöhnlich eine Angst vor freien Plätzen) und stellten für sie eine Angst vor Freiheit dar. Sie hatte diese Anfälle, wenn sie draußen war, ungehindert von ihrem Mann, frei, umherzugehen und zu anderen Menschen in Beziehung zu treten. Angst vor der Freiheit war die Essenz ihrer seelischen Erkrankung. Einige würden sagen, die Angstanfälle, die ihre Angst vor der Freiheit manifestierten, seien ihre Krankheit. Ich habe es jedoch nützlicher und aufschlußreicher gefunden, die Dinge anders zu betrachten. Denn Betsys Angst vor der Freiheit hatte schon lange vor ihren Angstanfällen bestanden. Wegen dieser Angst hatte sie das College verlassen und angefangen, ihre Entwicklung einzuschränken. Meiner Meinung nach war Betsy schon damals, drei Jahre vor dem Beginn ihrer Anfälle, krank. Doch sie war sich ihrer Krankheit nicht bewußt oder des Schadens, den sie sich durch ihre Selbsteinschränkung zufügte. Es waren ihre Symptome, diese Angstanfälle, die sie nicht gewünscht und gewollt hatte, die sie »aus heiterem Himmel überfallen« hatten, die ihr schließlich ihre Krankheit bewußt machten und sie zwangen, den Weg zur Selbstkorrektur und zum Wachstum einzuschlagen. Ich glaube, daß dieses Muster auf die meisten geistig-seelischen Erkrankungen zutrifft. Die Symptome und die Krankheit sind nicht das gleiche. Die Krankheit besteht schon lange vor den Symptomen. Die Symptome sind nicht die Krankheit, sondern der Beginn ihrer Heilung. Die Tatsache, daß sie unerwünscht sind, macht sie um so mehr zu einem Phänomen der Gnade – einer Gabe Gottes, einer Botschaft des Unbewußten, um eine Selbstprüfung und Wiederherstellung einzuleiten.

Wie es bei der Gnade häufig der Fall ist, weisen die meisten Menschen diese Gabe zurück und nehmen die Botschaft nicht an. Sie tun dies auf die verschiedensten Arten, doch alle stellen Versuche dar, der Verantwortung für die eigene Krankheit auszuweichen. Sie versuchen, die Symptome zu ignorieren, indem sie behaupten, es seien keine echten Symptome, jeder habe ja »von Zeit zu Zeit diese kleinen Anfälle«. Sie versuchen, ihnen zu entgehen, indem sie die Stellung wechseln, nicht mehr Auto fahren, in eine andere Stadt ziehen, gewisse Aktivitäten meiden. Sie versuchen, sich von den Symptomen durch Schmerzmittel zu befreien, durch kleine Pillen, die ihnen der Doktor verschreibt, oder sie betäuben sich mit Alkohol und Drogen. Selbst wenn sie die Tatsache akzeptieren, daß sie Symptome haben, machen sie oft auf subtile Art die Umwelt dafür verantwortlich – lieblose Angehörige, falsche Freunde, geldgierige Firmen, eine kranke Gesellschaft oder sogar das Schicksal. Nur die wenigen Menschen, die die Verantwortung für ihre Symptome akzeptieren, die erkennen, daß ihre Symptome Ausdruck einer Störung in ihrer eigenen Seele sind, nehmen die Botschaft ihres Unbewußten an und akzeptieren die Gnade. Sie akzeptieren ihre eigene Unzulänglichkeit und den Schmerz der Arbeit, der notwendig ist, um sich zu heilen. Dafür aber werden sie, wie Betsy und alle anderen, die bereit sind, sich dem Schmerz einer Psychotherapie zu stellen, reich belohnt. Von ihnen nämlich sprach Christus, als er sagte: »Selig die Armen im Geiste, denn ihrer ist das Himmelreich.«

Was ich hier über die Beziehung zwischen Gnade und seelischer Krankheit sage, ist wunderbar verkörpert in dem großen griechischen Mythos von Orest und den Furien.[11] Orest war ein Enkel des Atreus, eines Mannes, der lästerlicherweise versucht hatte, sich als mächtiger zu erweisen als die Götter. Für dieses Verbrechen bestraften die Götter Atreus, indem sie alle seine Nachkommen mit einem Fluch belegten. Eine der Folgen dieses Fluches, der auf dem Haus des Atreus lag, bestand darin, daß Klytemnästra ihren Gatten und Orests Vater, Agamemnon, ermordete. Dieses Verbrechen wiederum brachte den Fluch über Orests Haupt, weil nach griechischen Moralvorstellungen der Sohn die unbedingte Pflicht hatte, den Mörder seines Vaters zu töten. Doch gleichzeitig war die größte Sünde, die ein Grieche begehen konnte, der Muttermord. Der von diesem Zwiespalt gequälte Orest tötete schließlich seine Mutter. Für diese Sünde bestraften die Götter ihn, indem sie ihm die Furien sandten, drei schreckliche Harpyen, die ihn Tag und Nacht mit ihrer schrecklichen Erscheinung und ihrer bösartigen Kritik peinigten.

Überall von den Furien verfolgt, zog Orest durch das Land und suchte sein Verbrechen zu sühnen. Nach vielen Jahren einsamen Nachdenkens und Büßens bat Orest die Götter, ihn von

dem Fluch auf dem Haus des Atreus und der Heimsuchu
durch die Furien zu befreien, da er glaubte, den Mord an seiner Mutter gesühnt zu haben. Die Götter hielten Gericht. Apollo, der Orest verteidigte, sagte, er habe die Situation geschaffen, in der Orest keine andere Wahl hatte, als seine Mutter zu töten, und daher könne Orest nicht verantwortlich gemacht werden. An diesem Punkt sprang Orest auf und widersprach seinem eigenen Verteidiger, indem er ausrief: »Ich war es, nicht Apollo, der meine Mutter ermordet hat.« Die Götter waren erstaunt. Nie zuvor hatte ein Mitglied des Hauses des Atreus so absolut die Verantwortung für sich selbst übernommen und nicht die Götter beschuldigt. Schließlich fällten die Götter das Urteil zugunsten des Orest und befreiten ihn nicht nur von dem Fluch, der auf dem Haus des Atreus lag, sondern verwandelten auch die Furien in die Eumeniden, liebevolle Geister, die durch ihren weisen Rat zu Orests dauerndem Wohlergehen beitrugen.

Die Bedeutung dieses Mythos ist klar. Die Eumeniden, die »Wohlwollenden«, werden auch als »Träger der Gnade« bezeichnet. Die halluzinatorischen Furien, die nur von Orest wahrgenommen werden konnten, repräsentieren seine Symptome, die private Hölle seelischer Krankheit. Die Verwandlung der Furien in die Eumeniden ist die Verwandlung von seelischer Krankheit in Wohlergehen. Diese Verwandlung kam dadurch zustande, daß Orest bereit war, Verantwortung für seine seelische Krankheit zu übernehmen. Er versuchte zwar schließlich, von den Furien befreit zu werden, doch er sah sie nicht als ungerechte Bestrafung an, genausowenig wie er sich selbst als Opfer der Gesellschaft oder dergleichen wahrnahm. Als unvermeidliche Folge des ursprünglichen Fluches auf dem Haus des Atreus symbolisieren die Furien auch die Tatsache, daß seelische Krankheit eine Familienangelegenheit ist, in uns geschaffen von unseren Eltern und Großeltern als die Sünde der Väter, die über die Kinder kommt. Doch Orest gab nicht seiner Familie – seinen Eltern oder seinem Großvater – die Schuld, was er leicht hätte tun können. Er klagte auch nicht die Götter oder das »Schicksal« an. Statt dessen akzeptierte er seinen Zustand als selbstauferlegt und nahm die Mühe auf sich, ihn zu heilen. Es war ein langer Prozeß, wie auch die meisten Therapien ziemlich lange dauern. Doch die

, daß er geheilt wurde, und durch diesen selbsterarbei-lungsprozeß wurde gerade das, was ihn einst gequält r Quelle seiner Weisheit.

:fahrenen Psychotherapeuten haben das Schema dieses Mythos schon in ihrer eignen Praxis erlebt und sind Zeuge geworden, wie sich in Geist und Leben ihrer erfolgreichen Patienten die Furien in die Eumeniden verwandelt haben. Diese Verwandlung ist nicht leicht. Sobald sie erkennen, daß sie vom Prozeß der Psychotherapie schließlich gezwungen werden, die volle Verantwortung für ihren Zustand und seine Heilung zu übernehmen, brechen die meisten Patienten die Therapie ab, so begierig sie auch vorher danach zu sein schienen. Lieber bleiben sie krank und geben den Göttern die Schuld, als daß sie gesund werden und nie wieder anderen die Schuld geben können. Von der Minderheit derer, die in der Therapie bleiben, müssen die meisten erst lernen, als Teil ihrer Heilung die volle Verantwortung für sich selbst zu übernehmen. Dieses Lernen – »Training« wäre ein passender Ausdruck – ist eine mühsame Angelegenheit, wenn der Therapeut den Patienten methodisch wieder und wieder mit seinem Ausweichen vor der Verantwortung konfrontiert. Sitzung für Sitzung, Monat für Monat, oft sogar Jahr für Jahr. Häufig wehrt sich der Patient wie ein trotziges Kind auf dem ganzen Weg bis zur Anerkennung seiner vollen Verantwortung für sich selbst. Schließlich jedoch kommt er an. Nur selten beginnt ein Patient die Therapie mit der Bereitschaft, von Anfang an die volle Verantwortung zu übernehmen. In solchen Fällen ist die Therapie, die vielleicht ein oder zwei Jahre dauern mag, relativ kurz, relativ reibungslos und häufig ein sehr angenehmer Prozeß sowohl für den Patienten als auch für den Therapeuten. Auf jeden Fall, ob relativ leicht oder schwierig und langwierig, die Verwandlung der Furien in die Eumeniden findet statt.

Diejenigen, die sich ihrer seelischen Krankheit gestellt haben, die die volle Verantwortung dafür übernommen und in sich selbst die notwendigen Veränderungen zu ihrer Überwindung vorgenommen haben, sind nicht nur geheilt und frei von den Flüchen ihrer Kindheit und ihrer Vorfahren, sondern stellen auch fest, daß sie in einer neuen und anderen Welt leben. Was sie früher als Problem wahrnahmen, nehmen sie jetzt als Chancen wahr. Was früher hinderliche Barrieren waren, sind jetzt willkommene Herausforderungen. Früher unerwünschte Gedanken werden zu hilfreichen Einsichten; früher verleugnete Gefühle werden zu Quellen von Energie und Führung. Dinge, die früher als Last erschienen, wirken jetzt als gute Gaben, einschließlich der Symptome, die geheilt sind. »Meine Depressionen und meine Angstanfälle waren das Beste, was mir je passiert ist«, sagen solche Patienten regelmäßig am Ende einer erfolgreichen Therapie. Selbst wenn sie die Therapie ohne Glauben an Gott verlassen, gehen solche Patienten doch im allgemeinen mit einem sehr realen Gefühl fort, von der Gnade berührt worden zu sein.

Widerstand gegen die Gnade

Orest ging nicht zu einem Psychotherapeuten; er heilte sich selbst. Und selbst wenn es im alten Griechenland erfahrene Psychotherapeuten gegeben hätte, hätte er sich dennoch selbst heilen müssen. Die Psychotherapie ist, wie schon erwähnt, nur ein Werkzeug – eine Disziplin. Am Patienten liegt es, das Werkzeug zu erwählen oder abzulehnen, und ist die Wahl einmal getroffen, so ist es wieder der Patient, der bestimmt, wie weit und zu welchem Zweck dieses Werkzeug benutzt wird. Es gibt Menschen, die alle möglichen Hindernisse überwinden – beispielsweise finanzielle Schwierigkeiten, frühere schlechte Erfahrungen mit Psychiatern oder Psychotherapeuten, ablehnende Angehörige, kalte und abweisende Kliniken –, um eine Therapie zu erhalten und sie voll zu nutzen. Andere jedoch weisen die Therapie zurück, auch wenn sie ihnen auf einem Silbertablett serviert wird, oder aber, wenn sie sich auf eine therapeutische Beziehung einlassen, sitzen da wie ein tauber Klotz und nutzen sie so gut wie gar nicht, ganz gleich, wie geschickt, bemüht und liebevoll der Therapeut auch sein mag. Beim Abschluß eines erfolgreichen Falles würde ich gern glauben, ich hätte den Patienten geheilt, doch ich weiß, daß ich in Wirklichkeit nicht mehr als ein Katalysator war – und dazu noch Glück hatte, da die Menschen sich letztlich mit oder ohne das Werkzeug der Psychotherapie selbst heilen. Warum aber tun das nur so wenige, und so viele tun es nicht? Der Weg spirituellen Wachstums, wenn auch schwierig, steht doch allen offen – warum schlagen nur so wenige ihn ein?

Diese Frage sprach Christus an, als er sagte: »Viele sind berufen, aber wenige sind auserwählt.« Doch warum sind nur wenige auserwählt, und was unterscheidet sie von den vielen? Die Antwort, die die meisten Psychotherapeuten darauf geben, basiert auf dem Begriff unterschiedlicher Schwere der Psychopathologie. Mit anderen Worten, sie glauben, daß zwar die meisten Menschen krank sind, einige aber kränker als die anderen, und je kränker sie sind, desto schwerer sind sie zu heilen. Außerdem ist die Schwere der psychischen Erkrankung direkt davon abhängig, wie schwer und wie früh die Versagungen waren, die dem Patienten in seiner Kindheit von den Eltern auferlegt wurden. Insbesondere bei psychotischen Personen geht man davon aus, daß sie in den ersten neun Lebensmonaten von ihren Eltern außerordentlich schlecht umsorgt wurden; die daraus folgende Krankheit kann durch diese oder jene Behandlung gebessert werden, ist aber fast unmöglich zu heilen. Bei Individuen mit Charakterstörungen nimmt man an, daß sie als Säuglinge angemessen versorgt worden sind, nicht aber in der Zeitspanne zwischen etwa dem neunten Monat und dem zweiten Lebensjahr, was zur Folge hat, daß sie zwar weniger krank sind als Psychotiker, aber denoch recht krank und schwer zu heilen. Individuen mit Neurosen hatten zwar in der sehr frühen Kindheit gute Eltern, wurden aber irgendwann nach dem zweiten und vor dem fünften oder sechsten Lebensjahr schlecht umsorgt. Daher gelten neurotische Personen als weniger krank als Menschen mit Charakterstörungen oder Psychosen und folglich auch als wesentlich leichter zu behandeln und zu heilen.

Meiner Meinung nach spricht eine ganze Menge für dieses Schema; es bildet ein Stück psychiatrischer Theorie, die für Praktiker auf vielerlei Art nützlich ist. Man sollte es nicht leichtfertig kritisieren. Dennoch sagt es nicht alles. Es läßt unter anderem die große Bedeutung der elterlichen Betreuung in der späteren Kindheit und Jugend außer acht. Es gibt gute Gründe für die Annahme, daß schlechte elterliche Betreuung in diesen späteren

Jahren ebenfalls zu psychischer Krankheit führen kann, und ebenso dafür, daß gute elterliche Betreuung in dieser Zeit viele oder vielleicht alle Wunden einer vorhergegangenen schlechten Betreuung heilen kann. Außerdem ist das Schema zwar im statistischen Sinn von einem gewissen Vorhersagewert – Neurotiker sind im Durchschnitt leichter zu behandeln als charaktergestörte Personen, und Personen mit Charakterstörungen sind im Durchschnitt leichter zu behandeln als Psychotiker –, doch es sagt den Verlauf des Wachstums in einem individuellen Fall nicht voraus. Der schnellste Verlauf einer vollkommen erfolgreichen Analyse beispielsweise, den ich je erlebt habe, betraf einen Mann, der mit einer schweren Psychose zu mir kam und dessen Therapie neun Monate später abgeschlossen war. Andererseits habe ich drei Jahre mit einer Frau gearbeitet, die eindeutig »nur« neurotisch war und nur eine minimale Besserung erreichte.

Zu den Faktoren, die das Schema von der unterschiedlichen Schwere der psychischen Erkrankung nicht berücksichtigt, gehört irgend etwas Ephemeres im individuellen Patienten, das man als »Willen zum Wachstum« bezeichnen könnte. Ein Individuum kann äußerst krank sein und dennoch gleichzeitig einen extrem starken »Willen zum Wachstum« besitzen; in diesem Fall kommt es zu einer Heilung. Ein Mensch dagegen, der nur milde krank ist im psychiatrischen Sinne, dem aber der Wille zum Wachsen fehlt, kann unverrückbar in seiner ungesunden Position verharren. Ich glaube daher, daß der Wille zum Wachsen des Patienten die entscheidende Determinante für Erfolg oder Mißerfolg in der Psychotherapie ist. Dennoch wird dieser Faktor von der zeitgenössischen psychiatrischen Theorie weder verstanden noch auch nur erkannt.

Obwohl ich mir über die außerordentliche Bedeutung dieses Willens zum Wachsen klar bin, weiß ich nicht, wie weit ich zu seinem Verständnis beitragen kann, da der Begriff uns wieder einmal an den Rand des Geheimnisvollen führt. Es wird sofort deutlich, daß der Wille zum Wachsen in seiner Essenz dasselbe Phänomen ist wie die Liebe. Liebe ist der Wille, sich zum Zwecke spirituellen Wachstums auszudehnen. Wirklich liebende Menschen sind der Definition nach wachsende Menschen. Ich habe darüber gesprochen, wie die Fähigkeit zu lieben von liebenden

Eltern genährt wird, doch ich habe auch erwähnt, daß die elterliche Fürsorge allein nicht die Existenz dieser Fähigkeit in allen Menschen erklärt. Der zweite Teil dieses Buches endet mit vier Fragen bezüglich der Liebe, von denen wir nun zwei betrachten: Warum reagieren manche Menschen nicht auf die Behandlung durch die besten und liebevollsten Therapeuten, und warum transzendieren andere mit oder ohne die Hilfe der Psychotherapie die liebloseste Kindheit und werden selbst zu liebenden Menschen?

An dieser Stelle sagte ich, diese Fragen werden sich wohl kaum zu jedermanns völliger Zufriedenheit beantworten lassen. Ich ging jedoch davon aus, daß die Fragen durch die Betrachtung des Begriffs der Gnade etwas erhellt werden könnten.

Ich bin zu der Überzeugung gelangt und habe auch zu zeigen versucht, daß die Fähigkeit des Menschen zu lieben und damit auch sein Wille zum wachsen nicht nur von der Liebe seiner Eltern in seiner Kindheit genährt wird, sondern auch während des ganzen weiteren Lebens durch die Gnade oder die Liebe Gottes. Sie ist eine mächtige Kraft außerhalb seines Bewußtseins, die mittels seines eigenen Unbewußten wirkt wie auch mittels anderer liebevoller Personen, die nicht seine Eltern sind, sowie auf zusätzliche Arten, die wir nicht kennen. Aufgrund der Gnade ist es den Menschen möglich, die Traumata liebloser elterlicher Betreuung zu überwinden und selbst zu liebenden Individuen zu werden, die auf der Skala der menschlichen Evolution weit über ihre Eltern hinausgelangt sind. Warum aber entwickeln sich nur einige Menschen spirituell über die Umstände ihrer Kindheit hinaus? Ich glaube, daß die Gnade jedem zur Verfügung steht, daß wir alle in die Liebe Gottes eingehüllt sind, einer wie der andere. Die einzige Antwort, die ich daher geben kann, lautet, daß die meisten von uns sich dafür entscheiden, den Ruf der Gnade nicht zu hören und ihre Hilfe zurückzuweisen. Die Aussage Christi: »Viele sind berufen, aber wenige sind auserwählt« würde ich daher so übersetzen: »Jeder von uns wird zur Gnade und von der Gnade gerufen, aber nur wenige entscheiden sich dafür, diesen Ruf zu hören.«

Daraus ergibt sich die Frage: Warum entscheiden sich nur so wenige von uns dafür, den Ruf der Gnade zu hören? Warum wehren sich die meisten von uns buchstäblich gegen die Gnade? Wir sprachen zuvor davon, daß uns die Gnade eine gewisse unbewußte Resistenz gegen Krankheit gibt. Wie kommt es dann, daß wir eine scheinbar ebenso große Resistenz gegen die Gesundheit zu besitzen scheinen? Die Antwort auf diese Frage wurde in Wirklichkeit schon gegeben. Es ist unsere Trägheit, die Erbsünde der Entropie, mit der wir alle geschlagen sind. Ebenso wie die Gnade die letzte Quelle der Kraft ist, die uns zum Aufstieg auf der Leiter der menschlichen Evolution drängt, ist die Entropie die Quelle unseres Widerstandes gegen diese Kraft und drängt uns, auf der bequemen Stufe stehenzubleiben, auf der wir uns jetzt befinden, oder sogar zu immer weniger anspruchsvollen Existenzformen herabzusteigen. Wir haben ausführlich darüber gesprochen, wie schwierig es ist, sich zu disziplinieren, wirklich zu lieben und spirituell zu wachsen. Es ist nur natürlich, daß wir vor dieser Schwierigkeit zurückschrecken. Wir haben uns zwar schon mit den Grundfragen des Problems der Entropie oder Trägheit beschäftigt, doch ein Aspekt dieses Problems soll hier noch einmal besonders erwähnt werden: die Macht.

Psychiater und auch viele Laien sind mit der Tatsache vertraut, daß psychische Probleme mit bemerkenswerter Häufigkeit dann auftreten, wenn der Betreffende kurz zuvor in eine Position größerer Macht und Verantwortung befördert worden ist. Der Militärpsychiater, der dieses Problem der »Beförderungsneurose« besonders gut kennt, weiß auch, daß das Problem nur deshalb nicht noch häufiger auftritt, weil es den meisten Soldaten von vornherein gelingt, sich einer Beförderung zu widersetzen. Es gibt zahlreiche Unteroffiziere, die einfach nicht in einen höheren Rang aufsteigen wollen. Und viele intelligente Unteroffiziere würden lieber sterben als Offizier werden und lehnen, oft mehrmals, Angebote zu Offizierslehrgängen ab, für die sie aufgrund ihrer Intelligenz und Solidität gut qualifiziert erscheinen.

Mit dem spirituellen Wachstum ist es ebenso wie mit dem Berufsleben. Denn der Ruf der Gnade ist eine Beförderung, eine Berufung zu einer Stellung größerer Verantwortung und Macht. Sich der Gnade bewußt zu sein, ihre ständige Gegenwart persönlich zu erfahren, um die Nähe zu Gott zu wissen bedeutet, eine innere Ruhe und einen Frieden zu kennen und ständig zu erleben, die nur wenige Menschen besitzen. Andererseits bringen dieses Wissen und dieses Bewußtsein aber auch eine enorme Verantwortung mit sich. Denn wenn man die Nähe zu Gott erlebt, erlebt man auch die Verpflichtung, Gott zu sein, Vermittler seiner Macht und Liebe zu sein. Der Ruf zur Gnade ist ein Ruf zu einem Leben anstrengender Fürsorge, des Dienens und aller dazu erforderlichen Opfer. Er ist ein Ruf aus der spirituellen Kindheit in die spirituelle Erwachsenheit, der Ruf, der Menschheit gegenüber wie ein Vater oder eine Mutter zu handeln. T. S. Eliot beschrieb das sehr gut in der Weihnachtspredigt, die er Thomas Becket in dem Stück »Mord im Dom« halten läßt:

»Nun denkt für einen Augenblick an die Bedeutung dieses Wortes: ›Friede‹. Dünkt es euch nicht seltsam, daß die Engel Frieden verkündigt haben, wo doch die Welt unaufhörlich heimgesucht wird durch Krieg und Kriegsgefahr? Dünkt es euch nicht, daß die englischen Stimmen im Irrtum waren, und daß das Versprechen eine Täuschung und ein Betrug war?

Nun überlegt euch, was unser Herr selbst vom Frieden gesagt hat. Er hat zu seinen Jüngern gesagt: ›Meinen Frieden lasse ich euch, meinen Frieden gebe ich euch.‹ Verstand er darunter einen Frieden, wie wir ihn verstehen: das Königreich England in Frieden mit seinen Nachbarn, die Landherrn in Frieden mit dem König, der Hauswirt seinen friedsamen Gewinst überschlagend, der Herd gefegt, der beste Wein auf dem Tisch für einen guten Freund, während die Frau die Kinder in Schlaf singt? – Jene Männer, seine Jünger, kannten derlei nicht. Sie gingen auf weite Reisen, durch Mühsal zu Wasser und zu Land, um Tortur, Gefangenschaft, Anfechtung zu erdulden und schließlich den Martertod zu leiden. Was mag Er denn wohl gemeint haben? Wenn ihr das fragt, so bedenkt, daß er also gesprochen: ›Nicht gebe ich euch, wie die Welt gibt.‹ So gab er denn seinen Jüngern Frieden, aber nicht Frieden, wie die Welt ihn gibt.«[12]

Mit dem Frieden der Gnade also kamen quälende Verantwortungen und Pflichten. Es ist nicht bemerkenswert, daß so viele gut qualifizierte Unteroffiziere nicht den Wunsch nach einem höheren Rang haben. Und es ist kein Wunder, daß Patienten in der Psychotherapie wenig Geschmack an der Macht finden, die echte psychische Gesundheit begleitet. Eine junge Frau, die wegen einer durchdringenden Depression ein Jahr bei mir in Therapie gewesen war und viel über die Psychopathologie ihrer Angehörigen gelernt hatte, berichtete eines Tages von einer Familiensituation, die sie mit Weisheit, Gleichmut und Leichtigkeit gehandhabt hatte. »Ich hatte wirklich ein gutes Gefühl dabei«, sagte sie. »Ich wünschte, ich könnte dieses Gefühl öfter haben.« Ich sagte ihr, das könne sie, und wies sie darauf hin, daß sie dieses gute Gefühl gehabt hatte, weil sie zum erstenmal beim Umgang mit ihrer Familie in einer Machtposition gewesen war; sie war sich all der verzerrten Kommunikationen und der verdeckten Art bewußt, wie ihre Angehörigen sie dazu manipulieren wollten, ihre unrealistischen Forderungen zu erfüllen, und daher konnte sie Herrin der Situation sein. Ich sagte ihr, wenn sie fähig wäre, diese Art von Bewußtsein auf andere Situationen auszudehnen, würde sie immer mehr »Herrin der Situation« sein und daher das gute Gefühl immer häufiger erleben. Sie sah mich mit dem Ausdruck beginnenden Entsetzens an. »Aber dann müßte ich ja die ganze Zeit denken!« sagte sie. Ich stimmte ihr zu; eine Menge Nachdenken wäre erforderlich, um ihre Macht zu entwickeln und aufrechtzuerhalten und das Gefühl der Machtlosigkeit abzulegen, das sich an der Wurzel ihrer Depression befand. Sie wurde wütend: »Ich will nicht die ganze Zeit nachdenken müssen«, rief sie. »Ich bin nicht hergekommen, damit mein Leben schwieriger wird. Ich möchte mich einfach entspannen und Spaß haben können. Sie erwarten wohl von mir, daß ich eine Art Gott oder so etwas werde!« Leider beendete diese potentiell brillante Frau kurz danach die Behandlung, keineswegs geheilt, entsetzt von den Anforderungen, die psychische Gesundheit an sie stellen würde.

Für Laien mag sich das seltsam anhören, aber Psychotherapeuten sind vertraut mit der Tatsache, daß die Menschen im allgemeinen Angst vor psychischer Gesundheit haben. Eine der wesentlichen Aufgaben der Psychotherapie besteht darin, Patienten nicht nur zur Erfahrung psychischer Gesundheit zu bringen, sondern sie auch durch eine Mischung von Trost, Beruhigung und Strenge daran zu hindern, vor dieser Erfahrung davonzulaufen, wenn sie sie einmal erreicht haben. Ein Aspekt dieser Angst ist ziemlich legitim und an sich nicht ungesund: die Angst, daß man, wenn man mächtig wird, diese Macht mißbrauchen könnte. Der hl. Augustinus schrieb: *»Dilige et quod vis fac«*, was bedeutet: »Wenn du liebevoll und sorgfältig bist, kannst du tun, was immer du willst.« Wenn die Menschen in der Psychotherapie weit genug voranschreiten, lassen sie schließlich das Gefühl hinter sich, mit einer erbarmungslosen und überwältigenden Welt nicht fertig werden zu können, und erkennen eines Tages plötzlich, daß es in ihrer Macht steht zu tun, was immer sie wollen. Die Erkenntnis dieser Freiheit ist erschreckend. »Wenn ich alles tun kann, was ich will«, so denkt mancher, »was bewahrt mich dann davor, grobe Fehler zu machen, Verbrechen zu begehen, unmoralisch zu sein, meine Freiheit und meine Macht zu mißbrauchen? Sind meine Sorgfalt und meine Liebe allein ausreichend, um mich zu leiten?«

Wenn die Erkenntnis der eigenen Macht und Freiheit als Ruf zur Gnade erlebt wird, und das geschieht häufig, dann wird die Antwort auch lauten: »Herr, ich fürchte, ich bin Deines Vertrauens nicht würdig.« Diese Befürchtung ist natürlich selbst ein Bestandteil der Sorgfalt und Liebe und daher nützlich zur Selbstbeherrschung, die vor dem Mißbrauch der Macht bewahrt. Aus diesem Grunde soll man sie nicht beiseite schieben; sie sollte aber auch nicht so groß sein, daß sie einen Menschen daran hindert, den Ruf zur Gnade zu hören und die Macht zu übernehmen, zu der er fähig ist. Einige, die zur Gnade berufen wurden, haben vielleicht jahrelang mit ihrer Angst gekämpft, ehe sie fähig wurden, sie so zu transzendieren, daß sie ihre eigene Göttlichkeit akzeptieren konnten. Wenn diese Angst und dieses Gefühl der Unwürdigkeit so groß sind, daß sie ständig das Übernehmen von Macht verhindern, dann handelt es sich um ein neurotisches Problem, und der Umgang damit kann zu einem oder überhaupt dem Hauptthema in der Psychotherapie des Betroffenen werden.

Für die meisten Menschen aber ist die Angst, sie könnten die Macht mißbrauchen, nicht der zentrale Punkt ihres Widerstandes gegen die Gnade. Es ist nicht das »Tue, was du willst« aus der Maxime des Augustinus, das ihnen Kopfschmerzen verursacht, sondern die Forderung nach Sorgfalt. Die meisten von uns sind wie Kinder oder Jugendliche; wir glauben, daß die Freiheit und

Macht des Erwachsenseins uns zustehen, finden aber wenig Geschmack an erwachsener Verantwortung und Selbstdisziplin. Ebenso wie wir uns von unseren Eltern unterdrückt fühlen – oder von der Gesellschaft oder vom Schicksal –, brauchen wir anscheinend auch Mächte über uns, denen wir die Schuld an unserem Zustand geben können. In eine Position solcher Macht zu gelangen, daß wir niemandem außer uns selbst mehr die Schuld geben können, ist eine furchterregende Sache. Wenn wir in dieser gehobenen Position nicht Gottes Gegenwart spürten, wären wir entsetzlich allein. Doch viele Menschen besitzen eine so geringe Fähigkeit, das Alleinsein der Macht zu ertragen, daß sie lieber Gottes Gegenwart zurückweisen als sich selbst als alleinige Lenker ihres Lebensschiffes zu erfahren. Die meisten Menschen wollen Frieden ohne das Alleinsein der Macht. Und sie wollen das Selbstvertrauen des Erwachsenseins, ohne erwachsen werden zu müssen.

Wir haben auf verschiedene Weise schon besprochen, wie schwierig es ist, erwachsen zu werden. Nur wenige Menschen schreiten unangefochten und ohne Zögern in das Erwachsenenalter und sind stets begierig nach neuen und größeren Verantwortungen. Die meisten treten auf der Stelle und werden tatsächlich nie mehr als teilweise erwachsen, weil sie vor den Anforderungen totalen Erwachsenseins zurückschrecken. So ist es auch mit dem spirituellen Wachstum, das untrennbar ist vom Prozeß der psychischen Reifung. Denn der Ruf zur Gnade in seiner äußersten Form ist eine Aufforderung, eins zu sein mit Gott, die Gottgleichheit auf sich zu nehmen. Also ist es ein Ruf zu totalem Erwachsensein. Wir sind gewöhnt, uns die Erfahrung der Bekehrung oder der plötzlichen Berufung zur Gnade als ein »Oh, Freude!«-Phänomen vorzustellen. Meiner Erfahrung nach handelt es sich aber in den meisten Fällen um ein Phänomen, bei dem man eher »Oh, Mist!« ausrufen möchte. In dem Augenblick, in dem wir endlich auf den Ruf hören, sagen wir vielleicht: »Oh, danke, Herr«, oder wir sagen: »Oh, Herr, ich bin nicht würdig«, oder wir sagen »Oh, Herr, muß ich?«

Die Tatsache, daß »viele berufen, aber wenige auserwählt« sind, ist also leicht zu erklären angesichts der Schwierigkeiten, die mit der Beantwortung des Rufes zur Gnade verbunden sind.

Die Frage, die uns nun noch bleibt, lautet also nicht, warum Menschen die Psychotherapie nicht akzeptieren oder nicht nutzen, selbst wenn sie in den besten Händen sind, oder warum die Menschen so oft der Gnade widerstehen; die Kraft der Entropie macht es ganz natürlich, daß sie so handeln. Die Frage, die uns bleibt, betrifft das Gegenteil: Warum nehmen einige wenige diesen so schweren Ruf an? Was unterscheidet die wenigen von den vielen? Ich bin nicht in der Lage, diese Frage zu beantworten. Solche Menschen kommen aus reichem, kultiviertem Milieu oder aus einem Milieu von Armut und Aberglauben. Sie können liebevolle Eltern gehabt haben, sie können aber auch keinerlei Liebe oder Fürsorge erfahren haben. Sie können wegen kleiner Anpassungsschwierigkeiten in die Psychotherapie kommen oder wegen schwerer psychischer Krankheit. Sie können alt oder jung sein. Sie können den Ruf der Gnade plötzlich und scheinbar leicht beachten. Sie können ihn aber auch bekämpfen und verfluchen und ihm nur ganz allmählich und unter Schmerzen nachgeben, Stückchen für Stückchen. Nach jahrelanger Erfahrung bin ich daher in der Entscheidung, mit wem ich eine Therapie versuche, eher weniger wählerisch als wählerischer geworden. Ich entschuldige mich bei denen, die ich aufgrund meiner Unwissenheit von der Therapie ausgeschlossen habe. Ich habe nämlich gelernt, daß ich in den Frühstadien des psychotherapeutischen Prozesses absolut nicht voraussagen kann, welcher meiner Patienten nicht auf die Therapie reagieren wird, welcher mit bedeutsamem, aber dennoch partiellem Wachstum reagieren wird und welcher wie durch ein Wunder bis in den Zustand der Gnade wächst. Christus selbst sprach von der Unvorhersehbarkeit der Gnade, als er zu Nikodemus sagte: »Der Wind weht, wo er will, und du hörst sein Sausen wohl; aber du weißt nicht, woher er kommt und wohin er geht. So ist es bei jedem, der aus dem Geist geboren ist.«[13] Wir konnten zwar vieles über das Phänomen der Gnade sagen, doch am Ende müssen wir seine geheimnisvolle Natur zur Kenntnis nehmen.

Wieder stehen wir vor einem Paradox. Während dieses ganzen Buches habe ich über das spirituelle Wachstum geschrieben, als sei es ein geordneter, vorhersagbarer Prozeß. Unausgesprochen besagte das, spirituelles Wachstum könne erlernt werden, wie man sich ein Wissensgebiet durch ein Studium erschließt; wenn man seine Studiengebühren zahlt und fleißig genug arbeitet, bekommt man auch sein Diplom. Ich habe Christi Wort »Viele sind berufen, aber wenige sind auserwählt« so interpretiert, daß nur wenige den Ruf der Gnade beachten wegen der Schwierigkeiten, die damit verbunden sind. Mit dieser Interpretation habe ich darauf hingewiesen, daß es eine Sache unserer Wahl ist, ob wir von der Gnade gesegnet werden oder nicht. Im Grunde habe ich gesagt, daß Gnade verdient ist. Und ich weiß, daß das wahr ist.

Gleichzeitig weiß ich jedoch, daß es keineswegs so ist. Nicht wir kommen zur Gnade, sondern die Gnade kommt zu uns. Wir können uns noch so um sie bemühen, sie kann uns doch entgehen. Oder wir suchen sie gar nicht, und doch findet sie uns. Bewußt mögen wir uns das spirituelle Leben glühend wünschen und dann alle möglichen Hindernisse auf dem Weg dahin finden. Oder wir finden scheinbar wenig Geschmack daran und verspüren wider Willen einen starken Drang danach. Auf einer Ebene treffen wir zwar tatsächlich die Wahl, ob wir den Ruf der Gnade beachten oder nicht, doch auf einer anderen Ebene scheint es klar, daß Gott derjenige ist, der die Wahl trifft. Eine geläufige Erfahrung jener, die einen Zustand der Gnade erreicht haben, denen »dieses neue Leben aus dem Himmel« zuteil geworden ist, ist das Staunen über ihren Zustand. Sie haben nicht das Gefühl, ihn sich verdient zu haben. Sie haben zwar vielleicht ein realistisches Bewußtsein für die besondere Güte ihrer Natur, doch sie schreiben ihre Natur nicht ihrem eigenen Willen zu; vielmehr haben sie deutlich das Gefühl, daß die Güte ihrer Natur von Händen geschaffen wurde, die weiser und geschickter sind als ihre eigenen. Diejenigen, die der Gnade am nächsten sind, sind sich am meisten der geheimnisvollen Natur der Gabe bewußt, die sie erhalten haben.

Wie lösen wir dieses Problem? Überhaupt nicht. Wir können

höchstens sagen, daß wir zwar durch unseren Willen die Gnade nicht erreichen können, daß wir aber unseren Willen dazu benutzen können, uns ihrem geheimnisvollen Kommen zu öffnen. Wir können uns selbst zu fruchtbarem Boden machen, zu einem Ort, der die Gnade willkommen heißt. Wenn wir uns zu vollkommen disziplinierten und rundum liebenden Individuen erziehen, so haben wir uns gut auf das Kommen der Gnade vorbereitet, selbst wenn wir von Theologie nichts verstehen und keinen Gedanken an Gott verwenden. Umgekehrt ist das Studium der Theologie eine realtiv ungeeignete Vorbereitung und, für sich genommen, ganz nutzlos. Dennoch habe ich diesen Abschnitt geschrieben, weil ich glaube, daß das Bewußtsein der Existenz der Gnade sehr hilfreich sein kann für jene, die sich entschlossen haben, den schwierigen Weg spirituellen Wachstums einzuschlagen. Dieses Bewußtsein erleichtert ihnen die Reise auf drei Arten: Es hilft ihnen, unterwegs die Gnade zu nutzen; es gibt ihnen ein sicheres Gefühl für die Richtung; es ermutigt.

Das Paradox, daß wir sowohl die Gnade wählen als auch von ihr gewählt werden, ist das Wesen des Phänomens der Serendipität. Serendipität wurde definiert als »Gabe, wertwolle oder angenehme Dinge zu finden, nach denen man nicht gesucht hatte«. Buddha fand die Erleuchtung erst, als er aufhörte, danach zu suchen – als er sie auf sich zukommen ließ. Andererseits – wer kann daran zweifeln, daß die Erleuchtung eben deshalb über ihn kam, weil er mindestens sechzehn Jahre seines Lebens darauf verwendet hatte, sie zu suchen, sechzehn Jahre der Vorbereitung! Er mußte sie also sowohl suchen als auch nicht suchen. Auch die Furien wurden gerade deshalb in Träger der Gnade verwandelt, weil Orest zwar arbeitete, um die Gunst der Götter zu gewinnen, aber gleichzeitig nicht erwartete, daß die Götter ihm seinen Weg leichtmachen würden. Durch dieselbe paradoxe Mischung von Suchen und Nicht-Suchen erhielt er die Gabe der Serendipität und die Segnungen der Gnade.

Dasselbe Phänomen zeigt sich immer wieder dadurch, wie Patienten in der Psychotherapie Träume benutzen. Einige Patienten, die wissen, daß Träume Antworten auf ihre Probleme enthalten, suchen gierig nach diesen Antworten, indem sie entschlossen, mechanisch und mit beträchtlicher Anstrengung jeden einzelnen ihrer Träume in allen Einzelheiten festhalten und buchstäblich mit Unmengen von Träumen in die Sitzung kommen. Doch ihre Träume helfen ihnen wenig. Tatsächlich kann dieses ganze Traummaterial ein Hindernis für ihre Therapie werden. Einmal ist in der Therapie nicht genügend Zeit, um alle diese Träume zu analysieren, und zum anderen kann dieses umfangreiche Traummaterial dazu benutzt werden, die Arbeit an fruchtbareren Bereichen der Analyse zu verhindern. Außerdem ist es wahrscheinlich, daß dieses ganze Material ungeheuer dunkel ist. Man muß solchen Patienten beibringen, nicht mehr nach ihren Träumen zu suchen, die Träume einfach zu sich kommen und ihr Unbewußtes darüber entscheiden zu lassen, welche Träume Eingang in das Bewußtsein finden sollen. Dieses Lernen kann recht schwierig sein, da es erfordert, daß der Patient ein gewisses Maß an Kontrolle aufgibt und eine passivere Beziehung zu seiner eigenen Psyche herstellt. Sobald ein Patient aber einmal lernt, keine bewußte Anstrengung zum Festhalten der Träume zu unternehmen, nimmt die Menge des erinnerten Traummaterials ab, die Qualität aber dramatisch zu. Die Folge ist, daß die Träume des Patienten – diese Gaben aus dem Unbewußten, die jetzt nicht mehr gesucht werden – auf elegante Weise den erwünschten Heilungsprozeß erleichtern. Wenn wir jedoch die andere Seite der Medaille betrachten, stellen wir fest, daß viele Patienten in eine Therapie kommen ohne jedes Bewußtsein oder Verständnis für den ungeheuren Wert, den Träume für sie haben können. Folglich schließen sie alles Traummaterial als wertlos und unwichtig aus ihrem Bewußtsein aus. Diese Patienten müssen erst lernen, sich an ihre Träume zu erinnern und den Schatz in ihrem Inneren zu achten und wahrzunehmen. Um Träume wirksam zu benutzen, müssen wir dafür arbeiten, uns ihres Wertes bewußt zu werden und Vorteil aus ihnen zu ziehen, wenn sie zu uns kommen, und manchmal müssen wir auch dafür arbeiten, sie nicht zu suchen oder zu erwarten. Wir müssen sie wirkliche Geschenke sein lassen.

Ebenso ist es mit der Gnade. Wir sahen bereits, daß Träume nur eine Form oder Art sind, wie die Gaben der Gnade uns geschenkt werden. Derselbe paradoxe Ansatz sollte auch für alle anderen Formen gelten: plötzliche Einsichten, Vorahnungen und eine Fülle von Geschehnissen, in denen sich Synchronizität oder Serendipität äußern. Und auch für die Liebe. Jeder möchte geliebt werden. Doch zuerst müssen wir uns selbst liebenswert machen. Das tun wir, indem wir selbst zu liebenden, disziplinierten Menschen werden. Wenn wir noch Liebe suchen – wenn wir erwarten, geliebt zu werden –, können wir das nicht erreichen; wir werden fordernd und abhängig statt wirklich liebend. Wenn wir aber uns selbst und andere nähren ohne das vordringliche Ziel, dafür belohnt zu werden, dann sind wir liebenswert geworden, und die Belohnung des Geliebtwerdens, nach der wir nicht gesucht haben, findet uns. So ist es mit der menschlichen Liebe, und so ist es mit der Liebe Gottes.

Ein Hauptziel dieses Abschnittes über die Gnade war, denen, die sich auf der Reise spirituellen Wachstums befinden, beim Erlernen der Fähigkeit der Serendipität zu helfen. Wir wollen nun die Serendipität neu definieren, und zwar nicht als eigentliche Gabe, sondern als erlernte Fähigkeit, die Gaben der Gnade zu erkennen und zu nutzen, die uns aus dem Reich jenseits unseres bewußten Willens geschenkt werden. Mit dieser Fähigkeit werden wir feststellen, daß unsere Reise spirituellen Wachstums geleitet wird von der unsichtbaren Hand und der unvorstellbaren Weisheit Gottes, und zwar mit unendlich viel größerer Genauigkeit als der, zu der unser Bewußtsein ohne Hilfe fähig ist. Unter dieser Leitung legen wir den Weg immer schneller zurück.

Auf die eine oder andere Weise sind diese Auffassungen schon früher vorgetragen worden – von Buddha, von Christus, von Lao-tse und vielen anderen. Die Originalität dieses Buches resultiert daraus, daß ich durch die besonderen, individuellen Nebenwege meines Lebens im zwanzigsten Jahrhundert zu denselben Auffassungen gelangt bin. Wer tiefer in diese Materie einzudringen wünscht, greife zu den alten Texten oder kehre zu ihnen zurück. Er suche größeres Verständnis, aber erwarte keine näheren Einzelheiten. Es gibt viele Menschen, die aufgrund ihrer Passivität, ihrer Abhängigkeit, Furcht und Trägheit jeden Zentimeter des Weges gezeigt haben und bewiesen haben wollen, daß jeder Schritt ungefährlich und der Mühe wert ist. Das ist nicht möglich. Denn die Reise des spirituellen Wachstums erfordert Mut und Initiative und Unabhängigkeit im Denken und Handeln. Zwar stehen die Worte der Propheten und die Hilfe der Gnade zur Verfügung, doch den Weg muß man allein zurücklegen. Kein Lehrer kann uns zum Ziel bringen. Es gibt keine im voraus festgelegten Formeln. Rituale sind nur Lernhilfen, nicht das Lernen selbst. Es wird niemanden ans Ziel bringen, organische Nahrung zu essen, vor dem Frühstück fünf Ave-Maria zu sprechen, mit dem Gesicht nach Osten oder Westen zu beten oder sonntags zur Kirche zu gehen. Es gibt keine Worte und keine Lehre, die den spirituellen Reisenden der Notwendigkeit entheben, seine eigene Methode zu suchen, mit Anstrengung und Angst seinen eigenen Weg durch die einzigartigen Umstände seines eigenen Lebens zur Identifikation seines individuellen Selbst mit Gott zu finden.

Selbst wenn wir diese Dinge wirklich verstehen, ist die Reise spirituellen Wachstums noch immer so einsam und schwierig, daß wir oft entmutigt werden. Die Tatsache, daß wir in einem wissenschaftlichen Zeitalter leben, ist zwar in einiger Hinsicht hilfreich, trägt aber in anderer zur Entmutigung bei. Wir glauben an die mechanischen Prinzipien des Universums, nicht an Wunder. Durch unsere Wissenschaft haben wir gelernt, daß unsere Wohnstätte nur ein einziger Planet eines einzigen Sterns unter vielen anderen in einer Galaxie ist. Wir scheinen verloren in der Riesenhaftigkeit des äußeren Universums, und ebenso hat die Wissenschaft uns veranlaßt, uns ein Bild von uns selbst als Wesen zu machen, die hilflos determiniert und regiert werden von inneren Kräften, die unserem Willen nicht unterworfen sind – von chemischen Molekülen in unserem Gehirn und Konflikten in unserem Unbewußten, die uns zwingen, auf bestimmte Arten zu fühlen und zu handeln, ohne daß wir wissen, was wir tun. Daß die Mythen der Menschen durch wissenschaftliche Information ersetzt worden sind, hat dazu geführt, daß wir unter einem Gefühl persönlicher Sinnlosigkeit leiden. Welche mögliche Bedeutung könnten wir schon haben, als Individuen oder gar als Rasse, umgetrieben von inneren chemischen und psychologischen Faktoren, die wir nicht verstehen, unsichtbar in einem Universum, dessen Dimensionen so groß sind, daß nicht einmal unsere Wissenschaft sie messen kann?

Dennoch hat dieselbe Wissenschaft mir in gewisser Weise geholfen, die Realität des Phänomens der Gnade wahrzunehmen. Ich habe versucht, diese Wahrnehmung weiterzugeben. Denn sobald wir einmal die Realität der Gnade spüren, wird unser Verständnis unserer selbst als sinnlos und bedeutungslos erschüttert. Die Tatsache, daß es jenseits unserer selbst und unseres bewußten Willens eine mächtige Kraft gibt, die unser Wachstum und unsere Evolution fördert, reicht aus, um unsere Vorstellung von der eigenen Bedeutungslosigkeit umzustürzen. Denn die Existenz dieser Kraft (sobald wir sie einmal wahrnehmen) zeigt mit unumstößlicher Gewißheit, daß unser menschliches spirituelles Wachstum von größter Bedeutung für etwas Größeres als uns selbst ist. Dieses Etwas nennen wir Gott. Die Existenz der Gnade ist ein *prima facie*-Beweis nicht nur für die Realität Gottes, sondern auch dafür, daß Gottes Wille auf das Wachstum des individuellen menschlichen Geistes gerichtet ist. Was einmal als Märchen erschien, erweist sich als Wirklichkeit. Wir leben unser Leben unter dem Auge Gottes, und zwar nicht am Rand, sondern im Mittelpunkt seiner Sicht, seiner Fürsorge. Wahrscheinlich ist das Universum, wie wir es kennen, nur eine einzige Stufe zum Eingang in das Königreich Gottes. Doch wir sind im Universum nicht verloren. Im Gegenteil, die Realität der Gnade zeigt der Menschheit, daß sie sich im Zentrum des Universums befindet. Diese Zeit und dieser Raum existieren, damit wir sie auf unserer Reise durchschreiten. Wenn meine Patienten manchmal ihre Bedeutung aus dem Auge verlieren und von der Anstrengung unserer gemeinsamen Arbeit entmutigt sind, sage ich ihnen, daß die menschliche Rasse sich mitten in einem Evolutionssprung befindet. »Ob uns dieser Sprung gelingt oder nicht, ist Ihre persönliche Verantwortung.« Und meine. Das Universum, diese Stufe, ist angelegt worden, um uns einen Weg zu bereiten. Doch wir selbst müssen diese Stufen beschreiten, eine nach der anderen. Die Gnade hilft uns, nicht zu stolpern, und durch die Gnade wissen wir, daß wir willkommen sind. Was können wir mehr verlangen?

Nachwort

Seit der ersten Veröffentlichung des vorliegenden Buches hatte ich das Glück, viele Briefe von Lesern zu erhalten. Es waren außerordentliche Briefe. Sie waren ohne Ausnahme intelligent und klar verständlich, und darüber hinaus waren sie überaus liebevoll. Sie drückten Wertschätzung aus, und die meisten enthielten noch zusätzliche Gaben: passende Lyrik, nützliche Zitate von anderen Autoren, weise Anmerkungen und Berichte über persönliche Erfahrungen. Diese Briefe haben mein Leben bereichert. Mir ist klargeworden, daß es ein ganzes Netzwerk von Menschen überall im Lande gibt – viel größer, als ich anzunehmen gewagt hatte –, die in aller Stille lange Strecken auf der wenig begangenen Straße des spirituellen Wachstums zurückgelegt haben. Sie haben mir dafür gedankt, daß ich das Gefühl ihres Alleinseins auf der Reise verringert habe. Ich danke ihnen für den gleichen Dienst.

Einige Leser haben meinen Glauben an die Wirksamkeit von Psychotherapie in Zweifel gezogen. Aber ich habe schon darauf verwiesen, daß die Qualität der Psychotherapeuten sehr unterschiedlich ist. Und ich glaube weiterhin, daß die meisten Menschen, die aus der Arbeit mit einem kompetenten Therapeuten keinen Nutzen ziehen, dies deshalb nicht tun, weil ihnen der Geschmack an und der Wille zu den Mühen dieser Arbeit fehlt. Was ich jedoch nicht eigens ausgeführt habe, war die Tatsache, daß eine kleine Minderheit von Menschen – vielleicht fünf Prozent – psychiatrische Probleme einer Art hat, die nicht auf Psychotherapie anspricht und die durch die damit verbundene tiefe Introspektion sogar verschlimmert werden kann.

Es ist kaum wahrscheinlich, daß jemand, der dieses Buch gründlich gelesen und verstanden hat, zu jenen fünf Prozent gehört. Auf jeden Fall gehört es zur Verantwortung eines kompetenten Therapeuten, sorgfältig und manchmal nach und nach die wenigen Patienten zu erkennen, die nicht zu psychoanalytischer Arbeit geführt werden sollten, und ihnen statt dessen andere Behandlungsformen vorzuschlagen, die sehr wohltuend sein können.

Wer aber ist ein kompetenter Psychotherapeut? Einige Leser dieses Buches, die sich mit dem Gedanken tragen, eine Psychotherapie zu machen, haben gefragt, wie man bei der Wahl des richtigen Therapeuten vorgehen und zwischen den kompetenten und den inkompetenten unterscheiden solle. Mein erster Rat lautet, die Wahl ernst zu nehmen. Sie ist eine der wichtigsten Entscheidungen, die Sie in Ihrem Leben treffen können. Psychotherapie ist eine große Investition, nicht nur finanziell, sondern mehr noch im Hinblick auf Ihre wertvolle Zeit und Energie. Sie ist etwas, was Börsenmakler als Investition mit hohem Risiko bezeichnen würden. Wenn die Wahl richtig ist, wird sie sich in spirituellen Dividenden auszahlen, von denen Sie nicht einmal geträumt hatten. Wählen Sie falsch, so werden Sie zwar kaum tatsächlichen Schaden nehmen, aber doch den größten Teil des Geldes, der wertvollen Zeit und der Energie verschwendet haben, die Sie aufgebracht hatten.

Zögern Sie also nicht, sich umzuschauen. Und zögern Sie nicht, Ihren Gefühlen oder Ihrer Intuition zu vertrauen. Gewöhnlich werden Sie nach einem einzigen Interview bei einem Therapeuten gute oder schlechte »Vibrationen« spüren. Sind die Vibrationen schlecht, so zahlen Sie die eine Sitzung und gehen Sie zu einem anderen. Solche Gefühle sind häufig ungreifbar, können aber auf kleinen, greifbaren Hinweisen beruhen. Als ich 1966 in die Therapie kam, war ich sehr beunruhigt und kritisch in bezug auf die Moral der amerikanischen Verwicklung in den Vietnamkrieg. Im Wartezimmer meines Therapeuten lagen Exemplare von *Ramparts* und *New York Review of Books,* beides liberale Zeitschriften und gegen den Krieg eingestellt. Ich hatte gute Vibrationen empfangen, bevor ich diesen Therapeuten überhaupt gesehen hatte.

Wichtiger aber als die politischen Neigungen, das Alter oder das Geschlecht Ihres Therapeuten ist, daß er oder sie ein wirklich sorgfältiger und warmherziger Mensch ist. Auch das können Sie oft rasch spüren, obwohl der Therapeut Sie nicht mit freundlichen Tröstungen und sofortiger Verpflichtung überfallen sollte. Wenn Therapeuten sorgfältig und warmherzig sind, sind sie auch vorsichtig, diszipliniert und gewöhnlich zurückhaltend, doch Ihre Intuition sollte Ihnen sagen, ob diese Zurückhaltung Wärme oder Kälte verbirgt.

Da die Therapeuten ein Interview mit Ihnen führen, um zu sehen, ob sie Sie als Patienten haben möchten, ist es vollkommen in Ordnung, wenn auch Sie sie befragen. Wenn es für Sie wichtig ist, so fragen Sie ruhig, was der Therapeut über Dinge wie Frauenbefreiung, Homosexualität oder Religion denkt. Sie haben ein Recht auf ehrliche, offene und sorgfältige Antworten. Im Hinblick auf andere Arten von Fragen – etwa, wie lange die Therapie dauern könne oder ob Ihr Hautausschlag psychosomatisch sei – fahren Sie gewöhnlich gut damit, einem Therapeuten zu vertrauen, der sagt, daß er das nicht weiß. Tatsächlich sind gebildete und erfolgreiche Menschen in allen Berufen, die eine Unwissenheit zugeben, gewöhnlich die sachkundigsten und vertrauenswürdigsten.

Die Fähigkeit eines Therapeuten hat wenig mit seinen Diplomen zu tun. Liebe, Mut und Weisheit können nicht durch akademische Grade bestätigt werden. Die Psychoanalytiker beispielsweise, die Therapeuten mit den meisten Ausbildungsnachweisen, sind so gründlich geschult, daß man relativ sicher sein kann, keinem Scharlatan in die Hände zu fallen. Doch ein Analytiker ist nicht unbedingt ein besserer Therapeut als ein Psychologe, ein Sozialarbeiter oder ein Geistlicher – oder genausogut. Tatsächlich haben zwei der größten Therapeuten, die ich kenne, niemals einen Collegeabschluß gemacht.

Mundpropaganda ist oft die beste Methode, wenn man beginnt, nach einem Psychotherapeuten zu suchen. Wenn Sie einen Freund haben, den Sie achten und der mit den Diensten eines bestimmten Therapeuten zufrieden war, warum nicht dieser Empfehlung folgen? Sie können auch, was besonders ratsam ist, wenn Sie schwere Symptome oder auch körperliche Schwierigkeiten haben, zunächst zu einem Psychiater gehen. Aufgrund ihrer medizinischen Ausbildung sind Psychiater gewöhnlich die teuersten Therapeuten, doch sie sind auch am besten in der Lage, Ihre Situation aus allen Blickwinkeln zu sehen. Am Ende der Stunde, wenn der Psychiater sich ein Bild vom Ausmaß Ihres Problems machen konnte, können Sie ihn bitten, Sie an einen weniger teuren, nichtärztlichen Therapeuten zu verweisen, falls das angebracht ist. Die besten Psychiater sind gewöhnlich durchaus bereit, Ihnen zu sagen, welche nichtärztlichen Praktiker in der Gegend besonders kompetent sind. Wenn Sie sich bei dem Arzt wohl fühlen und er bereit ist, Sie als Patient zu nehmen, können Sie natürlich auch bei ihm bleiben.

Wenn Sie finanzielle Schwierigkeiten haben oder Ihre Krankenversicherung für eine ambulante Psychotherapie nicht aufkommt, haben Sie möglicherweise keine andere Wahl, als eine staatliche psychiatrische Klinik aufzusuchen. Dort werden in den USA die Kosten auf Ihre Mittel abgestimmt, und Sie können sicher sein, daß Sie keinem Quacksalber in die Hände fallen. Andererseits ist die Psychotherapie in Kliniken manchmal etwas oberflächlich, und Sie können sich Ihren Therapeuten vielleicht nicht selbst auswählen. Dennoch ist die Arbeit oft ganz erfolgreich.

Diese kurzen Richtlinien waren vielleicht nicht so detailliert, wie sich das manche Leser wünschen würden. Die zentrale Botschaft jedoch lautet: Da eine Psychotherapie eine intensive und psychologisch enge Beziehung zwischen zwei Menschen erfordert, kann nichts Sie der Verantwortung entheben, sich persönlich den speziellen Menschen auszusuchen, dessen Führung Sie sich anvertrauen können. Der beste Therapeut für einen Menschen ist vielleicht für einen anderen Menschen nicht der beste. Jede Person, Therapeut und Patient, ist einzigartig, und Sie müssen sich auf Ihre einzigartige intuitive Beurteilung verlassen. Weil damit ein gewisses Risiko verbunden ist, wünsche ich Ihnen Glück. Und weil die Aufnahme einer Psychotherapie mit allem, was dazugehört, ein Akt des Mutes ist, haben Sie meine Bewunderung.

M. Scott Peck
Bliss Road
New Preston, Conn. 06777

Anmerkungen

TEIL I: DISZIPLIN

[1] Die erste der »Vier edlen Wahrheiten«, die Buddha lehrt, lautet: »Leben ist Leiden«.
[2] Meines Wissens ist das Thema der Wahlfreiheit zwischen zwei Übeln nirgends beredter und sogar poetischer definiert worden als von dem Psychiater Allen Wheelis in dem Kapitel »Freedom and Necessity« (Freiheit und Notwendigkeit) in seinem Buch *How People Change* (Wie Leute sich verändern) New York, Harper & Row, 1973. Es wäre verlockend gewesen, dieses Kapitel hier ganz zu zitieren, und ich empfehle es jedem, der sich eingehender mit diesem Thema beschäftigen möchte.
[3] Cambridge, Mass., Harvard University Press, 1974, S. IX.
[4] Die CIA, die auf diesem Gebiet besonders kenntnisreich ist, benutzt natürlich ein ausgefeiltes Einteilungssystem und spricht von weißer, grauer und schwarzer Propaganda; graue Propaganda ist eine einzelne schwarze Lüge, und schwarze Propaganda ist eine schwarze Lüge, die fälschlich einer anderen Quelle zugeschrieben wird.
[5] Es gibt viele Faktoren, die den Prozeß des Aufgebens stören und so eine normale, gesunde Depression zu einer chronischen, krankhaften Depression machen können. Einer dieser Faktoren, und zwar einer der häufigsten und mächtigsten, ist ein Erfahrungsmuster aus der Kindheit, bei dem die Eltern oder das Schicksal ohne Rücksicht auf die Bedürfnisse des Kindes dem Kind »Dinge« wegnahmen, ohne daß es psychisch bereit war, sie aufzugeben, oder stark genug, den Verlust wirklich zu akzeptieren. Ein solches Erfahrungsmuster aus der Kindheit macht ein Kind empfindlich gegen die Erfahrung des Verlustes und schafft eine wesentlich stärkere Tendenz als bei glücklicheren Individuen, sich an »Dinge« zu klammern und den Schmerz von Verlust oder Aufgeben zu vermeiden. Obwohl zu jeder pathologischen Depression eine Blockierung des Aufgabe-Prozesses gehört, glaube ich, daß es eine Art von chronischer neurotischer Depression gibt, die ihre zentrale Wurzel in einer traumatischen Verletzung der grundlegenden Fähigkeit des Individuums hat, irgend etwas aufzugeben; diese Unterart der Depression möchte ich als »Aufgabe-Depression« bezeichnen.
[6] New York, Harper & Row, 1970, S. 28.
[7] T. S. Eliot, *Gedichte*, Frankfurt/Main, Suhrkamp, 1964; Übertragung von Eva Hesse.
[8] Zitiert in Erich Fromm, *Wege aus einer kranken Gesellschaft*, Stuttgart, DVA, 1982.

TEIL II: LIEBE

[1] Diejenigen, die das Buch der O'Neils »Die offene Ehe« gelesen haben, werden dies als Grundlehrsatz der offenen, im Gegensatz zur geschlossenen Ehe wiedererkennen. Die O'Neils waren bemerkenswert mild und zurückhaltend in ihrer Propaganda der offenen Ehe. Meine Arbeit mit Paaren hat mich zu der völligen Überzeugung geführt, daß die offene Ehe die einzige Art von reifer Ehe ist, die gesund und nicht ernstlich destruktiv für spirituelle Gesundheit und spirituelles Wachstum der einzelnen Partner ist.

[2] *Religion, Values, and Peak-Experiences*, New York, Viking, 1970, Vorwort.

[3] Ich räume die Möglichkeit ein, daß diese Auffassung falsch sein könnte, daß alle Materie, belebt oder unbelebt, Geist besitzen könnte. Die Unterscheidung zwischen uns als Menschen von den »niedrigeren« Tieren und Pflanzen und von der unbelebten Erde und Felsen ist im mystischen Bezugsrahmen eine Erscheinungsform von »Maya« oder Illusion. Es gibt verschiedene Ebenen des Verstehens. In diesem Buch befasse ich mich mit der Liebe auf einer bestimmten Ebene. Leider reicht meine Mitteilungsfähigkeit nicht aus, um mehr als eine Ebene auf einmal zu umfassen und mehr als einen gelegentlichen kurzen Blick auf andere Ebenen als die zu ermöglichen, auf der ich mich hier äußere.

[4] Rollo May, *Love and Will*, New York: Delta Books, Dell Publ., 1969, S. 220. Zitiert nach der amerikanischen Ausgabe.

[5] Siehe Carlos Castaneda: *Die Lehren des Don Juan: Ein Yaqui-Weg des Wissens; Eine andere Wirklichkeit; Reise nach Ixtlan; Der Ring der Kraft.* Frankfurt am Main, Fischer, 1978.
Auf einer höheren Ebene sind dies Bücher über den psychotherapeutischen Prozeß.

[6] Die Wichtigkeit der Unterscheidung zwischen biologischer und psychologischer Elternschaft ist ausgezeichnet dargestellt und belegt in Goldstein, A. Freud und Solnit, *Beyond the Best Interests of the Child* (Macmillan, 1973), deutsch: *Jenseits des Kindeswohls* (Frankfurt a. M., Suhrkamp, 1974).

[7] *The Cloud of Unknowning*, New York 1969, S. 92.

[8] *Love ist everywhere* von John Denver, Joe Henry, Steve Weisberger und John Summers. Copyright C 1975, Cherry Lane Music Co. Mit freundlicher Genehmigung. (»Liebe ist überall/Du bist all das, was du sein kannst/Geh hin und verwirkliche dich/Das Leben ist vollkommen/Daran glaube ich/ Komm' und spiel es mit mir«).

[9] *The Prophet*, New York 1955, S. 17–18; deutsch *Der Prophet*, Olten und Freiburg im Breisgau 1984; Übersetzung von Claire Molignon.

[10] *To My Dear and Loving Husband*, 1678, enthalten in *The Literature of the United States*, Walter Blair et al., Hrsg., Glenview/Ill. 1953, S. 159.

[11] A. a. O., S. 15–16.

[12] Siehe Peter Brent, *The God Men of India*, New York 1972.

TEIL III: WACHSTUM UND RELIGION

[1] Bryant Wedge und Cyril Muromcew, »Psychological Factors in Soviet Disarmament Negotiation«, *Journal of Conflict Resolution* 9, Nr. 1 (März 1963). (Siehe auch Bryant Wedge, »A Note von Soviet-American Negotiation«, *Proceedings of the Emergency Conference on Hostility, Aggression and War,* American Association for Social Psychiatry, Nov. 17–18, 1961).
[2] *Journey into Christ,* New York 1977, S. 91–92. Zitiert nach der amerikanischen Ausgabe.
[3] Zitiert nach Idries Shaw, *The Way of the Sufi,* New York 1970, S. 44.
[4] *Science and the Common Understanding,* New York 1953, S. 40. Zitiert nach der amerikanischen Ausgabe.
[5] Michael Stark und Michael Washburn, »Beyond the Norm: A Speculative Model of Self-Realization«, *Journal of Religion and Health,* Bd. 16, Nr. 1, 1977, S. 58–59.

TEIL IV: GNADE

[1] John Newton (1725–1807), *Wundervolle Gnade.*
[2] »Serendipität« (serendipity) bezeichnet den sogenannten »glücklichen Zufall«, der zu einem Erkenntnisfortschritt führt, also etwa unerwartete und ungeplante Zufallsentdeckungen im Verlauf eines Forschungsvorgangs.
[3] »An Experimental Approach to Dreams and Telepathy: II Report of Three Studies«, *American Journal of Psychiatry* (März 1970), S. 1282–89. Jeder, der noch nicht von der Realität der ESP, der außersinnlichen Wahrnehmung (*ex*trasensory *p*erception), überzeugt ist oder ihre wissenschaftliche Validität anzweifelt, sollte diesen Artikel lesen.
[4] C. G. Jung, »Über Synchronizität« in: *Grundwerk C. G. Jung,* Olten 1984, S. 284.
[5] Übersetzt aus: *Revelations of Divine Love,* hrsg. von Grace Warrack, New York 1923, Kap VI.
[6] Die Auffassung, daß die Evolution dem Naturgesetz zuwiderläuft, ist weder neu noch originell. Ich erinnere mich, daß ich irgendwann in meiner Collegezeit einmal den Satz gelesen habe: »Die Evolution ist eine Ausnahme vom Zweiten Gesetz der Thermodynamik«, doch leider war ich nicht in der Lage, ihn wiederzufinden. In jüngerer Zeit ist diese Auffassung geäußert worden von Buckminster Fuller in seinem Buch *And It Came to Pass – Not to Stay,* New York 1976.
[7] André P. Derdeyn, »Child Custody Contests in Historical Perspective«, *American Journal of Psychiatry,* Bd. 133, Nr. 12, Dezember 1976, S. 1369.
[8] *Erinnerungen, Träume, Gedanken von C. G. Jung,* herausgegeben von Aniela Jaffé, Zürich und Stuttgart 1963, Seite 11.
[9] Ich unterscheide zwischen Alleinsein und Einsamkeit. Einsamkeit besteht

darin, auf irgendeiner Ebene nicht mit vorhandenen Menschen kommunizieren zu können. Mächtige Menschen sind umgeben von anderen, die nur zu begierig danach sind, mit ihnen zu kommunizieren; daher sind sie selten einsam und mögen sich sogar danach sehnen. Alleinsein jedoch ist das Fehlen eines anderen, mit dem man kommunizieren kann.

[10] Ich bin mir darüber klar, daß dieses Schema geistig-seelischer Erkrankung stark simplifiziert ist. Es berücksichtigt beispielsweise keine physischen oder biochemischen Faktoren, die in bestimmten Fällen von großer oder sogar vorherrschender Bedeutung sein können. Ich weiß auch, daß Individuen so viel stärker mit der Realität in Berührung sein können als ihre Mitmenschen, daß sie von einer »kranken Gesellschaft« für »verrückt« gehalten werden. Dennoch ist das hier vorgelegte Schema in der großen Mehrheit der Fälle geistig-seelischer Erkrankung zutreffend.

[11] Es gibt viele verschiedene Versionen dieses Mythos, die sich erheblich unterscheiden. Man kann nicht eine davon als die korrekte bezeichnen. Die hier wiedergegebene Version ist im wesentlichen entnommen aus Edith Hamiltons *Mythology,* New York 1958. Ich wurde auf diesen Mythos aufmerksam durch seine Erwähnung in Rollo Mays Buch *Love and Will* und in dem Stück von T. S. Eliot, *The Family Reunion.*

[12] In die Literatur eingegangen ist Sergeant Milton Anthony Warden aus James Jones »Verdammt in alle Ewigkeit«.

[13] T. S. Eliot, »Mord im Dom«, in: *Die Dramen,* Frankfurt am Main 1966; S. 54–55, deutsch von Rudolf Alexander Schröder.

[14] Johannes, 3:8

GOLDMANN

Edgar Cayce

Die Geheimnisse des Universums 12103

Die tausend Leben deiner Seele 12107

Die Geheimnisse des Bewußtseins 12102

Du weißt, wer du warst 12085

Goldmann · Der Taschenbuch-Verlag